AS
COSTUREIRAS
DE
AUSCHWITZ

Lucy Adlington

AS COSTUREIRAS DE AUSCHWITZ

A verdadeira história das mulheres que costuravam para sobreviver

Tradução
Renato Marques

CRÍTICA

Copyright © Lucy Adlington, 2021
Copyright © Editora Planeta do Brasil, 2022
Copyright da tradução © Renato Marques
Todos os direitos reservados.
Título original: *The Dressmakers of Auschwitz: The True Story of Women Who Sewed to Survive*

Preparação: Thais Rimkus
Revisão: Renato Ritto e Vivian Miwa Matsushita
Diagramação: Vivian Oliveira
Capa: adaptada do projeto original de Robin Bilardello
Imagem de capa: Lee Avison/Trevillion Images

DADOS INTERNACIONAIS DE CATALOGAÇÃO NA PUBLICAÇÃO (CIP)
ANGÉLICA ILACQUA CRB-8/7057

Adlington, Lucy
    As costureiras de Auschwitz: a verdadeira história das mulheres que costuravam para sobreviver / Lucy Adlington; tradução de Renato Marques. – São Paulo: Planeta, 2021.
    384 p.; il.

ISBN 978-65-5535-575-8
Título original: *The Dressmakers of Auschwitz: The True Story of Women Who Sewed to Survive*

1. Holocausto – Sobreviventes 2. Guerra Mundial, 1939-1945 3. Auschwitz (Campo de concentração) I. Título II. Marques, Renato

21-5219   CDD 940.5318

Índice para catálogo sistemático:
1. Holocausto – Sobreviventes

Ao escolher este livro, você está apoiando o manejo responsável das florestas do mundo

2022
Todos os direitos desta edição reservados à
Editora Planeta do Brasil Ltda.
Rua Bela Cintra, 986, 4º andar – Consolação
São Paulo – SP – 01415-002
www.planetadelivros.com.br
faleconosco@editoraplaneta.com.br

Dedicado às costureiras e suas famílias.

Sumário

INTRODUÇÃO		9
CAPÍTULO UM	Uma das poucas que sobreviveram	15
CAPÍTULO DOIS	O único poder	39
CAPÍTULO TRÊS	E depois, como continuar?	65
CAPÍTULO QUATRO	A estrela amarela	97
CAPÍTULO CINCO	A recepção costumeira	121
CAPÍTULO SEIS	Você quer continuar viva	149
CAPÍTULO SETE	Quero viver aqui até morrer	185
CAPÍTULO OITO	Entre as 10 mil mulheres	211
CAPÍTULO NOVE	Solidariedade e apoio	239
CAPÍTULO DEZ	O ar cheira a papel queimado	267
CAPÍTULO ONZE	Querem que sejamos normais?	307
AGRADECIMENTOS		329
CRÉDITOS DAS IMAGENS		331
REFERÊNCIAS BIBLIOGRÁFICAS		335
NOTAS SOBRE AS FONTES		345
ÍNDICE REMISSIVO		375

INTRODUÇÃO

— Como você pôde acreditar?

Essas são algumas das primeiras palavras que a sra. Kohút diz para mim, assim que sou recebida de braços abertos em sua casa e arrebatada pelo carinho de familiares solícitos. Aqui está ela, uma mulher pequena e radiante, vestida com calça e blusa elegantes e um colar de contas. O cabelo dela é curto e branco; o batom é rosa-choque. Ela é a razão pela qual voei para o outro lado do mundo, do norte da Inglaterra a uma modesta casa nas colinas, não muito longe de São Francisco, uma grande cidade na Califórnia.

Trocamos um aperto de mãos. Nesse momento, a história torna-se a vida real, não mais apenas arquivos, pilhas de livros, croquis e tecidos de bom caimento que são as habituais fontes históricas às quais recorro para meus textos e minhas exibições de roupas. Estou conhecendo pessoalmente uma mulher que sobreviveu a um tempo e um lugar que agora são sinônimos de horror.

A sra. Kohút senta-se a uma mesa com toalha de renda e me oferece *strudel* de maçã caseiro. O cenário de nossos encontros terá como pano de fundo livros acadêmicos entremeados por ramos de flores, belos bordados, fotografias de família e cerâmicas coloridas. Em meio a uma conversa amena, iniciamos tranquilamente nossa primeira entrevista folheando as revistas de costura dos anos 1940 que eu trouxe para lhe mostrar, depois examinando um estiloso vestido vermelho da época da guerra, uma peça de minha própria coleção de roupas *vintage*.

— É um trabalho de boa qualidade — comenta ela, deslizando os dedos pelos adornos do vestido. — Muito elegante.

Acho encantadora a forma como as roupas podem nos conectar através de continentes e gerações. Subjacente a nosso apreço em comum por corte, estilo e destreza manual, há, porém, um fato muito mais significativo: décadas antes, a sra. Kohút manipulou tecidos e peças de vestuário em um contexto muito diferente. Ela é a última costureira sobrevivente de um ateliê de moda estabelecido no campo de concentração de Auschwitz.

Um ateliê de moda em Auschwitz? A ideia em si já é uma anomalia hedionda. Fiquei espantada quando li pela primeira vez a menção ao "estúdio de alta-costura superior", como era chamado, enquanto pesquisava uma bibliografia sobre as ligações entre o Terceiro Reich de Hitler e o universo da moda para escrever um livro sobre tecidos nos anos de guerra. É evidente que os nazistas entendiam o poder do vestuário como uma performance, demonstrada pela adoção de uniformes icônicos em monumentais comícios públicos. Os uniformes são um clássico exemplo de utilização do vestuário para corroborar o orgulho e a identidade de grupo. As políticas econômicas e raciais nazistas visavam a lucrar com a indústria das roupas, utilizando os montantes obtidos por meio de pilhagem para ajudar a financiar as hostilidades militares.

As mulheres da elite nazista também valorizavam o vestuário. Magda Goebbels, esposa do pérfido ministro da Propaganda de Hitler, era conhecida por sua elegância e tinha poucos escrúpulos em usar criações de modistas judaicas, apesar da obsessão nazista de apagar os judeus do universo da moda. Emmy Göring, casada com o *Reichsmarshall* [marechal do Reich, a mais alta patente das Forças Armadas do Sacro Império Romano-Germânico e da Alemanha nazista] Hermann Göring, usava artigos de luxo saqueados, embora alegasse que não fazia ideia da proveniência de seus bens. Eva Braun, amante de Hitler, adorava a alta-costura, a ponto de mandar entregarem seu vestido de noiva em plena Berlim em chamas nos dias que antecederam seu suicídio e a rendição da Alemanha, usando-o com sapatos Ferragamo.[1]

Mesmo assim... Um ateliê de moda em Auschwitz? Essa oficina sintetizava os valores centrais do Terceiro Reich: características de privilégio e permissividade, inseparavelmente relacionadas a pilhagem, degradação e assassinato em massa.

O ateliê de costura de Auschwitz foi criado por ninguém menos que Hedwig Höss, a esposa do comandante do campo. Como se essa justaposição de um ateliê de moda com um complexo de instalações de extermínio não fosse suficientemente grotesca, a identidade das próprias trabalhadoras causa o impacto mais acachapante: eram, em sua maioria, costureiras judias privadas de suas posses e deportadas pelos nazistas, fadadas, em última análise, à aniquilação como parte da "Solução Final" – expressão empregada para se referir ao plano de genocídio do povo judeu. A elas juntaram-se comunistas não judias da França ocupada, destinadas ao encarceramento e à erradicação em decorrência de sua resistência aos nazistas.

Esse grupo de mulheres resilientes e escravizadas concebeu, cortou, costurou e embelezou roupas para *Frau* Höss e outras esposas de oficiais e guardas da SS, criando belas vestes para o mesmo povo que as desprezava por considerá-las criaturas subversivas e sub-humanas: as esposas dos homens ativamente empenhados na destruição de todos os judeus e de todos os inimigos políticos do regime nazista. Para as costureiras no ateliê de moda de Auschwitz, a prática de corte e costura era uma defesa contra as câmaras de gás e os fornos.

As costureiras desafiaram as tentativas nazistas de desumanizá-las e degradá-las, formando os mais incríveis laços de amizade e lealdade. À medida que as linhas eram enfiadas nas agulhas e as máquinas de costura zuniam, elas faziam planos de resistência e até mesmo de fuga. Este livro é a história dessas mulheres. Não se trata de uma narrativa romanceada. As cenas íntimas e os diálogos descritos baseiam-se inteiramente em testemunhos, documentos, provas materiais e memórias relatadas a membros da família ou diretamente a mim, com o respaldo da leitura de uma extensa bibliografia e de investigação arquivística.

Depois de saber da existência desse ateliê, iniciei uma pesquisa mais aprofundada, tendo em mãos algumas informações básicas e uma lista incompleta de nomes: Irene, Renée, Bracha, Katka, Hunya, Mimi, Manci, Marta, Olga, Alida, Marilou, Lulu, Baba, Borickha. Tinha quase perdido a esperança de descobrir mais coisas – quanto mais de ter acesso à biografia completa das costureiras – quando o romance de ficção para jovens adultos que escrevi, ambientado numa versão fictícia do ateliê (*The Red Ribbon*),* chamou a atenção de famílias na Europa, em Israel e na América do Norte. Na sequência chegaram os primeiros e-mails:

"Minha tia era costureira em Auschwitz."
"Minha mãe era costureira em Auschwitz."
"Minha avó dirigia a oficina de costura em Auschwitz."

Pela primeira vez, tive contato com as famílias das reais costureiras. Foi ao mesmo tempo chocante e inspirador começar a desvendar a vida e o destino delas.

De maneira extraordinária, uma das costureiras do grupo ainda está viva e muito bem, disposta a falar – uma singular testemunha ocular de um lugar que exemplifica ao grau máximo as abomináveis contradições e crueldades do regime nazista. A sra. Kohút, com 98 anos de idade quando nos encontramos, entabula histórias antes mesmo de eu fazer perguntas. Suas lembranças vão desde a fartura de nozes e doces quando era menina durante a festa judaica dos Tabernaculos até ver um amigo da escola ter o pescoço quebrado por um golpe de pá aplicado por um soldado da SS** em Auschwitz, simplesmente por ter falado enquanto trabalhava.

Ela me mostra fotografias suas de antes da guerra, uma adolescente vestindo um belo suéter de tricô e segurando uma magnólia; e uma de vários anos depois da guerra, vestindo um elegante casaco

---

* Publicado em Portugal como *Um ateliê de sonhos*. Amadora: Top Seller, 2019. (N. T.)

** Importante ferramenta do terror nazista, o Esquadrão de Proteção (*Schutzstaffel*), conhecido como SS, a princípio formava uma guarda especial com a função de proteger Adolf Hitler e outros líderes do Partido Nazista em ocasiões públicas. Seus membros, que usavam camisas pretas (para diferenciá-los das camisas marrons dos membros das Tropas de Assalto, as *Sturmabteilung*), formavam uma tropa de elite, serviam como policiais auxiliares e, mais tarde, como guardas dos campos de concentração. (N. T.)

modelado segundo o estilo do famoso *new look* Christian Dior. Quem vê essas duas fotos jamais imagina a realidade vivida pela sra. Kohút durante os anos que separam uma da outra.

Não existem fotografias da angustiante vida de mil dias que ela levou em Auschwitz. Ela me diz que em cada um desses mil dias poderia ter morrido mil vezes. Suas palavras criam as imagens enquanto ela pula de uma lembrança para a outra, seus dedos agora roçando as costuras da calça, tornando os vincos mais nítidos e acentuados – um pequeno sinal de emoções que, de resto, são mantidas sob controle. O inglês é sua quinta língua, aperfeiçoada durante longos anos nos Estados Unidos. Ela muda facilmente de um idioma para outro, e faço o melhor que posso para acompanhá-la. Tenho caneta e papel a postos para fazer anotações, além de uma longa lista de perguntas. Quando começo a fuçar no celular a fim de preparar a câmera de vídeo, a sra. Kohút me cutuca. Ela indica:

— Ouça!

E eu ouço.

CAPÍTULO UM
Uma das poucas que sobreviveram

"Depois de dois anos, fui para o prédio da administração, onde trabalhei como costureira na sala de costura para famílias da SS. Trabalhava de dez a doze horas por dia. Sou uma das poucas que sobreviveram ao inferno de Auschwitz."
Olga Kovácz[1]

Um dia como outro qualquer.

À luz de duas janelas, um grupo de mulheres com lenço branco na cabeça costurava ao redor de compridas mesas de madeira, as cabeças inclinadas sobre as roupas, dedos hábeis transpassando a agulha no pano e alinhavando pontos. Era uma sala num porão. O céu além das janelas não representava liberdade. Esse recinto era o refúgio delas.

As mulheres estavam rodeadas por toda a parafernália de um próspero ateliê de moda, todas as ferramentas de seu ofício. Sobre as mesas, fitas métricas enroladas, tesouras e carretéis. Empilhados ao lado, rolos de todos os tipos de tecido. Espalhados ao redor, revistas de moda e moldes de costura do leve e maleável papel Kraft. Adjacente à oficina principal, havia um provador privativo para clientes, tudo sob a égide da inteligente e competente Marta, que, não muito tempo antes, gerenciava seu próprio e bem-sucedido ateliê em Bratislava. Dando assistência a Marta, Borichka.

As costureiras não trabalhavam em silêncio. Em uma algazarra – uma babel de eslovaco, alemão, húngaro, francês, polonês –, conversavam sobre seu trabalho, suas casas, suas famílias... inclusive brincavam entre si. Afinal, eram na maioria jovens, meninas no fim da adolescência ou moças de vinte e poucos anos. A mais nova tinha apenas 14 anos de idade. "Franguinha", como a chamavam, corria de um lado para o outro do salão buscando e levando alfinetes e varrendo fios cortados.

As amigas trabalhavam juntas. Irene, Bracha e Renée, todas de Bratislava, e a irmã de Bracha, Katka, que costurava elegantes casacos de lã para suas clientes, mesmo quando seus dedos estavam congelados de frio. Baba e Lulu também eram amigas íntimas, uma sisuda e a outra travessa. Hunya, de trinta e poucos anos, era ao mesmo tempo uma amiga e uma figura materna, ostentando uma personalidade forte que impunha respeito. Olga, quase com a mesma idade de Hunya, parecia uma idosa para as mais novas.

Eram todas judias.

Costuravam ao lado delas duas comunistas francesas: Alida, a *corsetière* – especialista na confecção de corseletes, sutiãs, corpetes e espartilhos –, e a combatente da resistência Marilou, ambas presas e deportadas por se oporem à ocupação nazista em seu país.

Ao todo, 25 mulheres trabalhando, manejando agulhas e perfurando o tecido. Quando uma delas era chamada e nunca mais reaparecia, Marta logo tomava providências para que outra ocupasse seu lugar, a fim de que o maior número possível de prisioneiras se juntasse ao refúgio no porão. Naquela sala de costura elas tinham nome. Fora do ateliê, não tinham: eram apenas números.

Trabalho não faltava. O livro de pedidos, grande e negro, estava tão abarrotado de encomendas que a espera podia chegar a seis meses, mesmo para clientes do alto escalão em Berlim. Dava-se prioridade aos clientes locais e à proprietária do salão, Hedwig Höss. Esposa do comandante do campo de concentração de Auschwitz.[*]

Certo dia, um dia como qualquer outro, ouviu-se um grito de consternação no salão do porão e sentiu-se horrível cheiro de

---

[*] Os comandantes do complexo de campos de concentração de Auschwitz foram: tenente-coronel da SS Rudolf Höss, de maio de 1940 a novembro de 1943; tenente-coronel da SS Arthur Liebehenschel, de novembro de 1943 até meados de maio de 1944; e major da SS Richard Baer, de meados de maio de 1944 a 27 de janeiro de 1945. (N. T.)

tecido queimado. Catástrofe. Enquanto uma das costureiras passava um vestido, o ferro, quente demais, queimou o tecido; a marca de queimadura era bem visível na frente, sem maneira de escondê-la. A cliente tinha hora marcada para fazer a prova de ajustes no dia seguinte. Louca de aflição, a desajeitada costureira perguntava, aos berros:

— O que podemos fazer? O que podemos fazer?

As outras interromperam o trabalho, sentindo o pânico da companheira. Não se tratava de um simples vestido arruinado. As clientes de lá eram esposas de homens de alto escalão da guarnição da SS em Auschwitz. Homens famosos por espancamentos, tortura e assassinato em massa. Homens com controle total sobre a vida e o destino de cada uma das mulheres naquele ambiente.

Marta, no comando, avaliou com calma os estragos.

— Sabem o que vamos fazer? Vamos tirar esta nesga aqui e inserir este tecido novo. Rápido, agora…

Todas se reuniram e juntaram forças.

No dia seguinte, a esposa de um oficial da SS chegou na hora marcada para provar a roupa. Experimentou o vestido e olhou, perplexa, no espelho do provador.

— Não me lembro de o design ser assim.

— Claro que era — respondeu Marta, em tom delicado. — Não está lindo? Um estilo novo…[2]

Desastre evitado. Por ora.

As costureiras voltaram ao trabalho, as agulhas perfurando o tecido e alinhavando pontos, e viveram para ver mais um dia como prisioneiras em Auschwitz.

As forças que convergiram para criar um ateliê de moda em Auschwitz também foram responsáveis por moldar e fraturar a vida das mulheres que acabariam por trabalhar lá. Duas décadas antes, quando as costureiras ainda eram meninas, ou apenas bebês, não podiam ter noção de como seu destino as reuniria lá. Mesmo os adultos que faziam parte de sua vida teriam pelejado para compreender um futuro que incluísse a alta-costura em meio ao genocídio industrializado.

Quando somos crianças, o mundo é muito pequeno, mas rico em detalhes e sensações. A lã pinicando a pele, dedos frios atrapalhando-se ao lidar com botões teimosos, o fascínio dos fios se desmanchando em rasgo no joelho das calças puídas. No começo, nosso horizonte é limitado pelas paredes de uma casa de família, depois se amplia para esquinas, campos, florestas e paisagens urbanas. Não há nenhum presságio a anunciar o que acontecerá. Com o tempo, memórias e recordações são tudo o que resta de anos perdidos.

Um dos rostos que olham do passado é o de Irene Reichenberg ainda criança, em uma fotografia de data desconhecida. Suas feições são pálidas entre as sombras; suas roupas, indistintas. As bochechas arredondadas em um sorriso hesitante, como se, cautelosa, temesse mostrar emoção em excesso.

Irene nasceu em 23 de abril de 1922, em Bratislava, bela cidade da então Tchecoslováquia às margens do rio Danúbio, a apenas uma hora de Viena.

Irene Reichenberg quando criança.

O nascimento aconteceu três anos depois de um recenseamento que mostrou que a população da cidade era principalmente uma mistura étnica de alemães, eslovacos e húngaros. Desde 1918, todos estavam sob o controle político do novo Estado tchecoslovaco, mas a comunidade judaica, com quase 15 mil pessoas, concentrava-se em determinado bairro da cidade, a poucos minutos a pé da margem norte do Danúbio.

O centro do bairro judaico era a Judengasse, ou Židovská ulica, rua dos Judeus. Antes de 1840, os judeus haviam sido segregados nessa única ladeira de Bratislava, parte da propriedade do castelo local. Portões em ambas as extremidades eram trancados à noite por guardas municipais, criando uma rua-gueto, o que deixava claro que os judeus deveriam ser considerados indivíduos separados dos outros nativos da cidade.

Nas décadas que se seguiram, as leis antissemitas foram afrouxadas, permitindo às famílias judias mais prósperas a liberdade de se mudarem dessa rua e se deslocarem para a parte principal da cidade. Os outrora imponentes edifícios barrocos da rua Židovská foram subdivididos em acanhados cortiços que abrigavam famílias numerosas. Embora a área tivesse a reputação de ser precária, as ruas de paralelepípedos eram imaculadamente limpas, e as lojas e as oficinas viviam movimentadas. Era uma comunidade unida e solidária. Todo mundo conhecia todo mundo. E todos sabiam da vida uns dos outros também. Os moradores nutriam um sentimento especial de pertencimento.

> "Aquela foi a época mais feliz da minha vida. Nasci lá, cresci lá e lá vivia com minha família."
> *Irene Reichenberg*[3]

A rua Židovská era um lugar maravilhoso para as crianças, que, aos tropeções e às cambalhotas, entravam e saíam da casa de amigos e dominavam estradas e calçadas com jogos e brincadeiras. A casa de Irene ficava no número 18, no segundo andar de um edifício de esquina. Na família Reichenberg havia oito crianças. Como em qualquer grande família, diferentes alianças e lealdades se formaram entre os irmãos, bem como certo distanciamento entre os mais velhos e os mais novos. Um dos irmãos de Irene, Armin, trabalhava numa loja de doces. Futuramente partiria para o Mandato Britânico da Palestina e seria poupado do trauma do Holocausto. Outro irmão, Laci Reichenberg, trabalhava em uma empresa judaica atacadista de tecidos. Ele se casou com uma jovem eslovaca chamada Turulka Fuchs.

Nos primeiros anos de Irene, ninguém da família pensava em guerra. Esperava-se que todo aquele horror acabasse após o Armistício de 1918 e o nascimento do novo país, a Tchecoslováquia, onde os judeus eram cidadãos. A própria Irene era jovem demais para ter consciência do mundo fora dos limites do bairro judaico. Seu caminho, como o da maioria das meninas da época, era se tornar proficiente no trabalho doméstico, com vistas ao casamento e à maternidade, a exemplo das irmãs mais velhas. Katarina, conhecida como Käthe, foi cortejada por um belo jovem chamado Leo Kohn; Jolanda, ou Jolli, casou-se com o eletricista Bela Grotter em 1937; Frieda foi a próxima a se casar, tornando-se Frieda Federweiss, deixando apenas Irene, Edith e Grete.[4]

O sustento financeiro dessa família numerosa cabia ao pai de Irene, Shmuel Reichenberg. Shmuel era sapateiro, um dos muitos artesãos da Židovská. A perícia e a pobreza dos sapateiros foram imortalizadas nos contos de fadas. Realmente havia uma espécie de magia na hábil maneira como Shmuel cortava e moldava peças de couro flexível em uma fôrma de madeira, dava pontos entre as costuras com linha encerada e martelava com cuidado cada prego, curvado sobre seu trabalho das 7h da manhã até tarde da noite, tudo sem ajuda de máquinas. O dinheiro era apertado, e as vendas, incertas. Para muitos moradores da rua Židovská, sapatos novos ou até mesmo consertos de sapatos eram um luxo. Nos duros anos entreguerras, as pessoas mais pobres andavam descalças ou amarravam trapos para impedir que os calçados estragados se desfizessem de vez.

Se cabia ao pai de Irene o papel de provedor do sustento para a família, a mãe dela, Tzvia, ou Cecilia, era a panificadora e dona de casa. Seu dia de trabalho era ainda mais longo que o de seu marido. A labuta doméstica era árdua e penosa, sem máquinas que poupassem esforço e sem a ajuda de criados, apenas das filhas. A cada dois anos, Tzvia engravidava, o que significava uma canseira adicional à lida de cozinhar, limpar e lavar roupas. Apesar da família grande e da renda pequena, Tzvia fazia o possível para que cada filho pequeno se sentisse especial. Num ano, a pequena Irene recebeu um presente de aniversário especial: um ovo cozido inteiro só para ela. Ficou encantada com isso, e seus amigos na rua Židovská souberam dessa maravilha.

Desse grupo especial de amigos fazia parte uma menina de uma família judia ortodoxa: Renée Ungar. O pai de Renée era rabino, e sua mãe, dona de casa. Um ano mais velha que Irene, Renée era ousada, em contraste com o comedimento de Irene.[5] Um retrato de Renée datado de 1939 mostra uma postura calma e inteligente, contrabalançada por pompons de dois tons pendurados em uma gola arredondada estilo Peter Pan.

Uma década antes de esta foto ser tirada, quando Irene tinha 7 anos, ganhou uma nova coleguinha de brincadeiras que se tornaria uma amiga para toda a vida e uma corajosa companheira durante a jornada mais angustiante que elas enfrentariam: Bracha Berkovič.

> "Passamos bons momentos lá."
> ***Bracha Berkovič***

Renée Ungar em 1939.

Bracha era uma camponesa nascida na aldeia de Čepa, nas terras altas da Rutênia dos Cárpatos [que pertencia à Áustria-Hungria antes da Primeira Guerra Mundial, mas se tornou parte do novo Estado da Tchecoslováquia em 1919]. Longe dos principais centros industriais, essa parte da Tchecoslováquia do entreguerras era basicamente agrícola. As cidadezinhas e os vilarejos rurais se distinguiam pelos próprios padrões de fala e costumes locais e até mesmo pelos desenhos de bordado locais.

A paisagem da infância de Bracha foi dominada pelas cordilheiras aparentemente intermináveis das altas montanhas Tatras, que aos poucos se suavizavam para dar lugar a campos de trevo, centeio, cevada e brotos verdes de beterraba-sacarina. Os campos eram lavrados por grupos de moças vestindo blusa de mangas bufantes, saia larga em multicamadas e lenço colorido na cabeça. Meninas pastoras cuidavam de seus rebanhos; trabalhadores capinavam empunhando enxadas, colhiam e faziam a respiga. O verão era a época para usar roupas de algodão e cores mais claras – xadrez, florais e listras. O inverno pedia lã e tecidos rústicos pesados. As roupas escureciam em contraste com a neve. Quentes xales com franjas aqueciam a cabeça e se enrolavam sob o queixo ou se cruzavam por cima dos ombros e se amarravam nas costas. Faixas brilhantes de bordado floral cintilavam nos punhos e nas costuras das mangas.

A vida posterior de Bracha se ligou de maneira indissociável ao mundo do vestuário e, coincidentemente, seu nascimento também. Sua mãe, Karolína, precisou continuar com o pesado trabalho de lavar roupas, mesmo no fim da gravidez. Na zona rural dos Cárpatos, desde a primeira luz da alvorada as mulheres carregavam trouxas de roupa suja para o rio, onde trabalhavam descalças na água fria, enquanto as crianças brincavam às margens. Outras lavagens eram feitas em casa, jogando-se roupas ensaboadas dentro de tinas, esfregando-as nas tábuas, torcendo-as com as mãos rachadas e depois carregando-as para um varal onde eram postas para secar. Em um dia frio e chuvoso, Karolína subia uma escada para pendurar roupas pesadas para secar sob o beiral do telhado quando sentiu as primeiras dores do parto. Era 8 de novembro de 1921. Na época, Karolína tinha 19 anos. Era seu primeiro bebê.[6]

Bracha nasceu na casa dos avós. Embora fosse pequena e apinhada, contasse apenas com um forno de barro para aquecimento e água de uma bomba, Bracha se recordava de sua infância como uma época de paraíso terrestre.[7]

O amor familiar estava no centro de suas lembranças felizes, apesar de algumas inevitáveis tensões.[8] O casamento de seus pais fora arranjado por uma casamenteira local – costume que não era incomum no Leste Europeu naquele período – e era uma auspiciosa parceria de duas pessoas honestas e capazes. Salomon Berkovič, nascido surdo-mudo, estava destinado a se casar com a irmã mais velha de Karolína, mas ela o recusou por causa de sua deficiência física. Karolína, de 18 anos, foi persuadida a tomar o lugar da irmã, seduzida pela imagem de si mesma como uma noiva vestida de branco.

> "Todos davam o melhor de si
> em uma vida muito difícil e árdua."
> ***Bracha Berkovič***

Depois do casamento, Karolína deu à luz a uma fila de bebês. Após o nascimento abrupto de Bracha naquele dia de lavar roupas, vieram ao mundo Emil, Katarina, Irene e Moritz. O casebre ficou tão lotado que Katarina – conhecida como Katka – foi enviada para morar com a tia sem filhos, Genia, até os 6 anos de idade. Embora se sentisse próxima da irmã Irene, foi com Katka que Bracha entreteceu laços inquebrantáveis quando foram transportadas juntas para Auschwitz. A lealdade das irmãs garantiu que compartilhassem um destino comum no "estúdio de alta-costura superior".[9]

O mundo da infância de Bracha incluía sentir o aroma do chalá, o pão trançado do *shabat* (sábado) judaico, saborear biscoitos de ázimo polvilhados com açúcar cristalizado e comer maçãs assadas com sua tia Serena, em uma casa cheia de bugigangas e toalhas de mesa decorativas. A costura foi a primeira atividade que expandiu os horizontes de Bracha para além da vida na aldeia. Mais especificamente, a alfaiataria.

Salomon Berkovič era um alfaiate extremamente talentoso, hábil o suficiente para encontrar trabalho em uma firma de elite chamada Pokorny, em Bratislava. Sua máquina de costura foi transportada de Čepa para a cidade grande, e aos poucos ele foi arrebanhando uma clientela fiel, trabalhando em casa, na rua Židovská, com um assistente para ajudar nos consertos e nas reformas de peças. Mais tarde, expandiu o negócio e contratou três funcionários – todos surdos-mudos –, além do tio de Bracha, Herman, como aprendiz. Todos os anos, viajava para Budapeste a fim de participar de eventos de moda em que se apresentavam os mais recentes estilos de roupa masculina.

O sucesso de seu empreendimento deveu-se em grande parte à incansável assistência de Karolína, que o acompanhava a Bratislava para fazer as vezes de intermediária junto aos clientes e ajudar com os acessórios. Determinada a não ficar para trás, a jovem Bracha produzia quantidades de lágrimas suficientes para persuadir a mãe a deixá-la viajar para Bratislava também.

Era uma viagem de trem empolgante para uma menina de aldeia, misturando-se com outros passageiros e imaginando que surpresas o fim da jornada proporcionaria. As placas no trem estavam escritas em tcheco, eslovaco, alemão e francês, realçando a mistura de povos da Tchecoslováquia. Pelas janelas do vagão ela vislumbrava as mudanças de cenário. O trem rumava a um mundo novo e deslumbrante.

Bratislava era verdejante de árvores, iluminada com a nova arquitetura e repleta de pessoas olhando vitrines e fazendo compras, transitando de carrinhos de bebê, cavalos, carrinhos de mão, automóveis e bondes elétricos. No rio Danúbio, barcaças de carga, pequenos rebocadores e navios a vapor com propulsão de roda de pás singravam águas plácidas. Para Bracha, o apartamento na rua Židovská era um lugar cheio de maravilhas em comparação com a vida de aldeia em Čepa. Havia água corrente saindo de torneiras em vez de baldes que eles enchiam em bombas. No lugar das lamparinas de azeite, luzes elétricas se acendiam e se apagavam com um interruptor. Um vaso sanitário entre quatro paredes era o maior dos deslumbramentos. Melhor ainda, havia a possibilidade de fazer novas amizades. As meninas que ela conheceu em Bratislava seriam suas companheiras durante os piores momentos que os anos de guerra acarretariam.

"Eu gostava de tudo, de tudo, de tudo…
eu gostava de ir para a escola."
Irene Reichenberg

Bracha conheceu Irene Reichenberg na escola. A educação era uma qualidade fundamental da vida judaica, por mais pobre que fosse a família. Em Bratislava não faltavam escolas nem faculdades. As roupas usadas para uma fotografia de 1930 do grupo de alunos da Escola Ortodoxa Judaica de Ensino Fundamental do bairro mostram o orgulho que as famílias tinham em mandar seus filhos para a escola, mesmo que isso significasse custo extra em casa. Como a foto posada é uma ocasião especial, algumas meninas estão de meias e sapatos brancos, em contraste com as robustas botas de couro que eram mais adequadas para as brincadeiras. Muitas meninas usam vestidos estilo *shift dress* [modelo de caimento simples e totalmente reto dos ombros à barra, que vai só até antes do joelho, tem base mais larga e cintura solta], fáceis de costurar e manter; outras usam trajes mais chiques estilo bata, com uma variedade de golas rendadas ou engomadas.

Fotografia da Escola Ortodoxa Judaica de Ensino Fundamental, 1930. Bracha Berkovič é a segunda a partir da esquerda, na fileira do meio.

Fica óbvia a moda dos cabelos curtos estilo *bob* ou *chanel* (na altura do maxilar) dos anos 1920, assim como as tranças, mais tradicionais. Não havia uniforme escolar para meninas, então vez por outra as últimas tendências da moda podiam se infiltrar. Certo ano, houve uma febre das golas sobrepostas tipo *volant*, feitas de tecidos muito finos que eram pregueados ou tinham babados. As garotas competiam entre si para ver quem usava mais *volants* ao mesmo tempo. A vencedora foi uma menina chamada Perla, que despertou a inveja de todas as outras por seus muitos plissês de musselina delicada. Dias felizes.

As aulas na Escola Ortodoxa Judaica de Ensino Fundamental eram ministradas em alemão, língua que teria um domínio cada vez maior na vida tchecoslovaca. No início, Bracha teve dificuldade para se encaixar, por ser nova na cidade e se sentir mais confortável falando húngaro e iídiche; mas logo se adaptou, fazendo amizade com Irene e Renée. Todas as meninas tornaram-se poliglotas, às vezes mudando de um idioma para outro na mesma frase.

Fora do horário escolar, as crianças do bairro judaico perambulavam pelas ruas e pelas escadas brincando de pega-pega, esconde-esconde, rolavam aros de bicicleta pela via ou simplesmente se divertiam com traquinagens. Durante o recesso escolar de verão, pobres demais para viajar e passar férias fora da cidade, aglomeravam-se para nadar em uma piscina rasa à beira do rio Danúbio ou para brincar no parque.

Esses jogos e brincadeiras não impediam Bracha de sentir saudades de seus amigos da aldeia. Aos 11 anos, importunou os pais até conseguir permissão para voltar a Čepa no verão. Querendo causar boa impressão como menina independente da cidade grande, planejou uma roupa muito mais bonita que qualquer coisa que ela usava normalmente em Bratislava e, cheia de orgulho, embarcou sozinha no trem. Usou um vestido bege, presente de uma amiga rica, um cinto vermelho de couro envernizado, sapatos pretos de couro envernizado e um chapéu de palha com uma fita colorida.

Detalhes como esses parecem frívolos em um contexto mais amplo da guerra e do sofrimento que se seguiria, mas marcam na memória. Permanecem na mente quando essas liberdades e essa elegância parecem pertencer a um mundo desaparecido.

"São lembranças realmente muito bonitas."
Irene Reichenberg

As melhores roupas de todas eram reservadas para o sábado e outros dias sagrados. As famílias judias seguiam um antigo padrão de rituais familiares, do festival de Rosh Hashaná (o Ano-Novo judaico) às guloseimas de maçãs mergulhadas no mel, ao pão sem fermento e ervas amargas das refeições do Seder.* Nos principais feriados judaicos abatiam-se gansos engordados, comia-se pipoca e a canja de galinha fervia no fogão. Irene amava ver sua numerosa família reunida em casa para orações, bênçãos e o calor da união.

No *shabat*, as residências da rua Židovská recendiam ao aroma do pão chalá fresquinho, trançado com destreza por Bracha. A massa era misturada em casa e depois levada à padaria local para assar. As mulheres faziam uma meticulosa limpeza nas casas e amarravam aventais brancos para acender velas nas noites de sexta-feira.

---

* Serviço ritual e jantar cerimonial da primeira noite ou das duas primeiras noites do Pessach, a Páscoa dos judeus. (N. T.)

Embora o *shabat*, celebrado do anoitecer de sexta-feira ao pôr do sol do sábado, fosse, por lei, um período sem trabalho – incluindo proibições ao trabalho têxtil, como tingir, fiar ou costurar –, ainda assim havia uma família para alimentar. A mãe de Bracha de alguma forma encontrava tempo e energia para preparar biscoitos de canela e *topfenknödel*, uma espécie de bolinho cozido de queijo fresco ou ricota, popular até mesmo nos chiques cafés vienenses.

As festas de casamento eram naturalmente um ponto alto da vida familiar. Quando um dos assistentes de alfaiataria de Salomon Berkovič anunciou que a irmã se casaria com o tio de Bracha, o sapateiro Jenő, Bracha recebeu de presente uma rara extravagância: uma roupa comprada em loja. Desejosa de copiar o pai, que sempre passava roupas em sua oficina, Bracha decidiu passar ela mesma o lindo vestido de marinheiro. Os preparativos da noiva foram interrompidos quando todos na casa perceberam um horrível cheiro de queimado: o vestido estava chamuscado.

Pareceu uma catástrofe para a pequena Bracha, obrigada a usar um vestido velho na cerimônia de casamento. Anos depois, quando alguém queimou um vestido na tábua de passar do ateliê de moda de Auschwitz e Marta, a supervisora, com sangue-frio tomou as rédeas da situação e evitou o desastre, essa lembrança de infância adquiriria um lustro diferente e mais suave. Bracha se lembraria da noiva do tio Jenő sendo vestida e arrumada em um quarto transformado em um país das maravilhas pela música de um gramofone de corda, enfeites de papel e lâmpadas iluminando uma pequena árvore plantada em um vaso. Tão logo a memória se apagasse, ela teria que retornar à realidade do "estúdio de alta-costura superior" e às exigências dos clientes nazistas.

> "Sabíamos desde o primeiro momento
> que pertencíamos um ao outro."
> ***Rudolf Höss***

Havia um mundo inteiro de distância entre o casamento do tio de Bracha e as núpcias celebradas na Alemanha em 17 de agosto de 1929, em uma fazenda na Pomerânia, cerca de uma hora ao sul do mar Báltico. Futuramente, essa noiva teria um impacto profundo na vida de Bracha, embora seja duvidoso que algum dia ela ao menos tenha sabido o nome de Bracha.

Trata-se do casamento de um ex-soldado paramilitar mercenário chamado Rudolf Höss. Não muito tempo depois de cumprir pena por assassinato, Höss se casou com Erna Martha Hedwig Hensel, de 21 anos, conhecida como Hedwig. Uma fotografia do dia da cerimônia mostra a noiva em um vestido branco de cintura folgada e que cai até o meio da panturrilha. Mangas curtas revelam braços finos. Longas tranças arredondadas dão a seu rosto jovem um aspecto pequeno e delicado.[10]

"Nós nos casamos o mais rápido possível para começarmos nossa vida difícil juntos", escreveu Rudolf em suas memórias.[11] Havia também o então embaraçoso fato de que Hedwig já estava grávida de seu primeiro filho, Klaus, concebido não muito depois que ela e Rudolf se conheceram.

O jovem casal foi apresentado pelo irmão de Hedwig, Gerhard Fritz Hensel, e foi um notório caso de amor à primeira vista: um romance entre dois idealistas ardentes e devotos de um incipiente grupo chamado Artman Bund, ou Liga Artamana, cujos membros eram adeptos da ideologia *völkish* (popular e nacionalista): ansiavam por uma vida rural simples, construída em torno de conceitos de ecologia, trabalho agrícola e autossuficiência. O desenvolvimento saudável da mente e do corpo era o objetivo central, com a proibição do álcool, da nicotina e, ironicamente para os recém-casados, do sexo extraconjugal. Rudolf e Hedwig se sentiram em casa em meio ao que Rudolf chamou de "comunidade de jovens patriotas" ávidos por um estilo de vida naturista.[12]

As teorias raciais dos artamanos combinavam perfeitamente com a retórica de "sangue e solo" dos proponentes direitistas do conceito de *Lebensraum* [espaço vital] promovido com tanta ênfase no grandiloquente manifesto de Adolf Hitler, *Mein Kampf* [*Minha luta*]: que a Alemanha precisava se expandir para leste de modo a criar sua versão de um paraíso agrícola, racial e industrial, exclusivo para aqueles em cujas veias circulava o puro sangue alemão.

Hedwig estava tão engajada quanto o marido nesses ideais e ansiosa para começar a cultivar a própria terra assim que o casal recebesse seu quinhão. Contudo, não eram trabalhadores camponeses passivos. Rudolf foi nomeado inspetor regional artamano. Um ano depois, seu caminho se cruzou com o de Heinrich Himmler pela segunda vez; eles haviam se conhecido em 1921, quando Himmler era um ambicioso estudante de agronomia. Ambos se tornaram devotados membros do Nationalsozialistische Deutsche Arbeiterpartei, o hitlerista Partido Nacional-Socialista dos Trabalhadores Alemães (NSDAP), mais conhecido como Partido Nazista. Discutiam os problemas da Alemanha. Himmler propunha que a única solução para a imoralidade urbana e o enfraquecimento racial era conquistar um novo território no leste.[13] Suas futuras colaborações teriam resultados devastadores para milhões de judeus.

De volta a Bratislava, aparentemente a salvo das ambições dos artamanos e dos nazistas, a vida judaica continuou normal na década de 1930. Famílias numerosas acabavam significando grandes reuniões para casamentos e outras ocasiões festivas – uma chance de encontrar parentes que viviam em lugares distantes e de conhecer uma miríade de parentes por afinidade. As redes interfamiliares eram complexas. De alguma forma, todas as pessoas estavam ligadas a todas as outras – não parecia haver nada de extraordinário nisso. Então, quando o irmão mais velho de Irene, Laci Reichenberg, se casou com Turul Fuchs – conhecida como "Turulka" –, por que Irene ou Bracha pensariam em qualquer outra coisa a não ser ficarem felizes pelos recém-casados?

Esse vínculo seria fatídico de maneiras que eles não podiam imaginar.

Turulka Fuchs tinha uma irmã chamada Marta.

A inteligente e competente Marta Fuchs era apenas quatro anos mais velha que Irene e Bracha, mas esses quatro anos pareciam colocá-la a mundos de distância em termos de maturidade e experiência.[14] A família de Marta era originária de Mosonmagyaróvár, hoje parte da Hungria. Sua mãe se chamava Rósa Schneider; seu pai, Dezider Fuchs – conhecido em húngaro como Deszö. A Grande Guerra ainda estava longe de seus estertores quando Marta nasceu, em 1º de junho de 1918. Quando as famílias de Rósa e Dezider se mudaram para Pezinok, o vilarejo era próximo o suficiente de Bratislava para permitir que Marta frequentasse uma escola de ensino médio, onde se especializou em artes.[15] Assim que concluiu os estudos, Marta tornou-se costureira, passou por um período de treinamento com A. Fischgrundová entre setembro de 1932 e outubro de 1934 e depois trabalhou em Bratislava até sua deportação, em 1942.

Marta Fuchs, terceira de pé a partir da direita, em uma festa de família, em 1934.

Em 8 de julho de 1934, os avós de Marta, os Schneider, celebraram bodas de ouro em Mosonmagyaróvár. Marta acompanhou os pais e as irmãs na festa. Os parentes próximos se reuniram para uma fotografia em um pátio sombreado. Marta – ao lado da irmã Klárika – já dava indícios de que levava jeito para questões da moda, com um laço alegre na frente da blusa. O rosto dela se vê sorridente e sossegado; sua natureza calorosa e amigável é evidente. Turulka, já casada havia alguns com Laci Reichenberg, está sentada no centro, segurando uma menina no colo. Há outros toques de estilo nos ternos bem cortados, o lenço listrado *art déco* usado pela mãe de Marta (a terceira a partir da esquerda, sentada) e os elegantes sapatos urbanos das mulheres sentadas na primeira fila.

Em 1934, Marta estava em Bratislava, terminando seus dois anos de instrução como costureira. Também em 1934, Rudolf Höss ingressou na SS – o que era uma espécie de vocação bem diferente.

Depois de muita reflexão e autoanálise, decidiu que seu sonho de idílio agrícola com os artamanos teria que esperar. Himmler o havia persuadido de que seus talentos poderiam servir a um papel muito melhor em uma arena mais ambiciosa: promover os objetivos do nacional-socialismo. Rudolf aceitou sua primeira função no campo de concentração de Dachau, nos arredores de Munique. Supostamente, para "reeducar" os que representassem uma ameaça ao regime nazista recém-eleito.

Sua esposa, Hedwig, obedientemente se mudou para os alojamentos das famílias de guardas e oficiais da SS em um distrito nos arredores do campo de concentração, com seu trio de filhos pequenos: Klaus, Heidetraut e Inge-Brigitt. Apesar da drástica mudança, Hedwig estava politicamente comprometida com os objetivos nacional-socialistas e não se opôs ao novo trabalho do marido. Afinal, ele estava apenas atuando como guardião dos "inimigos do Estado". Para o nascimento de seu quarto filho, Hans-Jürgen, ela solicitou uma cesariana, de modo que um trabalho de parto demorado não interferisse nos planos de ouvir o grande discurso do 1º de Maio de Hitler em Berlim.[16]

Em 1934, Bracha Berkovič estava bem longe da política de Berlim ou mesmo da agitação de Bratislava. Durante uma celebração de Rosh Hashaná, adoeceu. Foi diagnosticada com tuberculose. Por causa de uma transferência para o renomado sanatório de tuberculose de Vyšné Hágy, nas altas montanhas Tatras, parte mais elevada da cordilheira dos Cárpatos, ela se ausentou de casa por dois longos anos enquanto se recuperava. Sua visão de mundo se ampliou tanto quanto a vista espetacular que tinha lá nas alturas do sanatório. Aprendeu a língua tcheca, adaptou-se a comer alimentos não *kosher** e até mesmo recebeu seu primeiro presente de Natal: um lindo vestido. Ficou maravilhada com o cintilante verdor da árvore de Natal do sanatório.

Apesar de todas essas novas experiências, Bracha ainda não era versada em termos de conhecimento do mundo. Tendo encontrado brinquedos e roupas abandonados no sótão do sanatório, lá deixados por pacientes anteriores, decidiu mandá-los para sua família em Bratislava. Pegou uma porção de coisas – incluindo um ioiô e um ursinho de pelúcia cuja barriga rosnava – e marchou para a agência do correio local, confiando que de alguma forma chegariam à sua casa. O funcionário do correio gentilmente acondicionou os presentes em um pacote de verdade, depois endereçou a encomenda e cuidou dos trâmites da postagem.

Por causa da temporada que passou internada, Bracha ficou um ano atrasada na escola em relação a Irene e Renée quando voltou para Bratislava. Todas as meninas continuaram os estudos, tendo aulas que as prepariam para o mundo do trabalho. Por necessidade financeira, a maioria das crianças da rua Židovská saía da escola aos 14 anos para aprender um ofício. Havia restrições de emprego em função do gênero. As meninas destinavam-se a trabalhar principalmente no secretariado ou no comércio de tecidos, e a renda destinava-se a mantê-las até que se casassem e constituíssem a própria família.

Irene se matriculou em uma escola técnica comercial administrada por alemães dos Cárpatos. Renée fez treinamento técnico em estenografia e contabilidade. Bracha primeiro conseguiu vaga em um curso de secretariado na Escola Católica de Ensino Médio Notre-Dame. Como tinha aparência "cristã", de acordo com os simplistas e reducionistas estereótipos de raça que proliferavam, foi colocada na primeira fila da fotografia escolar de 1938 por ocasião da cerimônia de entrega do diploma. No entanto, a aparência física

---

* A comida *kosher* é preparada de acordo com as leis dietéticas judaicas que definem os alimentos como "aptos, justos, idôneos e bons". (N. T.)

não lhe serviu de defesa contra a intensificação do preconceito e da segregação na Europa.

Na adolescência, as meninas já tinham idade suficiente para perceber as crescentes ansiedades e preocupações no exterior e em seu país. A retórica nazista antijudaica na Alemanha inflamou as tensões antissemitas existentes na Tchecoslováquia. À medida que os nazistas consolidavam seu poder, os boletins de notícias radiofônicos eram cada vez mais sombrios. O jornal *Prager Tagblatt* mantinha todos atualizados sobre os últimos acontecimentos internacionais. A maneira como deveriam reagir era um dilema.

As famílias judias deveriam ser complacentes e manter a esperança de que a violência seguisse esporádica? Era exagerado pensar em deixar a cidade para se refugiar em ambientes rurais menos voláteis? Decisão mais extremada ainda: deveriam pensar em deixar a Europa de uma vez por todas e empreender a *Aliyah*, a jornada para a terra da Palestina?

Irene e Bracha ingressaram em grupos de jovens sionistas. Em parte, foi por diversão e camaradagem; lá rapazes e moças podiam fazer amizades ou arriscar um romance. Além das interações, havia um propósito mais profundo: treinar para fazer o trabalho nos *kibutzim* – as comunidades autônomas israelenses calcadas em trabalho coletivo agrícola ou agroindustrial. Bracha e Irene pertenciam ao grupo Hashomer* HaTzair, ou a "Jovem Guarda". Irene também era uma das aspirantes ao *kibutz* com o grupo esquerdista HaOgen, "a Âncora", e se dispôs a enfrentar o desafio da emigração para a Palestina em 1938. Por causa da doença e da morte prematura de sua mãe no mesmo ano, somadas à falta de dinheiro para as passagens, ela se viu impedida de concretizar o plano.

Bracha também se juntou a um grupo semelhante, chamado Mizrachi. Em foto com amigos do grupo, ela parece radiante e tranquila. Os adolescentes usam roupas informais, práticas e isentas

---

* Movimento juvenil judaico Hashomer [Guardião], de base sionista e socialista. Criado na Galícia [então Império Austro-Húngaro, atual Ucrânia], na década de 1920, o movimento já tinha quatro *kibutzim* na Palestina e pregava a igualdade entre árabes e judeus, em um Estado binacional. Entre seus membros, destaca-se o herói Mordechai Anielewicz, líder da resistência judaica contra o Exército nazista no Gueto de Varsóvia, em 1943. (N. T.)

Bracha Berkovič, sentada, segunda a partir da esquerda, com amigos do grupo Mizrachi antes da guerra.

de maneirismos da moda. Foi nas reuniões do Mizrachi que Bracha criou um novo vínculo – mais um fio numa teia que futuramente conectaria muitas vidas. Tornou-se amiga de uma jovem alegre chamada Shoshana Storch.

A família de Shoshana era da cidadezinha Kežmarok, no leste da Eslováquia. Embora tendo como pano de fundo as altas montanhas Tatras e distante das cidades de Bratislava e Praga, Kežmarok apresentava toques elegantes. Fileiras de tílias davam às ruas comerciais o aspecto mais de bulevares que de meras vias; arcos de pedra cobriam de sombra os becos de paralelepípedos, que levavam a belos pátios e poços antigos.[17]

A casa da família Storch ficava perto de um desses poços. Um amplo quintal na parte de trás propiciava espaço no verão. No inverno, o coração da casa era um imenso fogão com a frente de cerâmica, aquecendo toda a família em um grande cômodo. Havia uma latrina externa onde os ratos muitas vezes se escondiam, então era bom bater palmas bem alto antes de entrar nessa casinha. Nos dias de aula, todas as oito crianças Storch se espalhavam pela escada para calçar os sapatos, rindo e brincando: Dora, Hunya, Tauba, Rivka, Abraham, Adolph, Naftali e Shoshana. O dinheiro costumava ser curto, mas o apoio de um dos avós significava que as crianças pelo menos tinham sapatos e a despensa estaria bem abastecida para o inverno, com provisões de carvão e batata.

Shoshana fugiu da Tchecoslováquia para a Palestina enquanto ainda era possível, assim como seus pais e a maioria de seus irmãos e suas irmãs. Sua irmã mais velha, Hermine – conhecida como Hunya – ficaria presa na Europa e um dia uniria forças com Bracha, Irene e Marta.

> "Na época, eu não tinha ideia de como seria fatídica para mim a escolha dessa ocupação."
> **Hunya Volkmann,** *nome de solteira Storch*

Hunya nasceu em 5 de outubro de 1908, mesmo ano de Hedwig Hensel-Höss.[18] Aprendeu costura à mão com a mãe, Zipora, especialmente hábil no bordado, o qual as noivas cobiçavam para enxovais (tendo um marido de senso comercial limitado, a avó de Hunya foi forçada a vender o próprio enxoval para ajudar a alimentar a família). Em casa, Hunya também aprendeu a usar e fazer a manutenção de uma máquina de costura.

No cartão de registro de Hunya como prisioneira do campo de concentração, datado de 1943, consta que ela tinha 1,65 metro de altura, cabelos e olhos castanhos. Nariz reto. Corpo esguio, rosto redondo, orelhas de tamanho médio. Arcada dentária completa, sem marcas distintivas, sem ficha criminal.[19] A descrição não chega nem perto de sintetizar seu temperamento, que era inquestionavelmente vigoroso e cheio de vida. Ela era resoluta, com determinação férrea temperada com compaixão e generosidade.

O alto astral significava que Hunya jamais se contentaria com atividades escolares. Sua ambição era ser costureira. A costura profissional não era para moças sonhadoras e diletantes; exigia dedicação, resiliência e anos de treinamento. Era necessário dominar o básico antes que o brilho pessoal pudesse ser explorado. Hunya se inscreveu como aprendiz com a melhor costureira de Kežmarok. Que lugar seria melhor para aprender seu ofício? Durante um ano inteiro, ela recolheu alfinetes, limpou a oficina e realizou pequenas tarefas, o tempo todo observando em silêncio as costureiras experientes transformarem tecidos em roupas.

Desenhar padrões, cortar, costurar, passar a ferro, ajustar, dar acabamento... cada etapa do processo exigia habilidades que Hunya estava determinada a adquirir. Embora fosse uma humilde aprendiz, ela se mantinha ocupada. Quando voltava para casa, aprontava um jantar às pressas e trabalhava até bem depois de meia-noite na máquina de costura da marca Bobbin de sua mãe, consertando e fazendo roupas para familiares e amigos. Mais dois anos no salão Kežmarok proporcionaram a ela a experiência necessária para ser aceita em uma conhecida escola de costura no exterior, o que seria o passo seguinte para realizar suas ambições. Era a usual labuta pesada de uma estagiária em costura: trabalhar de dez a doze horas por dia em um ateliê escuro e abafado, seis dias por semana. Ela estava pronta para o desafio.

Enquanto na Alemanha os artamanos e os nacional-socialistas discutiam a expansão para leste a fim de implementar suas diretrizes políticas, no fim da década de 1920 Hunya fez planos de viajar para oeste a fim de continuar em Leipzig a formação e o treinamento como costureira.

Quando adolescentes, nem Irene, nem Bracha, tampouco Renée, sentiam a mesma vocação que Hunya demonstrava quando tinha a idade delas. Nenhuma pensava em se dedicar à costura como profissão. Não de início. Estavam decididas a terminar sua formação vocacional. Isso parecia algo controlável, a despeito de qualquer turbulência política além das fronteiras da Tchecoslováquia, enquanto Adolf Hitler intensificava a retórica contra os judeus e fazia exigências cada vez mais veementes em nome dos direitos dos alemães.

Em 1938, tornou-se óbvio, de modo impactante, que linhas traçadas em um mapa não serviriam de defesa contra as ambições expansionistas nazistas. Hitler exigiu o controle da área dos Sudetos da Tchecoslováquia, alegando que a intenção era proteger os descendentes de alemães que lá viviam. Na esperança de evitar um conflito total, as potências europeias se reuniram em Munique a fim de debater a questão. A Tchecoslováquia não foi representada na conferência e não teve qualquer influência na decisão de anexar o território dos Sudetos. Isso foi em setembro.

Em novembro, partes do país foram cedidas à Hungria e à Polônia. Bracha sentiu os efeitos disso em primeira mão. Sua família havia retornado ao vilarejo de Čepa em 1938. Quando a Hungria ocupou a área, a família mais uma vez se desenraizou e cruzou ilegalmente a fronteira de volta a Bratislava. Foi um prenúncio de deslocamentos futuros.

Em março de 1939, a Boêmia e a Morávia passaram para o domínio alemão. A Eslováquia era, agora, um Estado fantoche clero-fascista, com governantes antissemitas de direita. A Tchecoslováquia deixou de existir como país.

Em Kežmarok, cidade natal de Hunya, os judeus partiram voluntariamente ou foram "incentivados a ir embora". Um aluno judeu da escola local entrou na classe e viu que alguém escreveu no quadro-negro as palavras *Wir sind judenrein* [Estamos livre de judeus]. Colegas de longa data tornaram-se inimigos raciais.[20]

De volta a Bratislava, em 1939, certo dia Irene chegou à escola como de costume. Foi correndo para a classe com as amigas, pronta para um dia normal de aulas. A professora entrou e, sem qualquer preâmbulo, anunciou:

— Não podemos esperar que crianças alemãs se sentem na mesma sala de aula que judeus. Judeus, fora!

Irene e as outras meninas judias juntaram seus materiais e foram embora. Seus amigos não judeus não disseram nada, não fizeram nada.

— Elas eram meninas legais — disse Irene, perplexa com a passividade. — Não posso reclamar.[21]

A infância acabou.

CAPÍTULO DOIS
O único poder

"A moda é o *único poder*, o mais forte de todos."
Traudl Junge, *secretária de Hitler, citando o Führer*[1]

O *glamour* da moda e dos tecidos pode parecer muito distante da política, um contraste frívolo com a violência da guerra. O que os ateliês de costura ou ensaios fotográficos de página dupla sobre as tendências de primavera na revista *Vogue* têm a ver com homens de ternos escuros sentados ao redor de mesas de conferência decidindo o destino das nações, ou com soldados prontos para a batalha, ou com maquinações e conspirações da polícia secreta?

Os nazistas tinham plena consciência do poder do vestuário para moldar a identidade social e realçar o poder. Tinham também um significativo interesse na riqueza da indústria têxtil europeia, dominada pelo capital e pelo talento judaicos.

Modelitos de luxo da moda em Praga, em 1940, revista *Eva*.

As roupas nos cobrem a todos, é claro. O que escolhemos vestir, ou o que nos é permitido vestir, está longe de ser aleatório. As culturas moldam as escolhas de vestuário. O dinheiro molda o comércio de roupas.

Costureiros e estilistas fabricam peças que contribuem para o mundo idealizado da moda, repleto de passarelas, ensaios fotográficos e fofocas da sociedade. Por sua vez, os costureiros acabariam enredados nas armadilhas políticas engendradas por aqueles que usaram a moda para os próprios propósitos brutais.

A indústria do vestuário tem raízes em nível local. Para meninas de toda a Europa do século XX, pegar uma agulha e uma linha podia ser um passatempo, porém o mais provável é que fosse necessidade. Considerava-se que consertar e confeccionar roupas eram afazeres femininos fundamentais. As que tinham pendor para a parcimônia podiam virar o punho ou o colarinho de uma camisa masculina para esconder a borda desfiada; sabiam cerzir meias com linha de cor e textura parecidas combinando de modo que não se visse o remendo; podiam soltar as costuras ou fazer pence no cós para ajustar alterações na cintura. E havia a confecção efetiva de peças de vestuário – enxovais de bebê, roupinhas de criança, trajes formais de festa, trajes esporte casuais e aventais de proteção.

Capa da revista *Fürs Haus*, novembro de 1934.

> "O ambiente festivo do dia de mercado ao ar livre afasta a melancolia e a tristeza."
> **Ladislav Grosman,** *A pequena loja da rua principal*

Quando Bracha Berkovič saía pela porta da frente de sua casa na rua Židovská e olhava para a esquerda, via a passagem se curvar em "U", voltando-se sobre si mesma até a velha igreja de São Nicolau, feita em madeira. Na esquina ficava a Casa Bom Pastor, loja que vendia miudezas e artigos básicos de costura, como fitas, botões, dedais e pacotes de papel de agulhas. Uma costureira precisava também de tesouras de corte afiadas e tesourinhas delicadas para dar piques mais precisos na roupa, cortar linhas e desmanchar costuras imprecisas, além de giz de tecido para marcar linhas, almofadinhas, agulheiros e alfinetes – incontáveis alfinetes, muitas vezes errantes.

As ruas comerciais de Bratislava tinham muitas lojinhas semelhantes à Casa do Bom Pastor, bem como bazares e armarinhos com bandejas de artigos de madeira para os clientes vasculharem. Nos dias de mercado ao ar livre, comerciantes e mascates chegavam à cidade, alguns expondo seus produtos em mesas sob guarda-sóis de lona colorida, outros deixando-os à mostra no meio-fio, dentro de cestos e barris. Os potenciais clientes fuçavam nas mercadorias – rendas, tiras de crochê, botões, broches, lenços bordados – e se preparavam para regatear. Os vendedores tagarelavam em seu dialeto ou simplesmente ficavam sentados e mantinham um olhar atento para eventuais furtos de mãos-leves

As lojas menores vendiam artigos já confeccionados e prontos para usar. Numa sapataria, viam-se pencas de sapatos amarrados à porta, feito bananas maduras. Numa pequena alfaiataria poderia haver roupas penduradas em varais, projetando-se por cima da cabeça dos fregueses. As oficinas ficavam no interior escuro da loja ou mesmo no quintal. Salomon, o pai de Bracha, estava poupando dinheiro para abrir sua própria empresa de fabricação de roupas, para que ele também pudesse ter o nome pintado numa placa colorida por cima da entrada de uma loja.

E havia as lojas de tecidos – irresistíveis para qualquer um que sonhasse com novos trajes. Nas zonas rurais ainda havia aldeões que faziam roupas rústicas com pano caseiro, mas nas cidadezinhas os tecidos eram vendidos por metragem – caso dos crepes, cetins, sedas, *tweeds*, acetatos, algodões, linhos, anarrugas[*] e muitas variações, produzidas nas grandes fábricas têxteis da Europa. As lojas de negociantes de panos ostentavam rolos gigantes de tecido, bem como material dobrado sobre retângulos de papelão mais curtos. Os assistentes

---

[*] Pano fino, enrugado, feito somente de algodão de tecido têxtil, geralmente listrado, com xadrez ou quadriculado, usado para confeccionar roupas para a primavera e o verão. (N. T.)

manejavam a mercadoria diante dos potenciais compradores, abrindo o tecido ao longo de um balcão para mostrar as padronagens e a qualidade. Compradores experientes sentiam o peso, a trama e o drapeado, avaliando mentalmente o feitio que dariam ao material.

Em meados do século XX, apreciava-se bastante a "vestibilidade" dos tecidos: será que encolhiam, perdiam a cor, eram suficientemente quentes ou frios conforme o necessário? Alfaiates, costureiras e compradores aprenderam os valores das fibras naturais, bem como a valorizar a acessibilidade dos tecidos artificiais, como o raiom. As cores da moda mudavam de uma estação para a outra. Estampas novidadeiras eram opções alegres para o verão; veludos e peles apareciam no outono, seguidos de lãs de inverno e estamenha. Na primavera, tudo eram florais.

Para alfaiates e costureiras amadores e profissionais, a máquina de costura era um investimento decisivo. Salões de moda e oficinas caseiras utilizavam principalmente modelos de pedal. Eram belas criações, muitas vezes de esmalte preto com volutas douradas, colocadas sobre uma mesa de madeira com suportes de ferro forjado para assegurar a estabilidade. Entre as principais marcas estavam Singer, Minerva e Bobbin.

Sortudos eram os alfaiates e as costureiras que tinham condições de comprar ronronantes máquinas de costura elétricas. Os comerciantes de máquinas de costura vendiam um modelo para pagamento à vista ou em prestações, e os jornais publicavam anúncios de máquinas de segunda mão. As máquinas portáteis tinham uma manivela acionada de forma manual e eram acondicionadas em caixas de madeira moldadas com uma alça de transporte, ideais para costureiras e alfaiates que visitavam a casa dos clientes para uma empreitada de trabalho e às vezes lá permaneciam por dias a fim de completar a encomenda.

Todas as cidadezinhas e quase todos os vilarejos da Europa tinham uma costureira local, alguém que adaptava modelos vistos em revistas de moda, consertava peças ou fazia alterações em roupas compradas em lojas. As melhores artesãs conquistavam uma ampla base de clientes fiéis, mesmo que trabalhassem em casa. Costureiras especializadas produziam roupas íntimas de luxo, enxovais de linho, vestidos de noiva ou cintas e modeladores. As que tinham a iniciativa e o capital abriam pequenos salões com seu nome estampado em letras orgulhosas acima da vitrine. As que tinham aptidão e boa sorte almejavam empregar seus talentos em âmbito internacional.

Por que razão a costureira Marta Fuchs não poderia ter aspirações tão altas? Ela era habilidosa, era encantadora, tinha bons contatos com colegas de ofício. O cenário internacional da moda em Praga acenava. Marta tinha a esperança de, um dia, atender ao chamado.

> "A mulher deve ser esbelta e esguia, embora não desprovida de curvas e formas arredondadas."
> revista **Eva**, setembro de 1940

Praga era o lugar perfeito para costureiras talentosas e em ascensão. Marta pôde contar com sua autoconfiança e sua simpatia para superar a inevitável intimidação ao se mudar de Bratislava com o intuito de aprimorar seus talentos em uma capital famosa por sua moda de alta qualidade.

A cidade velha de Praga era verdadeiramente pitoresca, com prédios espremidos, quase colados uns aos outros, e chaminés muito altas que expeliam fumaça sobre telhados e cumeeiras. Os novos empreendimentos imobiliários da primeira república – entre 1918 e 1938 – eram um desfile de modernidade. Nos canteiros de obras viam-se os andaimes onde trabalhavam os operários que erguiam edifícios de escritórios brancos, apartamentos e fábricas de linhas retas simples e estética funcional. A moda de Praga apresentava os mesmos contrastes. Ultrapassados trajes folclóricos, desenhados em estilos antiquados, conviviam lado a lado com roupas confiantes, famosas pela elegância e o bom gosto.

Qualquer pessoa que saísse para olhar vitrines nas avenidas chiques de Praga – andando com cuidado em meio a multidões de pedestres e atravessando ruas entupidas de bondes e automóveis – se impressionaria com as exibições artísticas das modernas lojas de departamentos. Manequins estilizados ostentavam novos modelitos

Chapéu da moda, revista *Eva*, 1940.

e desenhos, ou as peças eram estendidas em formas cinéticas. Eram cabides com cascatas de gravatas de seda e cachecóis estampados, chapeleiras com todos os tipos de turbantes, chapéus-panamá, Fedora, boinas, gorros, casquetes, modelos *pillbox* (também conhecidos como "chapéus de aeromoça"). Bolsas de mão em abundância, com carteiras combinando. Mais sapatos que os que poderiam ser usados em uma vida inteira – couro, ráfia, seda, algodão e cortiça.

Vistosos cartões de papelão informavam os preços e chamavam a atenção dos clientes com letras atraentes. Os caçadores de pechinchas sentiam o coração acelerar quando liam cartazes anunciando LIQUIDAÇÃO. Fazer compras era uma agradável atividade de lazer, talvez reservando uma brecha para se sentar em um café e ceder ao prazer de saborear uma fatia de bolo, mas muitas vezes se baseava no bom senso: em meados do século XX, a maioria das pessoas tinha menos roupas, preservava cuidadosamente suas peças e as combinava com acessórios em nome da variedade.

Os compradores que sabiam das coisas flanavam ao longo do Graben, o chique calçadão alemão em Praga, que ostentava o Moric Schiller, ateliê de moda e loja de tecidos adornado com a honraria "Por designação da corte".

Lustrosas placas ornamentais nas ruas comerciais mais exclusivas indicavam os nomes dos salões da elite, a exemplo da casa de alta-costura de Hana Podolská – renomada por vestir estrelas de cinema – ou Zdeňka Fuchsová e Hedvika Viková – ambas tinham trabalhado para a Podolská.[2] A moda era uma arena na qual as mulheres não apenas

Moda de praia para o verão de 1940, revista *Eva*.

podiam competir com os homens, mas às vezes os superavam. Elas trabalhavam em todos os níveis da alta-costura.

A lucrativa indústria da moda de Praga era respaldada por jornalismo e fotografia de excelente qualidade, em matérias e ensaios publicados em revistas como *Prazská Móda* [Moda de Praga], *Vkus* [Bom Gosto], *Dámske Akademické Módní Listy* [Revista da Academia de Moda Feminina] e *Eva*.

A revista *Eva* era especialmente sofisticada, interessante e agradável, voltada a mulheres mais jovens e de língua tcheca e eslovaca, como Marta Fuchs. Além de artigos sobre moda e criatividade doméstica, dava-se muito espaço às conquistas femininas nas artes, nos negócios e até mesmo em arenas como aviação e motociclismo.[3] Nas páginas da *Eva* as modelos em destaque não aparecem apenas bem-vestidas, mas passam a impressão de serem cheias de vida e energia, exibindo elegantes chapéus de pele para o outono ou retratadas em roupas de praia de tafetá para o verão. A revista oferecia escapismo inteligente e feminista, com um luxo que parecia quase alcançável, pelo menos em tempos de paz.

Na época em que Marta aspirava a trabalhar em Praga, no fim dos anos 1930, a moda privilegiava linhas longas e elegantes que otimizavam as técnicas de corte enviesado para tecidos fluidos e a alfaiataria requintada de talhe vistoso para os ternos. Os desenhos com ombros inclinados estavam sendo substituídos por um formato mais quadrado de ombreiras de crina de cavalo ou algodão. O novo e arrojado estilo sugeria força e capacidade – qualidades de que as mulheres precisariam mais que nunca, pois a Europa estava sendo arrastada para o conflito.

> "Tirei a sorte grande e ganhei o prêmio para ir a Paris, mas acabei em Auschwitz."
> **Marta Fuchs**

Uma das mais famosas colunistas da Tchecoslováquia pré-guerra era Milena Jesenská. Ela tinha um olhar aguçado para o talento literário – divulgou Franz Kafka, entre outros – e para os comentários políticos. Suas dicas de estilo para as leitoras se baseavam em seu próprio fascínio por roupas de qualidade, seu conhecimento das tendências internacionais e sua admiração pela roupa íntima francesa.[4]

A França era, sem sombra de dúvida, o coração pulsante da moda europeia, por mais vigorosos que fossem os estilos de Praga e os talentos tchecos. Com suas habilidades, Marta poderia ter trabalhado em Paris, não fosse a intervenção de forças mais poderosas que a moda.

Marta era excepcional em cortes, muito requisitada em qualquer ateliê de moda. A cortadora garantia que um molde de papel se transformasse em uma peça de roupa funcional e manejável. Era a cortadora que sabia preparar o enfesto e dispor os tecidos de modo que a trama ficasse reta; que avaliava as peças do molde e as prendia e ajustava no lugar; que empunhava a tesoura especial e cortava de acordo com o contorno em um movimento longo, rente e deslizante, optando pela direção de corte mais adequada ao tipo de tecido e às peças. Uma vez que as lâminas separavam o tecido, não havia como voltar atrás.

Marta nunca conseguiu chegar a Paris.

O mais perto que conseguiu chegar da moda francesa foi por meio da leitura de revistas tchecas calcadas em publicações francesas, como *Nové Pařížké Módy* [Nova Moda de Paris] e *Paris Elegance*.

Paris era a quinta-essência quando se tratava de moda. Embora Praga se orgulhasse, com justiça, de seus salões independentes, ainda houve um incrível burburinho quando o *couturier* [estilista de alta-costura] francês Paul Poiret fez uma exposição na capital da Tchecoslováquia em 1924. As ideias parisienses eram difundidas em jornais de moda, durante as semanas de moda, em feiras de roupas e até mesmo por meio de filmes.

Durante o entreguerras, alfaiates e costureiras de todos os calibres mundo afora olhavam para Paris com

Modelos da moda de primavera na revista de costura francesa *La Coquette*, sem data.

admiração e inveja. Sempre que possível, viajavam à capital francesa a fim de se familiarizar com as novidades da temporada e, estabelecendo os contatos certos, arranjar um lugar para assistir a um dos suntuosos desfiles de alta-costura nos quais soberbas modelos e altivos manequins saracoteavam em salões adornados por grossos tapetes e espelhos dourados e as clientes potenciais bebiam champanhe caríssimo enquanto observavam as muitas peças de roupa que cobiçavam. Dos ombros dessas damas pendiam peles de zibelina; as luzes se refletiam em colares de pérolas, joias de ouro e diamantes. O ar recendia a rosas, camélias, Chanel número 5 e o perfume Shocking, de Schiaparelli.

Nos bastidores de um novo espetáculo da estação, tudo era suor e concentração para manequins, estilistas, figurinistas, costureiras, cortadoras, ajustadoras, coreógrafas e vendedoras das lojas. A alta-costura francesa era sustentada pelo trabalho de muitos milhares de funcionários, a maioria atuando de forma incógnita. As coleções de alta-costura exigiam especialistas que muitas vezes passavam por até sete anos de treinamento para se tornarem peritos em mangas ou saias, bolsos ou casas de botões. Havia cortadoras, como Marta, desenhistas de padrões, finalizadoras e embelezadores – aquelas que alcançavam a excelência em debruns, bordados e rendarias.

A magia da moda era criada por trabalho árduo, não pelo aceno de uma varinha de condão. Ainda assim, apesar das muitas horas de labuta, da canseira da faina e dos clientes exigentes, nos ateliês de alta-costura ou nas humildes confecções com péssimas condições de trabalho ainda vigorava um mundo livre, não a literal escravidão da sala de costura de um campo de concentração.

Por mais alguns anos, Marta Fuchs trabalhou por amor e pelo dinheiro bem-merecido em seu salão de Praga.

> "Ninguém nunca deve almejar tornar-se costureira.
> É verdade, foi o que salvou minha vida, mas a única coisa
> que a pessoa faz é ficar lá sentada costurando."
> **Hunya Volkmann,** *nome de solteira Storch*[5]

E quanto à Alemanha? Ficaria contente por deixar Paris brilhar mais que todas as outras cidades?

Trabalhando na Alemanha do fim dos anos 1920 à década de 1930, Hunya Storch testemunhou em primeira mão a maneira como a indústria da moda alemã não apenas resistiu às influências francesas, como se tornou uma veemente defensora de políticas discriminatórias e, em última instância, destrutivas.

Hunya ainda era adolescente quando viajou de Kežmarok, na Tchecoslováquia, para Leipzig, na Alemanha oriental. O trem expresso que partiu de Praga para cruzar a fronteira viajou através de uma paisagem ordenada de cidades muito organizadas e campos de cultivo bem delimitados. Depois do pano de fundo das altas montanhas Tatras, parecia um terreno muito plano. Hunya imediatamente se sentiu em casa em Leipzig. Adorava a emoção do teatro e das operetas de alta classe, o fascínio de livrarias bem abastecidas e a moda em exposição nas lojas prósperas. Abandonou suas roupas de cidadezinha e fez uma tranquila transição para assumir o papel de moça da cidade grande, aproveitando a vida com um grupo de jovens amigos.

Hunya progrediu imensamente em seu período de aprendizagem em Leipzig e por fim abriu seu próprio negócio, um ateliê de moda sediado num quarto do apartamento do pai. Quando seu pai voltava da pequena sinagoga próxima, servia chá de limão bem adoçado às mulheres que esperavam o atendimento com hora marcada com sua costureira. Uma das regalias dele era saborear o chá. Por sua vez, as clientes sabiam que não deveriam cumprimentá-lo com aperto de mão, pois ele era um judeu muito devoto.[6]

A base de clientes de Hunya cresceu pelo boca a boca, porque ela era extremamente boa em seu trabalho. Tinha a habilidade de folhear revistas como *Vogue*, *Elegante Welt* [Mundo da Elegância] e *Die Dame* [A Dama] e depois criar os próprios padrões. Desenhava à mão livre no papel, sem necessidade de instruções. Quando estava em Leipzig, sua irmã Dora a ajudava no acabamento, por exemplo, fazendo bainhas e passando a ferro. Havia sempre a ideia de que Hunya ensinaria a Dora o ofício de costureira, mas de alguma forma nunca chegou a cumprir essa missão. Dora se divertia com as belas roupas e admirava os talentos de Hunya, incluindo o fato de que era capaz de vestir qualquer pessoa, independentemente do porte físico.

Embora Hunya criasse roupas de bom gosto que seguiam a moda, também havia algo de único em cada peça de vestuário que criava. Hunya adorava a independência de ter o próprio salão e prosperou ao levar sua imaginação para cada encomenda. Apreciava a complexidade e gostava de desafios. Se, alguns anos mais tarde, ela se sentiu cansada de costurar, isso se devia mais ao modo como era tratada enquanto costureira que ao que pensava em relação ao ofício.

Ser judia e tchecoslovaca na Alemanha acarretava muitas dificuldades para Hunya. O problema não era angariar clientes. Durante cinco anos, ela atraiu uma clientela fiel, vestindo mulheres da elite de Leipzig – judias e gentias –, incluindo a esposa do juiz federal do município. O problema fundamental era não poder fazer propaganda de seu salão, pois não tinha visto para trabalhar legalmente em solo alemão. Depois de 1936, Hunya decidiu que a situação tinha que mudar. A contragosto, deixou o salão no apartamento do pai e começou a trabalhar atendendo a domicílio. Além de ganhar a vida, ela se encarregou de ajudar a sustentar seus parentes em Kežmarok, enviando-lhes regularmente somas em dinheiro.

Um retrato de 1935 mostra Hunya em pose estilosa e resoluta, mas pensativa. Adotando o penteado da moda da época, seu cabelo tem ondas, que podiam ser criadas por prendedores ou pelo processo de permanente de Marcel.* Caprichadas e lustrosas, as ondas emolduram um rosto oval. A roupa que ela usa é ao mesmo tempo discreta e atraente – parece ser uma blusa de tricô ou um vestido com plastrão de crochê, mostrando uma pálida combinação por baixo, amarrada na altura do pescoço com um delicado laço de cetim.

Hunya exibe o anel na mão esquerda. Enquanto estava em Leipzig, apaixonou-se por Nathan Volkmann – um homem lindo,

---

* Em 1872, o cabeleireiro francês Marcel Grateau inventou um aparelho que era aquecido em um forninho e mantinha os cachos e a ondulação dos cabelos cacheados definidos por mais tempo. (N. T.)

Hunya Storch, 1935.

autoconfiante, sério e educado. Conheceu a família de Nathan ao costurar roupas de luto para as irmãs dele após a morte dos pais. Nathan estava igualmente apaixonado por Hunya, mas não podiam se casar. Ele era cidadão polonês, ela era judia, e a burocracia nazista era por demais restritiva para permitir essa união. Por algum tempo, Hunya ficou tão desiludida que voltou para Kežmarok. Achou que a cidade provinciana era asfixiante e quebrou a cabeça para encontrar alguma brecha legal que lhe permitisse retornar à Alemanha.

Um casamento por conveniência parecia ser a resposta. O irmão de sua cunhada, Jakob Winkler, concordou em fazer as honras, tornando-se seu marido apenas no papel. Não era a solução ideal, mas deu a Hunya o direito à *Einreise* [permissão temporária para viver na Alemanha] e a um novo passaporte tcheco. Retornou a Leipzig. Após um noivado de quatro anos, casou-se com Nathan para se tornar Hunya Volkmann.

Durante algum tempo, deixou a costura praticamente de lado, aceitando algumas encomendas por diversão ou para fazer dinheiro extra. Estava se deleitando com a felicidade.

Em retrospecto, os indícios de desastre iminente estavam todos presentes: sinais de desaprovação ao vestuário feminino faziam parte de políticas mais amplas destinadas a moldar a opinião pública, controlar a indústria da moda e desapossar e banir os judeus.

A Alemanha do entreguerras teve uma breve e maravilhosa explosão de emancipação em termos de moda, feminismo e liberdade artística. No entanto, os esmagadores problemas econômicos no país tiraram o brilho da indulgente autoexpressão da República de Weimar. O NSDAP de Hitler parecia oferecer uma alternativa ao desemprego em massa, à catastrófica inflação e a uma crise de identidade nacional. O novo regime nazista da década de 1930 alegou que as chiques e sedutoras coquetes de Paris e Hollywood eram degradantes para as mulheres alemãs. Em vez disso, as jovens alemãs foram incentivadas a desprezar os saltos altos em favor das botas de caminhada e a bronzear o rosto tomando sol no trabalho ao ar livre, sem aplicar base e pó compacto porque empalideciam a tez.

Ser jovem e bonita tinha apenas um propósito: atrair um homem ariano saudável para copular e fazer filhos. As mulheres mais velhas podiam se orgulhar de sua prole. Suas roupas deveriam ser mais simples e despretensiosas. Práticas. Respeitáveis. A função das cintas modeladoras seria conter a propagação da silhueta de matronas, mulheres de meia-idade corpulentas, não empinar as nádegas nem ressaltar os seios de maneira a torná-los provocantes e atrevidos. A propaganda sobre os papéis e as imagens das mulheres na Alemanha era incisiva, difundida e implacável.

Em 1933, a jornalista judia alemã Bella Fromm observou em seu diário que Hitler havia declarado que "as mulheres de Berlim devem se tornar as mais bem-vestidas da Europa. Chega de modelos de Paris".[7] Nesse mesmo ano, o dr. Joseph Goebbels, ministro do Reich para o Esclarecimento Popular e Propaganda, passou a chefiar uma "casa da moda", na definição de Fromm: o

Capa da revista *Mode und Heim*, Alemanha 1940.

Deutsches Modeamt, Instituto Alemão de Moda.[8] Goebbels reconhecia o poder da indústria da moda para moldar a imagem, o que ele sabia ser crucial para controlar comportamentos.

Publicações simpáticas ao regime nazista, a exemplo das revistas *Die Mode* [A Moda] e NS-*FrauenWarte* [Ponto de Vista das Mulheres], prontamente se amoldaram aos ideais do Partido Nazista. As mulheres alemãs foram estimuladas a se associar a traços aliados aos papéis fundamentais de mãe e dona de casa. Suas profissões refletiriam de preferência áreas "femininas" estereotipadas, como a doçura, a delicadeza, a preparação de alimentos, a nutrição e os tecidos.[9]

O impulso para uma moda centrada na Alemanha não era ruim em si. Em Leipzig, Hunya queria a liberdade de criar seu próprio e confiante estilo, ao mesmo tempo que Marta Fuchs, em Bratislava, tinha como objetivo uma alta qualidade, de nível mundial, derivada de influências tchecoslovacas. Talvez fosse correto por parte do Instituto Alemão de Moda desdenhar da ideia de que somente Paris poderia ditar o comprimento de uma bainha ou determinar qual silhueta prevaleceria em determinada estação.

Infelizmente, nas revistas alemãs, para além dos artigos que poderiam parecer inocentes sobre os alegres algodões primaveris e vestidos de baile de tule, havia forças implacáveis em ação. Goebbels não queria apenas ditar a maneira como as mulheres deveriam se apresentar (em papéis coadjuvantes, apenas); ele queria também controlar o poder da indústria do vestuário.

Isso significava expulsar os judeus.

A expulsão dos judeus da indústria da moda e do comércio de roupas como um todo não era um resultado acidental do antissemitismo. Era um objetivo. Uma meta que seria alcançada por meio de chantagem, ameaças, sanções, boicotes, extorsão e liquidações forçadas. Marta, Hunya, Bracha, Irene... nenhuma dessas moças judias desempenhava qualquer papel nos governos e nas organizações que estavam no encalço desse objetivo impiedoso. Todas sofreriam por causa dele. Elas se esforçariam para sobreviver a ele.

Uma das táticas mais poderosas para obter o controle sobre o povo judeu e seus bens era recorrer à mentalidade tribal primitiva: a desconfiança do "outro". Ao enfatizar uma diferença entre judeus e não judeus (rebatizados como "arianos" na terminologia nacionalista), os nazistas deliberadamente fabricaram divisões entre "nós" e "eles". Para enfatizar o elemento "nós" da coesão, tiraram proveito, com inteligência, do poder de pertencimento criado quando grupos vestem um uniforme.

Fosse um soldado das tropas de assalto, um rapaz da Juventude Hitlerista ou uma integrante da Liga das Moças Alemãs, havia um uniforme para unir o grupo – um espetáculo de trajes paramilitares, muitas vezes encenado em impressionantes e exagerados eventos.

Os uniformes minimizavam as diferenças óbvias entre as classes, dando a impressão de igualdade dentro do grupo étnico.

O movimento nazista era tão imediatamente identificado com as roupas, antes mesmo de chegar ao poder, que nas ruas seus homens eram conhecidos como "camisas marrons". Em 1932, a jornalista Bella Fromm observou como os homens "andavam de forma empertigada e pomposa feito pavões e pareciam inebriados por sua própria fantasia". Ainda mais sinistro era o poder psicológico do uniforme para ajudar aquele que o usava a fazer jus à imagem.[10] Os "camisas marrons" desempenhariam um papel relevante na crescente onda de violência dirigida contra a indústria do vestuário, embora seu poderio fosse logo sobrepujado por aqueles que usavam os tecidos mais escuros das fardas da SS – os "camisas pretas".

Mesmo sem uniforme, o símbolo da suástica nazista – preto sobre vermelho – transformava roupas neutras em uma declaração de princípios. Além de crachás de lapela e braçadeiras, havia meias com um primoroso desenho da suástica tricotado no tornozelo. Hitler recebia incontáveis presentes feitos à mão por mulheres que o adoravam, incluindo suásticas costuradas em capas de almofadas, às vezes acompanhadas por um voto de "eterna lealdade".[11]

Todos os níveis da atividade da costura foram corrompidos pela política: uma amostra do trabalho de costura de uma jovem em 1934 – demonstrando a habilidade da aprendiz com técnicas de pesponto – traz o habitual alfabeto, nome e data da aprendiz de costureira e uma suástica bordada com linha vermelha.[12]

Os costumes populares também foram cooptados para ampliar a divisão entre "nós" e "eles". O *Trachtenkleidung* [traje folclórico tradicional] supostamente refletia a rica herança cultural da Alemanha e, portanto, recebia elogios na mídia nacionalista, na qual aparecia com frequência. Inevitavelmente, isso excluía os estrangeiros. Os judeus alemães não podiam usar o *tracht*. O traje era apenas para os arianos.[13] A mensagem aos judeus alemães era clara: vocês são diferentes de *nós*.

Outra divisão foi enfatizada quando os nazistas deliberadamente amalgamaram a moda "estrangeira" e a condição de judeu. Ataques às assim chamadas "mulheres decadentes" e à moda parisiense serviam ao duplo propósito de criar antipatia para com os franceses e incitar o antissemitismo. De alguma forma, prevaleceu a noção de que era culpa dos judeus o fato de as mulheres alemãs usarem batom vermelho de "perua" e serem escravas dos caprichos da moda. O desprezo era em igual medida misógino e antissemita: punha em prática a ideia de que, a menos que as mulheres se sujeitassem aos padrões de vestuário e comportamento policiados pela esfera externa, eram automaticamente sexualizadas e demonizadas como prostitutas.

A razão pela qual a arrasadora força da máquina de propaganda de Goebbels conseguiu estabelecer com tamanha imediatez o vínculo entre moda e judeus foi a indústria do vestuário depender fortemente do talento judeu, das conexões judias, da mão de obra judia e do capital judeu.

Amiúde, as histórias econômicas ignoram a produção têxtil em toda a Europa, apesar do fato de gerar enormes receitas, empregar milhões de pessoas e ser um importante fator no comércio internacional – elemento decisivo, sobretudo, para a Alemanha nazista, à medida que tentava acumular moeda estrangeira nos anos 1930.

Na Alemanha do entreguerras, cerca de 80% das lojas de departamentos e cadeias de lojas eram de propriedade de judeus alemães. Quase metade das empresas têxteis atacadistas também pertencia a judeus. Os trabalhadores judeus constituíam imensa porção da mão de obra empregada no setor de concepção, fabricação, transporte e venda de roupas. Berlim era um aclamado centro de fabricação de roupas femininas prontas para vestir, graças à energia e à inteligência dos empresários judeus, ao longo de um século de aprimoramento.

Não bastava que revistas populares de propaganda nazista como a *Der Stürmer* publicassem imagens de trabalhadores têxteis judeus como parasitas na indústria ou predadores sexuais que corrompiam inocentes donzelas arianas e contaminavam as mercadorias usadas por alemães arianos. As táticas nazistas passariam das palavras aos atos.

"Emoção indescritível no ar."
Joseph Goebbels, *anotação no diário, 1º de abril de 1933*[14]

Em 1º de abril de 1933, às 10h da manhã, alemães arianos deram início a um boicote nacional aos estabelecimentos de propriedade de judeus alemães. Foi uma ação cuidadosamente orquestrada pelo Partido Nazista. Hitler fora nomeado chanceler em janeiro daquele ano. Os nazistas estavam no poder havia pouco tempo, apenas desde março. As medidas claramente antijudaicas eram uma das prioridades para o novo regime.

Kauft nicht bei Juden! Não comprem dos judeus!

A mensagem foi reproduzida em cartazes, pichada em janelas e rabiscada em placas usadas para bloquear portas de lojas, juntamente com as estrelas de Davi, de seis pontas, pintadas de amarelo e preto nas portas e nas janelas dos estabelecimentos.

A visão de homens das tropas de choque envergando uniformes paramilitares perfilados em postura agressiva diante das vitrines das lojas era um poderoso contraste aos manequins de gesso do outro lado do vidro, exibindo elegantes modelos primaveris; um contraste também a multidões de pedestres que se reuniam para observar, ou apreciar, o espetáculo. Os rostos contam a história. Os "camisas marrons" são austeros, impregnados de retidão. Os espectadores têm a expressão perplexa, entretida, complacente, incomodada.

Uma minoria corajosa desafiava o boicote para fazer compras simbólicas em lojas judaicas agora às moscas. Algumas pessoas ficaram irritadas com a inconveniência e decidiram não permitir que seus hábitos de compra fossem impostos por terceiros.

— Tentei entrar porque estava indignada — disse uma mulher. — Eu conhecia o proprietário, conhecia aquelas pessoas. Nós sempre íamos lá.[15]

Uma costureira ariana ficou revoltada contra o regime nazista, tendo testemunhado os maus-tratos patrocinados pelo Estado contra os judeus. Afirmou que os costureiros judeus eram "sempre os melhores. Virtuosos, diligentes. Comecei a fazer compras apenas em lojas judaicas".[16]

Quando a intimidação se transformava em violência – incluindo mísseis disparados contra as vitrines da elegante loja de departamentos Tietz, de propriedade de judeus, em Berlim –, a polícia raramente intervinha. As janelas quebradas eram símbolos da frágil sensação de segurança que os comerciantes judeus passaram a ter.

Após vinte e quatro horas de assédio, o boicote foi cancelado. A violência intermitente continuou. O episódio provou que, em 1933, a maioria dos alemães não judeus ainda estava relativamente apática acerca de ações antissemitas, e houve contrariedade em governos estrangeiros, que protestaram contra a intimidação. Os líderes nazistas ficaram exasperados com a reação estrangeira: haviam enfatizado que "somente" judeus alemães foram importunados, não os judeus estrangeiros. As queixas sobre o boicote foram minimizadas pelo governo como propaganda judaica de atrocidade. Se houve problemas, explicaram os nazistas, os próprios judeus eram os responsáveis e os haviam provocado.[17]

Embora o boicote tenha sido cancelado depois de apenas um dia, lançou as bases para o aumento da pressão sobre as empresas de judeus e abriu caminho para formas cada vez mais sofisticadas de controle do comércio. Inúmeros trabalhadores judeus do setor de vestuário na Alemanha, incluindo Hunya em seu estúdio de moda em Leipzig, teriam seu sustento ameaçado com uma iniciativa lançada em maio de 1933 – apenas um mês após o boicote –, cujo objetivo no longo prazo era tornar todos os aspectos do comércio de vestuário livres de judeus. Foi a Adefa.

Etiqueta da Adefa em um vestido de dia feito em crepe floral nos anos 1930.

Adefa era um acrônimo para *Arbeitsgemeinschaft deutsch-arischer Fabrikanten der Bekleidungsindustrie* [Associação Ariano-Alemã de Fabricantes da Indústria do Vestuário]. A palavra "ariano" foi inserida para enfatizar exatamente o que se entende por "alemão": o não judeu. A Adefa nada mais era que um grupo de *lobby* e *bullying* destinado a empurrar os judeus – vistos como concorrência – para fora do mercado.

A publicidade procurava "assegurar" aos compradores alemães no atacado e no varejo que nenhuma etapa da fabricação de uma peça de roupa deveria ser maculada por mãos judias, com a intenção de "limpar" o vestuário alemão de qualquer influência judaica.[18]

Acrescentou-se a essas peças de vestuário "feitas por mãos arianas puras" uma etiqueta da Adefa, às vezes com a sigla estilizada como uma águia do Reich, às vezes com texto completo e a adição do *Deutsches Erzeugnis* [produto alemão], de modo que não poderia haver confusão quanto à correlação exclusiva entre ariano e alemão.[19] Em termos comerciais e artísticos, a Adefa foi um fracasso. As roupas não tinham nada de especial. O design e a distribuição foram enfraquecidos pela perda de talentos e conexões judaicas. Os desfiles de moda promovidos pela Adefa não tiveram grande presença de público, apesar da maciça campanha publicitária impressa, que incluía um brusco "*Heil Hitler*" após o anúncio promocional. O principal benefício para o nacional-socialismo foi que proporcionou outro nível de legitimação para o conceito de que os arianos poderiam lucrar com os judeus.

A Adefa foi desmantelada em agosto de 1939, tendo cumprido sua missão. As táticas pareceram relativamente brandas em comparação com a brutal violência de novembro de 1938.

> "Um bando de arruaceiros vai e destrói uma enorme fortuna em uma única noite. E Goebbels simplesmente os instiga."
> *Hermann Göring*[20]

Na manhã da quarta-feira de 10 de novembro de 1938, Hunya Volkmann abriu a janela para olhar para a rua Leipzig, onde residia. Ficou surpresa ao ver as pessoas passando às pressas, algumas desgrenhadas, outras agarrando pacotes embrulhados.

— O que aconteceu? — perguntou, em voz alta.

Ela entreouviu fragmentos de notícias. Sinagogas queimadas. Casas pichadas. Janelas quebradas. Judeus espancados até a morte.

Era seguro sair de casa? Os judeus de Leipzig eram um grupo diversificado, bastante integrado, certamente não guetizado, embora houvesse um bairro judaico. Seriam alvos tão óbvios?

Os judeus tinham sido alijados das posições de influência alemã desde 1933. Depois vieram as leis nazistas de Nuremberg de setembro de 1935, que efetivamente revogaram a cidadania alemã dos judeus, mesmo para quem fosse casado com alemão não judeu. Em 1935, os judeus foram também proibidos de frequentar banhos públicos e desencorajados de ir a parques e teatros porque os *Volksgenossen* [camaradas raciais] não queriam dividir esses espaços com judeus.

Leipzig teve seu quinhão de propaganda virulenta e antissemita, bem como as promoções midiáticas aparentemente mais civilizadas por obra da Adefa. O *Leipziger Tageszeitung*, jornal diário, imprimia sem um pingo de pudor listas promocionais de lojas e artesãos puramente arianos.[21] Durante todo o tempo, a influência política do Partido Nazista (NSDAP) se fortaleceu cada vez mais na cidade. No entanto, quem gostaria de acreditar que os companheiros de Leipzig se tornariam tão perversos?

Hunya e Nathan ficaram em casa, juntos e em silêncio, naquela manhã de quinta-feira, esperando para ver o que aconteceria a seguir. Grupos de desordeiros se espalharam pela cidade, aos gritos de "*Raus ihr Judenschwein!*", ou "Fora, porcos judeus!". Quando Hunya ouviu uma batida na porta, preparou-se para a chegada das tropas de assalto, da Gestapo [polícia secreta oficial da Alemanha nazista e na Europa ocupada pelos alemães] ou dos violentos moradores de Leipzig.

Era o pai dela. Um vizinho não judeu o havia avisado para ir embora da sinagoga, onde estava estudando, porque "coisas ruins vão acontecer". Alguns minutos depois, vandalizaram a sinagoga – uma das três que seriam destruídas em Leipzig – e incendiaram pergaminhos da Torá.

Outras histórias angustiantes se espalharam por toda a Alemanha e a Áustria: eclosões aparentemente "espontâneas" de violência antijudaica, que na verdade tinham sido orquestradas com minúcia por dirigentes nazistas, que tiraram seus uniformes para parecerem cidadãos alemães comuns. Suas ações incitaram outros bandidos a se juntarem a eles.

Apesar de milhares de propriedades judaicas terem sido destruídas e danificadas, as lojas de departamentos judaicas eram alvos especialmente atraentes para ataques. Em junho, a loja de roupas de cama e mesa da Grünfeld em Berlim já havia sido pichada com desenhos obscenos retratando tortura e mutilação de judeus. Nos dias 9 e 10 de novembro, outras lojas de departamentos sofreram o mesmo tipo de agressão, e coisas piores. Nathan Israel, a equivalente berlinense da Harrods londrina, foi bastante vandalizada, assim como a Tietz, a KaDeWe e a Wertheim. Quase todas as lojas de departamentos da cidade pertenciam a judeus.[22]

Os saqueadores estilhaçavam as vitrines das lojas, entravam e carregavam o que bem queriam dos cabides e das prateleiras. "Camisas marrons" atiravam mercadorias pelas janelas e pisoteavam as roupas nas ruas. Pior, judeus eram arrancados da cama na calada da noite, espancados, humilhados e detidos. Muitos eram arrastados à força, numa primeira amostra da existência do campo de concentração.

Rudolf Höss havia sido promovido naquele ano a capitão da SS e transferido – com a família – para assumir as funções de ajudante no campo de concentração de Sachsenhausen, ao norte de Berlim, para onde muitas vítimas dos *pogroms* foram enviadas, incluindo um grupo de judeus de Leipzig.[23] No ano seguinte, Höss se tornaria administrador dos pertences dos prisioneiros em Sachsenhausen e segundo em comando no campo. Ele e Hedwig, sua esposa, se acostumariam a lidar com esses bens em sua designação seguinte a um posto de comando. Em Auschwitz.

Em Leipzig, as famosas lojas de departamentos Bamberger, Hertz e Ury foram incendiadas na madrugada de 10 de novembro de 1938. Os bombeiros locais agiram às pressas para que as chamas não se espalhassem por edifícios não judeus. Nada fizeram para salvar as lojas em si.

Na Alemanha como um todo, estima-se que cerca de 6 mil a 7 mil empresas judaicas foram saqueadas e destruídas.[24] Foi um comportamento escancarado, desavergonhado e sancionado pelo governo. O povo alemão estava assustado demais para intervir ou ansioso demais para se beneficiar. Os rolos de tecido roubados das lojas de departamentos poderiam ser discretamente cortados e, na surdina, transformados em roupas novas – ninguém ficaria sabendo.

A devastação em massa de 9 e 10 de novembro de 1938 ficou conhecida como *Kristallnacht*, a Noite dos Cristais.* É um termo evocativo, mas tão revelador que os eventos eram vistos em termos de propriedade, e não de pessoas. Vidro quebrado, não vidas arrasadas. O *Reichsmarschall* Göring queixou-se com Goebbels:

— Eu gostaria que você tivesse matado duzentos judeus em vez de destruir objetos de valor.[25]

Embora a *Kristallnacht* tivesse mostrado aos cidadãos alemães a medonha realidade para os judeus, talvez eles tenham se consolado diante do egoísta pensamento de que aquilo estava acontecendo com outras pessoas; de que aquelas famílias que, no meio da noite, vestindo roupas de dormir, eram arrastadas para o meio da rua e agredidas *deviam ter feito alguma coisa errada* para serem tratadas de forma tão discrepante.

Enquanto os judeus alemães temiam por seu sustento e sua casa, em 1938 as mulheres arianas ainda podiam folhear revistas para admirar um novo estilo de chapéu, cogitar a ideia de reservar um cruzeiro fluvial ou um passeio pelos principais pontos turísticos da cidade, sonhar com uma piscina no jardim dos fundos, banir os odores desagradáveis das axilas com o desodorante antitranspirante Odorono, marcar horário para massagens e cremes em um salão de beleza Elizabeth Arden, selecionar um molde para fazer blusa de renda ou escolher um peleiro de quem compraria peles para o inverno. Resumindo, entregar-se ao escapismo. Anúncios de revistas ofereciam esmaltes Cutex, sedas de costura Guterman em um arco-íris de tons e tinturas Schwartzkopf para o cabelo ariano adequadamente loiro. Para lavar as mãos sujas, a mulher poderia usar sabonetes Palmolive.

---

* A Noite dos Cristais foi uma onda de violência contra os judeus na Alemanha nazista levada a cabo pelas forças paramilitares da SA e por civis alemães; o nome deve-se aos milhões de pedaços de vidro partidos que encheram as ruas depois de estilhaçadas as janelas de lojas, edifícios e sinagogas. (N. T.)

Em artigo de 1938 descrevendo em detalhes as viçosas cores da moda, vestidos coluna e jaquetas de penas de marabu, a revista *Elegante Welt* proclamou que o estado de ânimo no horizonte era "predominantemente alegre". Quaisquer ansiedades foram descartadas pelo jornalista com a admoestação: "As crises econômicas não são outra coisa senão a indestrutível vontade de viver e o otimismo de um povo".[26]

Como plenipotenciário do Plano Quadrienal, Hermann Göring era responsável por fomentar a economia alemã e prepará-la para a guerra. Ele certamente viu os estragos da *Kristallnacht* como uma crise, reclamando que não valia a pena elaborar políticas frugais se os *pogroms* causavam perdas maciças para a economia.[27] Sua resposta ao vandalismo da *Kristallnacht* foi descarada. Göring apresentou aos judeus alemães uma conta surpreendentemente alta para cobrir os danos.

Emmy Göring, a bela e elegante esposa de Hermann, era uma devota de roupas fabulosas que destacavam sua generosa silhueta. Em suas memórias, ela admitiu sentir-se incomodada com os boicotes antissemitas, deixando claro que havia feito sua parte para apoiar alguns amigos judeus cujas vitrines haviam sido pichadas com a inscrição *Jude* [judeu]. No entanto, confessou também se sentir desconfortável ao entrar em lojas judaicas, com medo de que isso acarretasse problemas para seu marido.

Joseph Goebbels, por sua vez, vangloriava-se em seu diário de que os berlinenses ficaram extasiados com os saques da *Kristallnacht*. De maneira significativa, salientou o fato de que roupas e artigos de decoração foram os principais prêmios adquiridos: "Casacos de pele, tapetes, tecidos valiosos, tudo isso de graça".[28] A esposa de Joseph, Magda Goebbels, imaculadamente elegante, era devota do estilo refinado e ficou muito chateada com o impacto dos *pogroms* de novembro contra os judeus. Lamentou o fechamento de um estúdio de moda: "Que lástima que o Kohnen esteja fechando as portas [...], todos sabemos que, quando os judeus forem embora, a elegância de Berlim também irá".[29]

Seduzidas pelo privilégio, as esposas de homens do alto escalão da SS – como Emmy, Magda e Hedwig – testemunharam a visível perseguição aos judeus, mas decidiram que a melhor maneira de lidar com tal desconforto era manter-se longe dele. Absorvidas pelo cumprimento de seus papéis de mulheres de dirigentes nacional-socialistas, estavam aprendendo que o mundo poderia ser remodelado para se ajustar à sua imagem e satisfazer a suas necessidades.

Entre os clientes de Hunya, incluíam-se as mulheres da elite de Leipzig. Ela vestira judeus e não judeus. Suas criações cobriam e adornavam o corpo tanto das testemunhas oculares quanto das vítimas do vandalismo. Durante a *Kristallnacht*, ela estava dormindo; agora tinha que ficar atenta para enfrentar a contínua calamidade. Todas as suas energias se voltaram para a fuga.

> "Estávamos felizes por sobreviver mais um dia e, de alguma forma, ir levando."
> *Irene Reichenberg*[30]

Em Bratislava, a jovem Irene Reichenberg estava frenética. A partir de março de 1938, centenas de refugiados judeus chegaram à cidade, escapando da perseguição nazista na Alemanha e na Áustria recém-anexada. Quando os territórios tchecos ficaram sob domínio alemão, havia mais refugiados fugindo para a Eslováquia, que se tornou autônoma em outubro de 1938. As gangues pró-nazistas se sentiram livres para atacar propriedades judaicas, assim como para agredir qualquer pessoa judia, abertamente e em público. As instituições de caridade judaicas faziam o que podiam para ajudar e abrigar os necessitados. Houve motins e brigas na rua Židovská.

Irene não conseguiu convencer o pai a ver que a brutalidade não diminuiria; que não era mais um pico de antissemitismo; que aquilo não acabaria. Mesmo que Irene fosse suficientemente lúcida para reconhecer o perigo, o que poderiam fazer a respeito? Para onde iriam? Ao longo de toda a vida, ela tinha sido pobre demais até mesmo para fazer uma viagem a Viena, que ficava a apenas 65 quilômetros de distância.

Fugir? Impossível.

— A emigração, qualquer coisa que custasse dinheiro, não tínhamos condições de pagar. Não era possível. De jeito nenhum — disse ela.[31]

Com a amiga Bracha Berkovič, Irene planejou um modo diferente de sobrevivência. Envolvia agulhas, tecido, linha e alfinetes.

CAPÍTULO TRÊS
E depois, como continuar?

"Bem, ficamos lá, várias meninas da classe, judias.
Ficamos paradas na rua e não sabíamos
o que aconteceria a seguir, como continuar."
Irene Reichenberg[1]

Primavera de 1939.

As revistas de moda anteciparam estilos mais leves e tecidos mais brilhantes – florais de raiom, lenços de *chiffon* e chapéus com véu.

A realidade de março foi muito mais dura.

Em sua visita a Praga, em 18 de março de 1939, Hitler vestia um longo casaco militar com transpasse duplo, perfeitamente acompanhado por uma comitiva de soldados da *Wehrmacht* (as Forças Armadas da Alemanha nazista) em marcha, com tanques leves e armas pesadas. O *Führer* inspecionou sua nova conquista sob a aba de um quepe pontudo. Nuvens de tempestade e chuva clarearam para dar lugar a um céu carrancudo. A multidão de civis que o recebeu nos territórios subjugados de Boêmia e Morávia estendeu mãos enluvadas em saudação. Alguns rostos sob chapéus e quepes mostraram perplexidade. Quatro dias antes, em 14 de março, a Tchecoslováquia, enquanto país, fora dissolvida. No mesmo dia, a Eslováquia declarou independência.

Qualquer pessoa com acesso a um rádio poderia ouvir os discursos de Hitler transmitidos de uma ponta à outra da nova Grande Alemanha. Uma jovem tcheca lembra que o rádio tremia quando Hitler gritava "*Juden raus!*", e a família tinha que tapar os ouvidos com as mãos.[2]

"Fora, judeus!" Esse tinha sido um objetivo desde os primeiros dias do NSDAP, seguindo etapas cuidadosamente planejadas: segregar os judeus, forçá-los a emigrar, marcá-los como "outros", torná-los impotentes e relegá-los à pobreza. Essas táticas nazistas seriam adotadas por quase todos os territórios sob a égide da suástica do Reich. Em paralelo, havia um ímpeto de lucrar com os judeus de todas as maneiras possíveis.

Ambos os processos culminariam na caricatura burlesca de um ateliê de moda em Auschwitz.

A moda estava longe dos pensamentos de Irene Reichenberg na primavera de 1939.

A irmã dela, Edith, de 14 anos de idade, assumira o papel de dona de casa desde a morte prematura da mãe, um ano antes. O lar não era mais um refúgio. A violência antijudaica foi rapidamente legitimada na nova república da Eslováquia. No bairro judaico de Bratislava, as janelas foram destruídas. As pichações ameaçadoras continuaram – ultrajes como "Porcos judeus!" e "Vão para a Palestina!".

Renée, amiga de Irene, tinha que acompanhar seu pai, rabino, pelas ruas até a sinagoga mais próxima, já que não era seguro para ele sair sozinho. Os religiosos judeus eram alvos de fortes ataques.

Numa fotografia datada de 1938, Renée aparece elegante em roupas casuais do dia a dia – uma jaqueta ajustada sob medida e uma saia escura pudicamente longa. Quando os indivíduos se vestiam com confiança, sempre havia chance de passarem por "não judeus", embora esses juízos fossem inteiramente subjetivos.

Renée Ungar na Eslováquia, 1938.

Na verdade, o governo eslovaco decidiu que era necessário fazer mais para distinguir judeus de não judeus, de modo a permitir exploração e perseguição mais convictas. A partir de 1º de setembro de 1941, todos os judeus seriam obrigados a usar uma grande estrela de Davi amarela visível em suas roupas de cima. Se casacos e jaquetas fossem removidos, na camada de roupa seguinte também precisaria haver uma estrela. Das caixas e dos kits de costura saíram agulhas e linhas para completar essa humilhante tarefa. Alguns prendiam a estrela com pontos frouxos para que pudesse ser retirada às pressas quando necessário.

As roupas foram contaminadas pelo estigma aprovado pelo Estado. Com uma estrela amarela, a jaqueta de Renée não seria mais simplesmente parte da roupa de uma adolescente, mas uma vestimenta que a transformaria em alvo.

A jornada para essa segregação visual não foi apenas tolerada pelo governo eslovaco, mas vigorosamente sancionada e regulamentada, obedecendo à risca as diretrizes das políticas do Terceiro Reich. O Partido do Povo Eslovaco (*Slovenská ľudová strana*) era liderado por seu presidente, o padre católico radical Jozef Tiso, e pelo primeiro-ministro Vojtech Tuka, ainda mais extremista. Eles se alimentavam de uma potente mistura de nacionalismo, antissemitismo e interesses próprios. Seus ataques à vida e aos meios de subsistência dos judeus não foram organizados apenas com base no ódio. Com a maior desfaçatez, queriam enriquecer à custa dos cidadãos judeus.

Quando Hitler olhou para Praga em março de 1939, estava avaliando uma aquisição. Agora a Alemanha tinha o controle de importantes bases industriais da Tchecoslováquia e acesso a muitos outros ativos do país. A pilhagem que logo se seguiria não se limitava a despojos da guerra: era uma fonte de renda de que os alemães necessitavam com urgência para impedir que o Reich ficasse à beira da falência.[3] As conquistas territoriais nazistas serviam ao duplo intento de auferir receitas e ganhar o direito de se vangloriar.

A ganância estava por trás da legislação de 1940 que autorizava o governo eslovaco a fazer o que fosse preciso para excluir os judeus da vida social e econômica do país. E foi um sentimento que predominou nas reuniões entre Tuka, Tiso e o *Hauptsturmführer* [capitão de companhia] da SS, Dieter Wisliceny, emissário de Adolf Eichmann, enviado da Alemanha ostensivamente como consultor para assuntos judaicos – na verdade, para formular a logística que lhes permitiria lucrar com bens judaicos. A ganância motivou os nazistas em suas ações diretas contra as empresas judaicas.

O impacto dessa ganância seria devastador para as vítimas, mas enriqueceu de forma gloriosa os criminosos nazistas.

> "Pretendo saquear, saquear de cabo a rabo."
> ***Hermann Göring***[4]

A ideia de usar a guerra para pagar os custos bélicos não era nada nova. Tanto os soldados alemães quanto os moradores locais se aproveitaram da agitação da invasão para se apoderar do que fosse possível. Isso contrariava por completo a Convenção de Haia "concernente a leis e usos da guerra terrestre" de 1907, que evidenciava que os exércitos invasores não poderiam confiscar propriedades privadas a menos que pagassem uma compensação. A Alemanha havia sido signatária das regras, mas, tão logo se tornou uma nação nazista, ficou inebriada pela vitória de apagar uma fronteira europeia após a outra.

As tropas da *Wehrmacht* eram ativamente instigadas a considerar cada conquista sucessiva como uma gloriosa farra de compras. Uma orgia de consumismo se seguia à rendição de cada país. Göring, sobretudo, permitia aos soldados que tomassem posse de peles, sedas e produtos de luxo. Não havia limites para as compras feitas pelas tropas, tampouco para os pacotes de mercadorias que se podiam enviar para a família na Alemanha.

Após a abolição das fronteiras alfandegárias entre o Protetorado Tcheco e a Alemanha, em 1º de outubro de 1940, houve um frenesi de compras por soldados e civis visitantes que esvaziaram as prateleiras das lojas de peles, perfumes, sapatos e luvas… qualquer coisa que pudesse ser carregada ou enviada para casa pelo serviço postal. Da mesma forma, quando Paris caiu, as tropas de ocupação da *Wehrmacht* compraram uma quantidade de mercadorias tão descomunal que foram apelidadas pelos franceses de "escaravelhos da batateira", porque partiram carregando tanto peso que ficaram com o dorso arqueado e os ombros encurvados.

Importava se a disseminação excessiva dos *Reichsmarks* e das notas promissórias desvalorizasse a moeda local? Se a inflação tornasse as compras um pesadelo financeiro para os habitantes locais? O principal era manter os alemães – *arianos* – felizes. Hitler sentiu na pele o descontentamento causado no *front* nacional durante a Grande Guerra, quando a comida e outros itens essenciais acabaram. Não tinha a intenção de deixar seus próprios súditos se amotinarem. Ele os manteria felizes com o butim tomado de pessoas "inferiores".

Os alemães em expansão para o Leste Europeu não tinham a delicadeza de pagar pelas mercadorias de que se apoderavam. Sua rapacidade na Ucrânia, por exemplo, lhes granjeou o apelido de "hienas". Inevitavelmente, os estabelecimentos judaicos eram os mais vulneráveis a saques, pois contavam com menos proteção. A bem da verdade, a polícia e os soldados da *Wehrmacht* na Polônia ocupada pelos alemães apenas observavam enquanto as vitrines das lojas judaicas eram estilhaçadas para que os moradores locais – impelidos pelo antissemitismo e pela cobiça – pudessem se servir.[5]

Na Alemanha, mães, esposas, namoradas e irmãs recebiam pacotes de homens no exterior e se maravilhavam com a abundância. À maneira doméstica, essas mulheres se tornaram aproveitadoras da guerra. Talvez não tivessem consciência de que seus ganhos implicavam o prejuízo de outras pessoas.[6]

Havia até mesmo pilhagens adicionais realizadas a tempo de encher as vitrines das lojas alemãs para os festejos de Natal.

Os judeus eram alvos específicos em outros métodos que beneficiavam tanto os civis alemães quanto as tropas da *Wehrmacht*. Após a invasão da Rússia em 1941, aos poucos cresceu a percepção de que os estoques de suprimentos alemães eram perigosamente inadequados para os combates de inverno. Hitler e Goebbels convocaram os patriotas alemães a doar de forma voluntária todas as peles e as roupas de lã que pudessem ser usadas no *front* oriental.

Para os judeus alemães, o confisco de peles era obrigatório, sem compensação. Soldados invadiam as casas de judeus e vasculhavam guarda-roupas em busca de casacos, capas, regalos, luvas e chapéus, qualquer item feito de pele. Até mesmo as golas deveriam ser descosturadas e entregues. O não cumprimento da regra era punido com severidade pela polícia do Estado.[7] Não era questão de pessoas ricas abrirem mão de uma pele luxuosa usada apenas para mostrar *status*. De alguma forma, pessoas de todas as classes sociais usavam peles no inverno, por necessidade – de humildes peles de coelho a graciosos *visons*.

Vindos de todos os rincões do país, conjuntos e kits de roupas de inverno eram considerados presentes de Natal do povo alemão para o *front* oriental. Centenas de milhares de itens foram recebidos. Sem dúvida os homens da *Wehrmacht* apreciaram os novos recursos para se manterem aquecidos. E os judeus que tiritavam no frio inclemente – o que importava seu sofrimento?

> "Os judeus tinham que entregar todas as peles, as joias, os equipamentos esportivos e outros itens valiosos. Tudo de que os soldados da Guarda Hlinka gostavam eles confiscavam."
> ***Katka Feldbauer*[8]**

Seria necessário mais que farras de compras em terras estrangeiras e peles confiscadas para financiar as guerras de Hitler e manter os alemães alimentados e vestidos. Os territórios controlados pelos nazistas deveriam ser extirpados de judeus. A *Entjudung* ["desjudificação"] era uma meta a ser alcançada por meio de expropriação, deportação e, futuramente, assassinato em massa. A expropriação e o desapossamento eram parte integrante do que viria a ser conhecido como Holocausto.

Em novembro de 1938, *Das Schwarze Korps*, uma revista da SS, publicou um artigo afirmando que os judeus eram "parasitas", "incapazes de trabalhar por conta própria".[9] Claramente, isso era propaganda. No entanto, as drásticas medidas de roubo e confisco de bens, propriedades, estabelecimentos e empresas judaicos eram parte de um esforço para consumar a acusação e, assim, justificar os abusos. Essencialmente, os judeus se veriam destituídos e desesperados. Mais fáceis de controlar. Não por acaso espoliá-los enriquecia outras pessoas.

Em todos os territórios ocupados pelos nazistas, os judeus se tornaram alvo fácil de todo tipo de roubo e intimidação, com a exigência de pagamento de suborno. Judeus pagavam propina para evitar hostilidades, para obter vistos, para ficar de fora das listas de deportação para guetos e campos de trabalho forçado. A Alemanha estabeleceu um modelo de como o enriquecimento funcionaria. Outros regimes, incluindo o da Eslováquia, ficaram felizes de observar e aprender. Dos soldados de baixa patente da Guarda Hlinka – milícia paramilitar do Partido do Povo Eslovaco – a funcionários do mais alto escalão, todos queriam ganhar dinheiro.

Hunya Storch, agora casada e conhecida como *Frau* Volkmann, sentiu o impacto da expropriação em Leipzig quando o decreto de eliminação dos judeus da vida econômica alemã, de novembro de 1938, foi sancionado e passou a vigorar como lei. O documento determinava que todos os negócios judaicos deveriam cessar no Ano-Novo de 1939. Ao decreto seguiram-se seis anos de exclusão e privação de direitos civis.

Hunya teve todos os bens confiscados e, em seu caso, a expropriação culminou no momento em que foi literalmente despida das roupas do corpo durante o ingresso em Auschwitz. Todas as jovens que ela conheceria mais tarde no ateliê de moda do campo de concentração – Marta, Bracha, Irene e as demais – tinham as próprias lembranças semelhantes de desapossamento. Acabariam sentindo na pele a experiência de ter apenas o mínimo absoluto do que era necessário para que a vida continuasse. Foi uma queda longa e degradante, que começou com um roubo descarado e sancionado pelo Estado.

De acordo com o decreto de 1938, todas as posses dos judeus deveriam ser consideradas *Volksvermögen*, a riqueza, os bens coletivos do povo alemão. "Alemão" era sinônimo de "ariano". Isso não se aplicava apenas a objetos de valor como joias e obras de arte, casas, terrenos e carros. Incluía bicicletas, aparelhos de rádio, móveis, roupas e máquinas de costura.

Hermann Göring encabeçou uma série de iniciativas nacionais que visavam a usar dinheiro judaico para aumentar o montante do orçamento nazista.[10] A estratégia mais óbvia de expropriação foi posta em prática ao longo da década de 1930. Foi a "arianização", pautada pela aquisição forçada de propriedades e empresas judaicas e sua transferência para mãos arianas, removendo os judeus da economia em benefício dos não judeus. O principal objetivo da arianização ia muito além de simplesmente causar angústia e sofrimento. O prêmio, para os criminosos, era a posse efetiva de empresas judaicas, bem como a eliminação da concorrência.

De acordo com os ditames das novas leis, um *Arisator*, ou "arianizador" [administrador ariano], era premiado com o direito de assumir uma empresa, geralmente de graça ou mediante o pagamento de uma quantia módica – sem falar nas propinas para funcionários corruptos que administravam a burocracia da arianização. As táticas de intimidação eram disfarçadas em linguagem corporativa: a propriedade da empresa deveria ser transferida para um *Treuhänder*, ou fiduciário de liquidação. Podia ser qualquer não judeu que desejasse adquirir um empreendimento pagando barato ou alguém que a autoridade do Escritório de Fideicomissos quisesse recompensar.

Na indústria da moda, os nazistas avarentos aproveitaram a oportunidade para adquirir as próprias empresas de roupas arianizadas. Magda Goebbels chegou a usar sua influência para ajudar Hilda Romatski – proprietária ariana da casa de moda Romatski, localizada na Kurfürstendamm, popular rua comercial de Berlim –, que havia reclamado da "concorrência desleal" do ateliê de moda judaico Grete, algumas portas à frente no mesmo bulevar. Em 1937, com uma hipocrisia de tirar o fôlego, Magda escreveu à Frente Alemã do Trabalho para exigir o fechamento do estabelecimento judeu rival de Romatski, declarando: "É pessoalmente desagradável e insuportável para mim ser suspeita de me vestir com roupas de uma casa de moda judaica".[11]

Por sua vez, Hedwig Höss, sem o menor pudor, escolheria estabelecer um ateliê de moda em Auschwitz, onde quase todas as mulheres de seu grupo de costureiras foram encarceradas por nenhuma outra razão além de serem judias.

> "Muitas pessoas se empanturraram no cocho
> da arianização e ficaram gordas feito porcos."
> **Ladislav Grosman,** *A pequena loja da rua principal*[12]

Somente em Berlim havia aproximadamente 2.400 estabelecimentos relacionados ao setor de tecidos e vestuário sob propriedade judaica, todos vulneráveis a predadores. Em Leipzig, base de Hunya Volkmann, 1.600 negócios foram vendidos à força sob a arianização em novembro de 1938. Os 1.300 negócios restantes em mãos de judeus não durariam muito mais tempo.[13] Tudo o que Hunya havia construído após trabalhar com tanto afinco podia ser legalmente arrancado dela.

Uma das tias de Hunya era casada com o sr. Gelb, dono de uma das muitas lojas de departamentos em Leipzig. Dora, irmã de Hunya, trabalhou lá por algum tempo. A família Gelb pediu a Hunya e Nathan que ajudassem a lidar com a arianização, processo extremamente estressante. Hunya e Nathan fizeram o possível. A loja foi adquirida por um proprietário alemão não judeu, por um valor lamentável de tão irrisório.

Para o comprador, era um paraíso. Os *Arisators* sabiam que os judeus tinham que vender, e ainda por cima rapidamente. Abocanhavam empresas por 40% ou até 10% de seu valor real. Se o estoque entrasse em liquidação antes da venda definitiva da loja, os clientes poderiam inocentemente percorrer prateleiras e cabides de roupas, cestas de tecidos remanescentes, deliciando-se com as pechinchas que encontravam. Muitas pessoas não eram tão inocentes, mas ficavam felizes ao tirar o máximo proveito da desgraça dos judeus.

Não foi somente a pressão das leis de arianização que forçou essas vendas a toque de caixa: os judeus também estavam desesperados para sair da Alemanha o mais rápido possível. Hunya sentiu essa pressão. Pelejando para juntar escassos recursos, arranjou vistos e passagens a fim de possibilitar que seus pais escapassem para a Palestina. Enquanto isso, fazia visitas diárias aos consulados estrangeiros, em meio a multidões de outros candidatos ansiosos para solicitar documentos de emigração. Lidou com inúmeras entrevistas e preencheu intrincados questionários. Poucos países estavam aceitando número ilimitado de emigrantes; a maioria era indiferente à situação dos judeus na Europa.

Hunya não teve sorte com as solicitações junto à Palestina e à Argentina, suas primeiras opções. Por fim, conseguiu obter autorizações de entrada e duas passagens para o Paraguai. Era assustador pensar em navegar até o outro lado do mundo, para viver em outra cultura e outro continente, tudo tão diferente de sua criação protegida em uma cidadezinha nas altas montanhas Tatras, mas, se isso significasse que ela e Nathan estariam seguros, valeria a pena. Suas habilidades de corte e costura com certeza seriam apreciadas onde quer que ela e a família fossem parar.

Isso não aconteceu. No último momento, o consulado na Alemanha cancelou as licenças conquistadas a duras penas pelos judeus. Hunya se viu presa no país.

Em Bratislava, Irene Reichenberg vivenciou em primeira mão o degradante processo de expropriação. A partir de 2 de setembro de 1940, todos os judeus eslovacos foram obrigados a registrar seus bens. O pai de Irene, Shmuel Reichenberg, obedientemente deu detalhes de sua oficina de sapateiro. Uma fotografia do pré-guerra mostra um retrato de Shmuel com sua filha mais nova, Grete, irmã de Irene. Parece calmo, talvez um pouco cansado, mas elegante, de camisa, gravata e paletó. Sua vida girava em torno do trabalho, da família e da adoração na sinagoga a cada *shabat*. Como muitas pessoas, ele tinha a esperança de que, se fizesse o que lhe fora ensinado e obedecesse às ordens e às regras, seria possível suportar as restrições.

Seu pequeno negócio era um dos mais de seiscentos estabelecimentos de judeus em Bratislava, muitos deles baseados no comércio de tecidos. Qualquer otimismo que ele pudesse ter sentido com relação à possibilidade de seguir em frente estava totalmente equivocado. De acordo com a primeira lei de arianização, em vigor a partir do dia 1º de junho de 1940, a licença de trabalho de Shmuel Reichenberg foi revogada. Basicamente, essa lei significava que os judeus não podiam realizar qualquer tipo de negócio independente. Ele voltou para o pequeno apartamento na rua Židovská, número 18. Sem trabalho não haveria renda. Sem renda, passaria fome e não teria onde morar.

Irene não teve escolha a não ser se adaptar. Aos poucos foi se desgastando por traumas que se avolumavam; chegou a um ponto em que apenas a amizade irrestrita de Bracha e o ritmo da agulha e da linha a salvavam. Por ora, viu o pai instalar uma mesinha e um banquinho sob a janela do apartamento. Ele deixou à mostra suas ferramentas. Amigos e conhecidos judeus residentes da rua Židovská lhe traziam pequenos trabalhos, bicos que ele realizava com sua usual destreza, presumindo que conseguiria adquirir artigos de couro e itens de costura.

Foi incrivelmente difícil prosseguir. Seu trabalho passara a ser ilegal. Mas de que outra forma ele ganharia dinheiro? As instituições de caridade judaicas estavam sofrendo uma pressão insuportável, com dificuldades, sobretudo, para dar assistência aos milhares de refugiados desesperados que fugiram para a Tchecoslováquia por julgar que lá seria mais seguro que na Alemanha.

Os eslovacos inescrupulosos se engalfinhavam para arrebatar os melhores negócios judaicos para si, sem um pingo de consideração pelos verdadeiros proprietários. Foi assim que a alfaiataria que o pai de Bracha Berkovič, Salomon, estabelecera com tanto empenho e dedicação acabou roubada e entregue a um concorrente católico – com clientes, estoque, reputação, tudo.

No período de um ano, o Escritório Econômico Central de Tiso (*Ústredný Hospodársky Úrad*) transferiu mais de 2 mil negócios de judeus eslovacos para proprietários arianos, incluindo a alfaiataria Berkovič. Era muito fácil para alguém que almejava um negócio judaico obtê-lo dessa maneira. Às vezes, o proprietário original era mantido como funcionário, em especial se o *Arisator* não tivesse ideia de como administrar o negócio. Por vezes, o dono original simplesmente era expulso. O pai de Bracha não teve opção: foi posto para fora.

Um número impressionante: 10 mil negócios judaicos na Eslováquia foram, por fim, liquidados sob as regras de arianização. Os imensos lucros foram transferidos para uma conta especial administrada por Dieter Wisliceny, representante da SS. Destas 10 mil empresas, mais de mil eram lojas que vendiam artigos têxteis. Todos aqueles rolos de tecido, exibidos com tanto orgulho pelos lojistas e tão admirados pelos clientes, desapareceram. Os *Arisators* venderam os estoques. Quem comprou o tecido talvez nunca soubesse de qual estabelecimento provinha. Talvez não desse a mínima.[14]

Praga sofreu com esse mesmo tipo de avidez por lucro, sob as mesmas táticas de segregação, registro e roubo. Antes da imposição da estrela de Davi amarela, o povo judeu havia sido bem assimilado pela sociedade da capital tcheca. Então, todas as propriedades com valor superior a 10 mil *koruna* foram confiscadas e depositadas em uma conta bancária especial em Praga. Os recibos eram devidamente entregues, para manter a ilusão de que se tratava de uma posse temporária. Em seguida veio a arianização das empresas, incluindo a fabulosa indústria da moda de Praga, em todas as esferas, desde a alta-costura até as humildes costureiras que trabalhavam em casa.

Mesmo em 1939, ainda havia clientes não judeus que asseguravam aos donos judeus de seus ateliês de moda prediletos que o antissemitismo nazista não afetaria sua lealdade. Ainda estavam ansiosos para que costureiras judias fizessem roupas inspiradas na Chanel de Paris ou desenhadas por talentos locais. Independentemente dos desejos dos clientes, quando um *Arisator* aparecia na porta do estabelecimento e pedia para examinar as contas, o estoque, todos os registros de funcionários, não havia como resistir à aquisição. Vez por outra, as empresas eram vendidas a um funcionário leal, sob a suposição de que se tratava apenas de precaução. Cabia inteiramente ao novo dono decidir em que medida honraria o espírito da transferência ou quanto tentaria lucrar com isso.

Nas revistas de moda, anúncios de lojas e serviços judaicos simplesmente desapareceram, sem mais nem menos. As lojas mais tradicionais continuaram funcionando após a arianização, com as mesmas roupas, os mesmos sapatos, mas com o nome pintado e as etiquetas das roupas removidas.

Costureiras como Marta Fuchs não tinham mais oportunidades legais de administrar um negócio de costura. Como Hunya em Leipzig, o foco de Marta a partir de 1938 foi escapar da Europa. Astuta o suficiente para perceber que, embora os bens dos judeus fossem cobiçados, a vida judaica se tornaria imprestável, Marta se hospedou no Hotel Juliš, na famosa praça Wenceslas, de Praga.

Esse belo bulevar abrigava o Museu Nacional, uma infinidade de escritórios modernos, a sapataria Bata e um shopping center do começo do século.

Não foi por isso que Marta escolheu ficar no Juliš. Precisava estar perto de centros de transporte e embaixadas estrangeiras. Seu plano desesperado era embarcar num trem para o porto e rumar por via marítima para a América Latina. Agora passava suas horas livres com um dicionário de espanhol em mãos, não mais com revistas de moda; entrava em filas para tentar obter vistos, não para aproveitar liquidações. Quando um visto para o Equador foi milagrosamente concedido, já era tarde demais. Os alemães estavam desenvolvendo novas políticas para encarcerar os judeus em vez de acossá-los e forçá-los a partir.[15] Marta foi obrigada a voltar para Bratislava.

Após o outono de 1941, o *slogan* "Fora, judeus!" passou a significar deportação. Na cidade tcheca de Terezín, chamada de Theresienstadt pelos alemães, supostamente uma "cidade-modelo", foi estabelecido um gueto exclusivo para judeus – na verdade, um local de trânsito para um destino muito mais sombrio.

> "No calor do momento,
> decidi aprender a costurar um pouco."
> ***Irene Reichenberg***[16]

O que os jovens poderiam fazer diante de forças opressoras tão poderosas?

Marta, Irene, Renée e Bracha estavam entre muitas dezenas de milhares de judeus que pagaram o custo humano da ganância. Para elas, a implacável legislação antijudaica não significava apenas palavras duras em uma página. Foi um roubo de direitos e posses.

Quanto mais eram usurpadas de tudo, mais se uniam em resiliência.

A costura era uma atividade financeira a que muitas mulheres recorriam nas economias europeias e em todo o mundo. Era considerada uma profissão adequadamente "feminina" e, de certa maneira, exigia poucos equipamentos. Nos territórios ocupados pelos alemães, as mulheres eram forçadas a lançar mão das agulhas a fim de ganhar o pão de cada dia. À luz do dia, de lamparinas ou de velas, entre o trabalho doméstico e o cuidado da família, elas se debruçavam sobre a costura, confeccionando roupas, reformando peças, fazendo ajustes, refazendo lãs desfiadas e criando moldes de bordados coloridos.

Grete Roth, judia de Bratislava, começou a dar aulas de tecelagem no fim da década de 1930, quando ficou claro que o escritório de advocacia do marido seria liquidado. Ela conseguia vestir toda a família com roupas feitas sob medida em seu tear caseiro.[17] No Protetorado, Katka Feldbauer, de 17 anos, era uma aluna nota dez, até que o diretor da escola a chamou à sala dele para lhe comunicar que ela teria que empacotar seus pertences – "Judeus, fora!". Profundamente atordoada, ela começou a trabalhar com uma costureira, que na verdade era uma *Arisator* de empresas judaicas. Ganhava uma mixaria, escondida em um quartinho dos fundos.[18] Um dia, Grete e Katka compartilhariam um dormitório com as costureiras de Auschwitz.

Obrigada a sair da escola, Irene Reichenberg tinha tempo livre e a necessidade de aprender uma nova habilidade. Optou pela costura. Sua irmã mais velha, Käthe, casada com o belo Leo Kohn, já havia se formado em um curso técnico de costureira. Sua amiga Renée também costurava em segredo, assim como Gita, irmã de Renée. Por ser judia, Irene estava impedida de estudar na faculdade e receber treinamento formal regular. No entanto, conhecia uma costureira, uma polonesa casada com um judeu de Bratislava. A licença de trabalho dessa mulher fora revogada, mas ela estava disposta a ensinar clandestinamente por apenas cinco *koruna* ao dia. Bracha também participou das aulas.

Bracha não aprendera a costurar com a mãe e não encarava essa atividade com devoção totalmente sincera, ao contrário de sua irmã mais nova, Katka Berkovič, que se mostrou muito hábil. Aprendeu técnicas de alfaiataria mais rapidamente que Bracha e tornou-se especialista, sobretudo, em casacos. As duas irmãs tiveram aulas extras com o pai, que estava preocupadíssimo com a deterioração da vida dos judeus na Eslováquia e desesperado para encontrar uma maneira de proteger seus filhos. Ele se apressou em ensinar ao filho mais velho,

Emil, o ofício de alfaiate, já que Emil não tinha mais permissão para continuar com sua educação formal regular.

Uma fotografia de Bracha e Katka dessa época não dá pista das adversidades que haviam sido quase normalizadas no cotidiano. Bracha abraça a irmã e encara a câmera com olhos brilhantes e um belo sorriso. Katka parece um pouco mais cautelosa, mais tímida. Ambas têm cabelo lustroso e lindas longas tranças.

As meninas fizeram amizade com outra jovem aprendiz na escola de costura "clandestina". Era uma menina judia chamada Rona Böszi, que havia emigrado de Berlim para escapar da perseguição nazista. Era uma amiga maravilhosa, sempre disposta a ajudar os outros quando enfrentavam dificuldades com a costura.

As irmãs Bracha e Katka Berkovič no pré-guerra.

Alles verwenden nichts verschwenden
[Tudo usado, nada desperdiçado][19]

No âmbito doméstico, cabia às mulheres tirarem o máximo proveito das coisas em circunstâncias restritas. O avental tornou-se o equivalente do uniforme da dona de casa. Retratado como uma peça alegre e feminina nos livros de modelos e revistas femininas – mesmo quando feito a partir de uma camisa velha ou uma surrada toalha de mesa –, não havia como escapar do fato de que o avental era fundamentalmente uma vestimenta de proteção, não um item de moda.[20] Os aventais que sobreviveram da Alemanha dos tempos de guerra estão manchados, remendados e cerzidos: prova de seu uso.[21] A propaganda não era capaz de esconder a realidade do trabalho árduo e da escassez.

Muito antes da mobilização militar total, a Alemanha desviava recursos financeiros e materiais para acelerar os programas de rearmamento, deixando poucos suprimentos para os civis. A pilhagem e a expropriação destinavam-se a compensar o déficit. Mesmo assim, o racionamento de comida foi introduzido pela primeira vez no país em agosto de 1939, pouco antes da invasão à Polônia.

Aventais em destaque na publicação de costura alemã
Deutches Moden Zeitung, de 1941.

Na sequência, em 14 de novembro, deu-se o racionamento de roupas. Antedatadas para vigorar a partir de 1º de setembro, davam aos civis cem pontos em seu *Reichskleiderkarte* [literalmente, "carta de vestuário do Reich", a tabela de cupons de roupas]* para o ano inteiro. Uma vez que um casaco ou terno valia sessenta pontos, isso não deixava muita liberdade para a reposição do guarda-roupa. As organizações de mulheres nazistas trabalharam arduamente para persuadir as donas de casa a aproveitarem as vantagens dos tecidos sintéticos produzidos como substitutos das fibras naturais, mais escassas.

Para aliviar a pressão sobre a produção de roupas em massa na fábrica, incentivavam-se as visitas domiciliares de um alfaiate ou uma costureira, contanto que não fossem judeus, é claro. Vários grupos de

---

* As instruções que regulamentavam a compra de têxteis eram definidas na tabela *Reichskleiderkarte*, que apresentava uma relação de peças de vestuário ou de tecidos, correspondendo a cada uma delas determinado número de pontos. O beneficiado poderia escolher aquilo de que precisasse, dentro de certo limite mensal e de uma amplitude máxima anual de cem pontos. (N. T.)

mulheres ofereciam cursos de treinamento em habilidades básicas, incluindo costura. As mulheres também eram aconselhadas a reformar as roupas existentes e a fazer as próprias peças sempre que possível, de modo a evitar a pressão sobre a indústria de roupas prontas para vestir. Cada retalho deveria ser guardado, e nada era desperdiçado. Uma escassez geral de sedas e algodões para costurar significava puxar fios da ourela de tecido ou reutilizar fios de alinhavo.

As revistas de costura em geral incluíam padrões gratuitos para costureiras. À medida que a guerra seguiu, a qualidade do papel diminuiu a olhos vistos. Para economizar papel, vários padrões de roupas eram sobrepostos em uma folha, e sua decodificação exigia visão aguçada, astúcia geométrica e paciência infinita.

Claro, nem todos foram afetados da mesma maneira pela escassez de roupas. As mulheres da elite nazista não sentiam um pingo de remorso em abusar do sistema de racionamento. Em janeiro de 1940, Magda Goebbels fez com que sua secretária particular argumentasse contra a dedução de dezesseis pontos de seu cupom de racionamento para cobrir três pares de meias. Magda fez objeções, alegando que precisava das meias para seu trabalho como enfermeira. No mês seguinte, Wilhelm Breitsprecher, o fabricante de calçados que tinha o *Kaiser* entre seus ex-clientes, corajosamente escreveu a *Frau* Goebbels para dizer que não poderia começar a trabalhar nos sapatos de couro de crocodilo enquanto ela não lhe enviasse os cartões de racionamento necessários.[22]

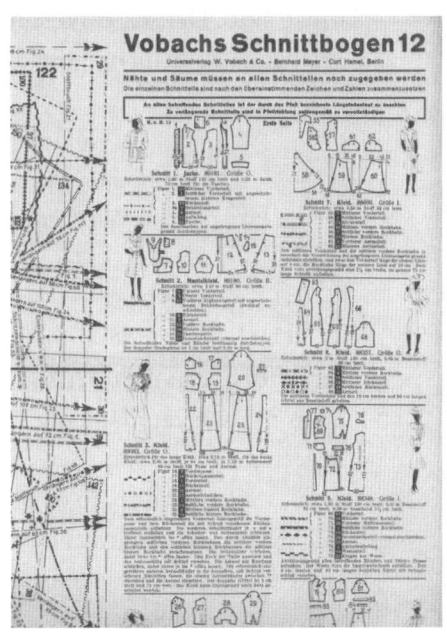

Detalhe de molde de papel da revista *Deutsches Moden Zeitung*, 1941.

Esposas de líderes nazistas de alto escalão não apenas se sentiam acima da lei quando se tratava de pontos de racionamento, como também continuavam a ser clientes de costureiras judias às escondidas.[23] Essa sensação de privilégio acabaria por motivar Hedwig Höss a criar um círculo de costureiras pessoais tão logo seu marido assumiu o comando do campo de concentração de Auschwitz. Ela não tinha intenção de permitir que os padrões de qualidade baixassem. Não importava quem fizesse o trabalho de costura, Hedwig manteria sua elegância. Em uma fotografia de família de 1939, ela aparece com seu irmão Fritz Hensel, altivo em um terno claro e sapatos. Nas roupas *dela*, nada de manchas, remendos, sujeira.

> "Com a ajuda de trabalhadores judeus qualificados, organizamos oficinas judaicas nas quais serão feitos produtos que facilitarão muito a posição da produção alemã."
> *Hans Frank*[24]

Uma das grandes ironias das políticas da *Entjudung* e de arianização foi que as indústrias na Alemanha e nos territórios ocupados pelos nazistas rapidamente se viram sem a mão de obra qualificada necessária para operar seus negócios recém-adquiridos. De modo geral, a escassez de mão de obra em todas as atividades econômicas que deveriam ser "livres de judeus" foi exacerbada pelo insaciável apetite dos militares alemães por mais braços recrutados para lutar em várias frentes. Assim, tendo legalmente deixado costureiras como Hunya e Marta sem emprego, os nazistas enfrentaram uma escassez de alfaiates e costureiras. Em algumas áreas, criaram-se cursos intensivos de treinamento em alfaiataria e costura para não judeus, mas isso estava longe de ser uma solução adequada no curto prazo.

A resposta foi simples e brutal: trabalhos forçados e trabalho escravo.

As convocações para o trabalho compulsório poderiam chegar de maneira civilizada, por meio de carta ou pela divulgação pública de nomes. Ou a pessoa poderia simplesmente ser arrastada na rua ou cercada em casa diante dos olhos do restante da família indefesa. Homens e meninos foram os primeiros.

Emil, irmão de Bracha que estava aprendendo com o pai o ofício de alfaiate, recebeu a notificação de que deveria se apresentar para trabalhar em um ponto de coleta para homens judeus em Žilina, cidade eslovaca a mais de 160 quilômetros de Bratislava. Fora isso, nenhuma informação. A família nunca mais o viu. Ele tinha apenas 18 anos. Quaisquer que tenham sido as experiências pelas quais passou, não há lápide conhecida, apenas o sombrio memorial em homenagem a todos aqueles que morreram no campo de extermínio de Majdanek.[25]

O pai de Irene juntou-se a milhares de outros judeus no campo de trabalhos forçados de Sereď, construído às pressas cerca de uma hora a nordeste de Bratislava. Havia outros campos administrados por fascistas eslovacos em Vyhne e Nováky. Por causa das leis do Códice Judaico elaboradas por Dieter Wisliceny e pelo governo eslovaco, todos os judeus com idade entre 16 e 60 anos poderiam ser convocados a trabalhar de acordo com o que desse na veneta do ministério. Sob a autoridade da Guarda Hlinka, Shmuel Reichenberg fazia botas e sapatos no campo de Sereď. Outras oficinas lá fabricavam móveis, roupas e até brinquedos. A qualidade do trabalho de Shmuel era de tão alto nível que os guardas do campo o adotaram como sapateiro privativo não remunerado. Forneciam a ele equipamentos e matérias-primas e, em seguida, desfilavam pelo campo de concentração e pela cidade com calçados personalizados.

Nos campos, havia crianças prisioneiras, com a própria sala de aula rudimentar e ocasionais intervalos para brincar. A irmã mais nova de Irene, Grete, de 14 anos e portadora de deficiência física, conseguiu ficar com o pai em Sereď. Por causa do *status* protegido do pai, ela também estava segura – um milagre, considerando o destino das pessoas com deficiência como alvos de programas nazistas de eutanásia.[26]

Fotografias tiradas para documentar as oficinas de alfaiataria em campos de concentração eslovacos mostram mulheres e homens muito bem-vestidos curvados sobre reluzentes máquinas de costura. Seus pés trabalham nos pedais, suas mãos guiam o tecido e, ainda assim, sua mente devia estar absorta nos entes queridos deixados para trás e nos temores pelo futuro.

Quando se separou do pai e da irmã Grete, em 1941, Irene não tinha como saber que também acabaria usando suas habilidades para sobreviver e para atender a clientes muito mais prestigiosos.

Enquanto isso, na Alemanha, Hunya Volkmann se sentia bastante segura com um passaporte tcheco, mas temia que Nathan, seu marido, fosse levado. Ele era cidadão polonês, tido como alvo fácil para as incursões alemãs de captura de mão de obra. Resoluta, Hunya decidiu que o marido deveria escapar e planejou uma rota de fuga para ele, cruzando a Itália até a Suíça e atravessando às escondidas, feito contrabando, todas as fronteiras, que estavam fechadas para os judeus. Foi uma pena vê-lo partir, mas Nathan não foi longe. Voltou para casa, incapaz de suportar a ideia de abandonar Hunya.

Nathan Volkmann, marido de Hunya.

Ficaram juntos por mais seis semanas. Quando tiveram início as buscas no bairro judaico, Nathan foi levado. As colunas de homens detidos, Nathan entre eles, eram vigiadas por soldados, que usavam cassetetes para bater em qualquer mulher que se aproximasse demais. A ninguém era oficialmente permitido o acesso ao quartel em que os homens foram de início encarcerados, mas, de alguma forma, Hunya – que não era de se intimidar – conseguiu convencer um guarda a deixá-la ver Nathan. Ela escondeu a perplexidade ao vê-lo transformado, de um homem elegante e bem-arrumado, em um prisioneiro desgrenhado. O encontro foi breve e emotivo. Impotente para mudar as leis ou arrombar o quartel, Hunya decidiu fazer a única coisa que estava a seu alcance para ajudar o marido: decidiu dar a ele um par de sapatos decente.

Não se tratava de mero capricho norteado pelo senso de moda. Nathan precisaria de calçados resistentes para o trabalho pesado.

Reunindo forças e toda a sua autoestima, Hunya voltou para a loja de departamentos Gelb, que outrora pertencera à família de sua tia, e pediu ajuda ao novo proprietário. Foi preciso engolir o orgulho e lançar mão de muita persuasão e uma absurda quantia de dinheiro para que o *Arişator* concordasse em lhe vender alguns pares de sapatos. Hunya voltou correndo para o quartel e chegou a tempo de ver as últimas colunas de homens de cabeça raspada indo embora da cidade. Nathan partiu, marchando para longe com sapatos surrados, enquanto ela segurava nas mãos o par perfeito.[27]

Não muito tempo depois, chegou a vez dela.

> "A confecção de casacos de pele é uma arte muito singular e não deve ser praticada por ninguém que não seja peleiro. Mas existem pequenos artigos de pele que a costureira mediana dá conta de fazer."
> ***The Pictorial Guide to Modern Home Needlecraft***
> *[Guia ilustrado da moderna costura doméstica]*

Hunya não foi muito longe para seu primeiro período de trabalhos forçados. Juntamente com outros judeus, bem como as esposas não judias dos chamados "casamentos miscigenados", viu-se arrancada de sua casa e enviada para uma nova *Judenstelle* [área judaica] em Leipzig, onde os residentes foram instalados em dormitórios apertados. Conseguiu um quarto individual na escola Carlebach, que havia sido parcialmente incendiada durante a *Kristallnacht*. Os impressionantes degraus de pedra da entrada da escola não recebiam mais alunos e professores, muitos dos quais seriam

Modelos de casacos de pele em destaque na revista *Eva*, 1940.

deportados e assassinados nos anos seguintes.[28] Era para esse endereço que Nathan endereçava as cartas que escrevia a Hunya, as quais, com o passar dos meses, se tornaram mais curtas e menos otimistas. Ele foi enviado para o campo de concentração de Sachsenhausen em 26 de outubro de 1939. Não seria seu destino final.

O novo trabalho compulsório de Hunya era na empresa de Friedrich Rohde, que fornecia peles para a *Wehrmacht*. Leipzig era internacionalmente famosa por seu comércio de peles, centralizado em uma área chamada Brühl. Graças às peles, a cidade construiu fortes laços com Londres e Paris. Uma feira comercial anual, a *Messe*, atraía visitantes de todo o mundo. Armazéns e oficinas em Brühl ficavam abarrotados de peles compradas a granel em leilões e depois limpas, tingidas, curtidas e classificadas em categorias.

Depois de processadas, as peles eram reunidas em feixes, que em seguida eram confeccionados em peças de vestuário. O trabalho manual com as peles exigia trabalhadores extremamente qualificados e era uma função em que predominavam especialistas judeus. As peles tinham de ser cortadas com navalha, nunca com tesoura, e costuradas com uma agulha de três lados cuja ponta era afiadíssima. O controle da temperatura se fazia importante para garantir que as peles não apodrecessem nem secassem. As infestações eram alarmantes. Forradas e escovadas, as roupas de pele podem ser sensualmente glamorosas e tremendamente quentes.

Este, então, tornou-se o novo mundo de Hunya. Ter um trabalho essencial para a economia de guerra pelo menos deu a ela a liberdade de deixar o bairro judaico. Ela usava essa relativa liberdade para ajudar as famílias na escola Carlebach, procurando estabelecimentos que concordassem em vender comida para quem tivesse um cupom de ração judaica. Depois, Hunya levava a comida às escondidas para o gueto.

Em contraste com a avareza e a brutalidade de arianizadores e outros antissemitas, Hunya constatou que contava com o apoio generoso de muitos de seus amigos alemães, furiosos com os crimes contra os judeus. Hunya também cultivou excelentes relações com seus companheiros de trabalho e os gerentes alemães na fábrica de

Friedrich Rohde, que eram surpreendentemente respeitosos. Estava claro que, qualquer que fosse a legislação nacional, as pessoas ainda tomavam as próprias decisões sobre como se comportar em relação a indivíduos judeus. Poderiam optar por maltratá-los de maneira ostensiva, assistir de forma passiva aos maus-tratos ou discretamente ajudá-los.

Hunya era leal aos necessitados e, por sua vez, inspirava a lealdade de seus amigos, qualidades que os nazistas costumavam subestimar em relação às pessoas que perseguiam.

> "Costurávamos uniformes para os homens que pretendiam matar todos nós."
> ***Krystyna Chiger***, *gueto de Lvov*[29]

A fábrica de peles de Friedrich Rohde em Leipzig foi uma de milhares de oficinas e ateliês que, espalhados por todos os territórios sob domínio alemão, usaram trabalhos forçados. Famosos centros da indústria têxtil na Polônia ocupada pelos nazistas foram drasticamente reestruturados para extrair o máximo de horas e esforço da mão de obra de judeus cativos, a quem, confinados em guetos, restava a escolha entre o trabalho árduo e em péssimas condições ou a morte por inanição.

Alemães como Hans Biebow, ex-comerciante de café, tornaram-se figurões ricaços explorando o trabalho de empresas do gueto na área do governo-geral do Reich, a autoridade que passou a administrar o território polonês após a ocupação pela Alemanha nazista. Biebow comandava o gueto de Łódź, conhecido pelos alemães como gueto de Litzmannstadt. Cultivava relações cordiais com empresários em todo o Reich e alardeava o potencial do gueto para a fabricação de roupas no atacado.

Os uniformes eram um produto central nas fábricas de trabalhos forçados. Hunya tinha familiaridade com os requisitos de peles da *Wehrmacht*, incluindo jaquetas de pele de carneiro, casacos de pele e corpetes de pele de coelho. As Forças Armadas do Reich também precisavam de casacos de couro preto, jaquetas de voo forradas de pele, sobretudos de lã, equipamentos de camuflagem, kits de sobrevivência no deserto, elegantes e formais versões "número 1" dos uniformes e uniformes de combate padrão, verde-acinzentados. Havia também trabalhadores que faziam as galochas de palha trançada para serem usadas nas neves do *front* oriental, que protegiam os soldados do congelamento e das ulcerações provocadas pelo frio intenso – mas os trabalhadores que faziam as galochas ficavam com os dedos sangrando depois de doze horas manipulando palha seca.

A outros trabalhadores, nos departamentos de *Trennabteilung* [separação], cabia a horripilante tarefa de discriminar uniformes alemães usados – infestados de piolhos, manchados de sangue e possivelmente rasgados por buracos de balas –, decidindo quais partes e retalhos podiam ser recuperados e recondicionados para uso por parte de futuros soldados.[30] De forma infame, a empresa de Hugo Boss usou trabalho escravo a fim de cumprir contratos para a confecção de uniformes de dirigentes do NSDAP e uniformes da SS. Algumas empresas que lucraram com contratos firmados junto à *Wehrmacht* eram de origem judaica e foram sumariamente arianizadas, a exemplo dos alfaiates Többens & Schulz, no gueto de Varsóvia.

Em troca de doze horas de produção contínua de uniformes, costureiros e costureiras recebiam um pouco de sopa e o direito de viver.[31] Esse direito de viver (*Lebensrecht*) não era metafórico. À medida que a guerra avançava, ter autorização de trabalho era uma forma de evitar ser transportado para destinos misteriosos cujos nomes inicialmente desconhecidos logo se tornariam sinônimos de assassinato em massa: Treblinka, Chełmno, Bełżec, Sobibór. Os maquinistas da fábrica de uniformes da Schwartz Co. no campo de concentração de Janowska, nos arredores de Lvov, por exemplo, tinham plena consciência de que, se não trabalhassem, poderiam ser mortos.[32]

Talvez alguns proprietários de negócios nos guetos justificassem os lucros auferidos com a produção de uniformes alegando que era para o bem da pátria – promover a luta até a vitória definitiva. No entanto, ainda mais lucrativo que fabricar produtos baratos para a *Wehrmacht* eram os pedidos no atacado para a confecção de roupas civis. Roupas para o público em geral davam margem de lucro muito maior. Muitas empresas de grande porte de Berlim usaram deliberadamente trabalho escravo judeu, incluindo mão de obra infantil. Entre elas, o conhecido nome C&A e a fabricante de roupas íntimas Spiesshofer & Braun, rebatizada como Triumph após a guerra. Quase um quarto da receita da C&A no ano de 1944 veio das roupas produzidas no gueto de Łódź.[33]

O gueto de Łódź anunciava com orgulho o volume de mercadorias fabricadas para o mercado civil. A correspondência entre as empresas de roupas e os administradores do gueto expressava satisfação mútua com o acordo por meio do qual os judeus foram expulsos de seus empregos e suas casas para criar roupas para os alemães, que poderiam muito bem se parabenizar por administrar lojas de departamentos livres de judeus e por comprar roupas livres das mãos de judeus.[34]

Aventais, vestidos, sutiãs, cintas modeladoras, roupinhas de bebê, roupas masculinas… alta-costura e roupas básicas e funcionais… nenhuma das peças tinha etiqueta que as ligasse ao gueto e às mãos enrijecidas de trabalhadores que passavam horas a fio curvados sobre uma máquina de costura, guiando quilômetros e quilômetros de pontos feitos com linha.

Os trabalhadores forçados tinham que produzir em condições precárias, em salas apertadas, abafadas e sujas, com equipamentos confiscados e fios improvisados. Mesmo assim, realizavam um belo trabalho, que atraía clientes da elite, homens e mulheres que chegavam em carros conduzidos por chofer, atravessavam o gueto em meio a angustiantes cenas de sofrimento a fim de serem paramentados com requintados trajes sob medida. Hans Biebow incentivava essas empresas no gueto de Łódź, mostrando especial predileção por alfaiates e costureiros judeus experientes.[35]

Brigitte Frank, esposa de Hans Frank, o governador-geral dos territórios poloneses ocupados, chegou a levar seu filho Niklaus para passeios de compras no gueto. Mais tarde, Niklaus se lembrou de ter olhado da janela do carro Mercedes e visto "pessoas magras com roupas esvoaçantes e crianças que me encaravam com olhos arregalados". Brigitte respondeu à pergunta do filho "Por que eles não estão sorrindo?" com um ríspido "Você não entenderia", antes de instruir o motorista a parar na esquina para visitar uma loja de peles que vendia corpetes "bastante bons".[36]

A cunhada de Brigitte, Lily, gostava de ir ao campo de concentração de Płaszów, nas imediações de Cracóvia, para barganhar, dizendo aos judeus:

— Sou a irmã do governador-geral; se vocês tiverem alguma coisa valiosa para me dar, posso salvar a vida de vocês.[37]

O ateliê de moda de Hedwig Höss em Auschwitz teve precedentes.

Enquanto Brigitte Frank comprava peles e provava novos espartilhos e corpetes, seu marido comandava um regime fascista especializado em opressão e exploração. Todos os poloneses sob o jugo alemão eram tratados como sub-humanos, criaturas inferiores prontas para ser brutalizadas, roubadas e executadas. Os judeus na Polônia sofreram níveis adicionais de perseguição, às vezes por parte de antissemitas na população local, que não precisavam de incentivo para destruir lojas e barracas de judeus e afugentar os clientes. Quando os guetos foram criados, alguns poloneses tiveram pena do sofrimento de seus vizinhos judeus, outros prontamente assumiram os negócios que pertenciam a judeus.[38]

Os registros sobreviventes detalham os crimes cometidos por poloneses, incluindo algumas unidades policiais, que se juntaram à "caça aos judeus" empreendida pelos alemães para perseguir quem havia se escondido. Sua recompensa poderia ser uma pequena soma em dinheiro, mas em geral um caçador bem-sucedido era premiado com roupas dos judeus que haviam sido entregues para execução. Em seu nível mais sórdido, o roubo de mercadorias do povo judeu chegava a ponto de se despirem os cadáveres executados para arrancar roupas. Um camponês que recebeu ordens de enterrar judeus mortos a tiros por um policial colaboracionista pegou para si vestido, sapatos e lenço como recompensa por seu trabalho, mas depois reclamou:

— Só mais tarde descobri que havia um buraco de bala na parte de trás do vestido.[39]

Esses exemplos são de assassinatos esporádicos. Em todo o Leste Europeu, esquadrões de extermínio nazistas, extremamente organizados e bem equipados, deslocavam-se entre diferentes povoados, vilarejos e arraiais, massacrando comunidades judaicas inteiras. Mas antes as dezenas de milhares de vítimas eram obrigadas a se despir. Não fazia sentido desperdiçar roupas em valas coletivas.

Tudo isso sob a égide de Hans Frank. A família Frank se tornou parte do círculo social de Hedwig Höss quando Hedwig e Rudolf se mudaram da região de Berlim para o governo-geral e um novo campo de concentração em Auschwitz.

Indo um passo além de Brigitte Frank, que comprava espartilhos no gueto, Hedwig acabaria adquirindo as próprias *corsetières* "de estimação", embora essas mulheres, abençoadamente, no início dos anos 1940, não fizessem ideia de seu destino. Enquanto os guetos eram construídos e as máquinas de costura zuniam nas fábricas têxteis, as duas especialistas em espartilhos que um dia tirariam medidas do corpo de Hedwig para fazer corseletes para ela ainda estavam mais ou menos seguras em casa.

Uma delas era Herta Fuchs, prima de Marta Fuchs, uma jovem muito bonita de Trnava, cidade da Eslováquia. Herta mal havia terminado seu treinamento especializado em confecção de espartilhos quando o destino a levou em uma jornada diferente para atender a um grupo muito distinto de clientes.[40] A outra era Alida Delasalle, comunista francesa da Normandia que seria presa em fevereiro de 1942 por distribuir panfletos antinazistas, escondida em meio às camadas de cotim cor-de-rosa dos espartilhos das clientes.[41]

Não fosse pela guerra, pela opressão nazista, pelo desejo de Hedwig Höss de uma silhueta mais esguia, Herta e Alida nunca teriam se conhecido. Trens vindos de partes muito diferentes do Terceiro Reich reuniram essas duas mulheres, assim como Bracha, Irene, Marta, Renée, Hunya e milhões de outros prisioneiros desnorteados, enredados em um novo e pervertido tipo de civilização: os horrores estruturados de um campo de concentração.

> "Um dia recebemos um carregamento de peles infantis lindamente bordadas da Romênia ou da Ucrânia. Todas ficamos engasgadas e derrubamos muitas lágrimas sobre aquelas peles."
> **Herta Mehl**, *campo de concentração de Ravensbrück*[42]

Os judeus de Trnava, cidade natal de Herta, prima *corsetière* de Marta, estavam entre os eslovacos que, em 1939, foram informados de que não teriam permissão para fazer compras no mesmo horário que os não judeus e que deveriam abrir mão de suas joias e suas peles.[43]

No Reich alemão, as peles coletadas por doações e requisições de caridade tinham que ser separadas, classificadas e reformadas para uso militar. Um dos centros desse desagradável trabalho foi o campo de concentração feminino de Ravensbrück, cerca de cem quilômetros ao norte de Berlim. Era para onde se enviavam os prisioneiros detidos por crimes antinazistas, prostituição e crimes violentos, supostamente para reeducação, mas na verdade era para sustentar a economia alemã e a *Wehrmacht* por meio de trabalhos forçados em oficinas da Waffen-SS.*

Ravensbrück tornou-se uma espécie de centro têxtil, porque autoridades como Oswald Pohl, general e administrador-chefe de toda a indústria da SS, considerava que o trabalho com tecidos era incumbência feminina.[44] Pohl – futuro hóspede da residência Höss em Auschwitz – sentia-se perfeitamente à vontade com o uso de trabalho escravo. Em 1941, ele se gabou: "Nossos objetivos culturais levam as empresas a seguir certos caminhos que um empresário puramente privado nunca ousaria seguir".[45]

Entre 1940 e 1941, a SS fundou empresas em Majdanek, Stuthoff... e Auschwitz, o novo domínio de Rudolf Höss.

---

* Havia uma subdivisão da SS chamada *Verfügungstruppen* [tropas de prontidão], cujo objetivo era controlar desordens, reprimir manifestações, greves e eventuais levantes ou revoluções. Em 1935, uma divisão da *Verfügungstruppen* deu origem à *Waffen-SS* (o braço armado da SS), força de elite com critérios de seleção rigorosíssimos baseados em cega fidelidade a Hitler e ao regime nazista, condicionamento físico impecável e etnia ariana "pura" de acordo com os parâmetros nazistas. (N. T.)

A oficina de corte do peleiro em Ravensbrück era um lugar empoeirado e sujo. As peles roubadas de todo o Reich em expansão eram recortadas para a confecção de jaquetas, luvas e forros para os soldados na frente de batalha. Algumas das peles chegavam infestadas. Muitas das roupas ostentavam marcas dos melhores peleiros da Europa e de outros cantos. As mulheres que inspecionavam e abriam as costuras para "reciclar" peles de raposa, zibelina, *vison* e rato-almiscarado invariavelmente encontravam joias e moedas estrangeiras costuradas por dentro. Esses achados eram entregues às mulheres da SS em uma mesa

Casacos de pele destacados no catálogo de compras da loja de departamentos francesa *Le Bon Marché*, inverno de 1939-1940.

à parte e, por fim, encaminhadas a uma conta bancária especial do Reich, específica para as pilhagens.

Por que esses tesouros escondidos? Porque, cada vez mais, as peles selecionadas não eram simplesmente roubadas dos judeus livres. Eram roubadas de judeus que se viam sistematicamente deportados para campos de concentração e centros de extermínio. Esses deportados escondiam objetos de valor, supondo, de modo ingênuo, que seriam úteis no destino para o qual rumavam. Sem saber dos planos que vinham sendo desenvolvidos por burocratas em todos os níveis da administração nazista, acreditavam que seriam transferidos de local para trabalhar.

O trabalho foi em parte um dos motivos para o esvaziamento dos guetos de judeus. Heinrich Himmler visitou as oficinas de Ravensbrück na primavera de 1942. Deu ordens para que os turnos da linha de produção de uniformes da *Waffen-SS* fossem aumentados de oito para onze horas. Quando os chefes nazistas no Reich e no governo-geral se queixaram de que o esvaziamento dos guetos significaria a paralisação da produção, receberam a garantia de que as oficinas de alfaiataria, peles e sapatos seriam restabelecidas nos campos de concentração.

"A vida era quase impossível, mas o pior ainda estava por vir."
Renée Ungar[46]

Para as jovens costureiras em Bratislava, havia rumores inquietantes sobre os campos. Judeus tchecos estavam sendo deportados para guetos em Łódź, Minsk e Riga e para o campo de concentração mais próximo em Terezín, ou Theresienstadt. Foi reconfortante saber que Terezín tinha oficinas prósperas, incluindo fábricas de costura que produziam vestidos baratos para a Alemanha. Uma das fábricas locais era chefiada pela ex-proprietária de um grande ateliê de moda de Praga, que selecionava as costureiras que ela reconhecia entre as recém-chegadas e lhes dava trabalho de costura.[47]

O trabalho era um aspecto. Em última análise, os campos de concentração tinham um propósito mais ambicioso e horrível. Discussões ultrassecretas entre Hitler, Himmler e um grupo seleto de homens da SS engendraram a estrutura geral de um plano. Os detalhes foram refinados em reuniões como a conferência dos líderes nazistas no palacete à beira do lago em Wannsee, em Berlim, em 20 de janeiro de 1942, na qual se consolidaram métodos e detalhes operacionais para implementar a "Solução Final" da questão judaica, o extermínio em massa dos judeus na Europa. Todos os judeus da Europa, da Grã-Bretanha e da Rússia seriam aniquilados – e não apenas por causa da expulsão econômica, concentrações em guetos ou emigração: passo a passo, o genocídio seria implementado. Por algum tempo, o trabalho asseguraria aos judeus o direito de viver. Qualquer pessoa considerada uma "boca inútil" seria eliminada de forma permanente. Para sobreviver um pouco mais, a produtividade era fundamental.[48]

Quaisquer que fossem os rumores sobre guetos e campos de concentração, era difícil para as jovens costureiras e suas famílias em Bratislava levá-los a sério. *Se precisam do nosso trabalho, não vão nos deixar morrer de fome*, pensava Renée Ungar, a filha do rabino.

Houve quem fugisse para a Hungria, quem tivesse dinheiro para se salvar por algum tempo. A maioria teve que esperar por seu destino. A convocação de Marta, Bracha, Irene, Renée e outras mulheres eslovacas ocorreu em março de 1942.

CAPÍTULO QUATRO
A estrela amarela

"Usei a estrela de Davi de setembro de 1941
ao dia de minha deportação."
Herta Fuchs[1]

Nos arquivos do Yad Vashem [memorial oficial de Israel para lembrar as vítimas judias do Holocausto], há uma coleção particular de rostos: centenas de carteiras de identidade de vítimas do Holocausto na Eslováquia. Os rostos são homenageados em preto e branco. Alguns são retratos feitos em estúdio, com fundo neutro e iluminação favorável. Alguns são instantâneos e informais – uma cena de rua, um quintal, uma parede com janelas. As fotos são recortadas em quadrados, muitas com tesouras de picotar que deixaram bordas irregulares.

Ao contrário das roupas idealizadas em revistas de moda contemporâneas, esses cartões de identificação captaram pessoas de carne e osso em roupas do dia a dia – de todas as idades, corpos de todos os formatos. No caso das mulheres, sua individualidade se mostra tanto nos detalhes das roupas quanto nos rostos. Uma gola bem abotoada, um turbante com nó torcido, alegres estampas xadrez, lindas mangas bufantes. Há padronagens em bolinhas, blocos de cores de dois tons, dobras, pregas, drapejados, laços, cachecóis, estampa chevronada. Boinas inclinadas, suéteres, cardigãs, casacos, lenços ornamentais no bolso frontal na altura do peito. O cabelo escondido, penteado para trás, empilhado alto em estilo pompadour ou domesticado em cachos, rolinhos em espiral, ondas e coques.

Meios sorrisos, sorrisos largos, olhares pensativos.

Embora cada cartão mostre um ser único, o selo no canto de cada fotografia é um lembrete de que, para o Estado fascista eslovaco, esses não eram cidadãos comuns: eram judeus. Ao contrário de outros eslovacos, que tinham carteiras de identidade normais, os judeus foram informados de que seus documentos de identidade estatais não mais valiam. Eles deveriam obter novos documentos emitidos pelo escritório central judaico em Bratislava. As fotos têm o carimbo *Ústredňa Židov Bratislava* e as iniciais ÚŽ, de centro judaico.

Uma das carteiras de identidade arquivadas mostra uma moça de sorriso divertido, ligeiramente dentuça, cabelo espesso e uma gola de crochê branca adicionada ao vestido. Há um nome cuidadosamente escrito com caneta-tinteiro acima da frase impressa, *Vlastnoručný podpis majiteľa* [Assinatura manuscrita do proprietário]. O nome é Irené Reichenberg. As aparências podem enganar. Embora a caligrafia da carteira de identidade que sobreviveu pareça pertencer a Irene Reichenberg, filha do sapateiro Shmuel, quem está na foto com certeza não é ela, e sim outra jovem de Bratislava, que tristemente morreria no Holocausto.[2]

Irene Reichenberg, residente na rua Židovská, número 18, havia se registrado conforme as instruções que recebera no centro judaico, apesar das preocupações sobre os motivos da necessidade daquelas listagens. Havia rumores na cidade sobre deportações anteriores para campos de trabalhos forçados ou para o gueto de Terezín. Falava-se até de um lugar chamado Auschwitz.

— Ninguém sabia realmente o que era, não tínhamos ideia — disse Irene, mais tarde.

As pessoas sabiam o suficiente para estarem cientes de prisões e desaparecimentos, razão pela qual em todo o Terceiro Reich havia muitos movimentos clandestinos envolvidos na falsificação de documentos para a obtenção de identidades "seguras". Na verdade, a irmã de Irene, Käthe, era casada com Leo Kohn, impressor que durante a guerra confeccionou carteiras de identidade falsas. Leo pretendia evitar todas as prisões e as detenções elaborando identidades falsas para si, sua esposa e seu irmão Gustav. Ele alterou seu nome ligeiramente, de Kohn para Kohút – que significa "galo" em eslovaco –, porque soava menos judeu. Esse subterfúgio lhe serviu bem por vários anos, enquanto atuou em uma célula clandestina de comunistas judeus eslovacos ao lado de um jovem judeu chamado Alfred "Freddie" Wetzler.³

A troca de nomes e o uso de cartões falsificados eram formas de tentar evitar prisões e deportações. A Irené Reichenberg da carteira de identidade compartilhava o nome com a costureira Irene, mas as semelhanças na caligrafia são coincidência.⁴

A própria Irene estava sabidamente morando no bairro judaico, com muitas outras famílias judias forçadas a deixar outras áreas da cidade. Não apenas o nome e o endereço de Irene estavam agora registrados no centro judaico, como, a partir de setembro de 1941, sua condição judaica tornou-se óbvia e notória pelo uso obrigatório da estrela de Davi amarela no lado esquerdo do peito. Algumas pessoas tinham a coragem de ostentar sua estrela com orgulho. Outras achavam que era humilhação. Era mais uma maneira de marcar os judeus como diferentes, como os "outros".

Käthe Kohn/Kohút, nome de Reichenberg.

Em Leipzig, a costureira Hunya Volkmann considerava sua estrela amarela um emblema de desgraça. Carregava uma bolsa para cobrir a estrela, apesar das severas penalidades por escondê-la. Quando se passava por "ariana", precisava se lembrar de manter à mão o dinheiro trocado para o bonde, de modo que não precisasse mexer a bolsa de lugar para pegar os trocados.

Não era apenas a sensação de vergonha que fazia Hunya encobrir a estrela. Durante seus longos meses de trabalho na fábrica de peles de Friedrich Rohde, ela fez um trabalho informal clandestino. Quando ia ao centro da cidade, usava seu charme para persuadir os lojistas a contribuírem com o suprimento de ração extraoficial que ela cuidadosamente acumulava. Depois distribuía essa comida entre amigos no bairro judaico, incluindo dois adolescentes desesperados

– judeus de Cracóvia – que haviam escapado de deportações graças a documentos arianos falsos, mas que precisavam atravessar a fronteira para estarem a salvo. Surpreendentemente, o capataz da fábrica de Friedrich Rohde não apenas deu a Hunya uma grande soma de dinheiro para que os rapazes pudessem subornar os guardas de fronteira, como também lhes arranjou identidades falsas e uniformes alemães como disfarce.

As incursões de Hunya pelo centro da cidade serviam para ajudar a entregar dinheiro, ouro, diamantes e documentos de seus amigos judeus a aliados alemães, que prometiam guardar esses bens até que a guerra acabasse e eles pudessem reavê-los. Em uma terrível ocasião, Hunya foi parada pela Gestapo, que a seguiu até seu apartamento. Antes de ser interrogada, ela só teve tempo de entregar sorrateiramente a um cúmplice, o zelador do prédio, incriminadores sacos repletos de objetos de valor. Perguntaram por que razão estava carregando algumas centenas de marcos.

Mantendo a calma, ela respondeu:

— Fiz por merecer honestamente. Trabalho numa oficina costurando uniformes de soldados. Meu salário é bom. Não há nada com que gastar.

Por milagre, seu nome não foi adicionado a nenhuma lista dos transportes de judeus que eram regularmente deportados de Leipzig. Mas esse alívio logo foi superado pela chegada de um telegrama. Após três anos e meio de separação de seu marido, durante os quais ele lhe enviara uma carta clandestina de um lugar chamado Auschwitz-Monowitz, Hunya agora tinha notícias de que seu amado Nathan estava morto. Posteriormente, documentos oficiais registraram a data da morte como 4 de março de 1943, no campo de extermínio de Auschwitz, lugar que em breve Hunya conheceria muito bem.[5]

A mensagem seguinte que Hunya recebeu foi dos dois meninos poloneses que ela ajudou a escapar. Escreveram para dizer que não tinham roupas. Hunya lhes mandou peças do guarda-roupa de Nathan, que ela guardara em segurança. Não precisaria mais delas.

> "As pessoas abandonaram seus apartamentos, compraram documentos de identidade falsos por quantias astronômicas, mas de nada adiantou."
> ***Irene Grünwald***[6]

No fim de fevereiro de 1942, apareceram na Eslováquia *outdoors* e imensos cartazes em quiosques de rua anunciando que moças judias solteiras com mais de 16 anos deveriam se apresentar em certos pontos para serviço em um campo de trabalho. Em março, milicianos da Guarda Hlinka começaram a aparecer em casas e apartamentos para fazer cumprir a determinação.

Irene, Marta, Bracha, Renée – todas estavam vulneráveis.

Qual era a melhor opção para escapar da deportação?

Viver de maneira aberta e honesta, confiando que de alguma forma o pior não aconteceria, mesmo sem ainda saberem o que o "pior" poderia significar, ou talvez obterem um precioso certificado de "isenção" que declarava que o portador era um judeu de valor? Fugir com documentos falsos, talvez até mesmo cruzar as fronteiras para chegar a um país que não estivesse contaminado pelas políticas fascistas? Ou desistir do que restava de uma vida normal para se espremerem em porões, sob as tábuas do assoalho ou atrás de paredes falsas, contando com a bondade – ou a ganância – daqueles que eram persuadidos a oferecer esconderijo por período indeterminado?

As costureiras e suas famílias enfrentaram essa confusão de escolhas imperfeitas.

Milhares de judeus se esconderam na Eslováquia. Centenas de milhares, na Europa e na Rússia. As pessoas que os ajudavam a se manter fora do alcance dos nazistas enfrentavam a dificuldade de alimentar bocas extras com suprimentos limitados, bem como tinham de se desdobrar para evitar serem descobertas. A pena por esconder judeus era a prisão ou a morte. Para alguns, o medo era grande demais; mesmo quando vizinhos judeus imploravam por apoio, não podiam ou não queriam oferecer amparo. Em todos os países havia pessoas ávidas por uma recompensa por denunciar judeus escondidos ou por subornos para se calarem. Em quem confiar?

Após as primeiras ondas de deportação, quando as notícias de assassinato em massa se tornaram mais difundidas, o desespero norteou a decisão dos judeus, temerosos de perder a vida e a liberdade: eles optaram por se esconder e sofrer extrema privação enquanto viviam em refúgios secretos, porque julgavam não ter outra escolha.

À exceção de Käthe Kohút, que se escondeu com o marido Leo, as irmãs casadas mais velhas de Irene, Jolli e Frieda, tinham a esperança de que não seriam escolhidas para a deportação, porque de início as detenções tiveram como alvo apenas solteiras. Irene estava em casa com sua irmã mais nova, Edith, que completara 18 anos em 1942. A cunhada de Irene, Turulka — casada com o irmão dela, Laci, e irmã de Marta Fuchs — se antecipou à convocação das mulheres casadas. Fugiu para Budapeste e depois partiu para as montanhas eslovacas com *partisans*, junto com Laci. A Hungria era um destino popular para os judeus que tentavam escapar de ataques fascistas. Na época, parecia um lugar seguro.

Uma das irmãs de Hunya, Tauba Fenster, se escondeu com os filhos no anexo de uma fazenda de madeira por seis meses durante o inverno de 1944-1945, no vilarejo de Lapšanka Zidar, fronteira polonesa-soviética. Simcha, sobrinho de Hunya, de 4 anos, estava vestido de menina para evitar que qualquer pessoa curiosa exigisse examinar as evidências de uma circuncisão judaica. Para manter as crianças quietas, os adultos contavam-lhes histórias sem fim.

Muitas décadas depois da guerra, Simcha e a família fizeram uma visita "em busca de suas raízes" a Lapšanka, onde conheceram a família de Silon, o homem que ajudou a levar os Fenster escondidos para a aldeia. Os netos de Silon ficaram comovidos ao perceberem o papel que ele desempenhara em salvar a vida de judeus. O próprio Silon escreveu que havia "algumas pessoas boas entre os muitos assassinos eslovacos".[7]

Se tantos judeus em risco tentaram se esconder, por que Irene e outros não aproveitaram a oportunidade quando lhes chegou a convocação de deportação?

Em primeiro lugar, era questão de dinheiro: quem não tivesse nenhum recurso financeiro, não poderia pagar por comida, abrigo ou subornos. Em segundo lugar, as mulheres que deveriam se apresentar para a deportação acreditavam genuinamente que seriam enviadas para campos de trabalhos forçados. O governo assegurou que se ausentariam de casa para trabalhar por um período determinado. Por fim, o aspecto mais importante: as mulheres foram informadas de que, se não se apresentassem na hora e no local exigidos, pais e mães seriam levados em seu lugar. Herta Fuchs, prima de Marta, estava escondida em uma fazenda quando sua mãe, transtornada, pediu que ela voltasse para casa para que a família inteira não fosse deportada.

A ameaça era poderosa demais para ser ignorada.

> "Não esperávamos um piquenique, mas o que encontramos foi o início do horror absoluto."
> *Rivka Paskus*[8]

Os milicianos da Guarda Hlinka bateram à porta do número 18 da rua Židovská. Irene e Edith Reichenberg eram obrigadas a se apresentar na fábrica de Patrónka às 8h da segunda-feira, 23 de março. Em todo o bairro judaico de Bratislava houve intimações semelhantes, alternadas durante a semana.[9]

O que levar na mala? O que vestir?

Não eram preocupações frívolas. A aparência elegante significava que as mulheres poderiam se sentir mais confiantes e até mesmo ser tratadas com mais respeito. Havia meninas que se preparavam para a viagem em suas melhores roupas e com o cabelo arrumado.

Isso tinha que ser balanceado com os aspectos práticos.

— Pegue as coisas essenciais. — Os guardas da Hlinka instruíram Irene.

Se elas iam trabalhar, muito provavelmente precisariam de peças de roupa duráveis, resistentes e práticas. Foram aconselhadas a levar uma muda de roupas de trabalho, sapatos fortes e cobertores quentes, num volume que não pesasse mais de quarenta quilos. Fizera um inverno rigoroso, com muita neve, e em março ainda estava frio: sobretudos eram essenciais.

As revistas de moda da primavera de 1942 exibem mulheres despreocupadas e sorridentes, caminhando com cinturas marcadas, bainhas alargadas ou fabulosas pregas "plissadas". Era um contraste gritante com a realidade das deportadas eslovacas, que se vestiram com temor, adicionando gorros de lã, cachecóis e luvas em antecipação ao trabalho sob o mau tempo inclemente. Algumas moças se vestiram com camadas extras de roupa, como forma de carregar todas as peças que tinham.

O limite de bagagem era suficiente para encher uma mochila ou uma mala pequena. Tendo empobrecido tanto sob o regime fascista, havia muitas meninas e mulheres que mal tinham roupas a mais para colocar na mala.

Novos modelos de casacos da primavera de 1942, da revista de moda e costura alemã *Mode und Wäsche*.

Enfiados entre roupas de baixo e meias compridas limpas, havia lembranças de casa e objetos pessoais simples, como pentes, espelhos, sabonete e absorventes. As meninas que tinham algum dinheiro carregavam uma bolsa. As mulheres mais experientes e conhecedoras do mundo levavam cédulas e moedas escondidas nas vestimentas para manter mais seguros seus itens de valor. Pacotes de comida para a viagem eram embrulhados em papel e amarrados com barbante.

Então vieram as horas derradeiras antes de partir. O último *shabat* com a família em casa. A última caminhada por ruas tranquilas antes do toque de recolher. A última refeição. Últimas mensagens, abraços e beijos.[10]

Irene e Edith se mantiveram bem próximas, acotovelando-se com a multidão de mulheres reunidas na Patrónka, fábrica de munições vazia perto da estação ferroviária de Lamač, nos arredores de Bratislava. Renée Ungar, a filha do rabino, também estava lá. Em cada uma das estreitas salas da fábrica foram alojadas quarenta mulheres. As sortudas usaram sacos cheios de roupas como colchões, as demais dormiram na palha ou diretamente no chão. Os banheiros eram inadequados e pouco higiênicos.

Nos primeiros dias, uma cozinha comunitária de caridade em Bratislava forneceu comida *kosher*. Depois disso, passou a ser questão de comer o que lhes era dado e gostar. A fim de tentar estabelecer algum tipo de ordem no caos, os milicianos da Guarda Hlinka entregaram uma braçadeira para uma mulher em cada um dos quartos, indicação de que a escolhida estava no comando. Era uma pequena amostra de como a vida no campo de concentração seria regulamentada por ordenanças e auxiliares selecionadas entre as prisioneiras.

As mais jovens talvez fossem fisicamente robustas o suficiente para lidar com aquelas condições, mas ainda estavam traumatizadas por terem sido arrancadas de casa. Algumas meninas gritaram e choraram desesperadamente. Os homens da Guarda Hlinka as espancaram, como exemplo para que as outras ficassem caladas. Janelas, portas e portões foram bloqueados. Não era possível fugir.

Entre as mulheres mais velhas que lutaram para se adaptar ao desconforto, estava Olga Kovácz, com trinta e poucos anos quando foi deportada de Patrónka. Olga faria a viagem junto com Marta Fuchs. Olga era costureira.[11]

Bracha Berkovič talvez pudesse ter se arriscado a se esconder à vista de todos para evitar a deportação. Sua aparência era considerada adequadamente "ariana", por isso poderia se passar por católica eslovaca em vez de judia. Estava longe de casa quando soube das deportações. Em março de 1942, sua "casa" ficava, na verdade, muito distante de Bratislava, porque sua família havia sido transferida à força para um vilarejo perto da fronteira norte com a Polônia, menos de 160 quilômetros ao sul de Auschwitz, por acaso.

A família Berkovič estava entre os mais de 11 mil judeus despejados de suas casas em Bratislava para dar lugar aos arianos. Deslocados para a cidade de Liptovský Svätý Mikuláš, todos compartilharam um quarto no sótão, com um banheiro vários andares abaixo. Sem emprego, às voltas com comida escassa e todas as economias perdidas, era uma existência humilhante.

Fotografia da família Berkovič, março de 1942. Bracha está em pé, a segunda a partir da direita; Katka está em pé, a primeira à esquerda.

No começo de março, apenas duas semanas antes do início dos transportes, o núcleo familiar de Bracha posou para uma fotografia. Apesar de toda a degradação das novas restrições impostas a eles, sua identidade como pessoas respeitáveis, capazes e inteligentes é captada pela câmera. A habilidade de Salomon Berkovič como alfaiate é evidente nos ternos que ele criou para si mesmo e seus dois filhos. Ele está sentado com a esposa Karolína, seu filho mais novo, Moritz – um menino adorável e inteligente e um enxadrista perspicaz –, entre os dois. A jaqueta Norfolk e o chapéu inclinado dão a Moritz um ar de adulto.

O filho mais velho, Emil, está logo atrás de Moritz. Seria levado para trabalhos forçados. Pelo resto de sua curta vida, nunca mais precisaria de camisa, gravata nem roupas de alfaiataria. A filha mais nova de Berkovič, Irena, era conhecida como Pimpi. Tinha sido uma criança frágil, enfermiça, e exigiu muitos cuidados durante um ataque quase fatal de pneumonia. Apesar de delicada, sua mente era aguçada e ela era uma aluna sagaz. Deve ter parecido um golpe de sorte que ela e

Moritz fossem jovens demais para as primeiras rodadas de detenção e deportação da Eslováquia. Pimpi e Bracha eram muito próximas.

Bracha, fabulosamente confiante e madura com seu penteado para cima, pousa afetuosamente um dos braços sobre o ombro de Pimpi. O colarinho de uma blusa de bolinhas é um belo contraste com seu terno. Na extrema esquerda está Katka, a irmã do meio, uma talentosa costureira, usando um discreto vestido xadrez.

Essa foi a última vez em que a família foi fotografada toda junta.

Em meados de março, Bracha decidiu tirar sua estrela amarela e viajar para Bratislava a fim de visitar Irene. Quando voltou da cidade, descobriu que sua irmã mais nova, Katka, já havia sido recolhida por milicianos da Guarda Hlinka e levada para um centro de detenção nas proximidades de Tábor Poprad, o Campo de Poprad. Bracha acreditou em todas as promessas de que se tratava de uma vaga de emprego. Por que não acreditaria? Havia a genuína necessidade de mão de obra na Alemanha e nos territórios ocupados.

Por não querer deixar que Katka enfrentasse sozinha o desconhecido, Bracha foi voluntariamente à delegacia local e se entregou. De imediato, foi escoltada até o ponto de reunião em Poprad por um policial regular.

— Não fuja... — Ele pareceu brincar. — Senão terei problemas.

Poprad já estava lotado de centenas de meninas e mulheres. Também de passagem em Poprad estava uma jovem de 19 anos que Bracha conheceria adiante na jornada, Alice Strauss. Alice era costureira.[12]

Bracha chegou atrasada e quase perdeu o transporte.[13]

"É hora de os eslovacos ficarem ricos!"
Ferdinand Ďurčanský, *ministro do Interior e das Relações Exteriores da Eslováquia, fevereiro de 1940*

Não bastava prender jovens judias para submetê-las a trabalhos forçados. Os milicianos da Guarda Hlinka no campo de detenção de Patrónka também as roubavam. Renée, a filha do rabino, comentou que aqueles nazistas eslovacos "eram bons alunos dos professores

A ESTRELA AMARELA 107

alemães".¹⁴ Na chegada, meninas e mulheres tiveram de se desfazer de joias, relógios, canetas e dinheiro... até mesmo óculos. Suas malas e suas bolsas, arrumadas com tanto esmero, também foram confiscadas e formaram enormes pilhas no pátio de Patronka. Algumas foram obrigadas a assinar um documento renunciando a todos os direitos a seus pertences e prometendo que jamais pediriam restituição.¹⁵

Rivka Paskus, que futuramente viveria ao lado das costureiras de Auschwitz, teve a inteligência de usar seu relógio como suborno para enviar uma mensagem avisando o irmão que "sacrificasse tudo e fugisse".¹⁶ Michal Kabáč, um dos guardas da Hlinka, confessou mais tarde – aparentemente sem remorso – que os milicianos tinham permissão para pegar as roupas que quisessem da bagagem das mulheres. Ele escolheu um par de sapatos, embrulhou-o e mandou-o para casa.

Inevitavelmente, os homens usavam seu poder sobre as mulheres como meio de obter favores sexuais. Alguns dos guardas da Hlinka haviam sido colegas de classe das meninas que agora vigiavam e das quais abusavam.¹⁷

Esses subornos e confiscos eram pequenos em comparação com as iniciativas do Estado para lucrar com os judeus eslovacos. Tendo transformado o povo judeu em párias empobrecidos, agora recaía sobre os judeus a pecha de parasitas. O governo eslovaco gerou um cenário muito vantajoso para si mesmo: poderia atender às demandas alemãs de mão de obra ao mesmo tempo que expropriava ainda mais os judeus. Assim, em fevereiro de 1942, quando os alemães exigiram o envio de 120 mil trabalhadores eslovacos, o presidente Jozef Tiso rebateu com uma oferta de 20 mil judeus. A oferta foi aceita – daí as detenções.

Dieter Wisliceny, oficial da SS, era o encarregado das questões relacionadas à deportação e à expropriação de judeus. Em março de 1942, Wisliceny foi informado dos planos definitivos para os judeus europeus, conforme arquitetados na infame conferência no palacete de Wannsee naquele mês de janeiro. O chefe dele, Adolf Eichmann [chefe da seção de assuntos judaicos no Departamento de Segurança do Reich], reuniu-se com Wisliceny em Bratislava e revelou a ordem verbal do *Führer* – e a ordem escrita de Himmler – para uma *Endlösung der jüdische Frage* [solução final da questão judaica]. Wisliceny ficou impressionado com um documento de borda vermelha assinado pelo próprio Himmler, "que lhe dava todo o poder para usar conforme achasse adequado". Ele tomou providências para que os 20 mil judeus fossem divididos, metade enviada para o campo de concentração de Majdanek, metade para outro lugar, designado Campo A.[18]

As atas da reunião da conferência de Wannsee detalham estimativas da população judaica em cada país ocupado pelos alemães, ou por eles cobiçado, incluindo 88 mil judeus na Eslováquia. Nas atas, declara-se não haver dúvida de que o governo eslovaco se recusava a cooperar com a implementação da nova fase da *Endlosung*: as deportações.[19] O presidente Tiso, o primeiro-ministro Tuka e seus colaboradores ficaram felizes em satisfazer os alemães. Tanto que concordaram em pagar aos alemães quinhentos *Reichsmarks* a cada judeu deportado. Em tese, a soma cobriria os custos do "treinamento vocacional"[20] dos judeus. Os dirigentes eslovacos entregaram aos alemães uma fortuna, totalmente confiscada de bens de judeus. E aqui estava o ponto crucial: se os judeus fossem enviados a outros lugares, suas casas e seus bens seriam abandonados e estariam prontos para redistribuição.

Assim que a primeira leva de trabalhadoras solteiras foi deportada, incluindo os primeiros milhares de meninas e mulheres, Tiso disse que era degradante para as famílias restantes dependerem do apoio do Estado, então elas seriam as próximas. Antes de partirem, esses deportados preencheriam uma *Vermögenserklarung* [declaração de bens]. Essencialmente, deveriam listar tudo que possuíam, por mais humilde que fosse seu patrimônio. O mesmo padrão se repetiu em todos os territórios alemães. Havia até instruções sobre como etiquetar as chaves de casa e onde deixá-las ao sair da residência pela última vez. Os bens dos judeus tornaram-se propriedade nacional.

Nem Irene, nem Bracha, nem as outras mulheres detidas em Patrónka e Poprad tinham a menor ideia de que suas famílias seriam traídas de forma tão cruel; de que tudo (e todos) que elas haviam deixado para trás seria organizado para descarte. Em pouco mais de quatro meses, o governo eslovaco deportaria 53 mil judeus.[21] As jovens costureiras foram as primeiras a partir.

As táticas de deportação e expropriação foram manipuladas com estratagemas por nazistas e seus aliados, sempre escondidos por trás de uma linguagem eufemística, a exemplo de bens "administrados", "tratados", "recolhidos" ou "confiscados"; nunca saqueados, pilhados ou roubados. Enquanto as mercadorias judaicas se acumulavam em vários depósitos, armazéns, corredores e até igrejas em Praga e Bratislava, havia acervos semelhantes sendo reunidos em todos os países contaminados pela ganância nazista. Não era um empreendimento fortuito. Hitler autorizou uma força-tarefa especial, liderada por Alfred Rosenberg e chamada *Einsatzstab Reichsleiter Rosenberg* (ERR), com o intuito de "coletar" bens culturais nos países ocupados.

Além de adquirir o máximo possível de obras de arte e objetos de ouro dos territórios ocupados, o objetivo da organização de confisco ERR era despojar as famílias judias abandonadas, redistribuir a propriedade e obter imensos lucros.[22] Houve pressão sobre o Serviço Central de Segurança do Reich (*Reichssicherheitshauptamt* – RSHA) para deportar judeus mais rapidamente, de modo que mais mercadorias fossem apreendidas. Em alguns casos, os vizinhos nem sequer esperavam que as casas fossem desocupadas antes de aparecerem com carrinhos para começar a própria apropriação não autorizada de tudo o que lhes agradasse. Logicamente, as autoridades desaprovaram isso. Queriam para si todas as coisas boas.

O butim das pilhagens da ERR – pinturas, esculturas, tapeçarias, mobiliário, tapetes, vitrais e objetos de arte, entre outros – era separado e classificado por estagiários de campos de concentração próximos, vestidos com macacões ou aventais brancos. O trabalho foi bem documentado em fotografias posadas, descobertas após a guerra. As mulheres, em especial, tinham a tarefa de enfeixar os têxteis. Os oficiais nazistas selecionavam para si os melhores tecidos, edredons, lençóis e tapetes, embora Hitler e Göring tivessem a primazia de escolha das obras de arte. O plano de Hitler era abastecer um novo museu do *Führer*, em Linz, com os maiores tesouros europeus. Göring simplesmente cobiçava bens de luxo para si e sua família. Suas residências estavam abarrotadas de aquisições de judeus. Emma, sua esposa, optou por não questionar a procedência das peças.

Em seu julgamento no pós-guerra, Göring declarou ao Tribunal de Nuremberg:

— Nego enfaticamente que minhas ações tenham sido ditadas pelo desejo de subjugar povos estrangeiros por meio de guerras, de assassiná-los, roubá-los ou escravizá-los.[23]

As evidências em contrário são esmagadoras. Alfred Rosenberg tinha a aprovação pessoal de Hitler para redistribuir entre membros do partido e a equipe da *Wehrmacht* os pertences dos judeus.[24] E não foram apenas os figurões nazistas que se beneficiaram dos roubos.

Móveis em destaque no popular catálogo de compras da loja de departamentos francesa *Le Bon Marché*, inverno de 1939-1940, que fazem lembrar conjuntos de mobília de quartos entre os bens saqueados dispostos para apropriação por novos proprietários.

Os depósitos abarrotados de mercadorias saqueadas eram dispostos quase como lojas, mas sem etiquetas de preço. Com efeito, um dos grandes armazéns de pilhagem em Paris foi apelidado de "Galeries Lafayette", em homenagem à famosa loja de departamentos. Os compradores podiam passear pelos corredores admirando belas exibições de vidas desmanteladas.

Aqui, conjuntos de móveis de quarto de dormir ou mobílias para salas de jantar; ali, uma vasta seleção de serviços de mesa de jantar, carrinhos de bebê, brinquedos e pianos empilhados de lado para economizar espaço. Ao longo de inúmeras fileiras de prateleiras, todos os tipos de pratarias, artigos de vidro, joias e ornamentos. Havia máquinas de costura, caixas de costura, armarinhos e kits de cerzir. Para quem tinha gosto literário, estantes vazias... e uma miríade de livros para preenchê-las.[25]

Outros repositórios se assemelhavam a formidáveis brechós ou bazares. Neles estavam armazenados objetos do cotidiano, como suportes para ovos, bastões de críquete e abajures. Sem valor financeiro específico, eram chamados de itens *ramschlager*, ou "tralhas". Quinquilharias da vida diária; coisas encontradas em armários de cabeceira, no fundo de gavetas ou nos cantos dos sótãos. Não eram tralhas para seus legítimos proprietários. A costureira parisiense Marilou Colombain observou como os franceses ficaram "consternados e desmoralizados" quando as pilhagens começaram.[26]

Mais que as perdas financeiras e culturais, era a redução de vidas domésticas seguras a uma série de objetos impessoais que demonstrava de maneira mais cabal a eliminação total das existências judaicas. Os bens saqueados valiam mais que as pessoas que os compraram, fabricaram ou estimaram.

Sem dúvida, os itens saqueados eram acondicionados para viajar com mais cuidado e atenção em comparação a como seus proprietários judeus seriam acomodados quando chegasse sua vez de pegar o trem.

Todas as semanas, centenas de trens de pilhagens partiam de pontos centrais em terras ocupadas com destino à Alemanha. Nos vagões de carga havia mercadorias embaladas em palha, todas etiquetadas com a máxima eficiência: "cortinas de renda", "cortinas forradas", "travesseiros", "lençóis"...[27] Graças a uma articulação entre a ERR e Göring, o encarregado geral do tráfego ferroviário do Reich, os trens tinham permissão para levar as cargas de pilhagens da França, da Holanda, da Bélgica, da Noruega, do Protetorado, de terras polonesas e de outros locais de volta ao coração do Reich.

Os civis não judeus ficavam muito felizes por receberem "novos" mobiliários, acessórios, objetos de decoração, tecidos e roupas. Alguns itens eram leiloados sem nenhuma tentativa de ocultar sua proveniência. As casas de leilão nas principais cidades da Europa trabalhavam em estreita colaboração com os funcionários da ERR e obtiveram lucros enormes vendendo o butim das pilhagens. Aqueles que aspiravam a adquirir móveis antigos, tapetes importados e candelabros sofisticados poderiam comparecer e dar quantos lances quisessem. Os pertences dos judeus rapidamente encontraram novos lares. Seus lençóis cobriram novos colchões, suas roupas íntimas enfeitaram novos corpos, seus bules de café serviram bebidas para outros saborearem.

Em Leipzig, Hunya deve ter visto cartazes e anúncios em jornais informando os cidadãos sobre o leilão de bens judaicos. Até mesmo a mobília de hospitais, escolas e orfanatos judaicos foi confiscada e vendida a outros licitantes municipais.[28]

A Cruz Vermelha Alemã, organização nazista de fato separada da Cruz Vermelha Internacional, acolhia todas as doações. Na verdade, a Cruz Vermelha Alemã ajudou a coordenar a distribuição de quantidades espantosas de pilhagem para benefício exclusivo dos arianos. Uma dona de casa que tivesse a casa destruída em um bombardeio poderia recomeçar do zero com uma profusão de presentes desse serviço de assistência, como cortinas, toalhas de mesa, roupas de cama, toalhas, sapatos, roupas, talheres e louças. A *Wehrmacht* alemã também se beneficiou, recebendo relógios e roupas de inverno.

O que importava para eles que um novo guarda-roupa, camisa ou conjunto de pratos tivesse viajado de Praga ou de qualquer outro lugar do Reich? Entre os alemães corriam murmúrios de que era melhor vencer a guerra, ou os judeus voltariam para reivindicar a devolução de seus pertences.[29]

Os primeiros judeus deportados da Eslováquia foram informados de que voltariam para casa em breve. À medida que meninas e mulheres eram levadas de cidades e vilarejos no oeste da Eslováquia para o campo de detenção de Patrónka, a superlotação se agravou a ponto de para muitas delas ter sido quase um alívio receber a notícia de que seriam transferidas. Irene Reichenberg não se sentiu tão confiante quando olhou por uma das janelas do dormitório para o pátio abaixo. Os guardas haviam acendido uma fogueira e estavam alimentando as chamas com documentos, carteiras de identidade. Como todo o resto, a fotografia e a assinatura da própria Irene, com o selo do centro judaico, deviam estar enegrecendo até virar cinzas.

Nesse momento, Irene soube que a jornada que elas teriam pela frente não era uma viagem de volta. Não se esperava que regressassem.

"Os judeus agora estão sendo deportados para o leste.
Um procedimento bastante bárbaro."
*Anotação no diário de **Joseph Goebbels**, 27 de março de 1942*[30]

Durante a guerra, as linhas férreas em todos os territórios alemães viviam movimentadas, dia e noite. Combatentes partiam para se juntar às frentes de batalha; homens feridos voltavam. Mercadorias saqueadas viajavam para novos lares; seus ex-proprietários saíam de casa pela última vez.

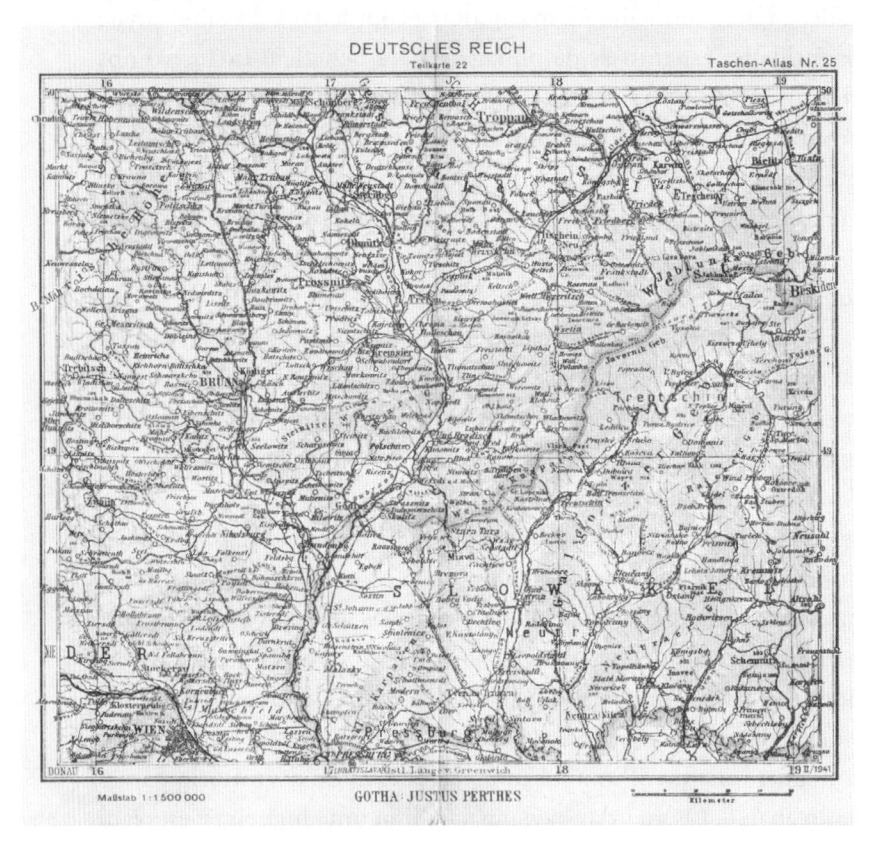

Página de atlas de 1941 mostrando a expansão alemã na antiga Tchecoslováquia. Na parte inferior do mapa, Bratislava, renomeada como Pressburg.

Cada deportação para campos de concentração e centros de extermínio era cronometrada com rigorosa precisão de minutos. Todas as estações ao longo da rota tinham cópias desses horários.

Longuíssimos comboios de vagões de carga eram uma visão comum. Às vezes, ouviam-se gritos pedindo socorro ou água por trás das ripas de madeira. Às vezes, mãos apareciam entre o arame farpado entrecruzado que tapava o único orifício de ventilação. Às vezes, bilhetes eram jogados do trem; outras vezes, cadáveres.

Para judeus e outros inimigos do regime nazista, todas as rotas de trem convergiam para destinos sinistros.

As mulheres e as meninas judias do campo de detenção de Patrónka ainda presumiam – ou esperavam – que seu destino fosse trabalhar em algum lugar na Eslováquia. Falou-se de um campo para ajudar na produção da famosa fabricante de calçados Baťa: a T&A Baťa, do empresário Jan Antonín Baťa.[31] O pai de Irene Reichenberg era sapateiro; com tempo e algum treinamento, ela certamente seria capaz de trabalhar lá. Rumores mais sombrios sugeriam que talvez rumassem para o *front* oriental, a fim de "elevar o moral" das tropas alemãs. Esse pensamento era, por si só, insuportável.

Irene e sua irmã Edith não saíram de perto uma da outra durante esse ajuntamento de mulheres em Patrónka. Receberam ordens para formar fileiras e marcharam para a estação próxima de Lamač, rodeada de descampados. O trem que as esperava fora construído para transportar gado, indicador nada sutil de que elas haviam sido rebaixadas à condição de animais, ainda que vestissem suas melhores roupas e carregassem mochilas e bolsas. Cada vagão de gado recebeu quarenta mulheres e meninas. Em cada vagão havia dois baldes à disposição. Nada de comida ou bebida. As portas se fecharam e foram trancadas. Os guardas da Hlinka e a polícia eslovaca foram as escoltas até a fronteira. Quando a locomotiva partiu, os acoplamentos se retesaram, os vagões começaram a se movimentar e seguiram em frente.

Irene e Edith estavam a bordo do segundo transporte de mulheres judias de Patrónka, duas das 798 mulheres rumando ao mesmo ponto final, embora nem todas com o mesmo destino. Muitas delas eram colegas de classe de Irene.[32] Não sabiam para onde iam; ninguém lhes disse nada a respeito. Cartões-postais foram passados de mão em mão. À meia-luz, as jovens escreveram mensagens para seus entes queridos, jogando os postais na neve na esperança de que os ferroviários os encontrassem e os colocassem no correio.[33]

Viajando no mesmo trem, com o mesmo medo e o mesmo desconforto, estavam as costureiras Marta Fuchs e Olga Kovácz.

Vislumbres pela fresta da minúscula janela mostraram uma paisagem de descampados gélidos, casas de madeira e colinas cobertas de neve. Irene supôs que estavam indo para o norte. O trem passou pela cidade de Liptovský Svätý Mikuláš, onde a família de Bracha morava em um apartamento no sótão; depois, por Žilina, onde fizeram uma breve parada; e pela cidade de Zwardoń, a cerca de quarenta minutos da fronteira com a Polônia. Nesse ponto, na escuridão, houve uma troca da guarda: a Hlinka deu lugar à SS. Os eslovacos, então, renunciaram a todas as responsabilidades e viajaram de volta para casa, prontos para carregarem o transporte seguinte.

Durante essa jornada de cerca de 400 quilômetros, os viajantes descobriram para que serviam os dois baldes: não havia banheiros.

De Zwardoń, o trem continuou por mais oitenta quilômetros Polônia ocupada adentro.

A jornada de Bracha rumo ao norte começou em Poprad. Com Katka, sua irmã, ela viajou no quarto trem de mulheres judias a deixar a Eslováquia, 997 delas no total, partindo em 2 de abril de 1942. Dentro de alguns dos vagões de gado de Poprad havia giz escondido para que as passageiras pudessem escrever seu destino, uma vez conhecido, o que ajudaria a espalhar as informações na Eslováquia. Também nos transportes de Poprad estavam as costureiras Borichka Zobel e Alice Strauss. Borichka era uma cortadora de moldes extremamente qualificada. Uma das companheiras de viagem de Alice era da Polônia e tinha conseguido espiar a rota. Disse que parecia que estavam indo para Auschwitz. Sua avaliação estava correta.[34]

Os trens continuavam chegando. Aos poucos, a vida das costureiras de Auschwitz se encaminhou para o mesmo destino.

Quando as costureiras francesas Alida Vasselin e Marilou Colombain foram deportadas da França, em janeiro de 1943,

Auschwitz já era mais que um boato. Alida, a especialista em espartilhos, suportou longos meses em várias prisões e interrogatórios pela Gestapo. Negou sistematicamente qualquer envolvimento com a Resistência, mesmo após o choque da notícia da execução de seu marido, Robert. Marilou, uma *partisan* parisiense, esteve encarcerada desde sua detenção, em 16 de dezembro de 1942.

Em 23 de janeiro, as duas se juntaram a outras prisioneiras políticas francesas em um trem que partiu para Auschwitz. Ao contrário dos transportes organizados pelo *Reichskriminalpolizeiamt* [Departamento de Polícia Criminal do Reich, RHSA] de Adolf Eichmann, essas mulheres não foram presas por serem judias. Das 230 mulheres, 119 eram comunistas ou afiliadas à esquerda e, portanto, consideradas uma ameaça política à ideologia de direita nazista. Seu encarceramento e sua deportação ocorreram sob a égide de uma política conhecida como *Nacht und Nebel* [noite e neblina]: deveriam desaparecer na obscuridade nebulosa, transferidas de uma prisão para outra.

As mulheres desse comboio de inverno suportaram uma jornada horrível de vários dias no frio intenso. As francesas que receberam pacotes enquanto estavam na prisão se vestiram de maneira a se manter o mais aquecidas possível, em alguns casos usando de uma só vez todas as roupas que tinham.

Alida ainda estava de luto pela morte do marido. Marilou chorava por seu filho, morto não havia muito, de difteria. Não sabia o destino de seu marido, Henri, que também fora preso. A camaradagem foi a única coisa que manteve as forças das mulheres francesas até sua chegada a Auschwitz, em 26 de janeiro. O trem permaneceu em um desvio durante a noite. De manhã, os vagões de gado foram alinhados ao longo da plataforma de madeira da estação de carga e as portas foram destrancadas.[35]

Hunya Volkmann, uma das mais corajosas do futuro grupo de costureiras, chegou a Auschwitz em um dia escaldante de junho de 1943. Seu trem foi o último transporte de judeus a deixar Leipzig. A polícia foi buscá-la no gueto às 5h da manhã de 15 de junho de 1943. Ela teve a chance de escapar da prisão. Ofereceram-lhe um esconderijo mediante o pagamento de mil marcos, e amigos arianos disseram que a abrigariam de graça. Abatida por anos de tensão, decidiu ir com os outros. Não queria ser a única judia viva em Leipzig.[36]

Ao contrário da violência e do tumulto das primeiras detenções e dos ajuntamentos de presos em Leipzig, em que adultos e crianças em longas filas precisavam ser acossados e espancados para embarcar nos trens, quando chegou a última leva de detidos os judeus estavam calmos, quase resignados. O gueto foi esvaziado e os quartos aguardavam por novos inquilinos. Alguns objetos perdidos foram deixados como lixo na rua.

Hunya juntou-se a outras mulheres na prisão de Leipzig na Wächterstrasse, o ponto de encontro. O último transporte incluiu o pessoal do hospital judaico e outros funcionários da comunidade. Suas casas anteriores no gueto pareciam luxuosas em comparação com o chão sujo em que agora tinham de se agachar – mal havia espaço para se esticar ou dormir. Hunya reconheceu muitos rostos na multidão. Amigos formavam rodas de conversa, batendo papo e até mesmo contando piadas para passar o tempo. Ela se sentia confiante de ser capaz de reunir a resiliência para enfrentar qualquer coisa. Sua força era contagiosa e seria necessária.

Depois de dois dias de desconforto e pavor, foram levadas da prisão para a principal estação ferroviária de Leipzig, onde o trem as aguardava. Hunya se lembrou de quando chegou à cidade pela primeira vez, uma jovem de Kežmarok, cheia de vigor e ambição, pronta para aprender seu ofício. Agora a estação estava repleta das cores enfadonhas dos uniformes militares, não de uma variedade de roupas em tempos de paz.

Encontrou lugar no vagão de gado com uma amiga, a dentista Ruth Ringer, e o marido de Ruth, Hans, médico que trabalhava no hospital. Por um momento, ela se lembrou de um trem fantasma em um parque de diversões, que levava os passageiros a sustos e surpresas. Mas aquele não era um passeio em um parque de diversões.[37]

Os quilômetros se sucederam. No início, tudo foi bastante civilizado, apesar do calor sufocante durante o dia. Hunya teve mais sorte que a maioria: logo após sua detenção, um aprendiz da fábrica de peles onde ela trabalhava entregou uma cesta de alimentos, cortesia de seu ex-gerente da fábrica. A gentileza inesperada foi tão bem-vinda quanto as provisões. Ela compartilhou a comida e tentou animar seus companheiros. Haveria tristeza suficiente no fim da linha; poderiam pelo menos ficar alegres por algumas horas. Sua gentileza diluiu um pouco da amargura. Quase esqueceram onde estavam e para onde rumavam.

Em uma parada, um comboio de pessoas com deficiência e idosos de uma casa de repouso foi adicionado ao trem. Os cuidadores se sentiam impotentes quando seus pacientes, que sofriam de doenças graves, tinham ataques e episódios de agitação. Dois homens tiveram que se engalfinhar com uma enfermeira quando ela, em desespero, tentou o suicídio. Os doentes pioraram; a cada parada, os mortos eram descartados, e os baldes que faziam as vezes de latrina, esvaziados.

O trem diminuiu a velocidade uma última vez. Uma lâmpada iluminou um enorme letreiro: "Auschwitz". Agora não havia piadas nem conversas educadas, apenas pavor. O último transporte havia chegado, e, das centenas de judeus a bordo, apenas dois sobreviveriam até a libertação.

Pouco antes de os homens serem separados das mulheres, o dr. Ringer voltou-se para sua esposa, Ruth, e disse:

— Fique junto de Hunya. Tenho a sensação de que ela vai sobreviver.[38]

Irene, Bracha, Katka, Marta, Alice, Olga, Alida, Marilou, Borichka, Hunya...

Qualquer que fosse o trem em que viajassem, todos os recém-chegados a Auschwitz enfrentaram o momento nauseante em que as portas se abriram e os gritos começaram:

— *Los, los! Heraus und einreihen!* Mexam-se! Desçam e formem filas!

CAPÍTULO CINCO
A recepção costumeira

"A recepção costumeira estava à espera: muitos gritos e surras."
Hunya Volkmann[1]

Bracha Berkovič estava preocupada com sua bagagem. Levou consigo no vagão de gado uma mala, que protegeu a viagem toda desde Poprad, mas agora estavam gritando com ela – *Raus! Raus!* – para que saltasse do vagão. Ela não conseguiu alcançar sua bagagem, e havia gente por toda parte, cães furiosos nas coleiras, homens em uniformes da SS e sua irmã Katka para vigiar.

— Não se preocupe — disse em voz alta um guarda da SS. — Vamos carregar tudo logo atrás de vocês.

Como eles organizariam tudo de maneira adequada?, ela se perguntou.

Bracha Berkovič antes da deportação. Bem-vestida, cabelos lustrosos, sorriso radiante para a câmera.

Era um longo trecho do trem até uma plataforma de madeira com cerca de quinhentos metros de comprimento. Uma escada de madeira conectava a "rampa", como a plataforma era chamada, à estrada. Levaram para essa linha lateral caminhões que transportariam presos até o campo de concentração.[2] Não muito longe da rampa, foram construídas casas destinadas aos funcionários das estradas de ferro que trabalhavam na movimentada

121

linha principal que passava por Auschwitz e ligava Viena, na Áustria, à Cracóvia, na Polônia.

Bogusława Głowacka, de 14 anos de idade, morava em uma dessas vilas ferroviárias. Trabalhava como empregada doméstica para um dos homens da SS e, às vezes, quando tinha de fazer alguma coisa no campo principal de Auschwitz, encontrava prisioneiros das oficinas de alfaiates e sapateiros. Bogusława disse que era impossível não ver os trens serem descarregados.

— No momento em que o trem parava, irrompia um alvoroço incrível, com gritos dos guardas da SS, soluços e uivos das pessoas desembarcadas, o latido dos cães e os tiros.[3]

Por alguns momentos, os recém-chegados ficaram em liberdade, como civis. Pessoas normais. Olhando em volta, notaram a presença de homens vestindo trajes listrados trabalhando nos campos. "Achamos que tinham algum distúrbio mental", disse uma das novas moças, presumindo que as cabeças raspadas e os uniformes significavam que eram pacientes de uma instituição para doentes mentais.[4]

Bracha não esmoreceu, embora tudo o que lhe restasse agora fossem as roupas do corpo e algumas vitaminas no bolso – um precioso presente de despedida de sua mãe. Em seguida teve início a marcha, e cada passo os afastava ainda mais da normalidade. Em pouco tempo, viraram para o sul, dentro de um perímetro de cercas de arame e torres de vigia, depois ao longo de uma estrada ladeada por tijolos e edifícios de madeira.

Os transportes posteriores, que incluíam famílias e idosos, foram recebidos pela visão reconfortante de grandes caminhões com o símbolo da Cruz Vermelha. *Um lugar onde há Cruz Vermelha não pode ser tão ruim assim*, pensou uma menina eslovaca ao chegar, em julho de 1942.[5] Na época ela não sabia que Oswald Pohl, o chefe da administração do campo de concentração, era também o presidente do conselho de administração da Cruz Vermelha alemã. Isso criou uma colaboração hedionda. Os caminhões que inspiravam confiança aos recém-chegados na verdade estavam incumbidos de levar as pessoas diretamente para as câmaras de gás: em julho, entraram em vigor medidas para assassinar recém-chegados considerados excedentes às necessidades de mão de obra. De julho em diante, os judeus que chegavam a Auschwitz nos transportes eram divididos já na plataforma: selecionavam-se os que viveriam e os que morreriam de imediato.

Em março e abril de 1942, quando chegaram os primeiros transportes eslovacos, não havia seleções para as câmaras de gás. As mulheres estavam lá para trabalhar. Passaram em marcha por pedreiras, fornos e depósitos de tijolos em direção ao portão do Stammlager, ou campo principal, também conhecido como Auschwitz I. O portão, forjado pelo prisioneiro ferreiro Jan Liwaz, tinha sido a entrada original para Auschwitz, mas havia muito o enorme complexo de campos ultrapassara esse perímetro inicial. A costureira Alice Strauss ergueu os olhos para a placa ao passar por baixo dela. Em arco sobre o portão estava a inscrição em ferro forjado: "*Arbeit macht frei*", ou "O trabalho liberta".[6]

O transporte de Bracha desde Poprad chegou no dia 3 de abril, tarde demais para passar por processamento imediato. Em vez disso, as mulheres foram conduzidas pelo campo até uma fileira de blocos de tijolos vermelhos. Esses edifícios foram construídos para operários industriais e ficavam próximos do centro ferroviário da cidade, depois foram usados pelo Exército polonês. A partir de 1940, sob a égide do recém-chegado comandante Rudolf Höss, um segundo andar e um sótão foram adicionados a cada bloco. Agora tinham capacidade para abrigar centenas de outros prisioneiros. Dez dos trinta blocos foram designados para as mulheres dos primeiros transportes de judeus a chegarem a Auschwitz. Bracha, Katka e as outras foram levadas, aos empurrões, para um dos alojamentos.

Ao longo de uma das fachadas desses dez blocos havia uma barreira alta de concreto, recém-construída, separando as mulheres da área masculina do campo. Do outro lado, uma parede de tijolos separava as mulheres do mundo exterior. Além dessa parede ficava a confortável casa do comandante, na rua Legiónow. Era uma construção de 1937, de pouco antes da guerra, erigida por um soldado polonês chamado Sargento Soja, despejado com pouca antecedência em 8 de julho de 1940, sob o olhar vigilante de guardas armados da SS. Todo o bairro teve que passar por uma limpeza para abrigar os ocupantes alemães.

Hedwig Höss construiu um lar para si e sua família na casa de Soja. Um livro de hóspedes da *villa* Höss começou a ser preenchido em 1942. Lá os visitantes poderiam abrir uma caneta-tinteiro e escrever mensagens de agradecimento pela hospitalidade de Rudolf e Hedwig.

Já para os recém-chegados aos blocos que alojavam os prisioneiros do campo não havia nenhuma anfitriã cortês nem calorosas boas-vindas. Em vez disso, as mulheres eslovacas se viram sob as ordens de outras prisioneiras chamadas de *kapo* – palavra de origem italiana que significa "cabeça" ou "chefe" e designava uma prisioneira escolhida pela SS para desempenhar a função de líder de esquadrão, capataz ou feitora, encarregada de supervisionar o funcionamento dos campos. Eram principalmente mulheres alemãs – não judias –, encarceradas como criminosas ou "inimigas do Estado" e transferidas do campo de concentração de Ravensbrück pouco antes da chegada do primeiro transporte eslovaco. Tinham experiência de como sobreviver nos campos e sabiam que ser funcionária da prisão era uma forma de obter vantagens. Para muitos prisioneiros de campos de concentração e para as pessoas da sociedade do pós-guerra, *kapo* tornou-se sinônimo de "crueldade" e "violência". Os testemunhos de sobreviventes deixam claro que *kapos* que eram degradados por temperamento e/ou aviltados pelas circunstâncias intoleráveis tornaram-se, de fato, tanto criminosos quanto vítimas. Mesmo assim, nem todas as pessoas forçadas a desempenhar o papel de *kapo* abusavam de sua posição. Quando foi escolhida como *kapo* do "estúdio de alta-costura superior", Marta Fuchs seria uma das pessoas a usar seu *status* como prisioneira privilegiada do campo de concentração para garantir relativa segurança e dignidade às mulheres de seu grupo de trabalho.

Ao chegar a Auschwitz, Marta era apenas mais uma prisioneira perplexa, lançada à força em um ambiente hostil.

Bracha e sua irmã se viram em um prédio vazio com o chão forrado de palha. De alguma forma, uma mensagem circulou: esconda suas coisas ou elas serão tiradas de você. Bracha e Katka se juntaram a uma corrente de meninas passando pertences até o beiral do teto do barracão, incluindo pentes, sabonetes e lenços. Incrivelmente, Bracha percebeu que estava ao lado de uma mulher da SS. As guardas foram enviadas de Ravensbrück ao mesmo tempo que a primeira leva de prisioneiras. Então, Bracha se viu negociando:

— Se você me ajudar, deixo você tomar algumas vitaminas.

Foi um momento surreal, mas Bracha achou bizarra toda a experiência. Viu que uma das mulheres eslovacas tinha, de alguma forma, arranjado maneira de levar consigo uma lata de sardinhas. Imediatamente, uma *kapo* agarrou a lata e começou a devorar o conteúdo. Bracha observou, espantada. Não entendia como alguém podia ficar tão empolgado com uma latinha de peixe. Mas entenderia.

Nessa primeira noite havia um lugar para se lavar e privadas funcionando, mas o banheiro estava imundo e rapidamente se mostrou inadequado para um grupo tão numeroso. Houve até mesmo distribuição de comida – um mingau grosso chamado *kacha*. Bracha não comeu toda a porção, então colocou a tigela com as sobras no parapeito da janela. Foi roubado. Mais uma vez, ficou surpresa com tal comportamento.

De manhã, depois de um gole de água morna e turva, Bracha olhou pela janela para o bloco adjacente. Uma figura trajando um uniforme do Exército russo acenava para ela, fazendo gestos estranhos em torno da cabeça, como se estivesse mentalmente perturbada. Havia algo familiar naquele rosto? Bracha foi mais uma vez atingida pela descrença. Era sua melhor amiga, Irene Reichenberg.

O transporte de Irene de Bratislava chegara alguns dias antes, em 28 de março. Agora ela tentava explicar a Bracha o que lhe dera aparência tão estranha. Ela imitou uma tesoura no couro cabeludo: "Seu cabelo será cortado...".[7]

> "Fiquem quietas e não percam o senso de humor!"
> ***Edita Maliarová*** *a amigas de Bratislava*
> *passando pelo processo de entrada no campo*[8]

Bracha Berkovič foi uma das mais de 6 mil mulheres e meninas judias trazidas da Eslováquia em nove trens entre 26 de março e 29 de abril de 1942. Foram os primeiros transportes especificamente de judeus organizados pelo departamento RHSA de Adolf Eichmann a chegar a Auschwitz. Junto com as mil prisioneiras transferidas de Ravensbrück, foram as primeiras. Tinham sido selecionadas para trabalhar, e seu processamento inicial em Auschwitz foi calculado para tornar as trabalhadoras submissas. Foi também um deliberado processo de humilhação, física e emocionalmente brutal.

Depois da guerra, perguntava-se aos sobreviventes: "Por que vocês não resistiram?". Os que suportaram o procedimento e sobreviveram só conseguiam dizer que mal podiam acreditar no que estava acontecendo. Como explicou mais tarde uma das companheiras de Bracha, "o inimigo tinha armas, e nós estávamos totalmente desamparados, e tudo ocorreu muito rápido".[9] O que as jovens da Eslováquia poderiam fazer quando eram conduzidas a um banheiro e recebiam ordens de se despir?

A resposta imediata era confusão. *Kapos* e guardas da SS estavam presentes para enfatizar a ordem com gritos e socos: "Mais rápido! Mais rápido!". As joias também tinham de ser removidas. A irmã de Bracha, Katka, não conseguiu tirar um de seus brincos com rapidez suficiente, e uma guarda da SS lhe deu um tapa com tanta força que o brinco se quebrou. Em transportes futuros, homens da SS impacientes literalmente arrancavam anéis que ficavam presos em dedos trêmulos, deixando as mãos sangrando, rasgadas.[10]

E assim as camadas iam sendo removidas, apagando as evidências de vida antes do campo de concentração e extirpando óbvios marcadores de individualidade.

Agora as mulheres desamarravam o cinto dos casacos de inverno, que eram um investimento importante e estimado como tesouro, e os punham de lado. Arrancavam os suéteres e os casacos de lã, muitas vezes feitos em casa, a lanugem felpuda no ponto onde os braços se esfregavam no corpo. Com mais hesitação, abriam os botões da frente das blusas e os zíperes laterais dos vestidos e das saias amarrotados da viagem, possivelmente manchados de suor.[11] Descalçavam sapatos e botas – que colocavam lado a lado por hábito, as palmilhas suavemente curvadas para caber nos pés da proprietária, os saltos desgastados por todos os passos que haviam dado. Tiravam as meias, talvez novas, talvez cerzidas. Soltavam as meias-calças de espartilhos e cintas-ligas. Pernas nuas. Pés frios no concreto.

Durante todo o tempo, os olhos dardejavam na direção das outras mulheres em busca da validação de que aquilo estava realmente acontecendo; que elas se viam forçadas a se despir em público.

O ritual de despir-se em geral é reservado à privacidade de um quarto ou de um consultório médico, talvez em um cubículo de piscina ou vestiário ou no provador de uma loja atrás de uma cortina. As mulheres solteiras e as moças a bordo dos transportes para Auschwitz não deviam ter quase nenhuma experiência de se despir completamente sob o olhar de outras pessoas, a menos, talvez, com uma irmã com quem dividissem quarto. O processo de se desnudar em Auschwitz não apenas extirpava a identidade das mulheres à medida que as roupas eram tiradas, mas também as espoliava da dignidade.

Na Europa de meados do século XX, havia uma "linguagem" muito definida de roupas para uso público e privado. Havia roupas para usar na rua no dia a dia, como ternos, vestidos elegantes, casacos, bolsas, chapéus e uniformes escolares; e, em casa, poderia haver um pouco mais de informalidade – pantufas e chinelos macios, malhas de tricô, aventais e robes. A roupa íntima era reservada para o espaço mais privado e íntimo do quarto, não o corredor frio de um campo de concentração.

Embora todos os judeus recém-chegados em processamento sentissem a humilhação de se despir, para as mulheres e as meninas havia camadas adicionais de vergonha. O pudor ainda era um valor feminino fundamental na sociedade, apesar de existirem ícones que ostentavam apelo sexual e mulheres que se vestiam de forma afrontosa. As "boazinhas" se vestiam com decência, sem bainhas na altura das coxas ou decotes profundos, e os ombros ficavam nus apenas no auge do verão. Havia uma série complexa de regras sociais sutis a ser seguidas, assegurando que as roupas fossem atraentes, mas não em demasia. Para as judias ortodoxas, as mangas cobriam os braços até o cotovelo ou o pulso, e nada de clavículas à mostra ou joelhos nus.

As roupas estavam sempre sob escrutínio. A pressão dos pares fundamentava as escolhas de roupa e determinava se um traje era desleixado ou elegante. As mulheres mais velhas criticavam as roupas consideradas mais provocantes que bonitas; julgando o figurino os homens decidiam se uma mulher parecia disponível ou proibida. Em situações do mundo real, mulheres e meninas eram rapidamente censuradas por não se vestirem da maneira adequada. Em Auschwitz, eram advertidas aos berros por não se despirem com rapidez suficiente.

Depressa, a última camada. As roupas íntimas.

Desenganchar sutiãs e, com hesitação, deslizar as alças pelos ombros na frente dos homens seria normalmente considerado um *strip-tease*: um gesto sedutor e, com certeza, nada acanhado. Despir-se em Auschwitz era uma distorção perversa da sedução ou do pudor. Não havia escolha; nenhum poder de ação. Os sutiãs tinham que ser retirados. Sob ordens, as cintas também.

Para as adolescentes ainda desconfortáveis com seus corpos pós-puberdade, era uma dor excruciante revelar suas curvas, ou a percepção da inexistência delas. As jovens solteiras talvez se sentissem igualmente divididas em relação à sexualidade. O corpo nu era um aspecto da intimidade a ser compartilhado apenas com o marido e, mesmo nesse caso, poderia contar com a proteção dos lençóis e das camisolas. Para as mulheres mais velhas, tirar as roupas de baixo apresentava o problema adicional de expor corpos alterados por gravidez, trabalho árduo ou permissividade.

A derradeira roupa – a última ilusão de proteção – era a mais difícil de remover. Calcinhas. Podiam ser tipo "ceroulas", franzidas acima do joelho com elástico firme; *baby-dolls* fechados na nesga por três minúsculos botões; ou calcinhas francesas de cintura alta com borda rendada e bordado floral. Brancas, cor-de-rosa, azuis, amarelas; velhas, novas, bonitas, práticas, imaculadas, cerzidas – todas tinham que ser retiradas e dobradas com o restante das roupas, ainda quentes do corpo, os últimos vestígios de uma vida agora posta de lado.

Algumas mulheres seguravam essa última peça de vestimenta, sua calcinha, na frente da genitália, um desesperado gesto de decência. A essa altura já tinham aprendido que a maneira como uma mulher se vestia afetava a forma como os homens a tratavam; que roupas discretas eram uma proteção contra o assédio – de cantadas e apalpadelas em público aos horrores secretos e tácitos do abuso sexual e do estupro.[12]

Enquanto as mulheres de um dos transportes de Poprad se amontoavam nuas, um homem da SS deu uma risadinha e comentou:

— Minha nossa, devem ser de um convento. São todas virgens![13]

Como ele sabia? Ficou sabendo porque as mulheres foram estupradas pelas mãos dos guardas à procura de objetos de valor escondidos.

Esse era o contexto em que mulheres e meninas recém-chegadas se despiam diante de guardas da SS, que as xingavam, chamando-as de putas e porcas. Havia uma humilhação adicional: a menstruação pública. Na década de 1940, usavam-se absorventes íntimos e guardanapos dentro da calcinha ou enrolados num cinto elástico. De qualquer forma, era um completo tabu mostrar essas coisas a qualquer pessoa, quanto mais a uma multidão. Ter que remover os absorventes usados e sangrar livremente, o tempo todo sendo ofendida pela falta de higiene, era um aspecto do abuso que todas as mulheres menstruadas teriam de enfrentar, até que o estresse e a inanição – e o suposto uso de pó na alimentação – interrompessem por completo o ciclo. No dia da chegada, o sangue menstrual escorria pelas pernas nuas, junto com o sangue de machucados oriundos de brutais revistas íntimas.

O tempo todo, homens e mulheres da SS assistiam. Com ódio. Com indiferença. Com um prazer malicioso. Os médicos da SS avaliavam as mulheres nuas como gado em um mercado – elas eram fortes, eram saudáveis, poderiam trabalhar? As mulheres se mantinham próximas, encontrando conforto nas amigas e nas irmãs, embora cada figura nua fosse um espelho para as outras. Havia altivez, apesar do trauma; uma resiliência que neutralizaria o choque; uma compaixão a invadir mulheres desesperadas que cogitavam uma corrida desvairada para se jogar contra a cerca elétrica.

Uma jovem de 21 anos da cordilheira dos Cárpatos escolheu sua própria resposta aos observadores da SS, afirmando:

— Decidi não me sentir envergonhada, humilhada, degradada, desfeminizada e desumanizada. Simplesmente não caí no jogo deles e me mantive firme e forte, inabalável.[14]

> "No intervalo de alguns minutos, fui despojada de todo e qualquer vestígio de dignidade humana e me tornei indistinguível de todas as pessoas ao redor."
> ***Anita Lasker-Wallfisch***[15]

Quando Bracha tinha 16 anos, decidiu cortar suas duas longas tranças. Ficou satisfeita com o novo visual; outros lamentaram. Foi uma transição visível da infância para estilos mais maduros da feminilidade de uma jovem mulher.

O cabelo era considerado um dos marcadores mais significativos e definitivos da "condição feminina". Enquanto o cabelo dos homens era cortado, aparado e disciplinado com óleos, o das mulheres tinha de ser abundante. Os estilos caseiros de penteados podiam ser obtidos com tranças, alfinetes, grampos, frisadores e pinças aquecidas – tomando cuidado para não chamuscar os fios no processo de ondular ou enrolar. Os salões de cabeleireiro criavam efeitos ainda mais sofisticados, usando extraordinárias máquinas elétricas de permanente que pareciam uma Medusa de borracha. Penteados da moda eram baseados nos das estrelas de cinema e complementados com fitas, presilhas extravagantes e flores.

As mulheres alemãs, em jocosa homenagem aos ataques aéreos, usavam um estilo de penteado que ficou conhecido como "está tudo limpo". As tinturas eram uma forma popular, embora nada sutil, de cobrir os fios grisalhos ou de transformar o cabelo escuro "judeu" em loiro "ariano". Essa era uma estratégia comum, embora desesperada, para judias que tinham a esperança de evitar a prisão.

Cabelos postiços eram usados por diversão. As lojas vendiam apliques costurados em faixas ou cachos saindo de grampos. O cabelo falso também poderia ser um elemento central na aparência das judias ortodoxas, devido à tradição de as mulheres casadas rasparem a cabeça e substituírem o próprio cabelo por perucas, conhecidas como *sheitel*. Em algumas narrativas religiosas judaicas, o cabelo feminino era visto como potente fator de atração para os homens, daí a necessidade de as casadas evitarem a possibilidade de instigar ou seduzir qualquer homem, exceto o marido, e por isso cobrirem a cabeça com um lenço ou um turbante ou cortarem à navalha o cabelo todo. Perucas e apliques podiam ser comprados em loja, confeccionados com o cabelo da própria mulher antes do casamento ou feitos mesmo com as tranças cortadas de sua filha.

Assim que as mulheres chegavam a Auschwitz, seu cabelo, natural ou postiço, claro ou escuro, encaracolado ou liso, estilizado ou comum, era raspado.

Da janela de seu bloco, Irene havia indicado com gestos para Bracha que isso aconteceria, movimentando os dedos para indicar uma tesoura. As lâminas das tesouras e das maquininhas de cortar ficavam rapidamente embotadas. Os prisioneiros barbeiros – todos homens – juntavam punhados de cabelo das mulheres nuas e cortavam, deixando tufos aleatórios brotando do couro cabeludo. Quando Irene chegou a Auschwitz e avistou as moças do primeiro transporte já tosquiadas, ela se perguntou:

— Deus do céu, que tipo de crime elas cometeram? Que aparência é essa? O que fizeram com elas?[16]

O pior estava por vir.

— Abram as pernas! — gritavam os guardas.

Muitas das mulheres choraram baixinho enquanto seus pelos púbicos eram arrancados. Violação total. As mulheres haviam sido privadas de identidade, dignidade e pudor. Uma sobrevivente dessa provação tentou desenhar a cena. Seu esboço tosco mostra nus sem pelos acompanhados de frases desconexas: "É você? Você tem um belo corpo! Onde está você?".[17]

Irmãs e amigas passavam umas pelas outras sem se reconhecer, tamanho era o poder do cabelo para conferir identidade. Algumas desatavam a rir, tão cômica estava sua aparência. Faziam piada de como estavam parecidas com seus irmãos. Outras se consolavam no argumento de sofrerem todas juntas. Algumas agarravam mechas do cabelo arruinado, como se segurassem um último pedaço de humanidade.

Quando Bracha cortou suas duas tranças aos 16 anos, recebeu pelo cabelo. Era uma mercadoria, com preço. Quando as mulheres tinham os cabelos raspados à força em campos de concentração e centros de extermínio, era principalmente para fins de higiene – evitar piolhos –, mas os fios não eram desperdiçados.

Ainda em 1940, Richard Glücks [chefe da inspetoria dos campos de concentração], um dos subordinados de Himmler, deu ordem para que todo o cabelo humano de cada um dos campos de concentração fosse utilizado.[18] Depois que os cabelos masculinos e femininos eram separados e desinfetados, a fibra mais curta do cabelo dos homens podia ser enfeltrada ou reduzida a fio. Uma vez cortadas e escovadas, as longas tranças femininas poderiam ser tecidas para fabricar meias que seriam despachadas para as tripulações de submarinos e meias compridas para os trabalhadores ferroviários alemães, enfeltradas para produzir sapatinhos de tricô para bebês ou entrelaçadas para se transformar em filtros que tornavam impermeáveis as ogivas de torpedos.

Os cabelos eram lavados e depois pendurados em varais acima dos crematórios do campo. O calor dos fornos onde os cadáveres queimavam secava os cabelos, que recebiam os cuidados de equipes de "penteadeiras": terrível conjunção de atividades.[19] Empresas de cardagem de lã pagavam cinquenta *pfennigs* o quilo de cabelo, que era separado e classificado nos campos e embalado em sacos prontos para envio. Essa venda era uma boa fonte de renda para a administração de Auschwitz; a contabilidade das entregas era feita no quinto dia de cada mês.[20]

Havia muito, a indústria têxtil alemã era competitiva no terreno da inovação. Durante os anos de guerra, os alemães supervisionaram o processamento do cabelo francês, que era misturado para se tornar um tecido usado na fabricação de chinelos, luvas e bolsas.[21] No intervalo de onze meses, os administradores dos campos de extermínio

Treblinka, Sobibór e Bełzec contribuíram com 25 caminhões carregados de cabelo feminino e despachados para Berlim.

Não era a pior forma de reciclagem humana. Em 1946, o médico tcheco Franz Blaha, prisioneiro de Dachau, prestou depoimento, sob juramento, sobre a repulsiva prática de curtir a pele humana para obter um couro bem fino, perfeito para fabricação de calças de montaria, luvas, pastas, bolsas e carteiras e pantufas macias.[22] Dizia-se que a amante de Himmler, Hedwig Potthast, tinha um exemplar do livro de Hitler, *Mein Kampf*, encadernado com pele humana.[23]

Essa era a mentalidade que moldava o universo em que Irene e Bracha haviam adentrado.

> "Tudo era tão irreal que eu não conseguia compreender... ninguém nos dava qualquer explicação sobre o que estava acontecendo e o que estava prestes a acontecer."
> ***Bracha Berkovič***

Hora de se lavar.

Às centenas, mulheres nuas mergulharam em uma banheira quadrada com cerca de 1,5 metro de profundidade. Sem sabonete. Sem toalhas. Para Irene, foi uma experiência horrível. Bracha estava totalmente perplexa. A versão do campo de talco perfumado foi uma pulverização de DDT para o *Entlausung* [despiolhamento].

Quando Hunya Volkmann chegou a Auschwitz saída de Leipzig em 1943, a banheira havia sido substituída por chuveiros. Hunya se viu em uma lavanderia suja, chamada Sauna, recém-construída em Auschwitz II: Birkenau. Nuas, as novas prisioneiras foram divididas em dois grupos: um de mulheres mais velhas ou com problemas de saúde óbvios, outro de mulheres mais jovens e mais saudáveis. Hunya entendeu implicitamente o significado da divisão. Os dois grupos foram separados – um para a vida, outro para a morte. Embora tivesse dobrado suas roupas conforme as instruções, numa afronta às ordens ela se manteve de botas para o banho, pensando em protegê-las de furto. Posicionada sob um chuveiro, esperou pela água.

Não saiu água nenhuma.

As câmaras de gás dos campos de extermínio nazistas, disfarçadas de chuveiros, talvez sejam conhecidas agora como o elemento mais notório dos assassinatos em massa industriais. No entanto, a evolução desde os esquadrões móveis de extermínio que atiravam individualmente nas vítimas até esses modernos sistemas de aniquilação levou tempo. O processo tinha vínculos sinistros e significativos com as roupas e o ato de se despir.

Tendo concluído que fuzilar civis nas bordas de trincheiras e valas coletivas era um uso ineficaz de munição e mão de obra, os nazistas voltaram seu foco para métodos mais simplificados de mortandade que fossem menos traumáticos para os assassinos. Os experimentos iniciais começaram com as chamadas injeções de eutanásia, seguidas por envenenamento em "peruas de gás" – método em que pequenos grupos de homens, mulheres e crianças judeus eram exterminados em vans e caminhões de transporte, trancados em caçambas seladas que recebiam monóxido de carbono do escapamento. Nenhum dos sistemas dava conta da logística do genocídio. Um grande avanço veio no próprio campo de Auschwitz, em parte devido ao processamento de roupas.

O problema eram os piolhos ou, mais especificamente, a doença mortal que eles transmitem, o tifo. Os piolhos se desenvolvem em ambientes quentes, sujos e com muita gente. As mulheres que chegaram a Auschwitz em março e abril de 1942 descobriram que seus barracões estavam infestados de piolhos e percevejos, que se banqueteavam com o sangue de prisioneiros anteriores. Uma das razões para a primitiva raspagem da cabeça e dos pelos do corpo dos prisioneiros assim que chegavam era tentar controlar criadouros de piolhos. Os piolhos procuram dobras na pele ou vincos nas roupas. Proliferam-se sob as golas, nos bolsos fundos, nas costuras e nas bainhas. Eram tão perigosos para a saúde que alguns membros dos grupos de resistência de Auschwitz tentavam usar piolhos infectados com tifo como armas assassinas contra guardas da SS, colocando-os sob golas de camisas e jaquetas.[24]

O comandante do campo, Rudolf Höss, estava preocupado, e com razão, com o perigo de uma epidemia de tifo. Era uma situação ridícula: as condições do campo eram imundas e perigosas porque não havia infraestrutura para fornecer instalações higiênicas e também porque os prisioneiros eram considerados comparáveis a vermes – portanto, indignos de condições de vida decentes. Mesmo assim, a SS não queria ser contaminada pelas mesmas condições insalubres que considerava adequadas para detentos.

Enquanto Hedwig Höss e outras famílias de membros da SS que moravam fora do complexo de campos podiam se lavar em água quente com sabão e usavam roupas e lençóis que eram lavados por criados da cidade vizinha, as mulheres judias transportadas não tinham esses luxos. Bracha, Irene e as outras saíram da calha fria e suja da casa de banhos para descobrir que suas roupas haviam desaparecido, haviam sido levadas para tratamento. Foi esse tratamento que evoluiu para o sistema utilizado nas câmaras de gás.

Para impedir que os piolhos do campo infectassem o idílio da vida doméstica da SS, aconteciam frequentes quarentenas e desinfestações, e um centro especial de fumigação foi instalado no bloco 3 do campo principal de Auschwitz. A partir de 1940, quando Höss se tornou o primeiro comandante do campo, um prisioneiro chamado Andrzej Rablin foi colocado para trabalhar nessa câmara.

O compartimento estava cheio de roupas de prisioneiros, infestadas de piolhos. Foram acrescentados cristais de ácido cianídrico, extremamente tóxico – cujo nome comercial era Zyklon B –, e a porta foi lacrada. Depois de 24 horas, Rablin e seus ajudantes entraram usando máscaras de gás, com um exaustor. Por fim, o processo foi refinado empregando-se melhores sistemas de aquecimento e ventilação, de modo que as roupas pudessem ser usadas com segurança apenas quinze minutos após a dispersão do gás. O *Lagerführer* [título dado ao oficial da SS designado para cumprir o papel de subcomandante de um campo de concentração] Karl Fritsch era o responsável pela fumigação e desinfecção do campo. Foi ideia dele experimentar o Zyklon B em "pragas" humanas – prisioneiros de guerra russos. Höss deu-lhe sinal verde.[25]

Enquanto isso, a esposa de Fritsch se beneficiou dos trabalhos forçados de uma adolescente polonesa chamada Emilia Żelazny, que esfregava suas roupas para que os piolhos não se reproduzissem.[26]

Fritsch e sua equipe aprenderam, por experiência própria, que era difícil tirar a roupa de um cadáver; muito mais eficiente era obrigar as vítimas a se despirem antes de morrer. Como conseguir essa anuência sem comportamento indisciplinado e revolta? Dizendo às pessoas que elas tomariam um banho. Um elaborado estratagema foi arquitetado.

No fim de 1942, o SS-*Untersturmführer* [equivalente a segundo-tenente] Maximilian Grabner estava no telhado de um dos novos crematórios no subcampo de Auschwitz, Birkenau, e gritou para um transporte de judeus:

— Agora vocês vão tomar banho e ser desinfetados, não queremos epidemia no campo!

Ele instruiu a plateia de detentos a dobrar cuidadosamente suas roupas e colocar seus calçados juntos em pares, "para que possam encontrá-los após o banho".[27]

Dois prédios confiscados dos poloneses na área próxima de Brzezinka – Birkenau, em alemão – foram reaproveitados como câmaras de gás. A Casinha Vermelha entrou em operação em março de 1942; a Casa Branca estava pronta para os gaseamentos em junho daquele ano. Havia, ainda, planos mais ambiciosos: quatro centros de morte de última geração construídos para esse fim. Bracha e Irene viriam a conhecê-los bem; fariam parte das equipes obrigadas a construí-los. O SS-*Sturmbanführer* [equivalente a subtenente] Karl Bischoff era o chefe da construção de câmaras de gás e crematórios nos campos de Auschwitz. O SS-*Hauptscharführer* [equivalente a sargento-ajudante] Otto Moll era responsável por garantir que os prisioneiros se despissem de maneira ordeira.[28]

Frau Moll e *Frau* Bischoff provavelmente eram clientes do ateliê de moda de Auschwitz que logo seria estabelecido por Hedwig Höss. A *villa* de Hedwig ficava a poucos passos do crematório original em Auschwitz I, remodelado a partir do antigo armazém de nabos do quartel do Exército polonês. Circundado de flores, gramados e árvores jovens, era um lugar agradável e nem um pouco ameaçador. As vítimas se despiam em um corredor externo. Eram assassinadas dez por vez.

Nas novas instalações de uso de gás de Birkenau, construídas para o extermínio de judeus, as antecâmaras foram engenhosamente projetadas como genuínos vestiários de chuveiros. Duas das salas de despir podiam comportar até 4 mil pessoas ao mesmo tempo. Ao chegar, os prisioneiros se tranquilizavam ao ler placas em vários idiomas que diziam: "Banheiros e salas de desinfecção" e "Limpeza traz liberdade". Nas paredes ao redor das salas de despir havia ganchos numerados para pendurar roupas.

Na câmara de gás propriamente dita, chuveiros falsos. Algumas vítimas recebiam toalhas e sabonetes, dando seguimento à artimanha. Pelotas de gás eram inseridas na câmara a partir do telhado, não dos próprios chuveiros. Enquanto as vítimas esperavam pela água do chuveiro, que nunca vinha, o veneno se espalhava na forma de gás letal quando entrava em contato com o ar. Do outro lado das grossas paredes de concreto da câmara de gás, as roupas dos prisioneiros eram recolhidas por esquadrões de trabalho especializados, os chamados *Sonderkommando*.*

> "Recebemos roupas de prisioneiros do campo, e nossos sapatos bons foram substituídos por tamancos de madeira."
> ***Hunya Volkmann***[29]

Hunya Volkmann, de pé sob um chuveiro seco, na verdade fazia parte de uma sortuda minoria selecionada para viver e trabalhar em Auschwitz-Birkenau. Ela estava em um banheiro genuíno, não em uma câmara de gás. A razão pela qual não saiu água foi porque naquele dia os chuveiros da *Sauna* estavam quebrados. Ela se enxugou com um trapo úmido e, ainda usando apenas as botas, foi receber roupas de prisioneira.

---

* "Unidades de comando especial", grupos de prisioneiros judeus forçados a desempenhar variada gama de tarefas nos campos de concentração nazistas; eram incumbidos da triagem dos recém-chegados aos procedimentos pós-câmara de gás, como revirar corpos mortos, raspar o cabelo e coletar objetos de valor dos cadáveres (dentes de ouro, por exemplo), além da queima dos restos mortais e do descarte de suas cinzas. (N. T.)

Ironicamente, apesar de todos os esforços para matar os piolhos nos blocos de fumigação, as roupas distribuídas aos prisioneiros estavam cheias deles.

Não havia uniformes femininos do campo de concentração à espera das detentas levadas pelos primeiros transportes judeus na primavera de 1942. Em vez disso, Irene, Bracha, Marta e suas companheiras receberam equipamentos militares. A algumas coube usar uniformes de inverno de lã verde-escura; a outras, peças de verão de algodão cáqui. Irene notou o desenho de um martelo e uma foice nos botões de sua jaqueta e percebeu que os uniformes eram russos. Preservavam evidências de seus proprietários anteriores – buracos de bala, sangue seco, manchas fecais. O kit podia até ter sido fumigado, mas não foi lavado.

Já em 1940, por causa da escassez de tecidos, as cotas de roupas para os prisioneiros não foram cumpridas. Como consequência, relativamente poucas prisioneiras receberam os icônicos uniformes de listras cinza e azul associados aos campos de concentração nazistas. Para as que receberam, havia pouco conforto nas peças de lona grosseira que deixavam as pernas nuas e não tinham bolsos – diferentes da versão masculina, listrada com calças. Os uniformes eram confeccionados pelas próprias prisioneiras em oficinas de costura do campo.

Quando as costureiras Alida Delasalle e Marilou Colombain chegaram com o primeiro grupo de prisioneiros políticos franceses, em janeiro de 1943, receberam um conjunto completo de campo: vestido listrado, colete sem mangas, calcinhas cinza até a altura dos joelhos e ásperas meias cinza. Pegaram o que receberam: mulheres grandes se espremiam nos vestidos-saco apertados demais; mulheres pequenas se afundavam no folgado saco de aniagem listrado. Por serem não judias, Alida e Marilou tiveram a "sorte" de dispor de um guarda-roupa completo: judias geralmente não tinham permissão para usar roupas íntimas.

Foi incessante o fluxo de novos presos nos meses e nos anos que se seguiram aos primeiros transportes judeus. A demanda superava a oferta. Quando Hunya Volkmann chegou a Auschwitz, em julho de 1943, as roupas dos recém-chegados estavam sendo recicladas para distribuição. O comandante Rudolf Höss lamentou o fato de que "nem mesmo usar roupas e calçados do extermínio dos judeus foi capaz de amenizar a escassez de vestes".[30]

A distribuição de roupas era uma experiência caótica, até mesmo dolorosa. Sob um coro de gritos, insultos, apitos e estalos de chicote, mulheres corriam ao lado de mesas de cavalete e agarravam uma peça de vestuário e um par de sapatos que os guardas arremessavam em sua direção. Às vezes os guardas empoleiravam-se feito cabras em montanhas de roupas e as jogavam ao acaso. Mulheres acostumadas a se vestir com esmero e até mesmo elegância agora precisavam se contentar apenas com uma blusa de seda, ou um vestido de noite de *chiffon*, ou uma jaqueta infantil, um terno pesado de lã em um calor escaldante ou um vestido de verão nas nevascas de inverno.

Era mais uma dose de humilhação. Sapatos e botas também eram arremessados a esmo, muitas vezes em pares descombinados. Havia chinelos de cetim, brogues pesados, sandálias, saltos altos. Ajustar nos pés era improvável: os calçados eram muito grandes ou muito pequenos, largos demais ou estreitos demais. Diante de tão grotesco desprezo por tamanho, estilo ou praticidade, as mulheres pareciam artistas burlescas em um espetáculo de teatro surrealista.

Fosse vestindo uniformes russos, paletós listrados ou roupas civis esfarrapadas, todas tinham uma faixa vermelha ou branca pintada nas costas de suas roupas para marcá-las como prisioneiras.

As mulheres verdadeiramente azaradas usavam apenas pesados tamancos de madeira. Foi o destino de Bracha e Irene e das outras mulheres dos primeiros transportes. Elas andavam aos tropeções na neve, os pés descalços já esfolados, em carne viva, e congelados.

Depois de receber o vestuário do campo, em julho de 1943, Hunya tentou manter suas próprias botas decentes, mas uma das prisioneiras veteranas as avistou e exigiu:

— Dê-me seus sapatos, quero seus sapatos!

Hunya se manteve firme:

— Não, preciso deles para trabalhar.

— Trabalhar? — comentou, zombeteira. — Você tem cinco dias de vida, aí vai pra baixo da terra!

Dominada pela raiva, Hunya praguejou em alemão e iídiche, sem se preocupar em baixar a voz:

— Que *você* não viva mais que cinco dias e depois vá pra baixo de sete palmos!

As outras prisioneiras ao redor fitaram Hunya, espantadas. Era impensável que alguém fosse tão insolente. Infelizmente, nem mesmo a admirável confiança de Hunya foi capaz de manter as botas em seus pés, e ela foi obrigada a trocá-las por tamancos de madeira. No entanto, Hunya não se intimidou. Perguntou a uma jovem guarda quando haveria chance de os recém-chegados fazerem suas necessidades. Em Auschwitz, até mesmo uma pergunta tão simples era digna de um castigo brutal, mas, surpreendentemente, a guarda não a repreendeu. Tentando acalmar o conflito, ela se virou para um oficial de alto escalão e comentou:

— Ela ainda não aprendeu a respeitar quem está no comando.

Mais uma vez, Hunya deixou a raiva transparecer.

— E como você pode querer me ensinar alguma coisa sobre respeito? Você é muito mais jovem que eu. É você que deveria aprender a respeitar os mais velhos![31]

Milagrosamente, a jovem guarda recuou – tais palavras devem ter tocado em um ponto fraco – e mostrou o caminho para as latrinas, que eram repugnantes. Hunya quase se arrependeu de seu pedido. Depois, já fora do alcance da voz dos guardas, as outras prisioneiras riram de toda a cena ridícula. Foram gargalhadas nascidas do alívio e admiração pela ousadia de Hunya.

> "Um tesouro sem precedentes, mais valorizado que ouro: uma agulha! Essa agulha se tornou nossa salvação."
> ***Zdenka Fantlová***[32]

Em circunstâncias normais, a mulher que pegou as boas botas de trabalho de Hunya talvez nunca tivesse cedido ao furto e à intimidação. No esforço dos prisioneiros para permanecerem vivos em

Auschwitz, muitas vezes as boas maneiras e o comportamento moral eram pervertidos. Bons calçados eram necessários à sobrevivência, como Hunya já havia suspeitado. Prisioneiros descalços corriam o risco de espancamento ou até de sentença de morte. Algumas mulheres passaram a dormir usando os sapatos como travesseiro, para evitar que fossem levados durante a noite.

Furtar de outros presos era visto com desprezo, mas roubar da SS não era considerado crime pelos prisioneiros. Havia uma palavra especial para isso na gíria do campo: "organização". "Organizar" não era necessariamente uma ação egoísta. Podia beneficiar as prisioneiras que chegavam em ondas cada vez maiores. Muitas detentas queriam instintivamente cooperar. A "organização" contribuía para estreitar amizades e estabelecer vínculos em um ambiente hostil, que buscava reduzir as pessoas aos instintos mais básicos.

Pequenos atos de bondade e generosidade tinham grande significado nos campos de concentração. Os exemplos se sobressaem ainda mais por ocorrerem em um cenário tão terrível de privação. Havia uma adolescente que trocava lenços, cachecóis e luvas recolhidos em uma lata de lixo por comida extra. Depois compartilhava essa comida com outras pessoas, enquanto os destinatários dos bens trocados ficavam encantados com seus novos tesouros.[33] Havia a prisioneira médica que ganhara de presente dois trapos – uma mercadoria preciosa – que ela usava como lenço e limpador de dentes;[34] e as mulheres que trabalhavam em um esquadrão de demolição no inverno e compartilhavam uma única luva de lã passada de mão em mão.[35]

E havia uma prisioneira tcheca que recolheu um par de meias grossas e quentes jogadas no chão de propósito por uma camponesa polonesa local depois de ver prisioneiras trabalhando do lado de fora do campo, na neve, em um frio congelante de vinte graus Celsius abaixo de zero. As amigas da moça decidiram que todas elas poderiam usar as meias em dias alternados. "Eu seria capaz de abraçá-la e de beijar a mão dela", recordou. "Foi um presente maravilhoso e inesperado. Mal conseguimos superar a surpresa."[36]

As mulheres acostumadas a economizar usavam sua engenhosidade para melhorar a condição precária de suas roupas. Em pouco tempo, o tecido áspero das vestimentas do campo absorvia a história dos recém-chegados. A roupa ficava puída e rasgava durante as pesadas obras de construção; encharcava e apodrecia por causa do trabalho de abrir clareiras no pântano; o contato com a lama seca rachava o tecido; o suor e a disenteria sujavam o pano, constantemente manchado do pus de feridas abertas ou escurecido de sangue. De alguma forma, contrariando todas as expectativas, as presas tinham que tentar manter um senso de respeito próprio.

Quando, por milagre, uma mulher arranjava uma agulha, tinha a generosidade de compartilhá-la entre as amigas. Era expressamente proibido que as presas possuíssem esse tipo de coisa; ainda assim, costurar era uma habilidade que poderia fazer significativa diferença na autoestima de uma prisioneira, por meio do simples ato de alterar as roupas para servirem melhor. Era possível colocar cós na cintura de uma saia frouxa; baixar a bainha de uma saia curta para obter mais alguns centímetros de cobertura da perna; diminuir as medidas de um vestido grandes demais.

Como o furto era prática comum, sempre que possível as mulheres "organizavam" uma meia velha ou um boné para criar bolsinhas de pano conhecidas como "rosinhas" ou "trouxas de mendigo". Esses bolsos portáteis proibidos eram amarrados na cintura sob as roupas, grandes o suficiente apenas para guardar um pedaço de pão ou, para as prisioneiras verdadeiramente "ricas", um pente desdentado.

"Organizar" roupas íntimas era prioridade para muitas mulheres que tinham força suficiente para pensar nessas coisas ao longo dos meses. Era terrivelmente desconfortável realizar trabalhos pesados sem sutiã, sobretudo com roupas de tecidos ásperos. As prisioneiras confeccionavam sutiãs aproveitando sobras de camisas, pedaços de trapos e fios de cobertores. Quando não conseguiam uma agulha de aço para costurar, usavam um pedaço de palha rígido.[37]

Não era apenas questão de obter pequenos ganhos em termos de conforto e praticidade. Uma prisioneira limpa e bem-arrumada tinha claras vantagens sobre uma detenta imunda e maltrapilha: mostrava iniciativa de organização, força de vontade para se lavar apesar das condições terríveis e certa dignidade recuperada. Até mesmo os guardas da SS reagiam de forma mais positiva às prisioneiras que demonstravam sinais de confiança em si.

> "As roupas são uma marca da humanidade."
> *Tzvetan Todorov*[38]

Um dos memoráveis ditados de Hunya era *Kleider machen Leute, Hadern machen Läuse*, ou "As roupas fazem a pessoa, os trapos fazem os piolhos". Uma versão menos pitoresca poderia ser: "A roupa faz o homem". Hunya sabia, por amarga experiência própria, de que forma as roupas e a dignidade estão ligadas e como mostram *status* – ou a falta dele. A expressão "os trapos fazem os piolhos" significa que os piolhos prosperam em condições de imundície e que as pessoas que se vestem em farrapos são tratadas como os próprios piolhos.

Os campos de concentração eram um microcosmo distorcido de moda e classe. As *kapos* privilegiadas poderiam adquirir calçados decentes, os melhores uniformes e acessórios de luxo como aventais, meias, cachecóis e roupas íntimas; suas subordinadas geralmente usavam as piores roupas. No nível mais baixo da hierarquia estava a nudez, que significava vulnerabilidade, humilhação, violação e, mais cedo ou mais tarde, morte.

No topo da hierarquia – equivalente à alta-costura nos campos de concentração –, estavam os guardas. Para eles, os uniformes da SS, confeccionados com trabalho escravo, provavam sua superioridade. Algumas das guardas mulheres que chegavam a Auschwitz já estavam acostumadas a usar uniformes desde seu período na *Bund deutscher Mädel* [Liga das Moças Alemãs – BdM], ramo feminino do movimento juvenil alemão.

O uniforme da SS era um incentivo impressionante para novos recrutas, ainda que guardas do sexo feminino fossem apenas auxiliares no mundo nazista centrado nos homens e não ostentassem divisas nem insígnias impressionantes como as deles. Mesmo assim, andar a passos largos envergando um traje militar era fortalecedor. Homens ou mulheres, guardas da SS podiam deixar de lado sua consciência junto com suas roupas de civis. De uniforme, simplesmente "seguiam ordens".

Famélicos e macilentos, os prisioneiros inevitavelmente admiravam os SS saudáveis e um tanto sobre-humanos em sua magnificência aterrorizante. Isso, por sua vez, tornava mais fácil para os guardas se incharem de superioridade e tratarem os "sub-humanos" como aparentemente mereciam. Os guardas consideravam muito mais fácil maltratar os prisioneiros se não parecessem totalmente humanos; se fizessem jus aos insultos que disparavam contra eles: *vermes*, *escória* ou *porcos*. Era importante que os guardas não se identificassem com os prisioneiros. Quanto maior o abismo entre essas classes, mais fácil era justificar a brutalidade e até mesmo o assassinato em massa, como se os guardas estivessem destruindo parasitas, afinal.

O fato de guardas e prisioneiros parecerem todos iguais quando nus era irrelevante: as *roupas* faziam a diferença. Essa diferença tinha o poder de uma performance teatral. Os carrascos desfilavam a passos largos em imponentes uniformes pretos e verdes; sua "plateia" se compunha de silhuetas magras e cinzentas. Enquanto prisioneiras tiritavam de frio durante as longas horas da chamada, as mulheres da SS usavam sobretudos grossos e capotes pretos impermeáveis. Enquanto prisioneiros suportavam as agonias das ulcerações provocadas pelo frio, os guardas da SS ostentavam botas de couro, meias e luvas de lã. Quando prisioneiros se desesperavam em meio a lama, fezes, sangue e piolhos, guardas da SS estavam sempre imaculadamente limpos, com roupas frescas e botas lustrosas.

Aparência era tudo.

Os guardas da SS toleravam certa quantidade de exibicionismo dos prisioneiros funcionários, como aventais bordados feitos à mão em voga entre as *kapos* privilegiadas, mas se sentiam incomodados pelo excesso de distorção na ordem "natural" das coisas. Uma forma de punir os prisioneiros era confiscar roupas. Quando os trabalhadores de uma fábrica de munições no complexo de Auschwitz começaram a costurar lindas golas azuis e cor-de-rosa para seus uniformes, uma mulher da SS as arrancou violentamente. Os trabalhadores fizeram as substituições e as chamaram de *golas Petöfi*, em homenagem a um poeta revolucionário húngaro.[39]

Nos primórdios da existência de Auschwitz, assim que chegaram os primeiros judeus, a aparência de Bracha Berkovič deixou perplexo um guarda, que lhe perguntou:

— Você não parece ser judia. Por que simplesmente não diz que é ariana?

Isso poderia significar um tratamento melhor, já que os judeus estavam no ponto mais baixo da hierarquia do campo. Bracha recusou. Enfrentaria o que desse e viesse ao lado de Katka, sua irmã, e na companhia de amigas como Irene e Renée.

A primeira tarefa de costura de Bracha em Auschwitz não foi consertar nem alterar o horrível uniforme russo que ela recebeu. Como todos os outros recém-chegados, ela recebeu dois pedaços de tecido com quatro números estampados neles. Um pedaço deveria ser colado na parte da frente à esquerda da camisa do uniforme, o outro deveria ser mantido pronto e à mão para servir de identificação ou para receber rações de comida.

Tendo arrancado a identidade visível dos prisioneiros judeus, os nazistas agora a substituíram por números.

Irene já havia notado que os presos transferidos de Ravensbrück tinham triângulos invertidos, chamados de *Winkel*, exibidos sob seus números. Aprenderia que triângulo vermelho significava prisioneiro político; triângulo verde representava criminoso; e triângulo preto identificava "desalinhado" ou "antissocial" – principalmente as profissionais do sexo. As letras no triângulo denotavam a nacionalidade – por exemplo, P para "polonês". Agora Irene tinha um número próprio, 2.786, seguida por sua irmã mais nova, Edith, 2.787. Também nesse lote estavam as costureiras Marta Fuchs, 2.043, e Olga Kovácz, 2.682.

Bracha e Katka, no quarto transporte desde a Eslováquia, receberam os números de identificação 4.245 e 4.246. A prima de Marta, Herta Fuchs, que veio no quinto transporte, recebeu o número 4.787. As francesas Alida Delasalle e Marilou Colombain passaram a ser 31.659 e 31.853, respectivamente, o que mostra como a população do campo havia crescido em janeiro de 1943. Quando Hunya Volkmann chegou, em julho daquele ano, o complexo de Auschwitz estava abarrotado. Hunya tornou-se a prisioneira número 46.351. Por fim, em maio de 1944, o número de prisioneiros começou a ser registrado novamente a partir do 1, prefixado por "A" ou "B", de modo a ocultar a dimensão de carga humana. Os deportados que eram selecionados para morrer logo na chegada não recebiam número de identificação, apenas instruções para formar colunas ordenadas em direção às áreas de despir.

Para as mulheres dos primeiros transportes de judeus, a numeração física na pele veio três meses depois de sua entrada no campo, em junho de 1942, quando os guardas descobriram que não eram capazes de rastrear a identidade dos prisioneiros por haver mortes demais. Tatuagens na pele eram fáceis de registrar, mesmo em cadáveres.

As mulheres que sobreviveram até junho fizeram fila na frente de dois rapazes eslovacos, que as tatuaram no braço esquerdo. O número 2.282 – anteriormente conhecido como Helen Stern – pediu a seu tatuador, um jovem chamado Lale Sokolov,* que não tivesse pressa, porque queria ter tempo para perguntar se ele sabia alguma coisa sobre parentes no campo masculino. Como resultado, os algarismos no braço dela pareciam maiores que os da maioria.[40] Bracha também tinha numerais bem grandes estampados na pele; neste caso, porque o tatuador quis fazer perguntas sobre parentes dele no alojamento feminino.

Os números eram todos registrados em um complexo sistema de arquivamento de cartões gerenciado por funcionários da SS e prisioneiros. A prisioneira comunista Anna Binder, do primeiro transporte de Ravensbrück, foi designada para a turma do escritório. Uma a uma, ela preenchia as folhas de dados de cada prisioneiro, listando nome, data de nascimento, ocupação, e assim por diante. Entre os

---

* Nascido em 1916, o judeu eslovaco Ludwig "Lale" Eisenberg chegou a Auschwitz em abril de 1942 e acabou alçado ao cargo de principal tatuador do campo de extermínio. Lá conheceu a judia Gita Fuhrmannova, em quem tatuou o número 34.902 e com quem, anos depois, se casaria. Foram viver na Tchecoslováquia e adotaram o nome Sokolov. Anos depois, iniciaram vida nova na Austrália, onde ele investiu na indústria têxtil e ela começou a desenhar vestidos. Gita morreu em 2003. Lale Sokolov morreu em 2006. A história de amor do casal foi contada no livro *O tatuador de Auschwitz* (São Paulo: Planeta, 2018) (N. T.)

incontáveis recém-chegados, registrou Marta Fuchs. Foi o primeiro contato entre as duas e, de maneira significativa, não foi o último.

Nos dias nevados do fim do inverno de 1942, milhares de mulheres jovens e saudáveis se transformaram em irreconhecíveis criaturas trêmulas, quase assexuadas e de idade indistinguível. Lá estavam elas, dispostas em fileiras de cinco, despidas, violadas, raspadas, numeradas, desengonçadas sob puídas roupas militares.

Não eram mais estudantes, donas de casa, costureiras, secretárias, namoradas, operárias, filhas, estilistas de chapéus, cantoras, ginastas, professoras, enfermeiras... eram simplesmente *zugangi* – recém-chegadas no processo de entrada no campo de concentração –, desprezadas, numeradas e sem nome.

— Foi assim — disse Irene Reichenberg, que permaneceu com a irmã Edith e seus amigos de Bratislava —, foi assim que começamos a trabalhar.[41]

Somente se sobrevivessem ao primeiro ano o trabalho se tornaria sua salvação, não seu pesadelo.

CAPÍTULO SEIS
Você quer continuar viva

> "Todos conheciam e reconheciam a emoção conflitante que se sente quando a mão do seu vizinho é a única coisa no mundo em que você pode se apoiar e, ao mesmo tempo, você quer continuar viva, mesmo que sua amiga seja escolhida para morrer."
> ***Hunya Volkmann***[1]

Bracha era otimista.

Mesmo depois de meses de trauma, ela insistia em dizer às outras – Irene, Katka, Renée – para seguirem firme, suportarem.

— Vocês vão ver. Depois da guerra, nós nos reuniremos para tomar café e comer doces — dizia ela.

Irene ria de uma ideia tão maluca.

— A única maneira de sair desse lugar é pela chaminé — respondia ela, com amargura.

Todas viam a fumaça subir do crematório logo além dos alojamentos do campo principal. Às vezes a fumaça soprava por sobre o quadrilátero em que era feita a chamada das prisioneiras, em frente à cozinha do campo, onde elas permaneciam enfileiradas por horas a fio, debaixo de sol, chuva ou neve, para serem contadas até que os números correspondessem exatamente aos registros; às vezes a fumaça dos fornos despejava finas cinzas no jardim da casa de Hedwig Höss, a esposa do comandante, pousando sobre as folhas, o gramado e os botões de rosa.

Quanto ao café e aos doces... eram sonhos de um mundo desaparecido. Em Bratislava, o Carlton, café-bar em estilo *art nouveau*, era um dos pontos de encontro mais requintados, com clientela elegante e suntuosa mobília vinho e dourada. Não poderia estar mais longe da realidade atual. Para os prisioneiros de Auschwitz, o "café da manhã" era uma água escura, preparada com chicória moída, bolotas ou fontes menos identificáveis. O almoço era uma água de nabo conhecida como "sopa", servida em um caldeirão fundo durante uma pausa de meia hora no trabalho. Quem não tivesse tigela não recebia ração, simples assim.

Nos primeiros dias no campo, Irene se recusou a comer.

— Isto fede! — disse, enojada.

Mesmo sendo de uma família pobre, em que o ovo cozido que ganhou de presente de aniversário representara uma verdadeira iguaria, Hunya estava acostumada com boa comida preparada com amor, não com restos que mal serviam para suínos. A ração de pão do dia inteiro era distribuída ao anoitecer, depois de horas aparentemente intermináveis na chamada, e meros duzentos gramas. Era um pão grosso e pesado, difícil de digerir. Geleia ou manteiga de baixa qualidade completava o cardápio, com ocasionais porções de linguiça.

Disseram a Irene que a salsicha era feita de carne de cavalo, definitivamente nem um pouco *kosher*. Estressada e enojada, ela perdeu de vez o apetite. Com o tempo, a fome venceu. Na verdade, a fome enlouquecia a todos. Renée, filha do rabino, ficava horrorizada ao ver mulheres surrupiarem porções extras de pão no lusco-fusco da hora do jantar no alojamento. As mais fortes atacavam as mais fracas, que ficavam sem nada para comer. Renée não aprovava essa selvageria e dela não participava, mas certamente entendia os impulsos primitivos por trás disso.

Com o passar das semanas, as mulheres perderam seu vigor, suas curvas, sua saúde. A diarreia crônica, conhecida como *Durchfall*, era um efeito colateral debilitante e humilhante.

Enquanto isso, Johan Paul Kremer, médico da SS recém-chegado a Auschwitz, escreveu um diário elogiando sua primeira refeição no Clube da Waffen-SS, próximo à estação ferroviária. Incluía fígado de pato com tomates recheados e salada. O dr. Kremer observou: "A água está contaminada, por isso bebemos a gaseificada, que é servida de graça". Dois dias depois, prescreveu a si mesmo mingau, chá de menta e comprimidos de carvão contra um ataque de diarreia. Os presos não dispunham desses medicamentos.[2]

Hedwig Höss alimentava sua família com verduras cultivadas na horta e bons cortes de carne. Também pressionava os criados a contrabandear comida dos estoques de suprimentos do campo de concentração para a própria despensa.

Um dia, Bracha passou por uma moça esquelética que caminhava pela rua principal do campo. Reconheceu sua amiga Hanna, ex-colega de classe de Bratislava. A família de Hanna era rica e bastante refinada. Antes da guerra, a mãe de Hanna muitas vezes expressara o desejo de que a filha gorducha se ajustasse à silhueta esguia tão idolatrada na moda da época, lamentando: "Se perdesse dez quilos ou mais, ela seria bonita".[3] Agora a mãe teria ficado horrorizada ao vê-la tão esquálida, com o contorno dos ossos visível.

Renée testemunhou brigas selvagens por comida e sentiu a angústia da semi-inanição, comentando:

— Não posso mais julgar uma pessoa que comete crime por causa da fome.[4]

Por evocar um momento em que o grupo de amigas seria livre para se sentar em uma cafeteria e se deliciar com café e doces, com comida para ser saboreada, não disputada, Bracha era ingênua ou resiliente – ou ambas as coisas?

As lembranças que ela tinha da mãe cozinhando frango *kosher* ou polvilhando passas na massa de *strudel* eram apenas isto: lembranças. Ela não podia mais se deliciar com esses sabores, assim como não podia abraçar a mulher que os criava. Nos primeiros e difíceis meses de vida no campo de concentração, não havia absolutamente nenhuma razão para nutrir esperança. O processo de entrada em Auschwitz despojava as mulheres judias de roupas, dignidade, identidade e ilusões.

No entanto, Bracha ainda se perguntava: "Quando iremos embora para casa?". Ela seguia direcionando sua vontade de sobreviver contra as implacáveis políticas nazistas de lucro e extermínio. Além do mais, estava determinada a cuidar de sua irmã Katka e de sua melhor amiga Irene. Irene, por sua vez, se agarrou a sua irmã Edith.

Grupos de apoio como esses eram essenciais para a sobrevivência e um elemento humanizador de experiência para muitas prisioneiras, apesar da minoria radical que cuidava sozinha do próprio destino. Amigos e parentes dividiam beliches e cobertores. Aos solavancos, corriam juntos para o banheiro no toque da alvorada das três da manhã. Ficavam ombro a ombro durante as longas horas da chamada, amparando quem desmaiasse, sussurrando palavras de encorajamento para quem fosse espancado. Marchavam lado a lado ao amanhecer, atravessando o portal *Arbeit macht frei*. Procuravam-se ao fim de um dia exaustivo de trabalho para compartilhar migalhas de pão e raspas de margarina.

Em 17 de julho de 1942, elas esperaram juntas, perfiladas ao longo da estrada do campo, prontas para serem inspecionadas por Heinrich Himmler, convidado ilustre em visita ao campo. Himmler foi passar em revista seus bens. Himmler e Höss foram conduzidos pelo portão do campo em uma Mercedes preta conversível. Várias câmeras foram instaladas para gravá-los enquanto avaliavam as instalações do campo e conversavam; ao fundo, a orquestra do campo tocava a "Marcha triunfal" da ópera *Aida*, de Verdi. As prisioneiras foram instruídas a se arrumar, com roupas limpas e tamancos. Havia fotógrafos posicionados com o intuito de registrar para a posteridade imagens lisonjeiras da SS. Medalhas, divisas e insígnias se destacam nos uniformes pretos dos oficiais.

Os oficiais e os guardas da SS eram artistas desempenhando um papel com prisioneiros e arame farpado como pano de fundo.

Teriam ao menos notado as prisioneiras em posição de sentido, vestindo um uniforme russo cinzento e desbotado? Mesmo se tivessem reparado, não as teriam registrado como indivíduos, como seres humanos. Eram trabalhadoras, pura e simplesmente.

Uma prisioneira foi escolhida e empurrada para a frente das fileiras de mulheres – uma costureira amiga de Bracha chamada

Margaret Birnbaum, apelidada Manci. Manci ainda tinha carne ao redor de seus ossos, apesar das rações da fome, por isso foi obrigada a se despir diante de Himmler como exemplo de trabalhadora saudável e apta. Afinal, a primeira função de Auschwitz era ser um complexo industrial. A enorme *Interresengebiet* [zona de interesse], com vários campos-satélite, foi originalmente planejada para gerar grandes lucros para a SS, sustentando as ambições impregnadas de poder de Heinrich Himmler.[5] O trabalho escravo judeu de prisioneiras como Irene, Bracha, Katka e Manci era essencial nas indústrias de Auschwitz, produzindo e gerando lucro.

De que modo Himmler conciliava as necessidades econômicas aos abrangentes planos nazistas para uma Europa sem judeus? Ele resolveu o conflito promovendo ativamente o transporte cada vez mais intenso de judeus para Auschwitz e explorando o trabalho dos judeus ao máximo, em condições desumanas, até que morressem ou ficassem incapacitados de trabalhar e fossem assassinados. Himmler ordenou ao comandante do campo, Rudolf Höss, que exterminasse os judeus incapazes de trabalhar, de modo a abrir espaço para outros.[6] Não há registro sobre o que ele pensou ao ver a costureira Manci Birnbaum completamente exposta e vulnerável. Após sua privilegiada sessão de inspeção reservada a indivíduos de grande prestígio, Himmler saiu para jantar com Rudolf, Hedwig e outros figurões nazistas.

No mesmo mês da inspeção, Höss encontrou Dieter Wisliceny, emissário de Eichmann na Eslováquia. Discutiram a questão dos judeus eslovacos, descritos por Höss como seus trabalhadores mais experientes, selecionados a dedo.[7] O próprio Höss afirmou que seguia políticas adequadas, garantindo a distribuição dos prisioneiros de acordo com sua formação profissional e capacidade de trabalho. Ele destacava aqueles com "um histórico profissional importante e raro", como lapidadores de diamantes, técnicos em fabricação e polimento de lentes, fabricantes de ferramentas e relojoeiros, rotulando-os como "equivalentes a um tesouro histórico, protegido em todos os momentos".[8] Entre outras profissões valorizadas, estavam construtores, pedreiros, eletricistas, carpinteiros e serralheiros.

Todas profissões tradicionalmente masculinas. Que lugar ocupavam as mulheres que chegavam nos transportes? O gênero pesava contra elas. Qual seria a utilidade de mães e estilistas de chapéu em um mundo de pedra britada, tijolo e cimento? Mãos que estavam acostumadas a manejar agulhas, lidar com máquinas de escrever, ordenhar vacas, sovar massa e fazer curativos agora se viam prontas para a labuta manual pesada que geralmente era tida como trabalho masculino.

"Recebi uma picareta. Não sabia usá-la e mal conseguia levantá-la; uma coronhada de fuzil me ensinou."
Dra. Claudette Bloch[9]

Para que o otimismo de Bracha valesse a pena, as mulheres teriam que sobreviver aos desafios físicos e mentais do trabalho nas condições mais brutais e cumprir as grandiosas fantasias industriais e agrícolas da SS. As bases do Reich de Mil Anos, prometidas por Hitler em sua retórica imponente, estavam alicerçadas no trabalho de escravas. Algumas delas podem ser vistas em segundo plano nas fotografias tiradas para celebrar a inspeção de Himmler. Nas imagens em preto e branco, são formas anônimas em roupas disformes. No íntimo, são mulheres. Para os observadores, são um meio para um fim.

Às 7h da manhã, terminada a primeira chamada do dia, as mulheres esperavam até saber a quais equipes de trabalho – conhecidas como *kommandos* – seriam designadas.

Em vez de costurar, as costureiras dragavam lagos estagnados, cavavam valas, fortificavam margens de rios e drenavam pântanos. Em seus dias com a Liga Artamana, Himmler e Höss haviam discutido as ambições alemãs de "sangue puro" para criar raízes profundas no Leste Europeu por meio da colonização e do desenvolvimento agrícola. Agora seu sonho rural se realizaria, mas o trabalho extenuante seria executado por judeus "sub-humanos", não pelos robustos arianos da ideologia artamana.

Descalças e seminuas, as mulheres caminhavam com dificuldade em meio à lama contaminada para arrancar pela raiz a vegetação que entupia as valas. Metade desse *kommando* incumbido de extirpar mato e ervas daninhas morreria em decorrência da malária. De tão exaustas, muitas mulheres acabavam afundando no lamaçal e não era possível resgatá-las a tempo. O SS-*Unterscharführer* [equivalente a terceiro-sargento] Martin, líder do *kommando* do pântano, gabava-se do número de mulheres que morriam fazendo o trabalho. "Só de calcinha", sorria ele, saboreando a lembrança.[10]

Os guardas não eram apenas observadores passivos. Uma costureira judia da Transilvânia viu uma funcionária da SS demonstrar como afogar uma prisioneira em uma pequena poça.

As *kapos* também distribuíam sua cota de violência. A irmã mais nova de Bracha, Katka, que na melhor das hipóteses estava longe de ser robusta, machucou a perna no trabalho, e em pouco tempo o ferimento infeccionou. Como seu ritmo inevitavelmente diminuiu, ela recebeu brutais pancadas nas costas.

Bracha testemunhou a cena e sentiu na pele o sofrimento. Isso não abalou sua convicção: *Não pode acontecer comigo*.

Não menos perigosos que o *kommando* do pântano eram os esquadrões de demolição. Com as próprias mãos, as mulheres derrubavam casas que haviam sido abandonadas às pressas pelos legítimos proprietários poloneses ao receberem ordem de deixar a zona de interesse de Auschwitz. Uma mulher da SS, Runge, estava encarregada do *kommando* de demolição. Ela treinou o cachorro para atacar sob seu comando. Normalmente a ameaça era suficiente para estimular as trabalhadoras. Do contrário, ela soltava o cão, proporcionando cenas agonizantes e até fatais.

As casas polonesas eram postas abaixo com picaretas. Irene ficou pasma com o esforço que se fazia necessário para derrubar uma residência. Depois de lascar toda a argamassa, os tijolos eram carregados em uma carroça puxada por cavalos, mas não havia cavalos. Irene e dezenove outras mulheres foram atreladas ao carrinho e o arrastaram até um canteiro de obras. Tijolos e outros materiais recuperados seriam usados para erguer outros prédios prisionais. Irene também trabalhou na construção de estradas para ligar diferentes pontos na zona de interesse – tudo sob um escaldante sol de verão. Outras presas chapinhavam nos vastos areais, cavando e jogando areia em caminhões, que em seguida eram empurrados com as mãos para fora da pedreira.

A luta pela sobrevivência era tão desgastante que poucas mulheres pensavam em rebeldia ou resistência. Isso não significa que não havia atos de sabotagem ocasionais e gratificantes, como o da jovem polonesa que um guarda da SS encharcou com o conteúdo de baldes de fezes; ela deliberadamente cavava trincheiras que desmoronavam de imediato.[11]

Todos os dias, um número menor de mulheres marchava de volta ao campo de concentração. As mortes eram registradas por funcionários administrativos como *Auf der flucht erschossen* [prisioneiro baleado enquanto tentava fugir], o que era claramente ficção. De caso pensado, os guardas da SS instigavam os prisioneiros a se moverem na direção das cercas, muitas vezes jogando peças de roupa para eles buscarem e, em seguida, quando obedecidos, atiravam neles.[12] Renée Ungar disse que era óbvio que os nazistas não se importavam com seu trabalho efetivo – o importante era que, no fim das contas, os trabalhadores fossem destruídos.[13]

As estradas pelas quais as mulheres marchavam ligavam vários vilarejos que haviam sido derrubados para dar lugar a novos campos arados, fazendas de peixes, estufas, currais de animais e aviários. Agora Rudolf e Hedwig Höss haviam concretizado o paraíso rural sonhado nos primeiros dias de seu namoro e seu casamento.

As mulheres acabaram por conhecer muito bem a paisagem. A partir de 10 de agosto de 1942, foram transferidas dos blocos 1 a 10 no campo principal de Auschwitz para um novo complexo em Birkenau, setor B-1a, que havia entrado em operação apenas cinco dias antes. Após a partida delas, os blocos do campo principal foram desinfetados com Zyklon B. As que conseguiam caminhar foram a pé – numa jornada de cerca de quarenta minutos – rumo a um novo inferno.

Situados em uma paisagem desolada, os alojamentos de Birkenau eram sórdidos e de péssima qualidade – apenas uma espessa parede de tijolos e janelas lacradas – e tinham sido construídos por prisioneiros russos havia muito falecidos. Irene, no dormitório 9, encarou os beliches de três andares, feitos de tijolo e cimento. Cada uma dessas tarimbas, chamadas de *koje*, tinham que acomodar seis mulheres. Era possível que seis mulheres dormissem em um espaço de menos de dois metros de largura? Não adianta perguntar. Não havia alternativa. Quase um ano depois, Hunya Volkmann foi colocada no mesmo bloco. Nessa fase, um *koje* poderia ter que abrigar até quinze mulheres. Prédios pré-fabricados destinados a abrigar apenas cem pessoas agora abrigavam mil mulheres.

Birkenau significa "madeira de vidoeiro". A área era circundada por graciosos bosques dessas árvores de casca prateada. À sombra delas, dois prédios abandonados. Uma casa de fazenda vermelha de aparência tranquila foi rebatizada de *bunker* 1. E um chalé branco foi rebatizado de *bunker* 2. Naquele mês de julho, uma eslovaca que recolhia feno em campos próximos olhou para uma das casinhas. Viu uma sala espaçosa com canos ao longo das paredes e dos tetos, terminando no que pareciam ser bicos de chuveiro. Horas depois, descobriu que era uma câmara de gás. Nas proximidades, avistou valas sendo cavadas para os restos humanos.[14]

As primeiras vítimas desses edifícios convertidos foram os judeus considerados "incapazes para o trabalho". Isso incluía todas as jovens embarcadas em caminhões para serem transferidas do campo principal: elas viajaram para a morte. No verão de 1942, os judeus estavam sendo transportados diretamente para Auschwitz, para o extermínio, tendo sido informados de que começariam uma rotina agrícola na área.

As prisioneiras, incluindo as costureiras, foram incumbidas de expandir o subcampo de Birkenau. Himmler decretou que o lugar deveria conter 200 mil detentos. A diferença de *status* entre os prisioneiros e a SS foi de fato embutida na arquitetura do campo: empregou-se mais conhecimento técnico especializado para projetar e equipar câmaras de gás que um sistema de esgoto funcional ou instalações para banho. Katka, irmã de Bracha, frágil e ferida, trabalhava com as próprias mãos em novos crematórios construídos especificamente para a matança de judeus. Ao término de cada jornada, tinha que se lavar em uma poça ou disputar um lugar na torneira. Havia uma torneira para cada 12 mil prisioneiros, mas modernas bombas de água foram instaladas nos crematórios para garantir o abastecimento completo.[15]

Por fim, os prisioneiros construíram um novo ramal ferroviário, conectando a linha principal Viena-Cracóvia a uma rota direta para o complexo de Birkenau. Assentaram cascalho e pedra para fazer leito de estrada de ferro e instalaram trilhos e dormentes em dois trechos da via, de modo que um trem pudesse ser descarregado enquanto outro chegava.[16]

Em Auschwitz, todas as rotas pareciam levar à morte. Se a doença e a fome não matassem os prisioneiros, as brutais condições de trabalho se encarregariam disso. Era de se admirar que Irene acreditasse que a única saída era "pela chaminé"?

Enfileiradas, as mulheres esperavam suas atribuições de trabalho do dia; o coração de Katka ficava pesado, ela sempre parecia receber as piores tarefas. Bracha sabia que não seriam capazes de continuar naquele ritmo de trabalho indefinidamente. A questão era: como e quando poderiam ser designadas para fazer algo melhor? Seria possível usar suas habilidades profissionais de corte e costura? Havia rumores da existência de *kommandos* de trabalho menos árduos, até mesmo de um lugar onde, desde 22 de agosto de 1942, os trabalhadores do *kommando* estavam alojados em condições toleráveis. Era o prédio da administração da SS, chamado de Stabsgebäude. Lá viviam as prisioneiras que trabalhavam no cartório do campo de concentração, além das escolhidas para serem empregadas domésticas de famílias de membros da SS e um seleto grupo em um *kommando* chamado *Obere Nähstube* [ateliê de alta-costura superior].

Perto do belo arco de tijolos da entrada principal de Birkenau havia um prédio de madeira, o bloco 3. Era uma fábrica de costura; nada tão elitizado quanto o ateliê de alta-costura superior. A costureira comunista francesa Marilou Colombain foi escoltada até lá, em 1943, para um estágio de trabalho de um mês com o *kommando* de costura de Auschwitz II. Quem a conduziu através da extensão de Birkenau foi uma prisioneira belga esperta e enérgica chamada Mala Zimetbaum. Mala fazia papel de *Lauferin*, ou mensageira. Esse trabalho lhe dava certa confiança enquanto ela se deslocava pelo vasto complexo do campo cumprindo tarefas para a SS. Todas as costureiras conheciam a irrefreável Mala.[17]

Na fábrica de costura, Marilou costurava uniformes alemães. Era um barracão abafado, o ar denso com fibras têxteis e penugens. Cerca de trinta mulheres cumpriam dois turnos de trabalho, um de dia e o outro à noite. Elas consertavam kits militares alemães, cerziam as meias dos membros da SS, costuravam cruzes nas roupas dos prisioneiros para marcá-las e faziam as roupas íntimas do campo de concentração. Algumas das roupas íntimas eram recicladas. Uma menina judia recebeu calcinhas feitas de tecido lindamente trançado com listras de cor escura nas bordas. Apesar do bônus de conseguir roupas íntimas – raridade para os judeus –, ela sentiu repugnância. A peça era feita de um *talit*, manto ou xale judaico de oração. Era mais uma das maneiras que os nazistas tinham de degradar através das roupas.[18]

Uma das *kapos* da sala de costura era uma costureira eslovaca chamada Božka, que foi poupada da câmara de gás por causa de seus dotes. Ela se desdobrava para apoiar outras mulheres no *kommando* e as deixava fazer os próprios consertos e remendos secretos quando necessário.[19] Friedrich Münkel, guarda da SS, era o encarregado das oficinas de costura e alfaiataria em Birkenau. Nunca batia nas prisioneiras e, vez por outra, distribuía cigarros.[20] De acordo com uma das trabalhadoras do turno da noite, até mesmo as mulheres da SS que atuavam como guardas dos *kommandos* eram mais burras que cruéis.[21] O melhor aspecto de todos: o *kommando* de costura trabalhava portas adentro – sem sol escaldante nem neve congelante –, e as mulheres podiam se sentar ao longo do dia. Às vezes, as *kapos* permitiam que elas cantassem.

No entanto, o *kommando* de costura ainda era apenas uma pausa na jornada para a morte. Os turnos de doze horas eram exaustivos, principalmente porque, trabalhando na penumbra, as costureiras tinham de apertar os olhos para enxergar melhor. Mulheres famintas se curvavam sobre as máquinas de costura. As cantoras perdiam o fôlego ao serem atingidas pelo tifo. Quando as cotas diárias não eram cumpridas, supervisores mais brutais da SS explodiam em um frenesi violento, espancando as costureiras. Durante o turno da noite, o recinto era iluminado pelo fogo das chaminés do crematório. Ouvia-se o estrondo dos caminhões que passavam carregando cadáveres para os fornos. Filas de pessoas marchavam sob o arco de entrada, a caminho do gás.

> "Várias de nós, mulheres da SS, tínhamos chicotes curtos feitos nas oficinas do campo, com os quais bati diversas vezes em prisioneiras."
> **Irma Grese**[22]

— Todas nós vamos morrer envenenadas pelo gás — dizia uma das companheiras de Hunya, ecoando o pessimismo de Irene sobre sair pela chaminé.

Hunya, otimista, vivia falando sobre o que faria depois de Auschwitz. As pessimistas não tinham tempo para essas fantasias.

— Vamos fazer uma aposta, então — disse Hunya. — Quando finalmente estivermos na fila do gás, você pode me dar um tapa, mas, se sairmos daqui vivas, *eu vou lhe dar um tapa.*[23]

O atrevimento de Hunya muitas vezes a colocava em apuros, mesmo sem querer. Por exemplo quando ela levou uma bofetada no rosto por estar cansada demais para tirar as mãos dos bolsos na frente de um guarda. Felizmente, havia quem a admirasse por isso; portanto, ela tinha aliados. Esses aliados a designaram para um *kommando* interno. Não era exatamente corte e costura, mas pelo menos ela fazia uso de habilidades com tecidos: era da equipe de tecelagem, chamada *Weberei*.

Depois de ser saudada por uma mulher da SS chamada Weniger, que a cada troca de turno "dava as boas-vindas" às trabalhadoras na entrada do barracão batendo-lhes na cabeça com um cassetete de borracha, Hunya encontrou um espaço para se sentar em uma sala arrumada. Cerca de cem mulheres rasgavam trapos em tiras de cerca de três centímetros de largura. Tesouras eram artigo raro, por isso elas usavam os dentes para as peças duras. Alguns pedaços eram trançados em cordas com cerca de cinco centímetros de espessura e um metro de comprimento, supostamente para o lançamento de granadas de mão. Alguns trapos e recortes eram trançados para confeccionar esteiras de tanques e material de calafetagem para submarinos.

Hunya trançava chicotes, os dedos trabalhando ao som das distantes melodias da orquestra feminina de Birkenau, forçada a entoar uma serenata para saudar os recém-chegados. Esses chicotes, feitos de linho ou celofane, eram usados à vontade por guardas do campo. Em 1944, havia 3 mil trabalhadoras no *kommando* de tecelagem. Quando deixavam de ser funcionais, os indivíduos eram facilmente removidos para as câmaras de gás e substituídos por outros prisioneiros de Birkenau.[24]

O pagamento de suborno e as conexões com os prisioneiros que eram mandachuvas – encarregados de elaborar cotas de trabalho para os nazistas – eram uma forma de entrar em uma lista de trabalhos privilegiados. Nem mesmo Bracha, sempre empreendedora, tinha influência ou contatos suficientes para ser escolhida para a equipe de costura ou o *kommando* de tecelagem, muito menos para o ateliê de alta-costura superior.

Todas as manhãs, quando eram escolhidas, as mulheres se perguntavam como seria o trabalho. Um dia, Bracha foi selecionada para uma tarefa misteriosa no bloco 10.

O prédio estava limpo. Havia enfermeiras e médicos simpáticos de jaleco branco. As mulheres estavam deitadas em camas de verdade – uma pessoa por cama. Algumas ocupavam quartos individuais. Ali se realizavam alguns procedimentos médicos; no início, nada de inquietante. Depois, alguém com consciência puxou Bracha de lado e disse:

— Se você ficar aqui, vai se sentir aquecida e confortável, mas nunca terá filhos.

O bloco 10 era de infames experimentos médicos, em que as mulheres acabavam esterilizadas pelos métodos mais horríveis e nem um pouco científicos. Felizmente, Bracha nunca foi chamada de volta. Ela se perguntou se, apesar de seu otimismo, tudo girava em torno do acaso, se tudo dependia da sorte ou do azar. Que tipo de sorte ela tinha? Seria capaz de criar a própria sorte?

Cerca de nove meses depois de chegar a Auschwitz, sua sorte mudou para melhor. Ela foi escolhida para o *Kanada Kommando*.

— O que é Kanada? — perguntou.

> "Uma mixórdia de todas as cores podia ser vista na rampa. Havia elegantes mulheres francesas em casacos de pele e meias compridas de seda, velhos indefesos, crianças de cabelo cacheado, velhas avós, homens no auge do vigor físico, alguns vestindo ternos da moda, outros com roupas de trabalhador."
> **Perry Broad,** Rottenführer *[primeiro-cabo] da SS*

O que era o Kanada?

O Kanada era um país das maravilhas de tesouros, infinitamente renovado.

O maior mercado ilegal da Europa.

Um necrotério de esperanças perdidas.

De acordo com a mitologia do campo de concentração, o nome foi escolhido para designar os vários locais de armazenamento de frutos de pilhagem – pátios para onde todos os pertences recolhidos dos judeus eram levados e onde prisioneiros judeus, sobretudo mulheres, os separavam, classificavam e preparavam para o despacho para a Alemanha. Representava uma terra de riqueza e fartura, como se dizia que era o país chamado Canadá.

No Kanada, Bracha encontrou algo próximo a seu sonho otimista de café e doces: azeitonas e limonada.

No início de abril de 1942, quando desembarcou de um vagão de gado no desvio da ferrovia que dava acesso ao campo de Auschwitz, Bracha recebeu a garantia de que cuidariam muito bem de sua mala. Em essência, não era mentira. A bagagem dos deportados era mais valiosa que os judeus a quem pertenciam – as pessoas que tinham arrumado as malas e as carregavam –, e a SS mostrava extremo zelo para lucrar com isso. Um imenso complexo de armazéns e trabalhadores foi organizado em Auschwitz com o único propósito de separar e redistribuir o conteúdo dessas bagagens, bem como os itens transportados manualmente para as salas de despir das câmaras de gás e as roupas ainda mornas dos judeus que se encaminhavam, nus, para a morte.

O Kanada continha toda a riqueza portátil das multidões desnorteadas que desciam dos trens dia após dia, noite após noite.

O sistema de processamento de bagagens era meticulosamente estruturado. Um telefonema de uma estação da linha principal alertava o campo sobre a chegada de um novo transporte. Prisioneiros do *Ausfräumungskommando* [esquadrão de limpeza] eram retirados de seus alojamentos pelos berros de um homem da SS montado numa motocicleta e marchavam para a estação ferroviária. Havia um intervalo de duas a três horas para a viagem de ida e volta de cada trem de vinte a sessenta vagões de carga. Cada vagão continha cerca de cem pessoas. O processo de chegada foi aperfeiçoado ao longo do tempo: subjugar, confundir, organizar, selecionar. Os primeiros transportes de judeus para Auschwitz levaram apenas mulheres, depois apenas trabalhadores, mas não demorou muito para que famílias inteiras e aldeias inteiras fossem deportadas.

Homens e mulheres eram separados, sem tempo para despedidas. Um médico da SS avaliava cada um dos indivíduos perfilados em colunas ao lado do trem – com uma sacudida do dedo, indicava que fossem para a esquerda ou para a direita. Incapaz de andar? Sem problemas. Os recém-chegados doentes, deficientes ou idosos recebiam ajuda para subir em escadas pequenas de madeira e se acomodar na carroceria dos caminhões que os transportava até o campo de concentração. Os demais marchavam.

As únicas fotografias conhecidas que registram o desembarque dos transportes são de um álbum de maio de 1944, auge do extermínio de judeus da Hungria. As cenas não são coreografadas, mas ainda assim foram censuradas: não há instantâneos de cães puxando suas correntes nem de guardas da SS espancando civis desnorteados, tampouco de crianças gritando por seus entes queridos perdidos ou cadáveres arrastados dos trens.

Uma sequência de imagens intitulada *Frauen bei der Ankunft* [Mulheres ao chegar] mostra judias dos Cárpatos marcadas com estrelas amarelas. Suas roupas contrastam com os uniformes listrados do *kommando* de limpeza. São uma lembrança do mundo real: saias estampadas, xales de tricô, sapatos abotoados... aventais, golas de marinheiro, cardigãs, casacos feitos sob medida... botas, boinas, gorros, meias amarrotadas...

As fotos do álbum são uma visão extraordinariamente pungente de indivíduos – na maioria anônimos e indefesos – sendo transformados em *häftlings*, ou prisioneiros. Outro aspecto da censura: no álbum não há fotos que mostrem o pavoroso frenesi das salas de despir nem o pânico e a claustrofobia das câmaras de gás. Normalmente, apenas 10% ou 20% do contingente de cada transporte era poupado para o trabalho escravo. Desses presos, poucos acabariam em um *kommando* do Kanada.[25]

Durante todo o processo de seleção, homens do *kommando* de limpeza retiravam dos trens as bagagens, jogando-as e juntando-as em enormes pilhas. A bagagem demorava mais para ser processada que as pessoas. Enquanto isso, o maquinista da locomotiva perambulava por perto, encontrando algo mecânico para mexer até que houvesse chance de roubar algo para si mesmo. Sem dúvida, os homens nas ferrovias entendiam a natureza do destino de sua carga. Homens da SS se mantinham nas imediações, armas em riste, já contando os minutos até receberem sua dose extra de vodca: um quinto de litro a cada transporte.

Bolsas, caixas, engradados, baús, malas... cadeiras de rodas, bengalas, carrinhos de bebê... Tudo era carregado em carroças e caminhões pelo esquadrão de limpeza, que em seguida lavava os eflúvios dos vagões de carga para que o trem fosse levado de volta à linha principal, com os pistões se movimentando e o vapor subindo para recolher novas vítimas.

Depois de toda a atividade, restava apenas lixo para varrer. Jornais esvoaçantes, latas de comida vazias e brinquedos que alguma criança deixara cair.[26] Fazia-se uma fogueira com toda sorte de detritos: livros de orações, trapos e fotografias de família.

No auge, o esquadrão de limpeza consistia de duzentos a trezentos prisioneiros. Entre eles estava um jovem eslovaco chamado Walter Rosenberg, embora a história se lembre dele pelo nome que adotou: Rudolf Vrba. A função de Vrba era realizar o pesado trabalho braçal de carregar o butim para os depósitos do Kanada I, perto do campo principal. O material era despejado em um enorme pátio cercado por prédios e arame farpado, com torres de vigia em cada canto, parte de uma empresa de armamentos e munições da SS chamada D. A. W.[27] Vrba chamava esse espaço de "armazém dos ladrões de cadáveres".

Anúncio de bagagem da marca Moritz Mädler na revista alemã *Die Dame*, 1939. Os recém-chegados a Auschwitz levavam consigo todo tipo concebível de bagagem.

Uma vez abertas malas, caixas, sacolas e trouxas, o conteúdo delas era distribuído e classificado de forma grosseira em cima de cobertores que os homens arrastavam para os prédios próximo ao quartel. Quando Vrba foi promovido de auxiliar de rampa a porteiro no Kanada, ficou fascinado ao ver meninas eslovacas trabalhando lá. Vê-las foi um "pequeno raio de sol na minha vida",[28] comentou ele. As mulheres nessa seção do Kanada eram conhecidas como *Rotkäppchen* [bonés vermelhos], porque usavam lenços de cabeça vermelhos.

Esse foi o primeiro *kommando* que Bracha integrou – todo dia, ela marchava quase seis quilômetros para ir e voltar de seu alojamento em Birkenau. Pouco depois ganhou a companhia de Katka, além de Irene, Marta Fuchs, Herta Fuchs e muitas outras judias eslovacas. Bracha e a irmã trabalhavam em turnos diferentes, de modo que ela voltava ao alojamento pela manhã para procurar Katka, que então partia para o turno diurno. O *kommando* tinha que trabalhar dia e noite, porque os transportes continuavam chegando e a bagagem ia se acumulando.[29]

Rotkäppchen também é a palavra alemã para Chapeuzinho Vermelho, e no trabalho das meninas de boné vermelho havia algo que lembrava contos de fadas: o Kanada era como o covil de um ogro de um livro de histórias, onde se acumulava um tesouro escondido de pequenas guloseimas que eram absolutamente mágicas para as prisioneiras que delas se apossavam. O *Scharführer* [líder de esquadrão] Richard Wiegleb, um homenzarrão loiro de trinta e poucos anos, era o encarregado do Kanada no campo principal. Era um ogro da vida real. Não hesitava em fustigar com 25 chicotadas qualquer prisioneiro que fosse flagrado roubando. Mesmo assim, era possível surrupiar bocados de comida da bagagem dos recém-chegados antes que a maior parte fosse enviada para a *Fressbarracke* [bloco da gulodice], para o deleite da SS, perto da cozinha principal do campo.

Esquivando-se do cassetete de borracha de Wiegleb, Rudolf Vrba conseguia contrabandear para as meninas de boné vermelho limões, chocolate e sardinhas, escondidos em pacotes de cobertores. Irene foi uma das sortudas a receber pão e chocolate de Vrba, que ela conheceu bem. Certa vez, desdobrou o pacote do cobertor e descobriu que Vrba escondia ali um frasco de água de colônia – luxo! Ela se esfregou no frasco em vez de borrifar o líquido em si. Mais tarde as meninas de boné vermelho retribuiriam a generosidade de Vrba escondendo-o no topo de uma montanha de despojos de pilhagem quando ele contraiu tifo – e, portanto, por estar adoecido, corria o risco de ser mandado para a câmara de gás. Levaram-lhe comprimidos e limonada até que estivesse apto a voltar ao trabalho.

Bracha tinha motivos para temer o *Scharführer* Wiegleb no Kanada. Ela viu como ele sentia um perverso prazer em obrigar os homens a realizarem rotinas de punitivos exercícios físicos no pátio, forçando-os a fazer flexões e agachamentos até desmaiarem de exaustão. Uma vez, quando Bracha cruzava o pátio a partir do banheiro externo, Wiegleb bateu na cabeça dela, sem motivo, com a ponta de borracha de seu chicote, deixando-a atordoada, dolorida e furiosa. Bracha tinha que conter a indignação e se consolar com todas as pequenas regalias que arranjava. Remexendo nas roupas nos depósitos do Kanada no início de 1943, ela apalpou o bolso de uma peça e descobriu o que julgou serem ameixas. Levou o achado à boca e teve um choque: pela primeira vez, sentiu o surpreendente sabor de azeitonas, transportadas da Grécia para o campo.

Como em qualquer conto de fadas, havia romance no Kanada, sobretudo porque os prisioneiros e as prisioneiras que trabalhavam lá melhoravam em termos de força e saúde. Aos 21 anos, Bracha ainda se achava jovem demais para ter namorado. Outras mulheres escolhiam um *kochany*, como seus amantes eram chamados na gíria do campo. Havia namoricos sem compromisso e alguns relacionamentos mais sérios. Vrba chegou até a fazer as vezes de intermediário para um *kapo* chamado Bruno e uma linda moça vienense chamada Hermione, que era *kapo* das mulheres eslovacas do *kommando*. Bruno cortejou Hermione com água de colônia, sabonete e perfumes franceses. Ela gostava de escolher roupas fabulosas, vestindo blusas e saias caras, combinadas com botas pretas reluzentes.

Em contraponto ao romance, havia a ameaça sempre presente de violência sexual. Vrba respeitava as prisioneiras, dizendo que "de alguma forma a amargura do lugar se dissipava um pouco com aquele afeto feminino". Outros homens – guardas e *kapos*, empanturrados de comida e bebida roubadas – viam-nas como iscas, assediando-as nos banheiros abertos e caçando-as entre montanhas de roupas, malas e edredons. O estupro era mais um dos horrores da vida no campo.

> "Os nazistas transformavam aquelas roupas em montanhas e as rodeavam montados em bicicletas, segurando um chicote, com um cachorro latindo na frente."
> *Marceline Loridan-Ivens*[30]

O trabalho de Bracha consistia em separar punhados e trouxas de roupas transportados por carregadores como Rudi Vrba. Irene também tinha a tarefa de escalar os montes de mercadorias para retirar diferentes categorias de peças, como roupa íntima, roupas decentes, roupas surradas. Se fossem cuidadosas, as prisioneiras conseguiam adquirir roupas íntimas para si e trocá-las conforme o necessário. Irene gostou muito desse incremento em sua autoestima.

Em certas ocasiões, Bracha conseguia contrabandear cigarros e os compartilhava com amigos, que por sua vez os usavam para trocas. O Kanada criou uma economia maluca, em que diamantes podiam ser trocados por água limpa, e meias de seda por tabletes de quinino.

Entre os prisioneiros não se considerava roubo manter itens ou "organizá-los" para outros presos. Compartilhar coisas com os amigos ajudava a generosidade a florescer, numa afronta à escassez e à barbárie que a SS estimulava. Objetos do dia a dia encontrados em bolsos e bolsas eram tesouros para os prisioneiros. Lenços, sabonete e pasta de dentes eram especialmente valorizados. Remédios acabavam mais preciosos que ouro.

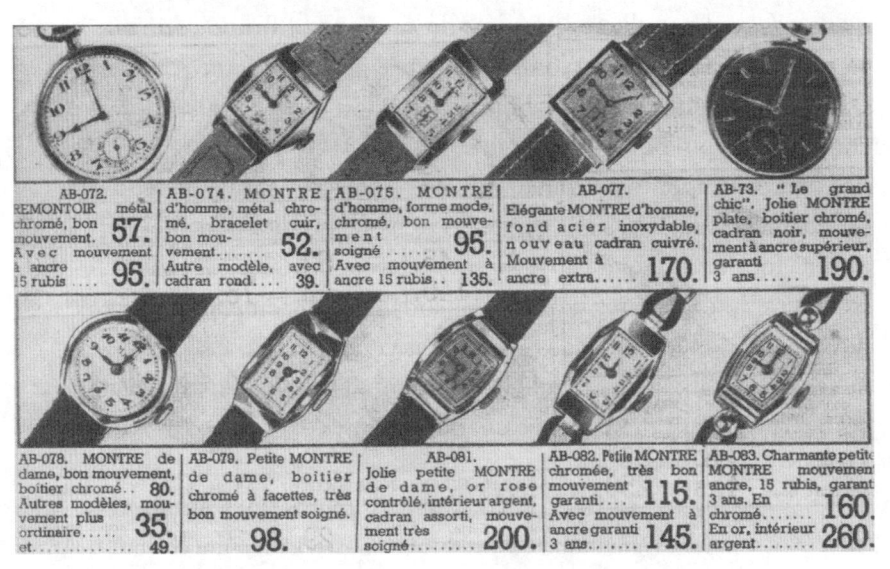

Relógios à venda no catálogo de compras da loja de departamentos francesa *Le Bon Marché*, inverno de 1939-1940.

Um dia, Bracha encontrou um velho relógio de bolso, e a tentação foi grande demais para resistir. Ter o próprio relógio era uma forma de recuperar o senso de cronometragem do tempo, independentemente dos gritos que marcavam a chamada, a alvorada ou o horário das refeições.

No entanto, os trabalhadores do *kommando* do Kanada eram revistados regularmente quando saíam do local, e a nova aquisição de Bracha foi descoberta por um *kapo* alemão que, como punição, esmurrou-a com tanta força que ela ficou com o olho roxo.[31] Teve sorte de não ser mandada de volta para o trabalho externo ou mesmo para a morte. Os trabalhadores do Kanada não necessariamente tinham condições de pagar subornos para se livrar das listas de condenados às câmaras de gás.

Por ser um negócio tão arriscado, as mulheres precisavam de coragem e engenhosidade ao contrabandear mercadorias para fora do Kanada. Prendiam coisas com alfinetes dentro das mangas, escondiam coisas sob os lenços com que cobriam a cabeça ou dentro de suas bolsinhas de pano – as "rosinhas" ou "trouxas de mendigo". Chegavam a prender latas de comida entre as pernas quando passavam pelo escrutínio dos inspetores da SS. Realizavam-se revistas íntimas aleatórias para flagrar as prisioneiras que escondiam coisas dentro do próprio corpo.

No entanto, uma excelente maneira de passar incólume pelas inspeções de verificação era simplesmente usar roupas roubadas. Hunya Volkmann se beneficiou dessa maneira. Desde que haviam lhe tomado o par de botas decentes, ela manquitolava para o trabalho no galpão de tecelagem calçando toscos tamancos de madeira mal-ajambrados, chamados de chulipas, que deixavam seus pés inchados, cortados e infectados. Uma das trabalhadoras do Kanada – uma moça adorável e tagarela chamada Kato Engel – decidiu ajudá-la, já que ambas eram da mesma cidade natal, Kežmarok. Kato caminhou descalça até o Kanada de modo que pudesse voltar ao alojamento levando um par de sapatos para Hunya. Hunya a chamou de anjo, e o presente significou muito para ela.

Quanto às centenas de milhares de sapatos sem dono agora em Auschwitz, os que podiam ser recuperados iam para as sapatarias, onde eram reformados, depois colocados à disposição dos civis do Reich, que ainda tinham liberdade para andar pelas ruas de sua cidade de origem, visitar amigos, talvez ir a uma cafeteria tomar um café e comer doces. Uma trabalhadora escrava na fábrica de sapatos

Salamander, em Berlim, passou a guerra consertando calçados sem dono, de alguma forma entendendo que as toneladas de pares entregues sem etiquetas nem instruções representavam um "infinito mundo de dor".³²

Um dia, enquanto manuseava um cardigã feminino, Bracha percebeu que os cinco botões eram particularmente volumosos. Dominada pela curiosidade, examinou as carcelas dos botões frontais, viu que cada uma continha um minúsculo relógio adornado de joias: um esconderijo que o antigo proprietário engendrou para ocultar sua riqueza portátil. Desta vez não se atreveu a ficar com nenhum dos relógios.

Na verdade, havia uma equipe de especialistas cujo trabalho era revistar pilhas de roupas e sapatos do tamanho de uma casa em busca de tesouros escondidos, como diamantes, ouro e dinheiro. Maços de cédulas poderiam ser enfiados dentro das ombreiras, notas dobradas nas costuras, inseridas em camadas nos espartilhos ou pesando nas bainhas. Onde quer que fossem encontrados, os objetos de valor iam para o *Schatzkiste*, uma caixa de saques supervisionada pela SS. Em seguida, as caixas cheias eram arrastadas para os porões do Stabsgebäude, o prédio administrativo, que ficava nas proximidades. Lá, uma equipe fazia a contabilidade da imensa riqueza, que era enviada a Berlim.

Um oficial da SS chamado Bruno Melmer supervisionava os depósitos de pilhagem de todos os campos de extermínio. Cada item valioso, com exceção de dinheiro vivo, era entregue ao Reichsbank, com a anuência do presidente do banco, Walter Funk, ou vendidos na Casa de Penhores do Município de Berlim.³³ O comandante Höss tinha plena ciência do sombrio coração comercial de Auschwitz. Em seu julgamento pós-guerra, admitiu que o ouro retirado dos dentes de cadáveres era derretido e enviado a Berlim.³⁴

Sempre que possível, os trabalhadores do *kommando* do Kanada enterravam objetos de valor para não beneficiar os nazistas. As notas de dinheiro também serviam como excelente papel higiênico. Às vezes era possível, com sorte e habilidade, contrabandear objetos de valor para fora do Kanada. Sem o conhecimento da SS, um dos *kapos* de lá – Bernard Świerczyna – fazia parte de uma célula de resistência clandestina de Auschwitz, assim como vários dos privilegiados *kommandos* do Kanada. Os objetos de valor do Kanada desempenhariam papel relevante no financiamento das tentativas de fuga e da extraordinária insurreição do campo, no outono de 1944.

A SS não cobiçava apenas tesouros óbvios. Os tecidos também tinham grande valor para vestir cidadãos alemães, economizar espaço na fábrica para a produção de armamentos e elevar o moral das tropas no *front* nacional. Katka, irmã de Bracha, era uma das trabalhadoras que preparava fardos de roupas a partir das pilhas separadas e classificadas de acordo com o tipo e a qualidade. Katka foi incumbida de preparar os pacotes de casacos – o que era conveniente, devido a suas habilidades de alfaiataria, transmitidas por seu talentoso pai Salomon. As roupas selecionadas eram, primeiro, fumigadas com Zyklon B; em seguida, colocadas em embalagens de dez peças cada. Os itens mais apropriados para uso deveriam ser enviados de volta à Alemanha em trens de carga diários, acompanhados de inventários assinados.

Höss observou que havia a capacidade de até vinte trens de mercadorias saindo de Auschwitz por dia. Não admitia que se tratasse de bens roubados. Pelo contrário, havia recebido despacho declarando que as administrações dos campos de concentração eram as legítimas donas dos bens que antes pertenciam a prisioneiros falecidos.[35] Às vezes, as roupas eram enviadas a outros campos de concentração por meio do "escritório de processamento de bens de segunda mão".

Richard Wiegleb organizava a logística de transporte das roupas enfeixadas em fardos. Podiam ser camisas masculinas de alta qualidade na segunda-feira, peles na terça-feira, roupas de baixo infantis no dia seguinte, e assim por diante.[36] Como fizeram aqueles que se apropriaram dos bens dos judeus em suas respectivas cidades natais, os aproveitadores nazistas agora lucravam com os últimos resquícios dos pertences dos prisioneiros, com as roupas do próprio corpo.

Os itens que os nazistas consideravam inadequados para uso eram classificados como *Klamotten* [trapos ou porcaria]. Os trabalhadores do Kanada, mantendo um olho atento para a vigilante SS, faziam os próprios estragos secretos, rasgando e destruindo algumas peças de modo a privar os nazistas de pelo menos parte de seu butim.[37] Nada era desperdiçado, nem mesmo retalhos e pedaços de pano gasto e velho, que depois de rasgados em tiras eram enviados para a oficina de tecelagem: os dedos de Hunya ficavam em carne viva de tanto trançar chicotes. Ou então eram despachados para uma fábrica têxtil em Memel a fim de serem transformados em polpa e papel. Ou transferidos para o campo de concentração de Płaszów, nos arredores de Cracóvia, onde outros prisioneiros judeus os transformavam em tapetes.

Um fabricante de tapetes em Płaszów se perguntou o que teria acontecido com todas as pessoas que outrora usaram as roupas que ele agora transformava em revestimentos para adornar pisos.[38] Os trabalhadores de uma fábrica de trabalho escravo na cidade alemã de Grünberg não tinham ilusões sobre as roupas velhas que eram retalhadas e refeitas nas grandes salas de fiação e tecelagem. Sabiam que as remessa diárias eram oriundas de Auschwitz e sabiam que aquele campo de extermínio seria seu destino final tão logo estivessem muito doentes ou incapacitados para trabalhar.[39]

Fossem sapatos que ainda mantinham o formato do pé do antigo usuário, ou ternos feitos sob medida, fossem enxovais de bebê bordados com nomes e motivos decorativos, cada item classificado no Kanada era uma evidência de assassinato em massa. Bracha, Irene, Katka e os outros tiveram que conviver com esse conhecimento. Quando um novo complexo Kanada foi inaugurado em Birkenau, em 1943, os trabalhadores se tornaram testemunhas diretas do processamento nas câmaras de gás.

De início, o novo complexo Kanada em Birkenau – chamado Kanada II – era um enorme armazém entre os crematórios III e IV, denominado área B-IIg. O complexo de depósitos se expandiu para cinco edifícios, e por fim um impressionante total de trinta construções, cada uma com 55 metros de comprimento, dispostas em ambos os lados de uma avenida larga o suficiente para a manobra de comboios de caminhões. Novos gramados vicejantes foram plantados defronte a esse novo centro de pilhagem, com canteiros de flores bem cuidados.

Alguns dos barracões do complexo de depósitos Kanada em Birkenau, com aspecto singularmente organizado. Milhares de presos trabalharam aqui para separar e classificar mercadorias expropriadas dos judeus, em quantidades que abarrotavam carrinhos de mão e caminhões.

No verão, durante os curtos intervalos para o almoço, jovens prisioneiras tomavam banho de sol, vestindo blusas brancas e calças limpas e elegantes. Registradas pelas lentes de um fotógrafo da SS em 1944 enquanto examinavam pacotes e caixas, parecem saudáveis – normais, até. "Sorriam", disse o fotógrafo, e elas tiveram que obedecer. Tudo fazia parte da ilusão nazista, concebida para enganar recém-chegados ou inspetores da Cruz Vermelha; para dar a impressão de que nada de ruim acontecia naquele lugar.[40]

Essas mulheres saudáveis formavam a equipe *Weißkäppchen* [bonés brancos]. Lidavam com roupas e bagagens de mão trazidas diretamente das salas de despir das câmaras de gás. Do gramado do lado de fora dos barracões, podiam ver claramente as filas de pessoas destinadas ao gás. Bracha foi transferida para trabalhar no Kanada de Birkenau por alguns meses. Impotente, só lhe restou assistir a quase toda a sua turma de amigas da Escola Ortodoxa Judaica de Ensino

Fundamental em Bratislava formar uma fila – meninas que compartilhavam da mesma mania por cabelos cortados e golas sobrepostas.

As trabalhadoras dos "bonés brancos" podiam observar cada vez que um homem da SS rastejava ao longo do telhado do crematório para sacudir uma lata de cristais dentro de uma abertura. Zyklon B. Nessa época, Bracha tinha testemunhado tantas mortes por doença e violência que já não conseguia mais mostrar surpresa pelo número de cadáveres.

Foi a irmã de Bracha, Katka, quem encontrou o casaco. Katka, a especialista na fabricação de casacos.

Tão preciosas para quem nelas estava retratado, tão desprovidas de valor para os nazistas, fotografias, cartas e outras lembranças pessoais eram queimadas como lixo. Esta foto da família de Bracha Berkovič, datada de 1937, mostra seus pais (sentados, na extrema esquerda e na extrema direita), seus tios (fileira de trás) e seus avós (sentados, centro). Todos, exceto um, foram assassinados.

Ela imediatamente o reconheceu – o próprio casaco, tão familiar, que ela havia deixado para trás durante a incursão dos nazistas para prender os judeus e iniciar as deportações. Ela o pegou e o vestiu mais uma vez, primeiro pintando uma faixa vermelha nas costas para torná-lo aceitável como uniforme de prisioneira. Também na pilha de roupas a ser classificada estava um casaco pertencente a Bracha, lembrança da época anterior a Auschwitz.

Katka sabia exatamente o que significava ter encontrado os casacos: a mãe e o pai estavam mortos. Preparando-se para a própria deportação, Karolína e Salomon provavelmente embalaram os casacos das filhas pensando em entregá-los na chegada. Em vez disso, foram levados para Lublin em junho de 1942 e assassinados logo depois – provavelmente no centro de extermínio de Majdanek; em seguida, seus pertences foram transportados a Auschwitz para separação.

Katka não teve tempo de processar as trágicas implicações de encontrar os casacos. As montanhas de roupas se avolumavam, cada dia mais altas. Mais tarde poderia haver espaço para lamentar, imaginar como tinham sido os últimos minutos de vida de seus amados pais. Salomon, surdo-mudo, preso em um silencioso mundo de angústia, sem palavras e sem esposa para guiá-lo ou confortá-lo; Karolína se despindo com as mãos trêmulas, com medo de morrer sem voltar a ver suas meninas. Eles se tornaram fumaça, cinzas e lembranças e saíram pela chaminé de um crematório.

Enquanto caminhava perto da câmara de gás, Herta Fuchs, prima de Marta, viu um vestido e sapatos que pertenceram a sua irmã Alice, um testemunho silencioso da perda de mais uma vida querida.

Renée Ungar, amiga de Irene, soube que sua família havia sido deportada para Auschwitz em junho de 1942. Encontrou as roupas de seus parentes no Kanada e lá se despediu deles.

A própria Irene chegou um pouco mais perto do desespero quando descobriu as roupas de sua irmã Frieda, assassinada em julho de 1942. Frieda era casada e tinha um filho pequeno. As mães com filhos eram inevitavelmente selecionadas para morrer logo ao chegar.[41]

Era possível continuar? Adotar a busca de Bracha por otimismo?

Irene ao menos tinha se reunido com sua outra irmã casada, Jolli, quando esta deu entrada no campo, e ainda estava com sua irmã mais nova, Edith, então talvez houvesse alguma razão para viver, apesar dos horrores.

Mas Jolli adoeceu. Edith adoeceu.

Tifo.

Os piolhos proliferavam-se aos borbotões nos barracões de Birkenau ainda mais que no campo principal de Auschwitz. Irene sentia repulsa dos sacos de palha em que dormiam. Eles quase se mexiam com as colônias de piolhos que rapidamente invadiam cabelos, dobras de pele e roupas. Em seu primeiro verão em Auschwitz, ela viu a erupção de uma epidemia de tifo que matou centenas de pessoas dia após dia. As mulheres que voltavam para os alojamentos, imundas depois dos *kommandos* ao ar livre, pelejavam para encontrar energia para lutar por um pouco da água que saía aos respingos da torneira acessível apenas por curtos períodos do dia.

As prisioneiras eram repreendidas, aos gritos, por estarem sujas... e também por tentarem se lavar. *Kapos* com porretes e cães sedentos por carne humana se somavam ao caos. Numa ocasião, Herta Fuchs tentou conseguir água para lavar as calças. Um guarda alemão a viu, deu-lhe 25 chicotadas nas nádegas e a expulsou do banheiro aos pontapés. Que chance as mulheres tinham de se manterem livres de piolhos?

Debilitados por causa da febre e da desnutrição, os sistemas imunológicos simplesmente não aguentavam. Irene ficou horrorizada ao ver uma moça, que ela reconheceu, bebendo água de uma poça suja, tão enlouquecida estava de sede induzida pelo tifo. Era Rona Böszi, a refugiada de Berlim que havia feito aulas de costura clandestinas com Irene em Bratislava. Foi a última vez que Irene a viu.

No início de dezembro de 1942, ocorreu o primeiro de vários esforços de *Entlausung* [os grandes despiolhamentos]. Com medo de que a doença infectasse o pessoal da SS, os médicos ordenaram uma desinfecção drástica. Birkenau entrou em confinamento total: o trabalho foi interrompido, e os alojamentos, bloqueados. Sacos de palha foram queimados, e edifícios, fumigados.

Mulheres e meninas foram forçadas a se despir do lado de fora, jogando suas roupas em baldes, que, por sua vez, foram fumigados por lavadeiras usando máscaras de gás; em seguida, as roupas foram colocadas para secar nos telhados ou ao longo de varais de arame, se a secagem fosse possível em temperaturas abaixo de zero. Em massa, as prisioneiras foram mergulhadas em água gelada e depiladas; por cima dos restolhos de pelo, por sua vez, espalhou-se um desinfetante potente. Em paralelo, 2 mil prisioneiras foram selecionadas para a câmara de gás.

Hunya foi submetida a um dos últimos despiolhamentos. Nua, degradada e com o cabelo raspado, ela zanzou aos tropeções pela chamada área de secagem, uma em meio a 30 mil outras mulheres. Estava entorpecida, em estado de choque, mal sentindo o calor do sol. Enquanto algumas agarravam roupas que pareciam ser uma melhoria em relação às que usavam antes, Hunya, como a maioria das outras mulheres, estava desesperada pela familiaridade das próprias roupas, ainda que fossem lamentáveis. Quando finalmente viu suas vestes, começou a chorar, tamanho o alívio.

Durante as desinfestações de inverno, havia mais roupas estendidas nos varais que pessoas para recolhê-las: o frio matava os mais fracos.

Poucos dias depois, os piolhos reapareceram. As irmãs de Irene, Jolli e Edith, foram internadas no *Revier*, bloco reservado para prisioneiros desesperadamente doentes e que, de maneira otimista, era chamado de "hospital". Lá a equipe médica dos detentos implorava aos pacientes que não reclamassem de piolhos; caso contrário, a SS esvaziaria todo o prédio e os enviaria para a fatal fumigação com Zyklon B. Irene disse às irmãs que toda noite levaria para elas algo do Kanada – um pedaço de pão, tudo o que pudesse. Um dia, saiu de seu turno e encontrou Jolli morta na cama ao lado de Edith.[42]

Katka, por sua vez, estava no *Revier* ao mesmo tempo que Edith, recebendo ajuda para cuidar do ferimento em sua perna, que não cicatrizava. Irene ia segurar uma vela enquanto uma amiga que era estudante de medicina – Manci Schwalbová, levada para Auschwitz no segundo transporte da Eslováquia – fazia o possível para curar a ferida. Todas as noites, Manci lancetava a perna infectada de Katka, mas todos os dias o inchaço e a dor voltavam. Havia poucos medicamentos e apenas curativos de papel. Todas as prisioneiras faziam o que podiam umas pelas outras; a lealdade contava muito, mesmo na ausência de assistência médica adequada.

Numa noite, Bracha acordou no alojamento e viu Katka se esgueirando para o beliche.

— O que você está fazendo aqui? — perguntou ela, aliviada por ver a irmã, mas confusa. — Você devia estar no hospital.

— Tive um mau pressentimento — respondeu Katka. — Escapei pela janela.

— Edith está com você?

— Ela quis ficar e descansar…

No dia seguinte, os doentes do *Revier* foram retirados do hospital e colocados no chão. Era hora da seleção. Irene fez a chamada com os outros prisioneiros "aptos para o trabalho", observando um grande contingente de soldados com cães entrarem no campo. A SS *Rapportführerin* [supervisora de relatórios] Elisabeth Dreschler liderou a saída do campo enquanto os *kommandos* de trabalho passavam marchando. Uma sacudida do dedo – esquerda, direita. Irene foi selecionada para passar.

"Seleção" é uma palavra inocente fora daquele contexto. Em tempos mais felizes, pode-se selecionar a melhor linha para costurar um tecido, um chapéu para combinar com uma roupa ou um bolo no cardápio de um café. Em um campo de concentração nazista, "seleção" era um termo carregado de medo. Significava balançar à beira da morte, geralmente para cair. Na rampa havia seleções dos recém-chegados ao campo – divididos entre aqueles aptos ao trabalho, levados para a direita a fim de viver um pouco mais, e os considerados inúteis, levados para a esquerda e, em seguida, para as câmaras de gás. Nessas seleções os prisioneiros eram submetidos, nus, ao escrutínio dos médicos da SS; ao menor indício de doença ou ferimento, tinham que tirar as roupas e tomar banho de gás venenoso. E havia seleções também no *Revier*, em nome de uma meticulosa limpeza geral.

O comandante Höss recebeu ordens de Himmler para abrir espaço em Auschwitz de modo a abrigar todos os judeus que estavam sendo transportados para fora da Alemanha, para que, assim, a pátria pudesse ser declarada oficialmente livre de judeus. Höss fez objeção, alegando que não havia espaço. "Arranje espaço", ordenou Himmler.

Vez por outra eram realizadas seleções que duravam horas e horas, em condições climáticas extremas. Meninas e mulheres vigorosas e saudáveis eram escolhidas e levadas para morrer no crematório. Às vezes, as seleções assumiam o aspecto de testes de aptidão física. Prisioneiras cansadas e famintas eram instruídas a correr pela rua principal do campo, passando por um corredor de mulheres da SS munidas de porretes. As que paravam ou desistiam eram arrastadas para a beira da estrada. Talvez não tivessem percebido que estavam literalmente correndo para sobreviver; talvez estivessem exauridas demais para se importar.[43]

Um teste sádico consistia em mandar para a morte todas as prisioneiras que não conseguissem pular por cima de uma vala de drenagem que corria ao longo da rua principal de Birkenau, a *Lagerstrasse*. Chamada de *Köningsgraben*, essa vala era um local notório por espancamentos e assassinatos por parte de guardas da SS. Katka, com o coração fraco e a perna inflamada e inchada, simplesmente não era capaz de dar o salto. Por sorte, contou com Bracha e outra moça, que a carregaram.

— Ei! Por que vocês estão pulando tão perto uma da outra? — gritou um dos guardas.

Inteligente como sempre, Bracha respondeu:
— Ah, só queríamos manter uma linha reta...
O guarda as deixou passar.

Às vezes, as seleções eram mais objetivas: todas as pacientes dos blocos do hospital foram evacuadas. Johan Kremer, médico da SS, descreveu em seu diário pessoal como, em 5 de setembro de 1942, mulheres selecionadas da enfermaria de prisioneiras em Birkenau foram despidas ao ar livre, depois colocadas em caminhões e conduzidas para o bloco 25, o bloco da morte. "Elas imploraram aos homens da SS que as deixassem viver, elas choraram", disse Kremer em seu julgamento no pós-guerra.

Em seu diário daquele dia em Auschwitz, o dr. Kremer observou também que havia desfrutado de um excelente jantar de domingo, com sopa de tomate, frango com batata e repolho roxo e um "magnífico sorvete".[44]

Num terrível dia de outono, quando os doentes do *Revier* foram levados para fora e Irene foi aprovada como apta para o trabalho, ela voltou de seu *kommando* à noite e descobriu que o *Revier* estava deserto. Do lado de fora, havia uma imensa pilha de sapatos descartados, incluindo os de Edith, que então tinha 18 anos. Irene sabia o que aqueles sapatos vazios significavam. Sua irmãzinha estava morta. Ela se jogou no chão, gritando de dor, totalmente arrasada.

"Eu não queria mais viver."
Irene Reichenberg

Irene estava deitada no beliche de cima do alojamento, picada por piolhos do colchão de palha. Não queria descer. Não queria trabalhar. Estava aos prantos quando Bracha voltou de seu turno.

— Alguém roubou meu cobertor — disse Irene, chorando. Ela não tinha mais vontade de lutar por isso nem por nada.

Bracha tinha força de vontade suficiente para as duas, insistindo:

— Você não pode ficar aqui! Tem que se levantar para *trabalhar*.

No alojamento havia outra amiga de sua cidade natal. Ela murmurou para Irene:

— Por que não seguir para o arame farpado?

Cercas de arame farpado separavam diferentes áreas do complexo do campo. Eram salpicadas por torres de vigia e patrulhadas por guardas com cães. Eram cercas de alta voltagem, mantidas por um eletricista interno chamado Henryk Porębski, cuja tarefa era fazer verificações regulares ao longo dos quilômetros de arame. *Seguir para o arame farpado* não significava escapar, significava suicídio.

Prisioneiros desesperados cruzavam uma zona da morte em frente à cerca eletrificada. Se as sentinelas das guaritas não atirassem neles primeiro, estenderiam a mão para receber uma descarga elétrica fatal. Os cadáveres eletrocutados ficavam pendurados no arame por algum tempo como ornamentos grotescos, um aviso para os outros ou uma tentação. Antes que os prisioneiros de um *kommando* especial retirassem os corpos com varas munidas de gancho, oficiais dos serviços de investigação da seção política – os *Erkennungsdienst* – iam fotografá-los de todos os ângulos. À noite, prisioneiras-policiais usando uniformes de trabalho azuis faziam a patrulha, perseguindo os que pretendiam se autodestruir. Até mesmo essa decisão deveria ser negada aos desgraçados prisioneiros de Auschwitz.

Irene tinha visto como as pessoas morriam enroscadas na cerca, fumegantes.

— Eu *não* vou para o arame farpado — declarou.

Todos os dias, a amiga da Eslováquia voltava ao alojamento e dizia:

— Vamos para o arame farpado...

— Se for, você vai morrer! — argumentava Bracha. — E só vai fazer um favor aos fascistas. Você tem que sobreviver, não morrer. Você tem que viver!

Bracha estava determinada a sobreviver a Auschwitz. Para tomar um café com bolo em Bratislava. Para contar sua história.

Irene vacilava, mas era difícil resistir ao desespero. *Ninguém é capaz de sobreviver a isto*, pensava. *Por que eu deveria?*

Não era a única a sucumbir ao desespero. Nos campos de concentração era fenômeno comum o corpo e a mente lentamente pararem de funcionar em protesto contra o trauma físico e emocional. No fim, a completa apatia se instalava. Incapazes de se lavar, se alimentar ou acordar, essas pessoas destruídas se tornavam esqueletos arrastando os pés – quase mortos antes de a SS acabar de vez com eles.

Piorou antes de melhorar. Poucos dias depois, Irene foi acometida por uma febre alta. Também estava doente. Parecia a desculpa perfeita para desistir e virar a fumaça que saía pelas chaminés.

Bracha não aceitou nada disso.

— Você não vai ficar aqui, você vem comigo! — anunciou ela, arrastando Irene para o trabalho. Pouco depois de deixarem o bloco de alojamentos, caminhões recolheram todas as presas que haviam ficado para trás. Os caminhões seguiram diretamente para o crematório.

Dia após dia, Bracha forçava Irene a ir para o Kanada. Irene tinha outra amiga lá, uma *kapo*, a quem implorou por um pouco de quinino, dizendo que era para baixar sua temperatura, porque estava muito doente. Bracha procurou remédios nas malas e nas sacolas do Kanada; nessa noite, Irene ficou com um punhado de comprimidos.

Não fazia ideia de para que serviam, que doença combatiam, mas agradeceu a Bracha pelo presente. Mais tarde, quando Bracha dormiu, Irene tomou a decisão de engolir todos os comprimidos de uma só vez, sem dar a mínima para uma provável overdose da qual talvez nunca mais acordasse. Seria uma libertação do sofrimento.

Irene não acordou na manhã seguinte.

Permaneceu inconsciente por três dias e três noites, durante os quais Bracha cuidou dela da melhor maneira que pôde. Depois: um milagre. Irene abriu os olhos. Estava tonta, tropeçou, mas a febre havia amainado.[45]

Seu desespero ainda era palpável. Ser saudável não mudou suas circunstâncias, não trouxe suas irmãs de volta. Irene fez um plano derradeiro. Seria transferida para o bloco 25, o infame "bloco da morte", onde as vítimas eram mantidas até chegar sua vez nas câmaras de gás.

O bloco 25 era administrado por uma moça eslovaca chamada Cilka. Ela havia chegado a Auschwitz com apenas 16 anos de idade, ainda usando um avental de aluna do ensino médio. Horrivelmente corrompida pela SS, Cilka deixou de lado, com suas roupas anteriores, sua vida anterior. Parecia um anjo, mas era quase universalmente temida pelos outros prisioneiros. Trocou os trapos de uma prisioneira regular por uma capa de chuva, um lenço colorido na cabeça e botas impermeáveis.

Quando questionada por outra detenta de Birkenau como podia ser tão brutal com as pobres mulheres que esperavam pela morte no bloco 25, Cilka respondeu:

— Você provavelmente sabe que coloquei minha própria mãe no carrinho que a levou para o gás. Você deve entender que para mim não resta nada tão terrível que eu não seja capaz de fazer. O mundo é um lugar péssimo. É assim que me vingo dele.[46]

Irene decidira que Cilka seria sua carcereira na antecâmara da morte.

— O que você quer? — perguntou uma mulher encostada na parede do bloco 25.

— Entrar aí — disse Irene.

— Você precisa primeiro tirar seu nome da listagem de seu alojamento, depois trazer seu cartão aqui, aí nós a levamos.

Irene voltou, derrotada pela perversidade da burocracia do campo de extermínio, que significava que ela não poderia ser assassinada enquanto sua papelada não estivesse em ordem.

— Não vou lhe dar seu cartão — disse a *Blockführer* [líder do bloco], com firmeza. Era uma eslovaca de Žilina. Na casa dos trinta anos, parecia uma velha para Irene, que tinha apenas 20 anos.

— De mim você não vai receber nada. Você vai ver, um dia vai passear ao longo do Corso em Bratislava. — As palavras dela ecoaram a promessa de Bracha de futuros cafés e doces.

Em vez de desespero, que tal otimismo?

Uma rede de amor e lealdade ajudaria a evitar o suicídio de Irene. Para Irene, Bracha, Katka e Hunya, a sorte mudou a seu favor quando a inteligente estilista Marta Fuchs apareceu um dia no Kanada I, escoltada por um *Scharführer*. Marta estava calma, confiante, escolhendo os tecidos da pilha de roupas.

Marta tinha uma nova cliente.

CAPÍTULO SETE
Quero viver aqui até morrer

"Hier will ich leben und sterben
[Quero viver aqui até morrer]."
Hedwig Höss[1]

Marta Fuchs, brilhante costureira de Bratislava, sentou-se em um balanço no jardim do comandante.

Ao redor, roseiras subiam em treliças de madeira. Abelhas zumbiam em torno dos brilhantes torrões dos canteiros de plantas, fabricando mel na colmeia do jardim. Árvores jovens espalhavam folhas. Ainda não haviam crescido o suficiente para esconder a vista dos telhados dos barracões além do muro alto do jardim. O irmão artista de Hedwig Höss, Fritz, adorava sair cedo para pintar flores na luz da manhã.

O mesmo céu se alastrava sobre Marta no balanço e os amigos dela no campo de extermínio. Se olhassem para cima, veriam as mesmas nuvens e o mesmo sol, ainda que aqueles fossem dois mundos totalmente diferentes.

Hedwig chamava seu jardim de "paraíso".

Veredas pavimentadas convidavam a passear sob pérgulas sombreadas, em torno de um lago ornamental, ao lado de uma magnífica casa de vidro e até mesmo um pavilhão de pedra com dois sofás verdes macios, um tapete no piso de parquete e um fogão aconchegante quando necessário.[2] Relaxando em muito apreciados dias de folga, o comandante do campo de extermínio juntava-se à família para refeições ao ar livre em torno de uma elegante mesa de piquenique com bancos combinando, coberta por uma bela toalha azul.

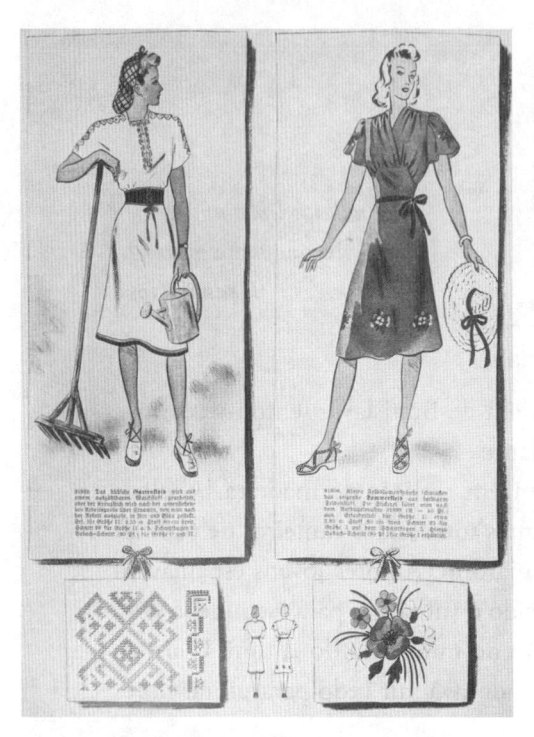

Quando colhiam frutas no pomar, Hedwig fazia questão de lembrar as crianças para "lavar bem os morangos, por causa das cinzas".³ Afinal, o crematório de Auschwitz I ficava logo do outro lado do muro.

Não muitos anos antes, os jovens Hedwig e Rudolf tinham sonhado com uma vida familiar no campo, por meio da Liga Artamana. Heinrich Himmler havia compartilhado a fantasia agrícola preconizada pelo movimento nacional dedicado ao ruralismo. Agora o casal comandava a realização do sonho com hortas e pomares no jardim de sua *villa* e, de forma mais significativa, o estabelecimento de vastos subcampos agrícolas na zona de interesse de Auschwitz, incluindo a aldeia de Rajsko.

Roupas de jardinagem do início dos anos 1940 anunciadas na revista alemã de costura *Mode und Wäsche*.

Esse sonho só se tornou possível graças ao trabalho escravo. O paraíso de Hedwig e o domínio agrícola de Rudolf eram, em essência, fazendas de escravos. O *éthos* do trabalho honesto baseado no "sangue e solo" promovido pela ideologia artamana era executado por trabalhadores escravizados. Uma horrível simbiose biológica também vinculava senhores a vítimas: as hortaliças em Rajsko eram fertilizadas com cinzas humanas em meio às quais ainda se encontravam pontiagudos pedaços de ossos não totalmente queimados.⁴

O aprazível jardim da *villa* da família Höss, ao lado do campo principal de Auschwitz, foi projetado e construído por prisioneiros, que também eram incumbidos de sua manutenção. Entre 1941 e 1942, os primeiros anos da ocupação de Höss, um *kommando* de 150 detentos transformou o jardim no tão adorado paraíso de Hedwig.

Hedwig e Rudolf não eram a única família de oficiais e guardas da SS a cobiçar um santuário bucólico. As propriedades requisitadas junto aos poloneses locais foram convertidas em lares mais idílicos para homens e mulheres da SS que para lá se mudaram. Lidia Vargo, do *kommando Grassabstechen* [esquadrão das roçadas], comentou que os judeus "não tinham o direito de ver grama verde", enquanto era forçada a cortar quadrados de relva do perímetro do campo de concentração e transferi-los em carrinhos de mão para construir os gramados das residências de oficiais e guardas da SS. Lotte Frankl, do *kommando Gartenbau* [esquadrão da horticultura], era obrigada a entoar canções marciais alemãs enquanto cavava o terreno para os jardins de oficiais e guardas da SS, usando tamancos sem meias.[5]

Charlotte Delbo, transportada para Auschwitz com as costureiras Marilou Colombain e Alida Delasalle, descreveu que tinha que correr com aventais cheios de terra para fazer os jardins das casas dos oficiais da SS.[6] Excremento humano do *Scheißkommando* [brigada das fezes] era utilizado para fertilizar canteiros de hortaliças. O prisioneiro italiano Primo Levi* disse que cinzas humanas eram usadas para cobrir as sendas ao redor do vilarejo da SS.

Stanisław Dubiel, o prisioneiro número 6.059, juntou-se à equipe de jardinagem da *villa* Höss em abril de 1942, ao mesmo tempo que Marta Fuchs chegava a Auschwitz. Com ele estava o detento romeno Franz Danimann, número 32.635, que fez amizade com Marta enquanto cuidava de frutas, legumes e verduras de Höss. Danimann era veterano das prisões nazistas, graças às atividades comunistas de longa data na Áustria. Dubiel substituiu outro jardineiro: Bronisław

---

* Nasceu em Turim, em 1919, e lá tirou a própria vida, em 1987. Sua experiência em Auschwitz foi retratada em livros como *É isto um homem?* Rio de Janeiro: Rocco, 1988 [1947]; *A trégua*. São Paulo: Companhia das Letras, 2010; e *Assim foi Auschwitz*. São Paulo: Companhia das Letras, 2015. (N. T.)

Jarón, biólogo e professor universitário polonês, que havia sido executado. Hedwig nunca pareceu satisfeita com os esforços de Dubiel. Ela sempre mandava Rajsko buscar mais vasos, mais sementes, mais plantas, como se fosse seu centro de jardinagem pessoal. Tudo de graça, é claro.

Hedwig tomou providências até mesmo para que o combustível de coque dos suprimentos do campo fosse desviado de modo a aquecer sua estufa no inverno. As plantas da estufa tinham conforto, enquanto a poucos metros de distância os prisioneiros massageavam as orelhas e os dedos dos pés e das mãos enregelados e se aninhavam em alojamentos congelantes. Essa era a mesma estufa usada para cultivar os buquês enviados a Adolf Hitler e Eva Braun em Berchtesgarden* todo Natal.[7]

Como em qualquer fazenda de escravos, os "proprietários" presumiam que a aparência servil de seus trabalhadores significava um espírito servil. Mas não. Tanto os prisioneiros quanto os serviçais poloneses locais usaram sua relativa liberdade para cultivar elos ativos na rede de resistência clandestina em Auschwitz. Franz Danimann, o amigo jardineiro de Marta, foi um importante membro da organização secreta *Kampfgruppe Auschwitz* [Grupo de Combate de Auschwitz].[8] Quando os prisioneiros caíram nas graças do médico da SS Eduard Wirths – um dos favoritos do comandante do campo, mas também um tolerante apoiador dos prisioneiros que trabalhavam em funções médicas –, outro amigo de Marta, o detento Hermann Langbein, também integrante do *Kampfgruppe Auschwitz* e secretário do dr. Wirths, providenciou que rosas vermelhas fossem roubadas da estufa de Hedwig e enviadas a *Frau* Wirths em sua festa de aniversário. Infelizmente, Hedwig foi convidada para a festa. O clima quando ela reconheceu as próprias flores foi descrito como "completamente constrangedor para todos".[9]

Capinando, plantando e ceifando, Dubiel passou a fazer parte do cenário do jardim, podendo facilmente bisbilhotar conversas e

---

* Cidade que abriga o famoso Ninho da Águia, antigo e isolado refúgio de Hitler nos Alpes alemães, na montanha Kehlstein, onde eram realizadas reuniões de cúpula do Partido Nazista, em total privacidade. (N. T.)

depois compartilhar informações na rede de resistência clandestina. Durante a segunda visita de Heinrich Himmler a Auschwitz em 1943, Dubiel entreouviu Höss se declarar convencido de que vinha servindo bem à pátria por meio de ações no campo de extermínio.[10]

Era óbvio que, por mais desagradável que Höss pudesse considerar seu trabalho, ele agia por anuência, não por coerção. Sua participação no genocídio pode ser considerada "seguir ordens", mas Höss foi inabalável em seu apoio ao regime que emitiu, possibilitou e tolerou essas ordens. Obedecer às ordens de massacrar dezenas de milhares de pessoas inocentes era logisticamente difícil, mas não restaram evidências de que isso violasse suas crenças fundamentais em uma Europa na qual "sub-humanos" seriam substituídos por alemães dignos.

Marta Fuchs estava sentada no balanço do jardim de que Dubiel e Danimann cuidavam. Havia sido deportada, degradada e vestida com um uniforme de prisioneira, mas não estava derrotada. Hedwig adquiriu Marta para dar sustentação a seu estilo de vida privilegiado. Marta usaria o cargo para salvar vidas.

> "Hoje lamento profundamente não ter passado mais tempo com minha família."
> ***Rudolf Höss***[11]

— Pode balançar se quiser — disseram as meninas Höss a Marta. — Vamos ficar de olho para ter certeza de que você não vai fugir.[12]

Inge-Brigitte, de 8 anos de idade, apelidada de Püppi, não via nada de estranho em ter prisioneiros em casa e no jardim. "Eles estavam sempre felizes e queriam brincar com a gente", disse ela, muitas décadas depois.[13] Heidetraut, ou Kindi, era 16 meses mais velha. As duas irmãs em geral se vestiam com roupas idênticas. Havia um irmão mais velho, Klaus, que tinha 12 anos em 1942, e Hans-Jürgen, um menininho rechonchudo de 5 anos que gostava de doces. Podemos especular quem costurava as roupas das crianças.

Para as crianças Höss, o jardim era um parque de diversões. No verão, mergulhavam na pequena piscina usando o escorregador.

Brincavam com os dálmatas da família no gramado e passavam o dia fuçando o tanque de areia. No inverno, partiam em passeios de trenó e voltavam para casa a fim de receber abraços e canecas de chocolate quente. Os prisioneiros fabricavam brinquedos para as crianças: para Klaus, um gigantesco avião de madeira com hélice motorizada; para Hans-Jürgen, um carro em miniatura funcional que o menino podia dirigir, como oficiais e guardas da SS faziam com os veículos da frota de automóveis de Auschwitz.

Originalmente Marta foi levada para a casa como empregada doméstica geral para ajudar a fazer os trabalhos domésticos e cuidar das crianças, que gostavam de passar tempo com seus visitantes do mundo externo além dos altos muros de tijolos. Por sua vez, os prisioneiros adoravam ver as crianças felizes e, às vezes, relacionamentos afetuosos se desenvolviam. Em uma ocasião comovente, um prisioneiro jardineiro, muito querido pelas crianças, foi se despedir delas. Hedwig não explicou aos filhos que o homem havia sido levado e fuzilado contra o "muro da morte" no bloco 11 do campo.[14]

Hans-Jürgen, Kindi e Püppi gostavam de Marta, que era simpática por natureza, e não se importavam que ela brincasse no balanço do jardim. Marta sabia que precisava ter mais cuidado com Klaus, o mais velho, que era membro da Juventude Hitlerista e um valentão violento. Leo Heger, o motorista da família Höss, disse que Klaus disparava sua catapulta contra os prisioneiros. Danùta Rzempeil, adolescente polonesa da cidade convocada para limpar os sapatos das crianças e ajudar na cozinha, lembra-se de Klaus como um menino rancoroso que gostava de bater nos prisioneiros e chicoteá-los.[15] Ele ganhou de presente do titio Heini – o próprio Heinrich Himmler – um uniforme da SS para seu tamanho e era conhecido por contar histórias sobre prisioneiros que, a seu ver, deveriam ser punidos.

Hedwig fazia relatos semelhantes ao marido quando ele voltava do trabalho. Ao tirar seu uniforme, Rudolf deixava para trás seu papel como comandante de um centro de extermínio. Anos mais tarde, Püppi o descreveu como "o homem mais legal do mundo".[16]

Claro, as crianças nada sabiam sobre o verdadeiro horror do trabalho do pai. Eram novas demais para serem responsabilizadas;

eram inocentes – assim como todos os bebês e as crianças assassinados no campo sob o comando de Höss, incluindo jovens parentes de Bracha, Irene e seus amigos.

Um dia, Hedwig divulgou que precisava urgentemente de alguém para remodelar um punhado de peças de pele em um casaco.

— Eu posso fazer isso! — disse Marta.

O projeto de reaproveitamento das peças foi um sucesso. Marta tornou-se costureira em tempo integral na *villa* Höss. Sua nova sala de trabalho não era um salão chique. Hedwig mandou converter o sótão da casa em quartos separados. Lá ficavam aquartelados os criados alemães que faziam seu *Arbeitdienst** [serviço de trabalho], incluindo a governanta das crianças, Elfryda, e também sua criada polonesa Aniela Bednarska.

Embora Elfryda aparentemente gostasse de ver prisioneiros ser espancados, Aniela usava manobras furtivas para passar mensagens dos prisioneiros e também contrabandeava comida da bem abastecida despensa dos Höss. Aniela admitia que Rudolf era leal às empregadas domésticas e aos jardineiros, chegando, em ocasiões especiais, a levar cestas de comida e garrafas de cerveja para os homens trabalhando ao ar livre. As duas criadas alemãs acabaram demitidas por Hedwig por serem "preguiçosas demais". Foram substituídas por duas testemunhas de Jeová, encarceradas em Auschwitz devido à sua crença religiosa.

Hedwig dizia que as testemunhas de Jeová eram as melhores criadas de todas, porque nunca roubavam nada. Havia também a pequena questão de não precisar lhes pagar salários, embora oficialmente as famílias de oficiais da SS devessem remeter 25 *Reichsmarks* à administração do campo em troca de mulheres presas no serviço doméstico.

Um elegante portão de ferro forjado se abria para ligar o jardim dos Höss à casa. Os degraus levavam à porta dos fundos e, em seguida, à cozinha, onde a própria Hedwig cozinhava no dia a dia. Marta, amante das artes, teria se interessado pelas pinturas penduradas na

---

* Iniciativa de trabalho a princípio de caráter voluntário, depois compulsório – na verdade, um dispositivo para o combate ao desemprego provocado pela crise de 1930 –, mais tarde instrumentalizada pelo nazismo para recrutamento em massa de jovens. (N. T.)

residência, todas saqueadas. Algumas foram sugestão do renomado artista polonês Mieczysław Kościelniak – preso em 1941 e enviado para Auschwitz –, outras eram obras originais do irmão de Hedwig, Fritz Hensel – sobretudo paisagens da área de Auschwitz e do rio Sola, do outro lado da rua onde se situava a casa.

Uma grande tela a óleo de flores dominava a suíte principal. As roupas de Hedwig ficavam penduradas em um guarda-roupa de quatro compartimentos com portas de vidro refletindo duas camas de solteiro. As gavetas de roupas íntimas de Hedwig continham peças retiradas da bagagem de deportadas assassinadas. Ela chegava inclusive a se apropriar de roupas íntimas fornecidas a suas criadas, dando-lhes peças velhas em troca.[17]

Um prisioneiro polonês chamado Wilhelm Kmak ia com frequência à casa dos Höss retocar a pintura das paredes e esconder arranhões e rabiscos das crianças. Pedia às costureiras da casa que não desencorajassem as crianças de desenhar nas paredes, pois era seu único contato com o mundo civil.[18]

O gabinete de Höss era muito reservado, abastecido com livros, cigarros e vodca. Entre os livros havia um sobre os pássaros de Auschwitz, escrito durante a residência de Höss como comandante do campo de extermínio. Inspirado pela amizade com a professora de seus filhos, Käthe Thomsen, e o marido dela, Reinhardt, oficial da SS e também agrônomo em Auschwitz, Höss deu ordens para que nenhum pássaro na área do campo fosse abatido. Os prisioneiros eram a caça – e alvos fáceis, aliás.

Pegas-rabudas faziam seus ninhos em choupos altos ao redor do campo: muito apropriado para um lugar que pertencia a pessoas que gostavam de roubar tudo o que lhes apetecia.

Os móveis de nogueira do escritório e da sala de jantar adjacente eram todos fabricados por prisioneiros nas oficinas do campo, assim como a mobília pintada em cores vivas do berçário das crianças no andar de cima. Na verdade, a família Höss estava tão familiarizada com seu fornecedor nas oficinas, um ex-criminoso profissional chamado Erich Grönke, que o pequeno Hans-Jürgen disse que não conseguia dormir a menos que Grönke fosse lhe dar boa-noite.

Grönke era gerente da *Bekleidungswerk Stätten-Lederfabrik*, uma oficina de roupas do campo, sediada em um antigo curtume. Fazia visitas diárias à *villa* dos Höss, a quem fornecia cadeiras, pastas, bolsas, malas e sapatos de couro, além de lustres cintilantes e brinquedos.[19] Hedwig assinava recibos para pronta entrega de produtos de pilhagem, incluindo toalhas de mesa, toalhas de banho, vestidos pequenos e um colete bávaro de lã cinza usado – o colete era para Hans-Jürgen.[20]

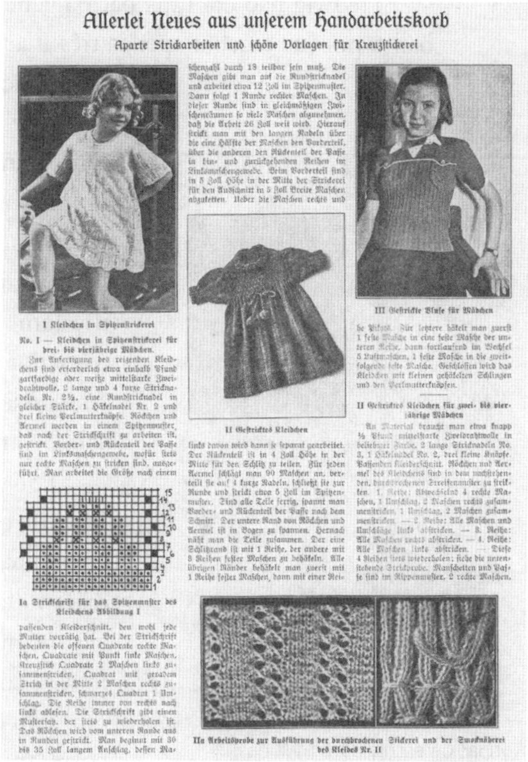

As roupas que Hedwig adquiria das pilhagens de Auschwitz começaram a ser entregues na sala de costura do sótão para reformas e remodelagens. Segundo a tradição familiar, os botões dessas roupas eram retirados e substituídos, por causa da aversão a dedilhar fechos de roupas que mãos judias houvessem tocado.[21]

Padronagens de tricô alemãs para roupas infantis. Hedwig foi persuadida por sua cabeleireira judia Manci a arranjar uma prisioneira para tricotar para as crianças, e foi graças a isso que outra mulher judia assegurou uma posição protegida.

Marta não foi a primeira nem a única costureira a trabalhar para Hedwig. Seria, no entanto, a mais influente e longeva.

Uma das melhores amigas de Hedwig era Mia Weiseborn, casada com um guarda do campo de concentração. Costureira talentosíssima, ela produziu um requintado bordado a ouro para Hedwig: a heráldica da família Höss em seda roxa. Para a costura do dia a dia, Hedwig contratou uma polonesa local, Janina Szczurek, de 32 anos. Janina não teve escolha a não ser se apresentar na casa da rua

Legiónow. Sentindo um medo compreensível dos ocupantes nazistas, levou consigo uma de suas aprendizes, Bronka Urbańczyk.

Hedwig não era uma patroa generosa. Janina abandonou o trabalho porque recebia apenas três marcos de salário e uma tigela de ensopado durante o dia. Aflita, com receio de perder a criada, Hedwig ofereceu dez marcos e Janina voltou. Janina juntou forças com Agniela Bednarska, a governanta, para contrabandear remédios e transmitir mensagens quando necessário. Também usava a desculpa de precisar consertar a máquina de costura para falar com prisioneiros e compartilhar notícias sobre o andamento da guerra.

Por sua vez, Agniela repassava pacotes de comida para Janina escondidos em ramos de flores do mágico jardim da família Höss e que Hedwig, em um gesto benevolente, permitia que Janina levasse consigo.[22]

Um dia, as crianças da família Höss correram até Janina, pedindo-lhe que costurasse adereços para um jogo que estavam usando. Obedientemente, ela fez a vontade de meninos e meninas. O comandante voltou para casa e encontrou Klaus usando uma braçadeira de *kapo* recém-costurada, enquanto as crianças mais novas corriam pelo jardim como prisioneiras, cada uma com um triângulo colorido costurado em suas roupas. Rudolf arrancou os emblemas de tecido e decretou que, dali em diante, jogos desse tipo estavam proibidos. Quando Janina por fim deixou a *villa* Höss, provavelmente ficou feliz por se livrar de tamanho drama. Ao recrutar mão de obra escrava de mulheres judias, Hedwig economizou os salários que antes pagava às costureiras.

Hedwig não foi, de forma alguma, a única a tirar proveito da força de trabalho escravo no campo de concentração. Embora não

Roupas de escola para meninas, destacadas em uma edição de 1944 da revista alemã de moda e costura *Mode Für Alle*.

existam registros de todos os prisioneiros que se tornaram empregados domésticos, um documento da administração de Auschwitz lista as famílias de membros da SS que usaram testemunhas de Jeová como criadas em casa. Cerca de noventa dessas mulheres foram alojadas no Stabsgebäude com os *kommandos* de costura e lavanderia. Em maio de 1943, houve um pedido para que mais prisioneiras testemunhas de Jeová fossem levadas a Auschwitz para ajudar famílias com vários filhos.[23]

Todas as famílias de oficiais e guardas da SS foram contaminadas pelo uso hipócrita do trabalho forçado dos prisioneiros. O dr. Hans Münch, do Instituto de Higiene de Auschwitz, talvez tenha expressado isso da melhor maneira. Disse que todos tinham *Dreck am Stecken* [literalmente, "sujeira em sua bengala"], ou seja, todos tinham as mãos sujas, culpa no cartório. Ele detalhou a ideia: "Chegou-se à inevitável conclusão de que todo mundo poderia ter um alfaiate sentado em algum canto de casa para costurar uniformes ou outras coisas".[24]

Existem muitos exemplos da cumplicidade da SS. Um homem da SS na fábrica de munições pediu a um prisioneiro que costurasse um ursinho de pelúcia para seu filho, incluindo chapéu tirolês e calça combinando.[25] Uma mulher da SS exigiu, para dar de presente de Natal, uma delicada boneca costurada à mão, com cachos dourados retirados de um suprimento de cabelo humano. A costureira em questão disse corajosamente que, em vez disso, usaria seda bordada.[26]

Irma Grese, que exercia a função de *Oberaufseherin* [supervisora chefe], uma guarda auxiliar da SS, levava seu privilégio a extremos, obrigando a própria costureira a correr de um lado para o outro do campo para cumprir suas ordens. Grese, que tinha apenas 19 anos quando chegou a Auschwitz após o treinamento em Ravensbrück, era excepcionalmente bonita e chamada de "anjo loiro" pelas prisioneiras, que comparavam a própria aparência lamentável com as roupas sob medida e o cabelo impecável de Grese.

Com razão, a prisioneira costureira – madame Grete – tinha pavor de Grese, que era completamente sádica e partia para cima dela, em furiosos ataques, quando suas exigências impossíveis não eram atendidas. Madame Grete já dirigira um ateliê em Viena; agora costurava em troca de pão. Ela relatou que os armários de Grese estavam abarrotados de roupas de alta-costura de Paris, Viena, Praga e Bucareste, todas impregnadas com o aroma de perfumes roubados.[27]

Hedwig Höss, na condição de esposa do comandante do campo, tinha oportunidades ainda maiores de exploração. Hedwig se acostumou com a superioridade presunçosa do nacional-socialismo. Convinha a ela tirar o máximo proveito disso.

> "Apenas um pequeno número de membros da SS não enriqueceu nos locais de destruição."
> ***Hermann Langbein*** [28]

Um retrato de família foi encomendado para comemorar o nascimento de Annegrete Höss, em novembro de 1943. Na certidão de nascimento dela, registra-se "Auschwitz" como local de nascimento. Na fotografia, Rudolf e Klaus vestem uniformes da SS. Püppi e Kindi usam vestidos idênticos estilo bata com mangas bufantes. Hedwig está com um estiloso vestido de tarde de bolinhas brancas e babado nas bordas. Vistos através do filtro da ideologia nazista, são a encarnação da família ariana.

Retrato de família Höss, 1943.

A câmera usada para tirar a fotografia foi um presente do titio Heini. Os uniformes foram confeccionados com mão de obra escrava. As roupas civis provavelmente foram feitas de tecido roubado ou alteradas com os pertences de deportados assassinados.

Marta costurava para Hedwig peças que combinavam perfeitamente com a imagem de uma família alemã ideal. Enquanto brincavam em casa ou no jardim, as meninas Höss ficavam lindas com o cabelo trançado e vestidos de algodão combinando. Os meninos usavam camisas e shorts. Naturalmente, tudo era lavado antes, ao contrário das vestimentas dos prisioneiros.

As crianças não tinham ideia da procedência de suas roupas. Hedwig, por sua vez, sabia perfeitamente bem. Despachava seus criados para buscar coisas na oficina de costura de Grönke e mandava Marta "fazer compras" nos grandes depósitos do Kanada.

Foi onde Bracha viu Marta pela primeira vez.

Bracha e Katka tornaram-se costureiras selecionadas para a SS no Kanada. Bracha, juntamente com duas irmãs do sul da Eslováquia, foram recrutadas pelo *Scharführer* Wiegleb. Elas se sentavam e costuravam no Kanada I, em uma varanda interna em que se guardavam, em amplas prateleiras, tecidos, roupas e apetrechos de costura, bem como a máquina de costura que Bracha usava. Tudo retirado das pilhas de itens saqueados; alguns itens vinham da bagagem dos deportados, outros saíam de lojas judaicas arianizadas.

Entrou em cena Marta Fuchs. Falando em húngaro – muitos eslovacos mudavam facilmente de um idioma para outro –, disse a Bracha quais eram as coisas que ela precisaria pegar nas prateleiras. Bracha subiu na pilha e se pôs a encontrar o que ela queria, retirando tecidos.

— É disto que você está falando?

— Pode ser... ou uma cor diferente — disse Marta, e assim a consulta continuou.

A fartura de mercadorias era tamanha que não havia necessidade de controle de estoque e, claro, nunca houve necessidade de pagamento.

Homens e mulheres da SS serviam-se de toda e qualquer coisa nos depósitos de pilhagem de Auschwitz. Em uma das seções, as mercadorias estavam dispostas como em balcões de exposição em uma loja de departamentos – perfumes, *lingeries*, lenços e escovas de cabelo. A apropriação não era, de forma alguma, um vício exclusivamente feminino. Pelo contrário, oficiais e guardas da SS do sexo masculino roubavam quantias de dinheiro, canetas-tinteiro e relógios. Johan Kremer, médico, regularmente enviava pacotes de guloseimas para amigos na Alemanha.

"Os prisioneiros me deixavam pegar várias coisas entre esses objetos, como sabonete, pasta de dentes, linha, linha de cerzir, agulhas etc.", explicou em seu julgamento do pós-guerra, acrescentando que eram "itens necessários para o uso diário".[29] Os prisioneiros não tinham permissão para manter consigo esses objetos "necessários", nem mesmo seus próprios pertences, que eram retirados deles logo na chegada ao campo de concentração.

Os criados e os empregados domésticos poloneses forçados a trabalhar nas casas das famílias de membros da SS relataram ter visto pertences judeus no uso diário, de roupas de cama a joias, e que baús carregados de objetos de valor eram enviados para a Alemanha. Hedwig Höss mantinha seus parentes na Alemanha abastecidos por meio de pacotes de Auschwitz.

A pilhagem era descarada, mas totalmente ilegal, de acordo com a declaração assinada por todo o quadro de funcionários de Auschwitz: "Estou ciente do fato e fui instruído hoje que serei condenado à pena de morte caso me apodere de bens judaicos".[30]

A enfermeira civil Maria Stromberger, que se tornaria uma das aliadas de Marta Fuchs na organização de resistência clandestina de Auschwitz, recusou-se a assinar a declaração, afirmando, indignada: "Não sou ladra!".[31] Até o próprio Himmler, que sabia muito bem como os cofres nazistas estavam cheios de objetos de valor de origem judaica, discursava contra o roubo ao mesmo tempo que parabenizava seus homens por permanecerem "decentes" enquanto massacravam dezenas de milhares de judeus em matanças em toda a Europa oriental e ocupavam terras russas: "Tínhamos o direito moral, tínhamos o dever para com nosso povo, de destruir o povo que queria nos destruir. Mas não temos o direito de enriquecer nem sequer com uma única pele, um único relógio, um marco ou um cigarro ou o que quer que seja".[32]

Logicamente, os membros de patentes inferiores da SS eram instruídos a não roubar, porque seria um indesejado rombo nos recursos centralizados do Estado. Os figurões de Berlim queriam uma fatia maior do lucro para si próprios.

A roubalheira por parte da SS tornou-se tão extrema que uma comissão de investigação acabou chegando a Auschwitz. O oficial jurídico Robert Mulka ordenou revistas nos alojamentos das guardas femininas da SS e encontrou joias e roupas íntimas retiradas dos depósitos do Kanada. As penas variavam de dois a três anos de prisão. Ao mesmo tempo, assassinatos não autorizados e tortura sádica não eram investigados: todos faziam parte da rotina em um dia de trabalho em Auschwitz.

Em vários casos, a pilhagem foi a ruína dos homens da SS muito depois da libertação de Auschwitz.

Um dos levados ao banco dos réus foi o SS-*Untersturmführer* Maximilian Grabner, um sádico assassino. *Kapos* das oficinas de Grönke levavam a Grabner mercadorias saqueadas, que ele enviava para sua família em Viena (ele também instruía seu ordenança, o cabo Pyschny, a atirar em raposas para que sua esposa pudesse ter novos casacos de pele). Após a guerra, um ex-prisioneiro de Auschwitz ouviu falar de uma família chamada Grabner, em Viena, que volta e meia recebia caixas despachadas da Alta Silésia – região de Auschwitz. A polícia foi alertada, e o criminoso de guerra procurado foi preso e executado em dezembro de 1947. Os pacotes o levaram à derrocada e à morte.[33]

A ganância também levou à prisão do SS-*Scharführer* Hans Anhalt, que enviava pessoalmente vários pacotes de objetos de valor do Kanada. No pós-guerra, ele levou o butim a casas de penhores para ganhar dinheiro. As suspeitas só vieram à tona em 1964, quando sua casa foi revistada e se descobriu o que restava dos bens furtados do Kanada, incluindo elegantes bolsas de couro e luvas. Anhalt foi condenado à prisão perpétua.[34]

Um dos últimos homens da SS de Auschwitz a ir a julgamento foi Oskar Gröning, que contabilizava e classificava os objetos de valor retirados dos prisioneiros recém-chegados ao campo. Em 2015, Gröning foi considerado culpado de facilitar o assassinato em massa. Em seu depoimento, atestou que os furtos eram "prática absolutamente comum em Auschwitz".[35]

O juramento de obediência até a morte dos membros da SS ao *Führer* e ao Reich era uma desculpa conveniente para aqueles que queriam ser eximidos de crimes no pós-guerra, usando o argumento de que "eu estava apenas cumprindo ordens". Claramente, homens e mulheres da SS em Auschwitz escolheram quais ordens gostariam de seguir e quais ordens poderiam ser desobedecidas.

> "Apenas as esposas de nazistas de alto escalão foram convidadas. Muitas delas eram absolutamente horríveis, outras eram muito elegantes; nossa moda deveria torná-las cultas."
> **Detlev Albers,** *estilista de Berlim, apresentando um desfile de alta-costura para esposas de oficiais e guardas da SS na residência de Göring*[36]

Um importante juiz que atuou no julgamento dos crimes da SS observou que as casas dos líderes do esquadrão militar nazista em Auschwitz não foram revistadas em busca de bens roubados; os peixes pequenos é que foram detidos por infrações. Rudolf Höss discursava abertamente contra o comércio no mercado ilícito, mas não questionou a procedência dos itens de sua residência bem mobiliada e seu jardim bem abastecido. Sem dúvida, foi cúmplice na aquisição de bens e na proteção do pessoal da SS que os adquiria, incluindo o homem que, em viagens de compra a serviço da administração do campo de concentração, arranjava para Höss bons tecidos "arianizados".[37] A posição hierárquica tem seus privilégios.

No Terceiro Reich, as diferenças de patente e posição hierárquica tinham que ser enfatizadas para a manutenção da estrutura de poder. Hedwig Höss bancava a anfitriã de convidados ilustres e influentes, a exemplo do general da SS Oswald Pohl, chefe dos empreendimentos industriais da SS, que durante um jantar cerimonial na casa de Auschwitz, em setembro de 1942, saboreou generosas porções de porco assado, café de verdade e cerveja refrescante.[38] Hedwig não apenas mandava Marta fazer roupas de acordo com seu gosto, como precisava de um guarda-roupa que refletisse sua condição de esposa do comandante. Hedwig não brilhava com o esplendor das joias de Emmy Göring, tampouco se arrumava com o extremo esmero de Magda Goebbels, mas recebia altos dignitários e importantes industriais, acompanhados das respectivas esposas.

Os homens dominavam as esferas políticas e militares do Terceiro Reich. O papel de Hedwig, em consonância com a ideologia nazista, era doméstico. Nos bastidores, com um avental de corpo inteiro, ela obrigava os prisioneiros a encherem sua despensa de alimentos negociados no mercado ilegal do campo de concentração – açúcar, cacau, canela, margarina – e os pagava em cigarros por correr esse risco extremo. À mesa de jantar, vestindo trajes elegantes para a noite, oferecia requintados banquetes aos convidados. Em sua casa não havia nenhum indício de racionamento de guerra ou de cupons de comida. Acerca dessa hospitalidade, o próprio irmão de Hedwig, Fritz, comentou: "Eu me senti confortável em Auschwitz, onde tudo estava disponível em abundância".[39]

Não muito longe dali, Bracha, Irene, Katka e Hunya tomavam sopa de nabo e comiam pão duro. Rudolf Höss estava correto quando, ao levar Fritz para um passeio pelo campo de extermínio, descreveu Auschwitz-Birkenau como "outro planeta".[40]

Por ocasião da segunda visita de Himmler a Auschwitz, em janeiro de 1943, Hedwig serviu um café da manhã tão lauto que ele se atrasou para uma demonstração da operação da câmara de gás. As vítimas escolhidas suportaram a espera trancadas dentro do corredor de cimento com seus chuveiros falsos. Depois de uma inspeção pelo campo em um clima extremamente frio, Himmler pôde se esquentar na *villa*, que havia sido equipada com um moderno sistema de aquecimento central. Quando Adolf Eichmann visitou o local, descreveu o domínio de Hedwig como "caseiro e agradável".[41]

O livro de visitas da *villa* é repleto de elogios:
"Obrigado, mamãe Höss",
"Desejo-lhes saúde, felicidade e alegria",

"Passei muitas horas relaxando com velhos amigos".[42]

A esposa de um oficial nazista existia para gerar filhos e apoiar o marido. Hedwig cumpria esse papel com êxito e louvor, convidando velhos amigos para se hospedar em sua casa, bem como companheiros do campo de Auschwitz, para que Rudolf pudesse relaxar após um dia difícil viabilizando o genocídio. Hedwig organizava piqueniques e passeios a cavalo ao longo da margem do rio nos arredores e até mesmo excursões a um balneário da SS próximo, chamado Solahütte, onde oficiais e auxiliares do sexo feminino descansavam em um terraço, cantavam ao acompanhamento de acordeão, faziam caminhadas por campinas e colhiam mirtilos frescos.[43]

O quadro de pessoal da SS podia desfrutar da diversão de apresentações teatrais, óperas ao vivo e ruidosas cantorias, bem como exibições de filmes, um cassino e uma biblioteca. Na cidadezinha vizinha havia vários restaurantes, como o Ratshof ou o Gasthofzur Burg.

Por serem as pessoas mais importantes em Auschwitz, Hedwig e Rudolf dispunham de assentos na primeira fila em todos os espetáculos e se vestiam de acordo com a solenidade da ocasião. A música era o ponto alto da vida no campo para os membros da SS. Aos domingos, uma orquestra de prisioneiros homens tocava na praça entre a *villa* Höss e o prédio do crematório.

Em Birkenau havia uma orquestra de mulheres que em um concerto especial de verão tocou valsas vienenses e *Rapsódia húngara,* de Liszt. A esposa de um oficial de alta patente da SS compareceu com a família, usando uma saia tipo tirolesa de proporções generosas. Seu filho ostentava uma placa em volta do pescoço declarando que seu pai era o SS-*Lagerführer* Schwarzhuber, maneira de garantir que não fosse confundido com uma criança judia e morto na câmara de gás.[44]

Para os concertos noturnos, a solista da orquestra ganhou um vestido de noite vermelho decotado, um achado dos depósitos do Kanada. A orquestra principal estava com roupas idênticas, confeccionadas em uma oficina de Birkenau. A costureira húngara Ilona Hochfelder tinha a lembrança de fazer para os músicos da orquestra blusas brancas e vermelhas, a serem usadas com saias pretas ou azul-marinho. Sua recompensa foi um torrão de açúcar e uma maçã. O trabalho anterior de Ilona como costureira tinha sido para a ilustre Casa Chanel em Paris. Ela ficou tão emocionada ao ouvir a música que foi falar com o regente.[45]

Hunya Volkmann não tinha lembranças tão arrebatadoras da orquestra, por mais que adorasse concertos em Leipzig. Em Auschwitz e Birkenau, os músicos eram forçados a tocar músicas alegres para os prisioneiros na entrada e na saída do turno de trabalho. Hunya considerava um ritual dissonante e aterrorizante; a seu ver, os músicos pareciam "fantasmas de outro mundo".[46]

Outro papel que Hedwig assumiu foi o de figura materna para as guardas femininas do campo de extermínio. A idade média delas era 26 anos; algumas ainda eram adolescentes. Passavam por um treinamento desumanizador, mas seguiam muito humanas, com seu próprio espectro individual de vícios tolerados e virtudes suprimidas. Procuravam Hedwig para desabafar sobre seus problemas, sobre quanto sofriam por causa do trabalho brutal que se viam obrigadas a realizar. O único "consolo" oferecido por Hedwig era que, tão logo a guerra acabasse, os problemas delas também acabariam: todos os judeus estariam mortos.[47]

Quando Hedwig e Rudolf se aprumavam para algum compromisso fora de Auschwitz, podiam convocar a SS-*Lagerführerin* Maria Mandl para fazer as vezes de babá e tomar conta de seus filhos. Mandl, violenta e empenhada em seu ódio aos judeus, era uma benfeitora da orquestra feminina e amava crianças. O álbum de fotografias da família Höss a mostra em um maiô no píer do rio Sola, pronta para mergulhar com as meninas Höss. A enfermeira Maria Stromberger descreveu Mandl como "a encarnação do diabo".[48]

Certa noite, Hedwig e Rudolf foram a uma noitada num jantar dos oficiais em um cassino. Numa variação da anedota que a costureira Janina Szczurek contou sobre as crianças brincando de prisioneiros, a bordadeira amiga de Hedwig, Mia Weiseborn, costurou braçadeiras e insígnias para que todos pudessem brincar de *kapos* espancando uma prisioneira. Neste caso, o alvo foi uma detenta real, Sophie Stipel, a cozinheira. Nesse "jogo", Sophie Stipel foi amarrada a uma cadeira e atingida com golpes de pesadas toalhas molhadas. Hedwig e Rudolf aparentemente não ficaram nem um pouco impressionados quando voltaram para casa e se depararam com a cena.[49]

> "Depois que minha esposa descobriu o que eu estava fazendo, raramente desejávamos ter relações sexuais."
> ***Rudolf Höss***[50]

O lar era um refúgio para os homens da SS com grave instabilidade mental decorrente de suas implacáveis ações assassinas. *Frau* Moll contou a Hedwig que seu marido Otto costumava chorar durante o sono – a conversa foi entreouvida por uma costureira da casa. Será que *Frau* Moll sabia que, entre muitas outras atrocidades, Otto havia pessoalmente jogado bebês vivos na gordura humana fervente? Marianne Boger, casada com um dos torturadores mais brutais do campo de extermínio, disse que seu marido costumava voltar para casa exausto na hora das refeições e que ela se preocupava com o estado dos nervos dele.[51]

Lingerie e camisolas tinham papel relevante para acalmar os homens, pois o sexo conjugal era reconhecido como influência lenitiva para os homens da SS. Hans Demotte, médico da SS, tinha sérias crises de consciência com relação às execuções em massa, por isso sua esposa Klara – uma mulher impressionante que se vestia de preto e branco para combinar com a pelagem de seu cachorro, um dogue alemão – foi levada a Auschwitz como uma válvula de escape sexual com função acalentadora.[52]

Recluso do ponto de vista emocional e muitas vezes sobrecarregado por pressões administrativas, Rudolf Höss supostamente encontrava sua válvula de escape sexual com uma prisioneira não judia que era responsável pela separação de objetos de valor no Kanada: Nora Hodys. Ela foi apresentada a Höss graças ao amor de Hedwig por móveis finos: Hodys foi levada à *villa* para consertar um tapete e, em seguida, estendeu suas habilidades de bordado à produção de duas novas tapeçarias, bem como de travesseiros de seda, um tapete de cabeceira e colchas. Também fornecia a Höss joias do depósito de pilhagem.

Em agosto de 1942, Hodys foi convidada para comemorar seu aniversário de 40 anos no jardim da casa dos Höss. Foi identificada em uma fotografia da família, com o pequeno Hans-Jürgen no colo e Püppi por perto. Seu cabelo tem cachos exuberantes, presos em um lenço colorido. O vestido abotoado na frente é elegante e discreto. Embora o comandante criticasse com convicção os guardas subalternos que mantinham relações sexuais com prisioneiros, isso não o impediu de fazer investidas a Hodys.

Foi o jardineiro, Stanisław Dubiel, quem os viu se abraçando. Ele também alegou ter ouvido Hedwig discutir com o marido sobre "aquela mulher". Hedwig dispensou Hodys assim que Rudolf se ausentou de casa. De acordo com Hodys, o comandante a visitava para relações sexuais não negociáveis enquanto ela estava na prisão no campo; ela alegou ter sido forçada a abortar logo depois. Mencionar o nome dela era proibido na família Höss. Anos depois, Hedwig destruiu um relato impresso do caso Hodys com as palavras: "Este romance inventado sobre o qual ninguém sabe a verdade".[53]

Quanto à vida sexual da própria Hedwig em Auschwitz, apesar dos rumores de que foi flagrada no gazebo dando um abraço apaixonado no gerente da cantina de uma fábrica de sapatos das proximidades de Chełmek, ela manteve a imagem de perfeita esposa e mãe nazista. Rudolf alegou que o sexo entre eles tornou-se raro depois que Hedwig descobriu a verdadeira natureza de Auschwitz: um campo de extermínio. Isso suscita a questão: até que ponto as esposas de oficiais e guardas da SS sabiam sobre a escalada do genocídio e, de modo mais significativo, quanto se importavam?

Höss havia prometido a Himmler que o programa de extermínio seria uma questão secreta do Reich. O próprio Himmler declarou ser "uma página de glória de nossa história que nunca foi escrita e nunca o será".[54] Enquanto Himmler visitava locais de matança em toda a Europa oriental, escrevia regularmente para sua esposa Marga e sua filha Gudrun, dando-lhes notícias atualizadas sobre sua saúde e sua pesada carga de trabalho, e aproveitava todas as oportunidades para despachar pacotes de guloseimas. Enviava conhaque e livros, sabonete e xampu... chocolates, biscoitos, leite condensado... tecidos, bordados, vestidos e peles.

Embora Marga Himmler estivesse comprometida com as ideologias artamana e nazista, referindo-se aos judeus como "ralé" e desejando que fossem "colocados atrás das grades e obrigados a trabalhar até morrer", seu marido nada escreveu sobre os extermínios que ele ordenava e testemunhava. Marga, apesar de ter prisioneiros de Dachau trabalhando em suas terras, acabava protegida das realidades sórdidas.[55]

Hedwig, no entanto, ficou curiosa durante um evento social com Fritz Bracht, que era o *Gauleiter* [representante local e líder provincial do Partido Nazista] da Alta Silésia, território que incluía Auschwitz. Ele e a família moravam nos arredores de Katowice. Durante a excursão de Himmler pela zona de interesse de Auschwitz, em julho de 1942, Bracht foi seu anfitrião. A pedido de Himmler, Hedwig Höss também foi convidada. Durante os jantares formais, o costume era que as senhoras "se retirassem" da sala de jantar para que os homens discutissem questões políticas e de negócios. Em certa ocasião, Bracht falou abertamente sobre a verdadeira natureza do campo de extermínio na frente de Hedwig. Mais tarde, ela perguntou ao marido se os comentários do *Gauleiter* eram verdadeiros; Rudolf admitiu que sim.[56]

Hedwig conhecia bem de perto o discurso de ódio nazista. Absorveu de bom grado os princípios racistas da Liga Artamana. Criou os filhos nas adjacências dos campos de "reeducação" de Dachau e Sachsenhausen. Morava em uma casa confiscada de seu legítimo dono, vestia roupas tiradas dos mortos e era servida por escravos que tinham sido arrancados da própria vida e da própria família. Era de fato uma revelação acachapante saber que o veneno da propaganda antijudaica havia sido gradualmente convertido no veneno dos cristais de Zyklon B jogados dentro de uma câmara selada?

Se Marta, costurando no sótão da casa da família Höss, podia olhar para o campo e ver a maneira como seus companheiros de prisão eram tratados, como Hedwig poderia ser tão cega? Se o povo polonês local entendia o significado da fumaça das piras e das chaminés, e das pessoas que chegavam e depois desapareciam para sempre, como Hedwig poderia ser tão ignorante? Talvez ela visse apenas o que queria ver: seu lindo jardim, suas pinturas, suas tapeçarias e seus vestidos.

Para outras esposas de oficiais e guardas da SS, era reconfortante evitar qualquer conhecimento acerca dos crimes cometidos pelos maridos. As criadas limpavam os excrementos das botas deles quando voltavam do trabalho e lavavam o sangue dos uniformes. E o cheiro do campo de extermínio? "Fedor de alho da fábrica de salsichas", dizia Elfriede Kitt, casada com um médico do campo que realizou experimentos hediondos com prisioneiros. *Frau* Kitt atuava como assistente do marido. Fora do horário de trabalho, ela se entregava aos prazeres dos tecidos e dos perfumes roubados do campo.[57]

A nova esposa do dr. Josef Mengele, Irene, foi mais direta ao questionar o marido.

— De onde vem o fedor?

— Não queira saber — respondeu ele.

Ela obsequiosamente evitava o assunto, mas sabia do trabalho médico de seu marido e seu papel em selecionar pessoas para morrer. Chegou a ser tratada com difteria no hospital da SS em frente ao crematório.[58]

— Ouvi dizer que estão envenenando mulheres e crianças com gás aqui. Espero que você não tenha nada a ver com isso — disse Frieda Klehr ao marido.

— Eu não mato, eu curo — disse para tranquilizá-la.[59]

O dr. Klehr assassinou pessoalmente muitos milhares de prisioneiros com injeções de fenol no coração, vestindo jaleco branco ou avental de borracha cor-de-rosa e luvas de borracha. A partir de 1943 foi encarregado do *kommando* de desinfecção, usando Zyklon B para despiolhar roupas e alojamentos e para matar prisioneiros em câmaras de gás.

A bela Eryka Fischer deleitava-se com lençóis de veludo e roupas íntimas com monogramas. Seu marido era o dr. Horst Fischer, responsável pelas seleções na rampa de Birkenau. *Frau* Fischer deixava sua criada polonesa brincar de se vestir com roupas glamorosas. Durante a estada de *Frau* Fischer no hospital da SS, o "campo cigano" em Birkenau foi aniquilado. Seu marido foi franco sobre a ação, dizendo que os ciganos haviam "desaparecido na fumaça".[60]

Mesmo que soubessem do extermínio em massa de judeus, poloneses, prisioneiros de guerra, ciganos, sinti, homossexuais e muitos outros, as esposas de oficiais e guardas da SS poderiam ser classificadas como cúmplices? Eram meras espectadoras ou tão íntimas dos criminosos que se poderia dizer que foram corrompidas pela mesma culpa? Embora as mulheres nazistas fossem enfaticamente excluídas de um papel político ou militar proativo no regime, davam apoio aos homens que elaboravam e implementavam políticas de instrumentalização da destruição. De maneira decisiva, essas ações não eram criminosas no Terceiro Reich. Talvez seja mais pertinente ponderar: as mulheres *se importavam* com o destino daqueles que seus homens perseguiam?

Frau Faust, diretora da Cruz Vermelha em Auschwitz, berrava e chamava a polícia quando algum prisioneiro judeu implorava por pão.

Frau Wiegleb, esposa do *Scharführer* para quem Bracha costurava no Kanada, dava bolo aos prisioneiros quando eles iam trabalhar em sua casa ou no jardim.

Frau Palitzsch, casada com o homem que a resistência rotulou de "o maior carniceiro de Auschwitz", era uma alma gentil, segundo sua empregada polonesa. Quando *Frau* Palitzsch reclamou sobre a má qualidade do trabalho de uma prisioneira em sua casa, essa criada foi torturada.[61]

Greta Schild, esposa de um guarda de Auschwitz, deu à empregada polonesa dinheiro, doces e um avental de presente de Natal. Quando a mãe de Greta a visitou para ajudar a cuidar de seu filho recém-nascido, ficou em uma janela observando os prisioneiros trabalharem nos poços de cascalho do lado de fora e chorou, repetindo: "Não deveria ser assim".[62]

Käthe Rohde, que gostava de se arrumar com esmero, esbanjava generosidade ao presentear sua criada polonesa com guloseimas e tecidos. Adorava festas e coisas bonitas. Os itens que vinham do

Kanada eram cuidadosamente lavados com uma solução de permanganato de potássio. Ela ficou muito feliz ao ouvir sobre o transporte em massa de judeus que chegariam da Hungria no verão de 1944, porque trariam consigo "montanhas inteiras de tesouros".[63]

E havia Hedwig.

> "Minha avó era uma mulher maliciosa e gananciosa, que descaradamente tirou proveito de sua posição como esposa do comandante."
> ***Rainer Höss***[64]

Dizia-se que Hedwig era leal aos prisioneiros que trabalhavam em sua casa e seu jardim. Ela lhes dava comida, cigarros e buquês de flores. Ela e o marido intercediam para impedir transferências, punições e até execuções. A vida de Marta foi poupada graças a Hedwig e Rudolf. Em três ocasiões, o jardineiro dos Höss, Stanisław Dubiel, teve a vida salva, mas ele ouviu Hedwig se referir ao marido como *Sonderbeauftragter für die Judenvernichtung in Europa* [o plenipotenciário especial para o extermínio de judeus na Europa]. Hedwig declarou também que, "no momento certo, chegaria a vez até dos judeus ingleses".[65]

Talvez fosse questão de conveniência para o comandante e sua esposa salvarem seus próprios trabalhadores escravos enquanto centenas de transportes de judeus chegavam a Auschwitz para serem mortos imediatamente ou trabalharem até a morte após um sofrimento inimaginável.

Enquanto atuava como costureira para Hedwig Höss, Marta teve que se equilibrar em um papel duplo de serviço e subterfúgio. Por um lado, seu trabalho era valorizado e ela era um rosto familiar na casa; por outro, sabia por experiência própria e amarga como os prisioneiros sofriam nos campos e estava determinada a usar sua posição privilegiada para ajudar os outros. Marta conseguiu que uma segunda costureira judia se juntasse às demais no ateliê de moda do sótão e, assim, tirou outra mulher do inferno de Birkenau.[66]

Um dia, Hedwig subiu as escadas até o sótão e ficou olhando as duas costurarem. De repente, falou:

— Vocês trabalham bem e rápido. Como é possível? Afinal, judeus são parasitas e vigaristas que não costumavam fazer nada além de ficar sentados em cafés. Onde vocês aprenderam a trabalhar assim?[67]

A admiração de Hedwig estava impregnada de antissemitismo. Ela via Marta como judia ou como ser humano?

Hedwig não era a única a admirar as habilidades de costura de Marta. As outras esposas de membros da SS ficaram com inveja do serviço pessoal por ela prestado. Também queriam aproveitar o talento judeu para renovar o guarda-roupa. Por que apenas *Frau Höss* tinha todos os benefícios? Hedwig viu aí uma oportunidade de expandir a oficina de costura do sótão. Concebeu um novo estabelecimento: um ateliê de moda seleto no campo de concentração, que atendesse a uma elite nazista.

Fossem espectadoras, simpatizantes ou colaboradoras, as esposas de oficiais e guardas da SS de Auschwitz se tornariam as futuras clientes de Marta nesse local. O destino de muitas outras pessoas dependeria dos caprichos dessas mulheres em relação à moda. O sistema de exploração de Auschwitz foi projetado para empobrecer e destruir prisioneiros judeus; Marta o usaria para tentar salvá-los.

CAPÍTULO OITO
Entre as 10 mil mulheres

> "Entre as 10 mil mulheres em Birkenau,
> havia definitivamente pelo menos quinhentas boas costureiras,
> mas que, se não tivessem contatos, não teriam sorte."
> **Bracha Berkovič**

"Chamaram seu número" era uma expressão bastante presente na conversa do dia a dia.

Para um prisioneiro no sistema de campos de concentração, ter o número chamado poderia ser a derradeira etapa. No início do verão de 1943, o número de Irene Reichenberg foi chamado: 2.786.

Destacar-se da multidão em geral significava problemas, na melhor das hipóteses; o ideal mesmo era não chamar a atenção dos guardas da SS. No entanto, Irene ouviu seu número e deu um passo à frente, à espera do pior. O que ela tinha a temer em relação a seu destino? Ainda estava de luto pela morte de suas três irmãs, Frieda, Jolli e Edith e ainda cogitava a morte como fuga.

Irene foi enviada aos escritórios da administração de Birkenau, ao lado da agora infame entrada de tijolos do campo. Lá foi despida, avaliada por médicos e respondeu a uma pergunta:

— Qual é sua profissão?

— Costureira — respondeu.

Essa resposta simples salvou sua vida e sua sanidade.

Irene foi escolhida para se juntar a um seleto grupo de costureiras no novo ateliê de moda estabelecido em Auschwitz por Hedwig Höss. Era chamado de *Obere Nähstube*, ou "estúdio de alta-costura superior". Irene foi escolhida não por ser a mais habilidosa ou experiente em sua área, mas porque era parente, mesmo que não de forma direta, da imponente nova *kapo* do ateliê, Marta Fuchs (o irmão de Irene, Laci, se casara com a irmã de Marta, Turulka). Marta disse à guarda feminina da SS encarregada da costura, a SS-*Rapportführerin* Ruppert, que havia muitos pedidos de roupas e poucas trabalhadoras.

— Você tem alguém em mente? — quis saber Ruppert.

— Sim. Reichenberg, Irene, número 2.786.

Uma vez em segurança na oficina, Irene começou a importunar Marta.

— Ouça, tenho uma boa amiga... Berkovič, Bracha, número 4.245. Ela é maravilhosa. Você pode solicitá-la também?

Marta não demorou a ser persuadida. Dois meses depois da chegada de Irene, Bracha foi recebida de braços abertos. Prontamente anunciou:

— Eu tenho uma irmã...

Duas semanas depois, Katka Berkovič, número 4.246, foi convocada para trabalhar como nova especialista em casacos e ternos.

No outono de 1943, o estúdio de alta-costura superior tinha aumentado de duas para quinze mulheres. E não parou por aí.

A SS selecionava pessoas para morrer; enquanto isso, ao escolher suas ajudantes, Marta lhes proporcionava uma chance na vida. Inevitavelmente, suas primeiras escolhas foram mulheres que ela já conhecia. Era assim que o privilégio funcionava nos campos. Redes de conexão, ou "proteção", se mostravam cruciais. O exemplo de Marta reunindo costureiras em Auschwitz demonstra como eram estreitos os laços de família e nacionalidade, tanto para os prisioneiros judeus quanto para outros grupos de detentos. Quando as famílias se separavam, a angústia podia naturalmente levar ao desespero, como aconteceu com Irene. Alguma forma de vínculo e colaboração era

Modelitos de outono na revista de moda e costura alemã *Mode Für Alle*, 1944.

essencial para a sobrevivência mental, e essa força emocional, por sua vez, dava às pessoas maior resiliência física.

O comandante Höss zombava das evidências de laços familiares entre os judeus, afirmando: "Eles se agarram uns aos outros feito sanguessugas". Em seguida, se contradizia ao deplorar o que considerava falta de solidariedade judaica. "Na situação deles, era de se presumir que protegeriam uns aos outros. Mas não, foi exatamente o oposto", escreveu.[1]

Apesar das frequentes e presunçosas afirmações de que entendia a mentalidade dos prisioneiros, Höss não apenas ignorava a própria responsabilidade no sentido de criar condições de solidariedade ou lutas internas, como evitava qualquer expressão de compaixão pelas complexas experiências vividas pelos prisioneiros em Auschwitz. Reconhecer os instintos normais de amor, lealdade ou autopreservação significaria reconhecer que os prisioneiros eram de fato humanos.

Isso era algo a que Höss resistiu: se os prisioneiros fossem humanos, o tratamento que dispensava a eles só poderia ser considerado desumano. Para Höss, era mais confortável criar uma barreira protetora de preconceito que pensar em si mesmo – aparentemente um amoroso pai de família, que lia contos de fadas para os filhos na hora de dormir – como monstro.

Höss tinha conhecimento do sistema de favoritismo entre prisioneiros privilegiados, mas optava por ignorar o fato de que ele e seu regime eram responsáveis pelo clima de rivalidade em que um grande número de pessoas lutava por recursos muito escassos. Ele criticava as mulheres que competiam por bons empregos nos campos de concentração: "Quanto mais segura a posição, mais desejável ela era e mais disputada. Não havia consideração pelos outros. Era uma luta em que tudo estava em jogo. Não se poupava nenhum meio, por mais depravado, de obter essa posição ou mantê-la. Na maior parte dos casos, os inescrupulosos venciam".[2]

Em Auschwitz havia um grande número de prisioneiros que eram criminosos genuínos – assassinos e estupradores incluídos –, em contraste com os civis, que tinham sido presos por causa de sua raça, sua religião, sua política, sua sexualidade ou sua cultura. Os indivíduos dotados de algum grau de vigor de sobrevivência, mais preparados para lidar com emergências e rupturas, certamente lutaram para chegar a posições de *status* e poder relativos. Os veteranos do sistema, que sobreviveram meses e anos contrariando todas as expectativas, eram respeitados e amiúde temidos.

Nos primeiros anos de Auschwitz, os prisioneiros recém-chegados eram tatuados com os números dos menores lotes. Os que resistiram por mais tempo eram conhecidos como "números baixos". Como "veteranas" no sistema, era inevitável que as judias eslovacas de números baixos – as que chegaram nos primeiros transportes femininos para o campo – soubessem tirar vantagem das situações sempre que possível. Tendo conquistado empregos cobiçados, algumas delas usavam sua posição para ajudar poucos felizardos, formando um grupo fechado de pessoas, uma "panelinha" radical e semicriminosa; outras criaram grupos de amparo mais ativos, motivados por um espírito de cooperação e generosidade que Höss não via ou não era capaz de identificar.

Höss observava os prisioneiros de Auschwitz como se fossem uma espécie diferente, criaturas enjauladas em um zoológico selvagem, não seres humanos que sua própria organização havia reduzido a táticas cruas de sobrevivência. Sua fria condenação – "Não havia consideração pelos outros" – é assustadora em vista de sua própria autoridade indiferente em relação aos assassinatos em massa. Também é um juízo comprovadamente equivocado quando aplicado à *kapo* Marta Fuchs.

Em suma, Marta usou seu privilégio para ajudar outras pessoas. O novo ateliê de costura seria um refúgio para resgatar o maior número possível de mulheres de Birkenau.

Por mais que a tradicional habilidade feminina para a costura fosse uma salvação, o mundo do trabalho de secretariado, fortemente norteado pelo gênero, também permitiria que as prisioneiras se apoiassem umas às outras, uma vez que, no sistema de administração da SS, eram as prisioneiras judias que cuidavam de tarefas como datilografia, arquivamento e manutenção de registros em relação à gestão de mão de obra. Seu quartel-general era o edifício administrativo, o Stabsgebäude.

Katya Singer era uma judia tcheca da administração de Auschwitz que por dois anos trabalhou no livro de campo de concentração – o *Lagerbuch* –, espécie de diário ou inventário. Certamente usava seus contatos para obter favores. Quando um oficial da SS lhe perguntou por que o estava importunando para ajudar determinados prisioneiros, ela respondeu, sem rodeios:

— Este é o meu povo.[3]

A equipe de secretariado do Stabsgebäude também aprenderia a usar o complexo sistema de arquivamento em prol da resistência do campo. O *Lagerbuch* que Katya mantinha tornou-se ferramenta essencial para analisar as estatísticas dos trabalhadores. O *Arbeitsdienst* [registro da força de trabalho] assinalava quantos presos de certas profissões estavam disponíveis. O *Arbeitseinsatz* [departamento de implantação de trabalho] visava a fornecer mão de obra escrava de prisioneiros quando e onde se fazia necessário.

Uma vez por mês, o departamento DII do quartel-general econômico era notificado sobre o número disponível de prisioneiros de certas profissões. A cada semana, *kapos* de diferentes *kommandos* de trabalho faziam uma solicitação ao administrador, informando o número e as habilidades dos trabalhadores necessários. Os detentos que atuavam como funcionários recomendavam os adequados. Ou seja, esses escriturários poderiam recompensar os amigos designando-os para os melhores *kommandos* de trabalho ou, ao contrário, vingar-se de prisioneiros de quem não gostassem, mandando-os para um esquadrão barra-pesada.

Assim, Marta poderia verificar no meticuloso fichário para ver quais de suas amigas estavam no campo e quais números poderiam ser convocados.

Por sua vez, os prisioneiros atolados no pesadelo de Birkenau também faziam o possível para estabelecer conexões. Não era simplesmente questão de querer algumas melhorias, era questão de vida ou morte. Renée Ungar, a filha do rabino e amiga de Irene de Bratislava, arranjou emprego como auxiliar de escritório temporária até outubro de 1942, quando foi jogada de volta ao conjunto da mão de obra geral. Enfraquecida pela febre tifoide e pela malária, Renée sabia que provavelmente não duraria muito tempo. Dia e noite ela pensava em maneiras de se salvar. Espalhou a notícia de que tinha aptidão para fazer trabalho de secretária ou de costureira e, quando parecia à beira da morte, foi aceita no *kommando* de Marta no estúdio de alta-costura superior.

Renée foi muito franca sobre sua sorte. Sabia que havia costureiras francesas de altíssimo gabarito presas em Birkenau, ao passo que ela ainda nem era profissional. Marta a tranquilizou: ela poderia trabalhar e aprender. Mesmo quando alcançou relativa segurança, Renée não conseguia se esquecer de outras meninas e mulheres que morriam aos milhares, incluindo muitas de suas amigas.

Rudolf Vrba, eslovaco tão generoso com Irene no Kanada, reconheceu que o privilégio de uma eslovaca de número baixo tinha preço. Ele comentou:

— Se hoje elas desfrutam de certas regalias, já passaram por sofrimentos terríveis.[4]

De todas as mulheres a bordo dos primeiros transportes de judeus a chegar a Auschwitz em 1942, mais de 90% morreram nos primeiros quatro meses. Das 10 mil judias deportadas da Eslováquia, apenas cerca de duzentas voltariam para casa.[5]

> "Vamos descobrir se você sabe costurar. Se ficar claro que mentiu, será enviada para o bloco 10!"
> **SS-Lagerführerin** *Maria Mandl*[6]

Hunya Volkmann, número 46.351, apesar de sua dignidade e sua resistência inatas, também já beirava o desespero quando seu número foi chamado. Ela não tinha a vantagem de ser um número baixo. Extenuada pelo trabalho árduo no galpão de tecelagem, desnorteada pela febre e enfraquecida pelas excruciantes dores causadas por abscessos infectados, Hunya não teve escolha a não ser colocar seu número na lista de doentes do hospital. Revoltou-se com as condições do *Revier*, o bloco reservado aos prisioneiros combalidos em estado grave. As camas estavam cheias de fezes. Não havia roupa de cama, e nenhuma chance de se lavar. Piolhos rastejavam sobre seu corpo nu. Outros pacientes nas camas ao lado rapidamente se transformavam em cadáveres.

Hunya foi salva pela amizade e pela lealdade – coisas que os nazistas não conseguiram eliminar, apesar de todos os maus-tratos. No *Revier*, recebeu os cuidados de uma amiga dos tempos do hospital judaico de Leipzig, Otti Itzikson. Embora não houvesse muito a fazer em termos médicos, Otti tomou providências para que Hunya ficasse escondida em uma parte não judia do barracão no dia em que todos os pacientes judeus foram selecionados para morrer. O número 46.351 não foi jogado na carroça dos mortos-vivos destinada ao gás.

Após quatro semanas agarrando-se à vida, Hunya foi liberada. Voltou aos trancos e barrancos para seu alojamento, onde amigos a receberam com notícias inacreditáveis: ela havia sido convocada para trabalhar no Stabsgebäude – um emprego lendário. No entanto, perdeu a chance por estar internada no *Revier*. Ninguém doente tinha permissão para chegar perto dos membros da SS.

— Não se preocupe. — Amigos a tranquilizaram. — Você será chamada de novo, com certeza.

A chave para a solicitação de transferência de Hunya foi, na verdade, o Kanada. Algumas jovens de sua cidade natal, Kežmarok, estavam separando documentos de bagagens roubadas nos depósitos do Kanada quando encontraram o passaporte de Hunya. Rapidamente alertaram uma das primas de Hunya, uma mulher chamada Marichka, que trabalhava como secretária de um oficial do alto escalão da SS no Stabsgebäude. Marichka consultou Marta Fuchs, e a convocação foi emitida.[7]

Hunya mal ousava ter a esperança de segunda chance. Quando essa oportunidade chegou, ainda estava nervosa, porque havia sido enviada para o bloco 10. Todas as histórias de terror sobre o bloco 10 que circulavam pelo campo eram verdadeiras. Tratava-se de um local de tortura médica, onde médicos da SS, chefiados por Josef Mengele, faziam experiências em seres humanos vivos.

Hunya aguardou uma avaliação médica, juntamente com várias outras candidatas à vaga de costureira. Qualquer pessoa que trabalhasse em contato próximo com os membros da SS devia, antes, obter uma declaração de que estava em boa forma e livre de infecções. Os ferimentos de Hunya estavam sarando, mas ela ainda tinha febre alta por causa da doença; eram grandes as chances de não ser aprovada. Mais uma vez, a sorte e a decência humana desempenharam papel fundamental: uma enfermeira no bloco 10 que conhecia a família de Hunya rapidamente sacudiu o termômetro antes que o médico tivesse chance de conferir a alta temperatura.

Hunya passou por uma sessão de despiolhamento. Mesmo assim, o médico da SS relutou em se aproximar dela. De sua cadeira, ordenou que ela se virasse para um lado e para o outro e escreveu seu veredito sem sequer a olhar. Para o doutor, Hunya era apenas um cadáver adiado. Para ela, foi uma decisão com implicações que mudariam sua vida.

Depois veio a agonia de esperar pelos resultados. Por fim Hunya ouviu seu nome. Foi aprovada.

Empolgada e ansiosa ao mesmo tempo, correu para a próxima etapa, um teste de aptidão. Outras candidatas já estavam costurando. Uma a uma, as prisioneiras eram chamadas diante dos examinadores. Desse grupo, apenas duas mulheres foram selecionadas. Uma delas foi Hunya: o número 46.351 foi oficialmente transferido para o Stabsgebäude.

"Deixamos completamente para trás o inferno."
Katka Berkovič[8]

Foi uma bênção marchar cerca de dois quilômetros para longe do ar poluído de Birkenau, passar sobre os desvios da ferrovia, atravessar os arredores da cidade e percorrer as estradas que levavam ao prédio principal de Auschwitz. O destino de Hunya – Stabsgebäude, rua Maksymiliana Kolbego, número 8 – era maior que a maioria dos prédios do campo de concentração, com cinco andares no total e um telhado de duas águas agradavelmente simétrico. Logo na fase inicial dos confiscos e das expropriações, quando os alemães se apropriaram de terras e propriedades para o novo complexo do campo de extermínio, esse belo edifício foi apreendido da Companhia Monopolista de Tabaco da Polônia. Datado da Primeira Guerra Mundial, foi redefinido como o coração da burocracia de Auschwitz.

A intenção de Himmler era que a zona de interesse de Auschwitz fosse um centro agrícola e industrial em que todas as atividades econômicas atuassem para dar respaldo ao esforço de guerra, bem como contribuíssem para o poderio da SS. A multiplicidade de empresas exigia milhares de funcionários e uma administração propícia. O Stabsgebäude era o eixo desse complexo – "fervilhando de prisioneiras judias", zombava Höss, embora tirasse proveito do trabalho não remunerado da mão de obra das mulheres. O Stabsgebäude também abrigava guardas femininas da SS, prisioneiras (principalmente testemunhas de Jeová) que trabalhavam como criadas domésticas para famílias de oficiais e guardas da SS e vários *kommandos* encarregados de tarefas de limpeza, reparos e manutenção. Ademais, havia depósitos de munições, um salão de beleza e cabeleireiro para guardas, dormitórios no subsolo para trezentos detentos trabalhadores e o ateliê de moda de Hedwig Höss.

A confortável *villa* de Hedwig ficava a apenas dez minutos de caminhada desde os muros do perímetro do campo principal de Auschwitz. Não era uma distância muito longa a percorrer para uma prova de roupa. Marta conhecia bem o percurso, pois ainda precisava voltar à *villa* para trabalhar lá, além de cumprir suas funções de *kapo* no estúdio de alta-costura superior.

Ao chegar ao Stabsgebäude, Hunya mal teve tempo de observar um jardim bem cuidado, uma cerca elétrica e torres de vigia. Não tinha como saber que cruzava o pátio onde foi realizada a primeira chamada da história do campo de Auschwitz ou que os primeiros prisioneiros a desembarcar em Auschwitz foram alojados naquele mesmo edifício. Não tinha como prever que, décadas no futuro, o prédio seria reaproveitado como uma arejada escola profissionalizante para estudantes poloneses locais. Tudo em que ela podia pensar quando chegou era que devia estar sonhando.

A escolta de Hunya conduziu as duas novas costureiras até a porta de um porão e gritou:

— Aqui está a última remessa!

Elas ouviram o barulho de alguém lavando e batendo roupas e sentiram cheiro de comida saindo de uma cozinha. Detalhes simples, reminiscências da vida cotidiana.

Uma menina linda veio correndo, olhou para Hunya e franziu a testa. Em seguida se iluminou e exclamou:

— *Você!*

Constrangida com seu vestido-saco e meias amarradas com barbante, feições encovadas, cabelos grisalhos e corpo esquelético, Hunya respondeu, com ironia:

— O que você esperava? Que eu teria a mesma aparência lá de Kežmarok?

Elas se conheciam desde antes da guerra, mas Hunya havia sofrido uma transformação tão grande em Birkenau que estava quase irreconhecível. A moça se desculpou repetidas vezes e convidou Hunya a se lavar antes de encontrar as outras prisioneiras eslovacas, no nível mais baixo do subsolo do Stabsgebäude, o *Flickstube* [a sala de remendos].

Para Hunya foi surreal livrar-se do sofrimento de Birkenau e ser recebida em um grupo tão caloroso e feliz. Todas ficaram maravilhadas em vê-la. O reencontro soou um pouco ruidoso, chamando a atenção da "líder do bloco", a prisioneira responsável pela ordem geral, limpeza e distribuição de alimentos, supervisão das tarefas diárias de trabalho e distribuição de rações aos presos.

No Stabsgebäude, a "líder" era Maria Maul, prisioneira política cristã da Alemanha. Em razão de seu fervoroso comunismo, Maria entrava e saía das prisões e dos campos de trabalho desde que os nazistas chegaram ao poder em 1933.[9] Era respeitada por ser justa e sensata. Mesmo assim, exigia saber qual era o motivo da algazarra.

— É a Hunya — responderam as jovens, felizes. — Faz anos que não a vemos!

Hunya sentiu o peso da mão de alguém sobre o ombro e se virou para ver Marta Fuchs, a *kapo* do estúdio de alta-costura superior. Marta sorriu e se apresentou.

— Quer ir até o ateliê?

Após meses de ordens e violência, ouvir uma pergunta sobre sua preferência era espantoso. Hunya sentiu um pouco de seu amor-próprio voltando.

— Na verdade, já que está tarde, acho que vou começar a trabalhar amanhã de manhã — disse ela.

Uma simples escolha como essa teve um poderoso efeito restaurador em alguém cuja independência havia sido destruída de modo tão extremo.

Somente depois que Marta foi embora as outras mulheres aconselharam Hunya a tomar cuidado com seu tom de voz: qualquer outra *kapo* a teria punido severamente por responder.

> "A SS exigia limpeza dos prisioneiros que entravam em contato com seus funcionários, e as roupas tinham que estar em condições impecáveis!"
> ***Erika Kounio***[10]

A vida no Stabsgebäude era um paraíso em comparação com o restante do complexo de Auschwitz; ainda assim, havia grades nas janelas dos dormitórios. Um cartaz em destaque sintetizava o *status* ambíguo dos presidiários que lá trabalhavam:

EINE LAUS DEIN TOD.
[Um piolho é sua morte.]

Por um lado, o medo da SS em relação ao tifo e a outras doenças significava que os prisioneiros tinham acesso a água corrente, chuveiros e vasos sanitários com descarga no bloco administrativo. Por outro, qualquer sintoma de contágio dos prisioneiros poderia significar a expulsão do Stabsgebäude para a morte quase certa em Birkenau. As condições no prédio administrativo eram boas demais para alguém perder.

Como não havia camas suficientes para todas no enorme dormitório do porão, as mulheres dormiam em turnos. Pelo menos tinham cama. Quando o turno do dia começava a trabalhar, o turno da noite se arrastava para beliches quentes; Hunya compartilhava a cama com uma lavadeira que vivia exausta por passar noites inteiras lavando a roupa suja dos guardas da SS. Pelos padrões normais, os beliches de madeira de dois andares eram rústicos, e a roupa de cama era exígua – apenas um lençol esticado sobre o colchão de palha, com um único cobertor. Pelos padrões de Auschwitz, era um luxo. A certa altura, Hunya fez uma colcha para seu beliche.

Naqueles primeiros dias no Stabsgebäude, ela se deleitou com a novidade de ter tempo para se lavar e se vestir todas as manhãs. O toque de alvorada soava às cinco da manhã, e a chamada era realizada às sete no amplo corredor do porão, não sob sol, tempestades de chuva ou neve. Além disso, acabava rápido para que todas pudessem trabalhar. Hunya ficava encantada ao ver mulheres a passos rápidos pelo corredor com a ponta dos lenços na cabeça balançando "feito um bando de pequenos gansos saindo da água e sacudindo a cauda".[11]

Havia a possibilidade de usar sub-repticiamente as instalações do *kommando* de lavanderia do subsolo, o *Wäscherei*, para lavar uniformes. As funcionárias da burocracia administrativa do Stabsgebäude usavam vestidos listrados e lenços de cabeça brancos; as costureiras usavam vestidos de algodão cinza, aventais brancos e macacões marrons. Até a instalação de máquinas no anexo acrescentado ao campo, em 1944, toda a roupa suja da SS era lavada manualmente por uma equipe de cem mulheres trabalhando em turnos diurnos e noturnos. Havia tinas com água fria para mergulhar as roupas sujas e tinas para fervê-las; tábuas de lavar para esfregar e calandras para alisar. As roupas secavam no sótão.

Na *Bugelstube*, ou sala de engomar, quarenta mulheres ficavam encharcadas de suor, também em trabalho diuturno. O comandante Höss gostava de usar camisas imaculadamente lisas e sem vincos, como se tivessem acabado de chegar da loja. Uma das colegas de dormitório de Hunya, Sophie Löwenstein, de Munique, tinha a questionável honra de lavar as roupas íntimas do dr. Mengele, da *Oberaufseherin* Irma Grese e do *Lagerkommando* [líder de campo, encarregado dos serviços de organização da cozinha, da lavanderia e da desinfecção] Josef Kramer – todos sádicos.[12]

A comida era a mesma ração precária servida a todos os prisioneiros: um cardápio de imitações de chá e café, sopa de nabo com o ocasional bônus de cascas de batata, pão com margarina e salsicha. Vinha da cozinha do campo principal, a poucos quilômetros na mesma estrada, e os cozinheiros às vezes acrescentavam porções extras de gordura para espalhar no pão. A gororoba de Birkenau deixara o estômago de Hunya sensível demais para ingerir a forragem semidecente do Stabsgebäude. Como todas as mulheres, ela sofria efeitos colaterais da desnutrição de longa duração.

No entanto, não precisava lutar por refeição, o que era uma significativa melhoria em relação à selvageria em Birkenau. A comida era servida em louças de verdade e consumida no corredor do porão ou nos beliches. O estúdio de alta-costura superior tinha até mesmo um prato quente para esquentar a sopa do almoço. Vez por outra, as mulheres da SS levavam torrões de açúcar ou barras de chocolate para as costureiras, presentes dados por gratidão ou talvez por culpa.

Melhor ainda, quatro vezes por ano as prisioneiras do Stabsgebäude recebiam um embrulho do correio. Eram pacotes de comida, originalmente destinados a outros detentos de Auschwitz e que a SS jamais entregou. Quase sempre os alimentos estavam estragados no momento em que eram redistribuídos, já que os melhores itens eram roubados pela SS, mas às vezes as mulheres tinham sorte – e compartilhavam tudo o que adquiriam.

Surpreendentemente, de tempos em tempos as mulheres do Stabsgebäude podiam enviar e receber correspondências ou providenciar comunicações por canais secretos. Mensagens em cartões-postais sobreviventes são evidências de que recebiam pacotes enviados por amigos em sua terra natal. Uma das amigas mais próximas de Marta no Stabsgebäude, a pequena e brilhante Ella Neugebauer, escreveu para a rua Liptovská, número 5, em Bratislava, para agradecer a Dezider Neumann o envio de dois queijos, chocolate, bacon, linguiça, tomate, conservas, creme de leite e amêndoas: um banquete![13]

A própria Marta escreveu para sua família escondida, expressando gratidão pelos pacotes de comida – em especial bacon e limões – e também enviando "milhões de beijos" para seus entes queridos.[14] O selo no cartão-postal apresentava o perfil de Adolf Hitler, é claro.

Detalhe do cartão-postal de Marta Fuchs, 3 de março de 1944.

A diferença mais óbvia entre as trabalhadoras do Stabsgebäude e as prisioneiras de Birkenau foi algo que Hunya sentiu na pele: sua aparência. A transição de roupas de péssima qualidade para trajes melhores causava uma forte impressão em todas as mulheres suficientemente sortudas para serem selecionadas. No entanto, também desarranjava a consagrada encenação nazista de guardas que pareciam poderosos e prisioneiros que tinham o aspecto de vermes. Para manter a distinção entre "sobre-humanos" e "sub-humanos", as trabalhadoras do Stabsgebäude ainda eram obrigadas a raspar os cabelos. Para amplificar seus privilégios, as mulheres da SS tinham quatro esteticistas à disposição, bem como um salão de cabeleireiro.

Vestir roupas limpas e decentes ajudou a restaurar a sensação de ser humano. No Stabsgebäude havia muito mais tolerância com as prisioneiras que usavam roupas "diferentes dos uniformes". Uma das amigas de Bracha no bloco administrativo, a deportada grega Erika Kounio, "organizou" do Kanada uma blusa cor-de-rosa, a qual ela usava sob o vestido listrado da prisão. Parecia puro luxo, e ela ousou até mesmo permitir-se um toque de rosa no decote. No verão de 1944, a SS já havia normalizado suas interações com a equipe do Stabsgebäude, decretando que as prisioneiras receberiam vestidos elegantes e de acordo com a moda. Naturalmente, não haveria gasto financeiro para tamanha extravagância: as roupas novas vinham do Kanada.

Os vestidos de bolinhas da estação estavam na moda – isso pode ser visto em fotos de mulheres judias sendo "processadas" na chegada a Birkenau no verão de 1944; portanto, havia fartura desses modelos para escolher entre as peças removidas da bagagem das deportadas ou despojadas do corpo das prisioneiras. Os uniformes cinza-azulados foram trocados por vestidos azuis com bolinhas brancas. Mesmo enquanto se deliciava com a elegância suave de seu novo vestido, Erika Kounio se perguntava o que teria acontecido com a infeliz mulher que o vestira antes. Dizia a si mesma para endurecer o coração e usá-lo e se lembrar de tudo o que ouviu ou viu no Stabsgebäude.[15]

Além da personalização e da dignidade proporcionadas por roupas limpas e decentes, havia o fato de que no Stabsgebäude a SS trabalhava ao lado de algumas prisioneiras extremamente qualificadas e inteligentes. Era inevitável que os nazistas se vissem obrigados a admitir algum grau de reconhecimento da humanidade dessas judias. Por exemplo, prisioneiras francesas que realizavam trabalhos científicos nos laboratórios agrícolas próximos eram tratadas quase como colegas pelo dr. Joachim César, SS-*Obersturmbannführer* [equivalente a tenente-coronel] e diretor das fazendas de Auschwitz.

Rudolf Höss deplorava essa liberalidade. "Era difícil distinguir as funcionárias civis das prisioneiras", queixou-se. Pior ainda, em sua opinião, era o fato de que quanto mais humana a prisioneira parecia, mais perigo havia de ligações entre guardas da SS e trabalhadoras judias: "Quando um resoluto soldado bloqueava o caminho de uma prisioneira, ela simplesmente cravava nele seus belos olhos e o enfeitiçava até conseguir o que queria".[16]

Höss queria manter a distinção entre guardas da SS e escravos. Hedwig e as outras esposas queriam manter sua distinção como bem-vestidas mulheres da elite. A equipe de Marta no ateliê de moda Stabsgebäude teria um trabalho árduo pela frente.

"Fazíamos um trabalho relevante."
Irene Reichenberg[17]

Para Hunya, as primeiras semanas no Stabsgebäude foram como férias, embora tenha começado a trabalhar já no dia seguinte à chegada. Esse primeiro dia de labuta caiu em um sábado, mas os nazistas deliberadamente ignoravam quaisquer práticas religiosas de seus escravos. Não se permitia a observância de nenhum elemento da vida judaica; o trabalho era prioridade absoluta.

De acordo com Rudolf Höss, o trabalho tornava a vida de um prisioneiro mais tolerável, porque era uma distração do "desagradável cotidiano da prisão". Höss foi o responsável pelo infame letreiro *Arbeit macht frei* arqueado sobre o portão de entrada do campo principal de Auschwitz, originário dos mesmos dizeres inscritos na porta de ferro do primeiro campo de concentração nazista, Dachau. Höss levava muito a sério seu significado: "O trabalho liberta". Tendo ele próprio sido prisioneiro durante a década de 1920, como resultado de sua participação num violento homicídio, sentiu na pele a perda de autoestima e de motivação que a ociosidade forçada podia causar. Durante seu período no cárcere, atuou como alfaiate.

Em seu livro de memórias, Höss pregou com profusão de pormenores sobre o valor do trabalho, afirmando que o trabalho pode levar à liberdade. É verdade que, nos primeiros campos de concentração, alguns prisioneiros foram libertados por capricho da Gestapo ou da SS, mas não havia ligação verificável entre seu trabalho e sua libertação. Durante a guerra, a maioria dos prisioneiros do campo trabalhava incansavelmente para sustentar a indústria bélica. Sua única liberdade seria a libertação da morte. No entanto, uma das noções de Höss teria ressonância com as trabalhadoras do estúdio de alta-costura superior. Ele observou que, se um prisioneiro "encontrar um emprego em seu ofício ou um trabalho adequado que se ajuste a suas habilidades, poderá alcançar um estado de espírito inabalável, mesmo em circunstâncias muito desagradáveis".[18]

Ao contrário das prisioneiras que atuavam como secretárias da seção política de Auschwitz e tinham de taquigrafar os procedimentos durante os interrogatórios e a tortura, o ateliê era um bom *kommando*. Hunya o chamava de "paraíso" em comparação com o trabalho duro de Birkenau. Não era a única a se sentir protegida ali. Ironicamente, no mundo exterior as costureiras tinham um *status* muito baixo na indústria da moda, dominada por homens. Agora foram elevadas à condição de privilegiadas.

Em seu primeiro dia de trabalho, Marta apresentou Hunya às outras vinte mulheres, e todas estas veteranas – incluindo Irene, Renée, Katka e Bracha – foram imediatamente simpáticas e acolhedoras. Na maioria, as costureiras eram judias.

Havia Mimi Höfflich e sua irmã, ambas de Levoča, na Eslováquia. Mimi tinha cachos dourados que escorregavam sob o lenço. Era especializada em camisas e roupas íntimas.

Manci Birnbaum, do norte da Eslováquia, era uma costureira muito boa, cuja irmã, Heda, trabalhava nos depósitos do Kanada contabilizando objetos de valor. Manci foi a mulher que se viu obrigada a desfilar nua na frente de Heinrich Himmler durante sua inspeção do campo principal de Auschwitz, em julho de 1942.

A húngara Olga Kovácz, de trinta e poucos anos, parecia uma matrona para as mulheres mais jovens. Era lenta, firme e confiável. Viu a irmã ser levada para a câmara de gás; não tinha dúvidas de que Auschwitz era um inferno.

As eslovacas Lulu Grünberg e Baba Teichner viviam juntas, pareciam irmãs. Lulu estava noiva do irmão de Baba; era delicada e feminina, com olhos travessos e constante desejo de comer bolinhos de batata *strapačky* com chucrute cozido. Ela cunhou a frase "apenas me deixem saborear um *strapačky* antes de morrer!". As amigas adoravam provocá-la por causa disso. Baba era mais resiliente, embora seu apelido significasse "boneca". Baba foi deportada no primeiro transporte de judeus da Eslováquia.

A jovem Šari, também da Eslováquia, transferida do trabalho no conglomerado de fábricas I. G. Farben, nas proximidades de Auschwitz, estava sempre reclamando – nem sempre sem motivo.[19]

Katka, uma linda mulher da cidade eslovaca de Košice, não era nada boa em costura, mas contava com proteção possivelmente por causa de sua boa aparência. Foi apelidada de Loira Kato para evitar confusão com a irmã de Bracha, Katka.

Talvez a menos talentosa da equipe fosse a mais jovem: Rózsik Weiss, de 14 anos de idade. Seu apelido era Tschibi, diminutivo húngaro de *csirke*, "frango" ou "galinha". A tia de Rózsika ajudara Marta a estabelecer o estúdio de alta-costura superior, mas morreu pouco depois. Marta prometeu cuidar da "franguinha". Ela a adotou como aprendiz para pegar alfinetes e realizar outras tarefas fáceis. Rózsika não teria sobrevivido por muito tempo sozinha: foi mais uma vida salva.

Herta Fuchs, de Trnava, na Eslováquia, também não era costureira de mão cheia, mas era prima de Marta – e um bônus para a oficina de costura, porque estava sempre sorridente e agradável.

Outras costureiras incluíam duas polonesas chamadas Ester e Cili; Ella Braun, Alice Strauss, Lenci Warman e Hélène Kaufman, além de, possivelmente, uma alemã chamada Ruth. Detalhes sobre a vida e o destino dessas mulheres seguem torturantemente incompletos.

Havia ainda as prisioneiras comunistas não judias, as francesas Alida Delasalle e Marilou Colombain. Alida, mais velha, era uma espécie de figura materna para as meninas; dava força e apoio moral à sua compatriota quando Marilou estava desanimada.

As duas prisioneiras mais antigas da equipe do ateliê eram, sem dúvida, as mais talentosas, e ambas cortadoras: Borichka Zobel, de Poprad, norte da Eslováquia, incrivelmente habilidosa e muito inteligente; e, claro, a amiga íntima de Borichka, a *kapo* Marta Fuchs.

Marta tinha apenas 25 anos em 1943, mas já era imensamente respeitada como costureira e *kapo*. Não era uma flor delicada, mas sua resolução e sua energia eram fincadas na compaixão, o que a tornava justa e generosa.

Alida Delasalle, fotografada após sua chegada e seu cadastro, em janeiro de 1943. Pol. F. significa "prisioneira política, francesa". A foto foi feita no serviço fotográfico *Erkennungsdienst* [encarregado de identificar prisioneiros e guardas, além de registrar as obras no campo e as visitas oficiais]. Em 1943, as fotografias foram interrompidas; havia presos demais para armazenar. Muitas placas chapas fotográficas foram destruídas pela evacuação do campo – cerca de 30 mil resistiram.

> "A sala de costura produzia não apenas belas peças para o dia a dia, mas também elegantes vestidos de noite, do tipo que as senhoras da SS provavelmente jamais teriam imaginado, nem mesmo em seus sonhos mais ousados."
> *Hunya Volkmann*[20]

Qualquer que fosse seu nível inicial de habilidades no ofício de costurar – especialista ou aprendiz –, sob a orientação de Marta as mulheres do estúdio de alta-costura superior ganharam a reputação de profissionais de elite. Suas realizações são ainda mais notáveis levando-se em consideração o ambiente em que atuaram.

A oficina ficava no subsolo superior do Stabsgebäude. Quando Hedwig Höss e outras clientes de alto escalão da SS apareciam, eram saudadas pela visão de costureiras bem-arrumadas e limpas, sentadas ao redor de uma longa mesa de trabalho, fazendo trabalhos manuais à luz de duas janelas e lâmpadas elétricas. Como se fosse uma inocente prova de roupa para ajustes em um ateliê normal, tinha início a sessão de consulta com Marta.

Normalmente, as clientes que encomendavam roupas novas nas décadas de 1930 e 1940 escolhiam peças apresentadas em uma passarela de grife ou folheavam modelos exibidos em periódicos como *Die Dame* [A Dama] ou *Deutsches Moden Zeitung* [Jornal da Moda Alemã].

Para as costureiras, as revistas populares para "donas de casa" ofereciam moldes de papel gratuitos em cada compra. Vários sistemas engenhosos de desenho de padrões estavam disponíveis para costureiras caseiras, incluindo moldes de alfaiataria *Union Schnitt* [corte de ouro], que exigiam habilidades precisas. À medida que a guerra avançava, os suprimentos de papel tornaram-se drasticamente limitados em todo o Reich, o que obrigava a costureira a decifrar uma única folha de papel fino sobreposta com múltiplos padrões em ambos os lados.

Em março de 1943, a revista *Die Dame* fechou as portas, incapaz de sustentar a produção. Juntamente com a *Der Bazar* [O Bazar], era a mais longeva publicação de moda da Alemanha. Seu colapso evidenciou quanto a guerra afetou a indústria da moda.

O estúdio de moda em Auschwitz não tinha problemas com sustentabilidade. Havia muitas revistas para potenciais clientes folhearem, com vestidos e casacos casuais para o dia, trajes de noite, pijamas, roupas íntimas e roupas de bebê. Havia também uma pasta com modelitos selecionados. As costureiras que tinham o olho bom, incluindo Hunya, eram capazes de recriar uma roupa simplesmente olhando para a peça ou usando uma fotografia como referência. Marta era uma artista talentosa e conseguia esboçar um molde no papel, à mão livre, se necessário. Tanto Marta quanto Borichka criavam moldes bidimensionais ou modelos de cartão que seriam usados para a produção. Em seguida, a cliente escolhia tecidos e adornos e Marta ia "às compras".

Em suas expedições de aquisição no Kanada, Marta era acompanhada pela SS encarregada do ateliê, a *Rapportfüherin* Elisabeth Ruppert. Descrita como pálida e quieta, Ruppert foi uma guarda surpreendentemente gentil durante o tempo em que atuou na oficina de moda. Seu comportamento no Stabsgebäude é um importante lembrete de que a SS não deve ser caracterizada como uma massa homogênea de autômatos malignos. Os membros eram seres humanos, com vícios e virtudes. Portanto, eram responsáveis por seu comportamento – bondoso e maléfico – dentro do sistema de campos de concentração.

Embora geralmente seguisse os regulamentos da SS, Ruppert tinha interesse em tratar bem as costureiras, porque faziam trabalhos para ela por fora, de graça. O quarto de Ruppert ficava quase adjacente ao ateliê. Ela levava consertos e remendos para as costureiras e não lhes criava problemas. Entre as outras mulheres da SS corria o burburinho de que Ruppert era bondosa demais, que sua posição era confortável demais, e por isso ela acabou transferida para Birkenau.

As mulheres do Stabsgebäude imploraram para que Ruppert não fosse embora, porque parecia ter um bom coração. Uma vez em Birkenau, o comportamento de Ruppert se deteriorou de modo a se ajustar ao ambiente. Sobreviventes húngaros do setor B-11B lembram-se dela como uma guarda intimidadora e brutal. Quem substituiu Ruppert no estúdio de alta-costura superior foi uma polonesa *Volksdeutche* [pessoas de origem étnica alemã que viviam no Leste Europeu], corpulenta e pachorrenta. As costureiras não faziam nenhum trabalho para ela.

Elegantes vestidos apresentados na revista de costura *Les Patrons Universels*, 1943.

Ao contrário das costureiras caseiras, as que trabalhavam no estúdio de alta-costura superior não estavam sob pressão para obedecer às medidas de austeridade que afetaram civis cansados da guerra em todo o mundo. Não havia necessidade de nenhum reaproveitamento de sacos velhos, meias usadas ou paraquedas surrados para criar novas roupas; nenhuma reutilização de fios de emenda quando os carretéis acabavam. Os abundantes estoques do Kanada forneciam metragens de todo e qualquer tecido e todos os materiais de costura necessários – botões, sedas bordadas, tesouras, zíperes, botões de pressão, ombreiras, fitas métricas, fechos, colchetes e demais acessórios. Cada um desses objetos outrora havia pertencido a algum alfaiate ou alguma costureira.

Até mesmo as máquinas de costura – fabricadas por empresas como Singer, Pfaff e Frister & Rossmann – foram confiscadas. Em Auschwitz, havia tanto conteúdo nas oficinas que tudo era segurado por um consórcio de empresas alemãs, incluindo Allianz e Viktoria, que aparentemente não tiveram escrúpulos em apoiar de maneira indireta a exploração nos campos de concentração e o trabalho forçado.[21]

O fato de o estúdio de alta-costura superior ser magnificamente aparelhado, com equipamentos modernos, foi corroborado por outra costureira judia: Rezina Apfelbaum.

Rezina chegou a Auschwitz, saída do norte da Transilvânia, no fim de maio de 1944. Foi tatuada com o número A18.151 e submetida a trabalhos forçados. Tinha uma visão um tanto furtiva do estúdio de alta-costura superior. Na verdade, era levada às escondidas para o Stabsgebäude à noite por um guarda alemão. Esse oficial – de nome desconhecido – escolheu como "namorada" uma linda prisioneira, loira e húngara, chamada Lilly. Não há registros sobre os sentimentos de Lilly pelo oficial; e, no fundo, ela não tinha escolha. Fez o que tinha que fazer para sobreviver.

Rezina Apfelbaum antes da guerra em vestido de confecção própria.

O homem da SS queria que sua "namorada" se vestisse bem, então, após um longo dia realizando trabalho pesado ao ar livre, Rezina passava as noites em claro costurando roupas sob medida para Lilly. Cortou e costurou um guarda-roupa completo, de blusas e vestidos a longos e pesados casacos, tudo em segredo. Em troca, o oficial a levava para a cozinha da SS e lhe dava comida extra.

Em seguida, Rezina compartilhava a recompensa com doze parentes que com ela dividiam a cama de madeira no alojamento em Birkenau, incluindo suas duas irmãs, sua mãe e suas tias. Suas ações evitaram que todas morressem de fome. Mais uma vez, a costura salvou vidas. As ações de Rezina foram especialmente comoventes, já que ela teve que lutar para se formar costureira profissional, ofício que sua família não considerava respeitável o bastante para uma moça como ela.[22]

Marta Fuchs tinha conhecimento das incursões da intrusa noturna? Se tinha, jamais falou a respeito. Suas preocupações profissionais giravam em torno das encomendas diurnas, e os pedidos não paravam de chegar. O processo de costura passava do esboço do desenho ao corte de padrões, seleção de tecidos, um *toile* [protótipo ou peça-piloto] em chita, depois ao artigo pronto e acabado, seguido por provas para ajustes e quaisquer alterações – comprimento, largura, proporções, sobras de tecido, localização de bolsos e detalhes, passadores de cintos, entre outros.

Os modelos populares dos anos de guerra eram vestidos cotidianos que se estendiam até logo abaixo do joelho, malhas de tricô de mangas curtas com padrões rendados, *lingeries* de corte no sentido do viés de modo a deslizar sobre as curvas do corpo e elegantes trajes sociais compostos de saia e casaco conhecidos como "costumes". As camisolas e os vestidos de noite eram longos. À noite, as mulheres de oficiais e guardas da SS não precisavam se preocupar em se aquecer enquanto usavam tecidos frágeis com decotes baixos: haviam requisitado estolas e casacos de pele.

Modelos de camisola e *lingerie* da revista de costura *Les Patrons Universels*, 1943.

Além das peças exclusivas e feitas sob medida, Hunya, Irene, Bracha e as outras eram encarregadas de alterar e ajustar roupas de alta qualidade escolhidas em meio às pilhas de mercadorias do Kanada, tornando-as adequadas ao gosto e às medidas das novas donas. Não sobreviveram registros de quais marcas internacionais de alta-costura eram encontradas por lá. Chanel, Lanvin, Worth, Molyneux eram nomes cobiçados no mundo da moda do pré-guerra, assim como uma infinidade de marcas de prestígio de todos os países invadidos pelos nazistas.

Nas décadas de 1930 e 1940, era bastante comum, mesmo para clientes da classe média, recorrer ao trabalho de costureiras e alfaiates para fazer ajustes e alterações em roupas de coleções comerciais e prontas para vestir, de modo que se adaptassem a seu corpo. Não era habitual que mulheres comuns tivessem acesso à moda sofisticada, escolhendo a seu bel-prazer o que queriam, como faziam guardas da SS em Auschwitz.

Entre elas, Marta e Borichka ficaram responsáveis por escolher qual costureira trabalharia em cada projeto. O trabalho principal era produzir no mínimo dois vestidos sob medida por semana. Boa parte do trabalho era feita à mão, principalmente o "acabamento". Em vez da aniagem grosseira, esfiapada nas pontas, incrustada de sujeira e infestada de piolhos, agora as costureiras sentiam na ponta dos dedos o toque de sedas, cetins, algodões macios e lençóis novos em folha. Fazendo alinhavos, bainhas e pontos invertidos, criavam roupas funcionais e bonitas. As novas vestimentas, com bordados ponto casinha de abelha, pregas, franzidos, debruns e trançados, eram concebidas para realçar, não degradar nem brutalizar. Foi um extraordinário florescimento de beleza em um campo de concentração que, de resto, chafurdava em porcaria.

O mais notável de tudo é que, em sua função de *kapo*, Marta Fuchs recebia encomendas de costura de muito além das cercas do campo de extermínio – do coração do Terceiro Reich. Hunya estava ciente de um livro secreto no qual os pedidos eram detalhados, contendo "os nomes mais importantes da Alemanha nazista".[23] Só podemos especular quais nomes constavam desse livro de pedidos e conjecturar se sabiam que as encomendas estavam sendo feitas em Auschwitz por prisioneiras judias. Nos extensos arquivos do Museu Estatal de Auschwitz-Birkenau não há nenhum livro de pedidos de moda. Muito provavelmente foi destruído durante o caótico expurgo de documentos incriminadores em Auschwitz, em janeiro de 1945, cujo intuito foi apagar as evidências de toda a burocracia do campo.

Quem quer que fossem os ilustres clientes de Berlim, muitas vezes tinham de esperar seis meses para receber suas encomendas, pois as mulheres da SS de Auschwitz eram prioritárias: seus pedidos tinham de ser atendidos de imediato. A primazia era de Hedwig Höss.

Bracha observava Hedwig caminhar pela oficina até sua prova para ajustes. Aos olhos das costureiras, parecia uma mulher comum. Sua silhueta era arredondada pela maternidade, e ela se aproximava da meia-idade. Surpreendentemente, Bracha não sentia ódio dessa mulher nem de qualquer uma das esposas de oficiais e guardas da SS, por presumir que estavam tão enredadas nas circunstâncias da guerra quanto ela. A principal preocupação de Bracha era trabalhar e se manter a salvo.

Marta supervisionava todos os ajustes sob o olhar atento dos guardas da SS. Rózsika "Franguinha" estava lá para ajudar; podia haver necessidade de algumas alterações antes que as peças fossem concluídas. Aos sábados, exatamente ao meio-dia, figurões da SS chegavam para buscar os pedidos das esposas. Homens cujos nomes são sinônimos de violência, tirania e assassinato em massa.

Após a euforia inicial de sentir-se segura no Stabsgebäude, Hunya reconheceu que, sobretudo, as mulheres mais jovens estavam sentindo a tensão de realizar tamanho volume de trabalho sob tanta pressão. O trabalho era algo para o qual elas foram treinadas, mas a tensão de costurar para oficiais e guardas da SS e suas esposas era constante. As costureiras nunca esqueciam que estavam vestindo o inimigo.

A interação entre costureira e cliente é singularmente íntima. A costureira usa uma fita métrica para tirar medidas de um corpo seminu; vê bem de perto todos os defeitos físicos. Talvez sinta as inseguranças de sua cliente e tenha que ceder aos anseios de sua vaidade. Uma prova de vestido para ajustes normalmente seria ocasião de muito bate-papo e descontração, com cliente e costureira conversando animadamente sobre a roupa. Para as costureiras de Auschwitz, essas trocas eram repletas de camadas de tensão. Oficiais e guardas da SS e suas esposas faziam de tudo para se distanciar física e simbolicamente dos "sub-humanos", como os prisioneiros eram chamados.

No entanto, ali estavam prisioneiras judias, pondo as mãos no corpo das mulheres da elite nazista, prendendo alfinetes em bainhas, verificando alinhavos e alisando costuras. A qualquer momento a cliente poderia se ressentir da familiaridade de uma prisioneira, o que resultava em punição ou dispensa do cobiçado emprego. As interações também significavam que as mulheres de oficiais e guardas da SS eram forçadas a admitir prisioneiras como seres humanos – algo que ia contra toda a instrução e a doutrinação que recebiam.

Uma dessas interações precárias ocorreu quando Elisabeth Ruppert, a guarda da SS de uniforme e botas, apareceu caminhando a passos largos entre as fileiras de mulheres absortas no trabalho. Hunya estava curvada, com sua agulha e seu dedal, em aparente submissão, ainda que sua situação houvesse melhorado muito desde os dias em que era despida, espancada e humilhada em Birkenau.

Ruppert parou para admirar as habilidades de costura de Hunya, declarando:

— Quando a guerra acabar, vou abrir um grande estúdio de costura com você em Berlim. Eu não fazia ideia de que judias eram capazes de trabalhar, muito menos com tamanha destreza!

— Não nesta vida! — murmurou Hunya, em húngaro.

— O que você disse? — retrucou a mulher da SS.

— Que bom seria. — Foi a resposta dada em alemão, mais respeitosa.[24]

Quando a guerra acabar... para uma guarda da SS era fácil sonhar acordada com uma elegante butique administrada por judeus obedientes. Para presos, havia uma possibilidade muito forte de não viverem para ver o fim da guerra. Por mais leve que fosse a atmosfera no ateliê, além das paredes daquele refúgio os campos continuavam seu terrível processo de transformar pessoas saudáveis em esqueletos acovardados; de converter pessoas vivas em fumaça, cinzas e fragmentos de ossos.

A irmã de Bracha, Katka, não tinha ilusões quanto à natureza precária de seu trabalho. Ela soube que uma das mulheres da SS pagava suborno para ter prioridade nos pedidos. Era a mesma guarda que, durante o horrível processo de despir-se na chegada a Auschwitz, a espancou com tanta força que seu brinco quebrou quando ela tentou tirá-lo.

Agora havia uma mudança na dinâmica, porque a guarda precisava das habilidades especiais de Katka: queria um casaco novo, feito sob medida. Mesmo assim, Katka entendeu claramente a dinâmica cliente-trabalhador ao afirmar: "Para eles, não éramos seres humanos. Éramos cães, e eles eram os donos".[25]

Embora tudo fosse feito de graça, o trabalho do estúdio de alta-costura superior era da melhor qualidade – e o escrutínio de Marta cuidava disso. Até mesmo Hunya, com longos anos de experiência, aprimorou suas habilidades. Vez por outra, quando as costureiras trabalhavam bem além da cota, as clientes da SS as recompensavam com uma porção de comida extra, um pedaço de pão ou um gomo de linguiça. Além disso e da acomodação básica, seu único pagamento era o direito à vida por mais um dia.

> "Nós nos tornamos uma família extensa e muito ligada por laços de amizade, unidas na tristeza e na alegria pelo destino."
> ***Hunya Volkmann***[26]

— Acho que as coisas estão boas demais para vocês! — gritou um guarda da SS um dia, entrando abruptamente na sala ao ouvir o som de risadas incontidas.[27]

Enquanto trabalhavam com afinco para cumprir as metas, em turnos de dez a doze horas diárias, as costureiras formavam firmes laços de solidariedade. Durante o dia, entretidas em conversas, relembravam a vida doméstica e os entes queridos. À noite, agrupavam-se ao redor de beliches, desfrutando – aos sussurros – o tempo que passavam entre as amigas do Stabsgebäude.

A camaradagem, o abrigo e o trabalho relevante ajudaram a restaurar a autoconfiança de Irene. Graças às condições semicivilizadas do estúdio de alta-costura superior, ela já não se sentia reduzida a um número sem nome. Ainda estava de luto pelas irmãs Frieda, Jolli e Edith, mas agora tinha uma nova família de amigas. Não haveria mais tentativas de suicídio, de "ir para o arame farpado". Ela havia passado do desespero à resiliência.

A resiliência levava à rebeldia. As costureiras não eram mais vítimas acovardadas e anônimas. Elas se sentiam seres humanos.

Um dia, Hedwig Höss foi à oficina fazer uma prova de roupa e levou consigo seu filho mais novo, Hans-Jürgen. Aparentemente o menininho de 6 anos gostava de visitar o ateliê. Sem dúvida, as mulheres adoravam ter uma criança com quem brincar enquanto a mãe estava ocupada. Talvez ele as fizesse lembrar de irmãos assassinados ou de bebês que um dia esperavam ter.

Naquele dia, a tensão tornou-se excessiva para Lulu Grünberg, a jovem judia eslovaca de olhos travessos. Enquanto Hedwig estava no provador com Marta, Lulu de repente se levantou, enrolou uma fita métrica no pescoço do menino e sussurrou para ele, em húngaro:

— Em breve vocês todos vão ser enforcados… Seu pai, sua mãe e todos os outros!

Quando voltou para outra prova no dia seguinte, Hedwig comentou:

— Não sei o que deu no menino. Hoje ele não quis vir comigo de jeito nenhum![28]

Lulu correu o risco de sofrer severas represálias por sua ousadia. De alguma forma, porém, ela escapou impune. E não seria a última vez que afrontaria sua situação.

Marta Fuchs também sentia esse ímpeto de confronto; ao mesmo tempo se nutria de compaixão. Era uma combinação potente, que a arrastaria para o perigoso mundo da resistência subterrânea em Auschwitz.

CAPÍTULO NOVE
Solidariedade e apoio

"O nosso dia a dia girava em torno da solidariedade e do apoio àqueles que sofriam mais do que nós."
Alida Delasalle[1]

Marta Fuchs tinha um plano.

Com dedos ágeis enfiando e tirando a linha na agulha, as outras mulheres do estúdio de alta-costura superior davam forma às peças.

Marta recebeu uma visita, outro prisioneiro. As costureiras não sabiam o nome dele nem viram seu número. Ela falou em voz baixa, e em seguida o homem foi embora, para seu próximo ponto de contato.

Assim, ouvindo-se o *plic-plic* da agulha no pano, semanas e meses se passaram.

Em toda a área de Auschwitz, prisioneiros e civis criaram redes clandestinas com a intenção de desafiar o regime da SS. O sigilo era essencial para a maioria dos atos de resistência, por isso as informações sobre os movimentos organizados são inevitavelmente vagas. A manutenção de registros era quase impossível, as taxas de sobrevivência eram precárias, e os que agiam na clandestinidade quase sempre relutavam em discutir sua atuação, mesmo depois da guerra. Marta levou muitos segredos para o túmulo.

No entanto, sob sua égide, o ateliê de costura de Auschwitz tornou-se um refúgio, salvando costureiras e não costureiras. O envolvimento mais amplo de Marta na resistência corre feito fios prateados pela tenebrosa trama da vida de Auschwitz.

No universo do campo de concentração, qualquer tipo de resistência exigia coragem. Para quem fosse pego em flagrante, a morte era o mais comum dos castigos. A resistência também assumiu formas diversas, de atos espontâneos de revolta a gestos silenciosos de generosidade e solidariedade. É fascinante notar como tantas vezes as roupas desempenharam um papel relevante na resistência, como o calor que salvava vidas, um presente que aquecia o coração, um esconderijo ou um disfarce.

Um dia apareceu no *Revier* de Birkenau uma moça de maiô de natação tremendo de medo. De acordo com seu relato apavorado, ela chegara em um transporte de judeus de Paris. As mulheres estavam em trajes de banho por causa do calor insuportável. Uma delas, dançarina, recebeu ordens de se despir. Ela se recusou a obedecer. Agarrou o revólver de um guarda da SS, atirou nele primeiro e depois em si mesma. Inacreditavelmente, a testemunha foi levada às escondidas para fora do vestiário por um soldado alemão. Com calma, Manci Schwalbová, a amiga médica de Bracha no *Revier*, doou seu único suéter para aquecer a menina.[2]

A resistência organizada enfrentava muitos obstáculos, entre eles os caóticos caprichos de seus captores. Um dia, Bracha e as outras costureiras subiram as escadas de seu dormitório para a oficina e encontraram uma jovem judia desconhecida.

— Como você chegou aqui? — perguntaram.

— Na garupa da motocicleta de um *Scharführer* — respondeu ela. — Nua.

A mulher contou sua história. Acabara de chegar em um transporte para Auschwitz. Havia sido selecionada para a morte e despida para a câmara de gás. Em um rompante, virou-se para o *Scharführer* no comando e disse:

— Veja, sou forte e jovem, então seria desperdício você me matar assim. Me ajude a fugir.

Ele olhou para seu corpo voluptuoso e respondeu:

— Tudo bem, venha comigo.

Ela montou na motocicleta e partiram de Birkenau ao longo da estrada principal até o Stabsgebäude. A "líder do bloco", Maria

Maul, foi acordada e informada de que havia uma recém-chegada. Levou a mulher nua para Marta Fuchs no ateliê, e Marta "organizou" roupas. A jovem sobreviveu à guerra trabalhando como funcionária administrativa, dividindo o dormitório com as costureiras.³

Quem sabe o que motivou o homem da SS a salvá-la, quando centenas de milhares de outras igualmente inocentes foram assassinadas? Uma mulher nua numa motocicleta foi um episódio surreal entre muitos outros no campo da morte: Auschwitz era um mundo grotesco, onde vidas poderiam ser salvas, arruinadas ou aniquiladas por mero capricho.

Antes de sua transferência de Birkenau, Bracha viu um caminhão de mulheres judias levadas para a câmara de gás. Uma delas, que por acaso era a melhor amiga da esposa do fundador e primeiro presidente da Tchecoslováquia, gritava:

— Eu não quero morrer! Eu não quero morrer!

Não havia nada que Bracha ou qualquer uma das outras vítimas selecionadas pudesse fazer.⁴

O poder da SS parecia completo e, no entanto, contrariando todas as expectativas, o complexo de campos de Auschwitz também tinha redes de resistência empenhadas e rebeldes, abrangendo todas as religiões, as orientações políticas e as nacionalidades.

Cada costureira encontrava a própria maneira de resistir à tirania e à opressão geral. Essas mulheres tiveram a sorte de contar com mais oportunidades que a maioria dos outros prisioneiros para cultivar o autorrespeito e a identidade, e isso era contagiante. Pequenos atos podem ter repercussões positivas.

Um dia, em 1944, Hunya Volkmann estava entre os veteranos do campo que observavam um grupo de prisioneiros recém-chegados ao Stabsgebäude. Uma dessas novatas empurrou Hunya e, de forma agressiva, exigiu a colher dela. Cortês por natureza, Hunya cedeu, embora uma tigela e uma colher fossem tesouros básicos na vida do campo e pré-requisito para receber comida. A mulher logo se desculpou, alegando que não esperava ser tratada como uma pessoa normal depois das experiências que tivera em Birkenau. Ao humanizar a interação, Hunya fez a diferença para a mulher hostil, e elas se tornaram amigas.⁵

As costureiras faziam parte de um polo de amizades internacionais centrado no Stabsgebäude e que desafiava o racismo, o antissemitismo e quaisquer divisões políticas. Esse polo era formado por judeus e gentios, crentes e ateus, artesãos e intelectuais. Por causa de seu relativo privilégio, as mulheres nos dormitórios do porão podiam se reunir em grupos de estudo noturnos. Somavam conhecimentos e compartilhavam o amor pelas artes. Irene e Renée decidiram aprender francês. Outras tinham aulas de alemão ou aprendiam língua e cultura russa com a talentosa prisioneira Raya Kagan. Muitas jovens descobriram que tinham sede de aprendizado que ia muito além da educação recebida em sua terra natal.

As que gostavam de doses secretas de literatura e ciências eram ridicularizadas pelas céticas, que as acusavam de viver no mundo da lua, numa terra de fantasia que nada tinha a ver com a realidade. Talvez fosse essa a atração. Pelo menos os grupos de estudo provaram que cercas de arame farpado não eram capazes de confinar sua mente.

Anna Binder, uma das amigas mais próximas de Marta, era excelente nos debates sobre ciência e filosofia. Gostava também de escrever poemas perversamente satíricos, que resultaram em uma detenção de três semanas no *bunker* de punição quando foi pega em flagrante. Uma guarda da SS disse:

— Binder é insolente até mesmo quando está em silêncio.[6]

Para os judeus ortodoxos no Stabsgebäude, resistência significava criar um livro de orações e um calendário ilegais, contrabandear provisões para celebrar o *seder* do *Pessach* e velas para o *Chanuca*.* Não podiam observar o *shabat*, mas algumas mulheres insistiam em seguir datas de jejum quando possível. Outras mulheres perderam a fé antes da deportação ou durante o período que passaram no campo de concentração. Bracha não orou enquanto esteve em Auschwitz.

Os nazistas, por sua vez, eram extremamente entusiasmados com as celebrações do Natal. Em dezembro, as mulheres do Stabsgebäude organizaram uma festança natalina na lavanderia e sala

---

* Festa judaica também conhecida como festa da Consagração ou das Luzes, com oito dias de duração, próxima ao Natal, em comemoração à vitória da revolta dos macabeus, em 165 a.C., contra a dominação sírio-helênica da Judeia. (N. T.)

de secagem, com cantoria, dança e esquetes satíricos. A música foi uma experiência agridoce para Hunya, que relembrou *shows* do passado, em Leipzig, na companhia de amigos queridos e seu marido Nathan.

O comandante Höss deu permissão para o espetáculo e insistiu que as famílias de oficiais e guardas da SS deveriam ser convidadas para assentos na primeira fila em outras apresentações, sem dúvida usando roupas confeccionadas pela equipe de costureiras de Marta.

> "Em nosso comando de costura, furtávamos tudo o que podíamos para repassar a quem mais precisava."
> ***Alida Delasalle***[7]

A camaradagem tornou possível a resistência cultural. Os laços entre algumas prisioneiras eram um poderoso contraste com o dogma de "sobrevivência do mais apto" imposto pela SS no campo de concentração. Na condição de *kapo* da oficina de costura, a confiança e a compaixão de Marta davam o tom a outras mulheres ao redor, estimulando os instintos naturais de ajuda mútua. De alguma forma, Marta ficou sabendo da ocasião em que Irene ganhou um ovo inteiro como presente de aniversário na infância, quando vivia na rua Židovská, em Bratislava. Apesar dos pesares, Marta "organizou" um ovo de galinha para presentear Irene numa festinha de aniversário improvisada no campo. A nutrição propiciada pelo ovo veio acompanhada da amorosa delicadeza por trás do presente e da ligação simbólica com tempos mais felizes.[8]

As prisioneiras no Stabsgebäude tinham a oportunidade de compartilhar frutas, legumes e hortaliças que contrabandeavam, escondidos em calcinhas largas, dos campos de cultivo da aldeia de Rajsko. Vasculhavam cestos de lixo em busca de tocos de lápis, proibidos aos prisioneiros. Debruçavam-se sobre os livros – também proibidos – onde quer que pudessem ser encontrados, emprestando-os como uma biblioteca informal ou lendo-os em voz alta para as amigas. Até mesmo os menores objetos eram tratados como tesouros a ser escondidos em colchões ou carregados sob as roupas nas bolsinhas de pano conhecidas como "rosinhas" ou "trouxas de mendigo": pentes, espelhos rachados e *kits* de costura.

As costureiras também optavam por usar suas habilidades em trabalhos de costura para as amigas, mesmo quando estavam exaustas depois dos longos turnos costurando para a SS. Um dia, Hunya foi abordada por Lina, prisioneira que trabalhava como secretária de um oficial de alta patente. Lina estendeu-lhe um pedaço de pano branco e pediu que lhe preparasse um pijama – outro luxo proibido. Hunya ficou feliz em fazer a vontade da outra. Optou por não comentar o fato de que o tecido era claramente de alguma roupa de cama tirada de um depósito do Stabsgebäude. Uma semana depois, foi chamada pela "líder do bloco" e interrogada.

— Você fez um pijama para uma das meninas? Qual tecido usou? Era no formato de fronha?

Hunya manteve a calma.

— Não, com certeza não. Era um simples pedaço de tecido... não perguntei de onde veio.

De alguma forma, escapou impune. Lina foi severamente punida. O destino do pijama de linho é desconhecido.[9]

Em nenhuma outra circunstância a rede de amizades era mais necessária que quando uma das costureiras adoecia. Alida, a *corsetière* francesa, foi hospitalizada cinco vezes, sofrendo de disenteria, tifo, sepse (ou "envenenamento do sangue") e crise cardíaca após espancamentos, entre outras doenças. Quando Irene fez uma cirurgia no olho infectado, a ferida ficou inundada de pus, que precisava ser drenado todo dia. Seu sistema imunológico estava simplesmente em frangalhos, fraco demais para lutar contra a contaminação, e ela se viu acamada por nove semanas. A deficiência crônica de vitamina de Bracha era tão grave que ela acabou transferida para o centro cirúrgico do campo principal. Katka precisava de curativos frequentes para sua perna machucada. Até Marta adoeceu gravemente com tifo.

Sempre, era graças à decência humana e às leais amizades que as mulheres se recuperavam. Um limão contrabandeado para Marta.

Maçãs doadas por enfermeiras da SS solidárias com a situação de Katka. A camisola e as ataduras de Irene que o *kommando* da lavanderia fervia todas as noites. O leite arranjado pelas compatriotas francesas de Alida.

De tão acalentada pela amorosa bondade das amigas que se revezavam em seus cuidados cirúrgicos, Bracha dormiu muito bem enquanto esteve internada e sonhou com a bela árvore de Natal que vira quando criança no hospital para tuberculose.

Após desmaiar por deficiência de vitaminas, Hunya esteve no limiar da morte por nove semanas. Como no caso das outras prisioneiras, seu sistema imunológico estava muito danificado para resistir por mais tempo. O que salvou Hunya não foi apenas o cuidado físico das prisioneiras enfermeiras nem a comida do mercado ilegal contrabandeada para o hospital, tampouco ter uma camisola limpa. Foi o fato de que todas essas atenções lhe eram proporcionadas com amor e solidariedade. A bondade humana impulsionou sua recuperação tanto quanto a melhora na dieta e o repouso numa cama.

Por darem esse apoio, todas as mulheres que se dispunham a ajudar corriam o risco de espancamento ou assassinato.

Hunya, Bracha, Irene, Alida e outras costureiras tiveram a sorte de receber apoio durante o período que passaram no *Revier* ou na pequena sala de recuperação para detentos doentes do Stabsgebäude. Apesar dos desesperados esforços da benévola equipe médica que cuidava das prisioneiras, os blocos hospitalares de Auschwitz eram compreensivelmente temidos pela maioria dos prisioneiros como locais de hediondos experimentos de vivissecção humana por parte de médicos da SS ou como antecâmaras para o gás.

No entanto, os hospitais do campo de concentração também podiam ser centros de atividades organizadas de resistência. Muitos médicos e enfermeiras eram dedicados membros do movimento clandestino, apesar dos perigos. Parte desse trabalho era de natureza médica, na forma de ajuda a prisioneiros. Alimentos e remédios eram contrabandeados por poloneses residentes na área de Auschwitz e simpáticos aos detentos.[10]

A prisioneira Janina "Janka" Kościuszkowa era médica na pequena sala médica de nove leitos no Stabsgebäude, reservada àqueles com doenças de menor gravidade. Robusta, com corpo de proporções avantajadas e coração generosíssimo, a dra. Kościuszkowa tratava das mulheres com remédios contrabandeados e diagnósticos falsificados de propósito para que as pacientes infecciosas não fossem simplesmente despejadas de volta em Birkenau e abandonadas para morrer. Quando sua participação na resistência foi descoberta, Janka acabou enviada para Birkenau. As agradecidas costureiras do Stabsgebäude mandaram-lhe de presente uma calcinha bem grande e confortável, costurada com tecido de cobertor.

A médica que salvara tantas vidas disse que a calcinha a salvou.

— Senti que estava morrendo de frio e, quando coloquei aquela calcinha, voltei à vida. Senti que era de novo uma médica, não uma prisioneira depauperada.[11]

Enquanto esteve no hospital, Hunya recebeu a ajuda de uma extraordinária enfermeira chamada Maria Stromberger. A enfermeira Maria, como as amigas a chamavam, era de fato uma profissional formada em enfermagem, católica devota. Ao ouvir rumores sobre atrocidades no leste, ela se ofereceu para trabalhar em Auschwitz. Chegou em outubro de 1942, aos 44 anos de idade, e ouviu: "A linha de frente da batalha é brincadeira de criança comparada a Auschwitz". Maria foi destacada para enfermeira no hospital da SS com pleno conhecimento acerca da "limpeza dos judeus" que estava ocorrendo.[12] Nessa época, o hospital da SS ficava no mesmo prédio do *Politische Abteilung* [seção política]. Com frequência ela ouvia os gritos de tormento durante interrogatórios de prisioneiros. O barulho foi apelidado de "sirene de Auschwitz".

A enfermeira Maria era um dos contatos de Marta Fuchs na resistência clandestina do campo. Entendia como sua missão humanitária ajudar os presos sempre que possível, incluindo os judeus. Suas visitas ao Stabsgebäude eram programadas para evitar a intromissão da SS, de modo que ela pudesse conversar livremente com Marta, repassando mercadorias contrabandeadas e notícias. Às vezes, isso incluía luxos como remédios, chocolates, frutas e champanhe, retirados dos depósitos da SS.[13] Foi pela enfermeira Maria que Marta soube dos desembarques dos Aliados na Normandia no dia D, em junho de 1944 – notícias esperançosas que ela teve a alegria de compartilhar com outros prisioneiros.

Às vezes, quando sua plácida guarda da SS pegava no sono, as costureiras que trabalhavam no turno da noite na sala de remendos abaixo do estúdio de alta-costura superior conseguiam sintonizar o rádio da sala no noticiário da BBC. Outras atualizações elas garimpavam aos poucos por meio de jornais contrabandeados dos escritórios administrativos. Era uma operação arriscada. Uma das prisioneiras, membra da resistência clandestina do Stabsgebäude, ficou horrorizada ao ser parada e revistada por uma mulher da SS convencida de que encontraria jornais incriminadores escondidos sob o vestido. Felizmente a revista não foi além dos bolsos, que estavam repletos de lenços usados, devido a um fortíssimo resfriado.[14]

> "Recebi com infinita alegria seu cartão de 28 de abril, no qual você nos conta detalhes sobre todos os meus entes queridos. Não tenho palavras para expressar minha gratidão [...].
> Mil beijos, meus pensamentos estão sempre com você."
> **Marta Fuchs**, *cartão-postal, 5 de junho de 1943*[15]

Lembrar que havia um mundo além da cerca eletrificada dava às prisioneiras certa sensação de conexão, principalmente quando recebiam notícias das derrotas nazistas. O otimismo natural de Bracha era impulsionado por relatos de que a guerra não estava indo bem para os alemães. Ela sempre manteve a esperança de um dia voltar a ser livre.

Nesse ínterim, ocorria o milagre da comunicação das prisioneiras com familiares e amigos em sua terra natal. Em parte, isso era facilitado pela equipe da SS, não apenas pela corajosa enfermeira Maria.

No campo, Bracha encontrou por acaso um jovem que ela havia conhecido em Bratislava antes da guerra. Depois de servir ao Exército eslovaco, esse rapaz foi convocado à força para realizar serviço militar para os alemães. O vínculo de infância entre os dois superou as distinções entre guarda e prisioneira. Ele concordou em postar uma mensagem para os avós dela, que moravam na Hungria. Em seguida, durante uma licença, levou um bilhete para Ernst Reif, amigo judeu de Bracha que ela conhecera enquanto fazia parte do grupo de jovens Hashomer, em Bratislava. Estava datado de "Birkenau, junho de 1943". Bracha escreveu que estava com saúde e trabalhando com Katka: "Estou aqui há catorze meses, mas minha mente permanece sempre e eternamente em minha casa [...]. Eu gostaria de voltar ao passado...".[16]

Como Reif estava escondido, sua irmã escreveu uma resposta, enviada com um pacote montado às pressas contendo salame, chocolate e outras guloseimas. O guarda eslovaco o transportou ao campo, para grande deleite de Bracha.

Esse guarda não foi o único a ajudar os prisioneiros. Uma das amigas de Irene no bloco administrativo usou um pouco de tecido "organizado" para fazer uma camisa. Por dentro do colarinho, costurou uma carta descrevendo o que acontecia em Auschwitz, e a peça foi contrabandeada por um homem da SS originário de Bratislava.[17] Lilli Kopecky e Ella Neugebauer, entre outras, também puderam receber cartas e até mesmo fotos de seus familiares graças a um eslovaco da SS chamado Rudasch. Ele alertou os judeus de Bratislava ainda em liberdade sobre as câmaras de gás e as seleções de quem viveria ou morreria, mas eles optaram por não acreditar. A verdade era assustadora demais.[18]

De maneira surpreendente, por um curto período, os prisioneiros judeus em Auschwitz foram expressamente autorizados a escrever para casa. Receberam inclusive cartões-postais oficiais para esse fim.

Marta Fuchs e as costureiras do estúdio de moda aceitaram a oferta.

Marta fez perguntas sobre o marido de sua irmã Turulka, Laci Reichenberg, irmão de Irene. Ambos estavam na resistência aos nazistas com *partisans*. A costureira Manci Birnbaum escreveu a Edit Schwartz, rua Židovská, em Bratislava: "Você não pode imaginar que alegria é quando a correspondência é distribuída e recebemos cartas suas...". Ela não disse nada sobre seu sofrimento no campo de concentração.[19]

Como algumas linhas a lápis em um cartão-postal seriam capazes de explicar um lugar como Auschwitz, onde mulheres nuas eram entregues em motocicletas e costuravam roupas da moda para as esposas de oficiais e guardas da SS? Mesmo se fosse permitido contar a verdade nas mensagens enviadas do campo, seriam necessários infinitos cartões-postais para descrever a angústia de cada pessoa e a enormidade dos crimes nazistas.

Permitir correspondência limitada não era, de forma alguma, um ato de benevolência por parte dos nazistas. Os cartões-postais eram monitorados para ajudar a identificar os judeus ainda escondidos. Embora o endereço do remetente fosse *Arbeitslager Birkenau*, todas as respostas seriam enviadas para Berlim, onde passariam por análise. Além disso, apenas notícias positivas passariam pelos censores, de modo a encorajar os destinatários judeus a acreditarem que os deportados estavam prosperando em um campo de trabalho perfeitamente normal.

Conhecendo o verdadeiro propósito assassino do complexo Auschwitz-Birkenau, os remetentes faziam o possível para enviar avisos codificados. No Ano-Novo de 1943, Marta escreveu aos entes queridos sugerindo que convidassem a "sra. Vigyáz" para uma visita: "Ela deve estar sempre com vocês, ela é muito útil em casa". *Vigyáz* é a palavra em húngaro para "cautela" ou "alerta".[20]

De alguma forma, esses cartões-postais escritos a lápis e enviados de Auschwitz tinham que transmitir notícias de mortes de parentes. Para passar pela censura, era necessário lançar mão de subterfúgios. Quando Irene enviou um postal a seu pai, escreveu que suas três irmãs estavam com a mãe, viajando por uma cidade chamada Plynčeky. A mãe dela morrera em 1938; *plyn* significa "gás" em eslovaco. A mensagem foi transmitida e compreendida. Shmuel Reichenberg, o sapateiro, agora sabia que as filhas Frieda, Edit e Jolli estavam mortas, mas pelo menos Irene ainda estava viva e aos cuidados de Marta.

Na frente de um dos cartões-postais que Marta enviou de Auschwitz, ao lado do selo com o rosto de Adolf Hitler e sob o carimbo "Berlim, 6 de abril de 1944", a prima de Marta, Herta, escreveu: "Muitas saudações e beijos calorosos de Herta! Você não está em contato com nossos parentes?".

Nenhum membro da família de Herta sobreviveu à guerra.

Cartão-postal de Marta Fuchs, enviado em 3 de março de 1944, carimbado em 6 de abril, com a mensagem a lápis de Herta.

As mensagens recebidas no campo de concentração não sobreviveram. Não puderam ser apreciadas como lembranças de entes queridos; todos os papéis comprometedores tinham de ser rasgados, queimados ou descartados no vaso sanitário.

Hunya não conseguiu se corresponder com seus pais, que fugiram para a Palestina. Não soube que todas as segundas e as quintas-feiras eles observavam um jejum e faziam orações especiais por "sua filha em apuros".[21]

> "Estávamos convencidas de que jamais sairíamos daquele inferno e queríamos que um dia o mundo soubesse de tudo."
> *Věra Foltýnová*[22]

Em testemunho depois da guerra, a enfermeira da SS Maria Stromberger afirmou julgar que a ajuda por ela oferecida tinha sido minúscula, mas, na verdade, foi uma ação importantíssima para quem a recebeu. Duas vezes ela foi denunciada por seu envolvimento na resistência. Na segunda vez, chamou a atenção do comandante do campo Rudolf Höss. Em ambas as ocasiões, Maria alegou inocência absoluta. Em ambas foi libertada com advertência e não revelou o nome de seus colegas de conspiração, entre eles Marta Fuchs.

Em nada atrapalhou o fato de Stromberger ser a enfermeira que ajudou Hedwig Höss durante o difícil parto de sua última filha, Annegrete, em setembro de 1943. Após o nascimento, Hedwig pôde se recuperar vestindo roupas de maternidade feitas no salão de costura. Não foi difícil arranjar um enxoval de bebê quando ela contava com seu próprio círculo de costureiras pessoais e acesso aos depósitos do Kanada abarrotados de pilhagem.

Contato secreto de Marta, a enfermeira Maria – codinome "S" – tinha liberdade de movimento fora do complexo dos campos de concentração, o que fazia dela um fator extremamente valioso para a resistência clandestina. Correndo grande risco, ela contrabandeava pacotes e transmitia mensagens pessoais para fora de Auschwitz. Informações confidenciais eram escondidas dentro de uma escova para roupas com uma cavidade disfarçada. Seu uniforme branco engomado propiciava alguma proteção enquanto ela esperava nas estações ferroviárias e esquinas polonesas para sussurrar senhas a contatos do lado de fora.

Entre outras informações, a enfermeira Maria agia como mensageira clandestina incumbida de entregar chapas fotográficas – não sabia quem eram as pessoas retratadas – e prontuários de hospitais. Fazia parte de uma rede muito ativa de gente que arriscava a própria vida para entregar provas das atrocidades de Auschwitz à resistência polonesa, muito além dos cuidadosos avisos sobre mortes individuais inseridos nos cartões-postais das costureiras.

As prisioneiras-secretárias alojadas no Stabsgebäude e que trabalhavam no escritório central de construção da SS fizeram cópias clandestinas de plantas e projetos das câmaras de gás e dos crematórios de Birkenau, documentos que esconderam em potes enterrados sob o cimento do banheiro do bloco e, por fim, levaram às escondidas, costurados dentro de um cinto, para o Exército da Pátria* polonês.[23]

Provas ainda mais contundentes foram logradas à posteridade: uma câmera e um filme levados às escondidas para Birkenau a fim de fotografar o trabalho do *Sonderkommando* [unidade de comando especial], cujo trabalho era processar os corpos dos assassinados. O prisioneiro Alberto Errara tirou apressados instantâneos na entrada oeste do crematório V. O próprio Errara foi torturado e morto após uma malograda tentativa de fuga, mas em setembro de 1944 o filme da câmera foi repassado para a fotógrafa polonesa Pelagia Bednarska, em Cracóvia, por intermédio da operária da resistência Teresa Łasocka, também contato da enfermeira Maria Stromberger.[24]

De todas as imagens feitas nas circunstâncias mais aterradoras, Bednarska conseguiu salvar apenas três. São as únicas fotografias conhecidas do efetivo processo de extermínio em Auschwitz. Mostram mulheres na floresta perto do crematório V, despindo-se antes de serem assassinadas, e corpos nus queimados em fossas porque os fornos estavam funcionando em capacidade máxima.[25]

Agulha entra, agulha sai, as costureiras de Auschwitz continuaram a fazer roupas para as esposas de oficiais e guardas da SS ou organizaram e supervisionaram horrores como os retratados nas três fotografias clandestinas. Marta ainda tinha a tarefa de "comprar" no Kanada

---

* *Armia Krajowa*, o exército clandestino de resistência formado em fevereiro de 1942, o mais importante movimento de resistência polonesa durante a ocupação da Polônia na Segunda Guerra Mundial. Atuava em conjunto com o governo polonês no exílio e tinha como intenção libertar o país das forças alemãs (nazistas) e russas (comunistas) que ocuparam o país entre 1939 e 1945. (N. T.)

as roupas de que as vítimas dos nazistas haviam sido despojadas em meio a tanto medo e confusão.

Esses depósitos do Kanada não eram apenas acervos dos mortos, mas também um centro vital para a resistência clandestina. As incursões de Marta para a aquisição de itens em nome de Hedwig Höss eram o subterfúgio perfeito para compartilhar notícias e fazer planos.

Um dos *kapos* lá era um corajoso homem de Cracóvia chamado Bernard Świerczyna, codinome da resistência Benek. Era prisioneiro em Auschwitz desde julho de 1940 – um número baixo, de fato –, e sua posição nos depósitos de pilhagem certamente o ajudou a sobreviver por tanto tempo. Com sua proteção, os trabalhadores nas oficinas de roupas podiam tricotar protetores de orelha, suéteres e luvas que seriam contrabandeados para as unidades do Exército da Pátria polonês, que operavam em condições adversas fora do campo. Para as tricoteiras, mesmo encarceradas, era extraordinariamente empoderador ajudar outras pessoas.[26]

Além de ajudar na distribuição secreta de informações, roupas, alimentos e remédios, Świerczyna sabia que o Kanada poderia fornecer a última palavra em recursos: subornos, documentos e disfarces para fuga. Marta teve acesso aos mesmos recursos.[27]

As fugas não eram apenas questão de salvar a própria vida. Havia uma necessidade urgente de quebrar o código de sigilo sobre a "Solução Final" e a verdadeira natureza de Auschwitz. Os cartões-postais enviavam avisos pessoais. Os mensageiros transmitiam evidências chocantes de atrocidades. Mesmo assim, as deportações de judeus continuaram, e o mundo ainda parecia indiferente.

Em 1944, a situação se agravou. A *Wehrmacht* ocupou a Hungria, seu próprio aliado. A aquisição foi seguida por ações contra judeus, tanto dos cidadãos húngaros quanto daqueles que haviam fugido para a Hungria em busca de refúgio da perseguição em outras partes do Reich. Os amados avós de Bracha estavam agora em risco, assim como amigos e familiares húngaros de Marta. A operação para deportar judeus da Hungria recebeu um nome que homenageava

Rudolf Höss.* Durante uma de suas viagens logísticas à Hungria, em maio de 1944, Höss enviou a Hedwig algumas caixas de vinho para desfrutar em seu retorno – uma recompensa por todo o árduo trabalho para aniquilar 10 mil pessoas por dia.

Os prisioneiros em Birkenau tinham plena ciência dos preparativos para um genocídio em larga escala: estavam construindo um ramal ferroviário da linha principal campo de extermínio adentro, a uma curta distância a pé dos crematórios. Membros do movimento de resistência clandestina de Auschwitz sabiam que, em nome da maior credibilidade, os próprios prisioneiros teriam de escapar e dar testemunho: os civis judeus não deveriam ser atraídos para os transportes pelo engodo de acreditar que estavam partindo para viver em um campo de trabalho.

A fuga era difícil, mas não impossível. Houve mais de oitocentas tentativas de escapar da zona de interesse de Auschwitz. As fugas bem-sucedidas foram muito menos numerosas. Destas, uma pequena porcentagem foi de prisioneiras do sexo feminino.[28] Marta pretendia ser uma delas.

Para escapar do campo de concentração, ela precisaria de um bocado de planejamento, apoio e sorte para passar pelo intenso sistema de segurança. Durante o dia, havia uma ampla série de sentinelas armadas da SS vigiando os *kommandos* de trabalho externos. À noite, todos os prisioneiros eram iluminados por lâmpadas de arco voltaico nas cercas de arame farpado de alta tensão. Havia sentinelas com metralhadoras nas torres de vigia e patrulhas regulares. O campo de Birkenau também era protegido por uma ampla e profunda trincheira cheia de água. A SS poderia convocar 3 mil guardas e 2 mil cães quando necessário.

Mesmo antes de escapar, um potencial fugitivo poderia ser traído por outro prisioneiro. O sistema do campo de extermínio estava repleto de informantes motivados por rancor, recompensas ou mesmo por medo das represálias em massa que aconteciam quando a

---

* A *Aktion Höss* [Operação Höss], programa especial em que 430 mil judeus de origem húngara foram transportados para o campo de Suschwitz e mortos em 56 dias, entre maio e julho. (N. T.)

sirene soava para indicar uma tentativa de fuga. Marta era querida e respeitada, mas isso de nada valeria se alguém de fora de seu grupo visse vantagem em traí-la.

Se superasse esses obstáculos, saísse e se afastasse do campo, ela vagaria por um território ocupado por nazistas. Os desconhecidos que eventualmente encontrasse poderiam oferecer apoio, mas, por causa das represálias nazistas, a hostilidade e a traição não se faziam incomuns. Os riscos eram altos, sobretudo, para prisioneiros judeus, que enfrentavam a possibilidade de serem capturados nas frequentes perseguições e caçadas a eles. A recompensa para o pessoal da SS que conseguia frustrar tentativas de fuga era significativa: vodca em abundância e agradáveis dias de férias no alegre centro de recreação da SS em Solahütte.

Marta sabia a punição para quem era pego. Ela era amiga de prisioneiras-secretárias que tinham que estenografar notas após sessões de interrogatório e tortura. Tinha ficado ombro a ombro com outras mulheres do Stabsgebäude forçadas a assistir às execuções daqueles que tinham fracassado na tentativa de escapar.

No enforcamento de três homens e uma mulher, Hunya, colega de trabalho de Marta, ficou atormentada pela impotência das testemunhas e pelo fim trágico das quatro vítimas. Todavia, enquanto caminhavam para a forca, os condenados aprumaram as costas e ergueram o queixo. Hunya interpretou aquela postura altiva como uma mensagem de desafio: "Nós fracassamos, vocês terão sucesso. Ousem tentar!".[29]

Achtung! Lebensgefahr! Atenção! Perigo de morte!
placas ao longo das cercas em torno de Auschwitz

A aparência era um importante fator nas tentativas de fuga. Uma figura emaciada, com manchas de sujeira, cabeça raspada e braço tatuado era característica de um prisioneiro de Auschwitz. As roupas certas eram cruciais para que alguém conseguisse passar por "humano" em vez de "sub-humano", de acordo com a categorização nazista. As autoridades locais sabiam muito bem que roupas listradas ou marcadas da prisão identificavam fugitivos. Repetidas vezes, empreendiam tentativas especificamente voltadas para proibir civis de entregar roupas para os prisioneiros e alertavam o pessoal da SS no sentido de não deixar sem vigilância as peças dos uniformes.

Alguns fugitivos optavam por adquirir uniformes alemães e todo o poder que emanavam, invadindo os depósitos da SS para obter os itens de que precisavam. Dois homens escaparam do campo disfarçados dessa maneira, em um caminhão roubado. Dois outros, usando uniformes da SS, chegaram a Praga de trem. Quatro homens saíram tranquilamente de Auschwitz em um elegante carro civil, aceitando continências pelo caminho. Cyla Cybulska, funcionária administrativa da seção política, escapou quando seu amante, o prisioneiro Jerzy Bielecki, vestiu um uniforme de oficial da SS e a levou para fora do prédio como se ela fosse encaminhada a um interrogatório.[30]

Em abril de 1944, dois homens iniciaram a própria fuga de Auschwitz para tentar impedir as deportações da Hungria. Se falhassem, Marta Fuchs deveria seguir o exemplo e sair sozinha.

A fuga mais famosa de Auschwitz foi protagonizada por um dos velhos conhecidos de Irene no Kanada: Walter Rosenberg, o prisioneiro número 44.070, conhecido como Rudolf Vrba depois que escapou do campo.

A primeira façanha de Vrba foi esquivar-se da deportação da Eslováquia. Sua engenhosa mãe, Helena, costurou uma nota de dez libras na braguilha de sua calça, e esse dinheiro serviria para pagar por sua segurança e comprar uma passagem rumo à Inglaterra. Era primavera de 1942, quando Irene, Bracha, Marta e outras costureiras eslovacas estavam sendo arrancadas de casa para a vida no campo de concentração. A maneira como Vrba carregou roupas extras para a viagem foi simplesmente usar todas de uma vez. Foi essa a causa de sua desgraça. Acabou parado e detido porque parecia bastante suspeito usar dois pares de meias no calor. Depois de outras tentativas malogradas, Auschwitz tornou-se seu destino final.

Vrba aprendeu da forma mais difícil que "um homem em fuga precisa de roupas".[31] Suas vestimentas para a fuga de abril de 1944 vieram do Kanada. Ele e seu companheiro Alfred "Fred" Wetzler – prisioneiro 29.162 e outrora falsificador de identidades com o cunhado de Irene, Leo Kohút – usaram sobretudos quentes, calças de montaria de lã, botas pesadas e elegantes ternos holandeses. Para elevar ainda mais o moral, Vrba tinha um suéter branco e um cinto de couro, presentes de um prisioneiro que ele admirava muito, infelizmente executado após uma tentativa fracassada de fuga.

Wetzler e Vrba se esconderam sob pilhas de madeira em um canteiro de obras em Birkenau, até que, depois de três dias, a equipe de buscas cancelou o rastreio. Rastejaram para a liberdade na noite de 10 de abril. Em 25 de abril, chegaram a Žilina, Eslováquia, tendo escapado por pouco de serem baleados e capturados. As botas de Vrba estavam tão gastas da correria que ele ganhou um par de chinelos velhos de um dos generosos poloneses que abrigaram os dois homens ao longo do caminho.

Vrba e Wetzler foram interrogados separadamente por autoridades judaicas. Forneceram informações claras e concisas sobre a operação de assassinato em massa e a iminente ameaça aos judeus húngaros. Ajudou o fato de Vrba estar com a aparência elegante em seu paletó confeccionado sob medida em Amsterdã. O proprietário original, que o usou da Holanda a Auschwitz, não faria ideia de sua pequena participação nas questões mundiais – se ainda estivesse vivo.

De Žilina, cópias datilografadas do relatório Vrba-Wetzler foram enviadas para diversos países.[32] O mundo agora tinha provas de assassinato em escala industrial. Se faria alguma coisa ou se tinha condições de agir com base nas detalhadas informações, era algo que o futuro diria. A resposta dos Aliados aos relatórios foi inadequada, de modo geral. O primeiro-ministro britânico Winston Churchill escreveu que a perseguição aos judeus na Hungria "é provavelmente o maior e mais horrível crime cometido em toda a história".[33]

O papa Pio escreveu uma carta anódina ao almirante Horthy, regente na Hungria, e houve pressão diplomática de outras nações para impedir as deportações, que chegavam dia e noite a Auschwitz. Quando Horthy enfim concordou em encerrar os transportes, mais de 400 mil judeus de origem húngara já haviam sido deportados. Destes, pelo menos 80% foram diretamente para as câmaras de gás.

Vrba e Wetzler tiveram êxito quanto a abrir os olhos do mundo e desencadear uma torrente de comunicações internacionais sobre Auschwitz. Ninguém poderia negar evidências cada vez mais volumosas e contundentes de assassinato em massa. Os judeus que permaneceram na Hungria pelo menos alcançaram uma chance de sobreviver assim que as deportações cessaram.

Enquanto a fumaça rodopiava acima das altas chaminés do crematório, as costureiras tinham que costurar. Sabiam sobre o extermínio implacável em Birkenau?

— Sabíamos de tudo — disse Katka Berkovič.[34]

A costureira Renée Ungar comentou:

— Os meses de verão de 1944 foram banhados de sangue.[35]

Quando Marta ia ao Kanada buscar material para encomendas de suas clientes, encontrava montanhas encharcadas de roupas apodrecidas: havia mais pilhagem da Hungria do que era humanamente possível separar por triagem.

> "A resistência vale a pena sempre; a passividade significa morte."
> ***Herta Mehl***[36]

Em 22 de maio de 1944, as prisioneiras do Stabsgebäude foram transferidas dos antigos edifícios do Monopólio do Tabaco polonês para blocos novos, não muito longe das oficinas do campo principal e construídos com mão de obra de prisioneiros. Para muitas das costureiras, a mudança foi a primeira ocasião em que saíram ao ar livre depois de meses – uma chance de rever o céu. Foram alojadas em um bloco marcado com o número "6" nesse anexo do campo. Havia vinte edifícios, em quatro fileiras de cinco blocos.

A lavanderia e os *kommandos* de engomadaria e de consertos foram transferidos para estábulos reaproveitados nas imediações, ao redor de um pátio de paralelepípedos, mas as costureiras de elite continuavam a costurar para clientes da SS no estúdio de alta-costura superior do Stabsgebäude. Estavam mais atarefadas que nunca. Marta chamou novas costureiras para substituir as francesas Alida Delasalle e Marilou Colombain, transferidas para o campo de concentração feminino de Ravensbrück em agosto de 1944.

Embora feios por fora, os novos aposentos eram absolutamente luxuosos para os padrões de Auschwitz. Havia um refeitório com mesas e cadeiras e até mesmo uma plataforma elevada para piano – uma alegria para amantes da música, como Marta e Hunya. Havia tapetes trançados no chão, banheiros de ladrilhos e edredons nos beliches. Esses símbolos de civilização não eram inteiramente para o usufruto das prisioneiras: a ampliação do campo foi projetada como vitrine para as inspeções da Cruz Vermelha internacional, um ardil para "provar" que Auschwitz não era um campo de terror.

As janelas não tinham grades, mas uma cerca de arame mantinha as presas confinadas. A espaçosa praça do lado de fora dos blocos era palco de execuções: um tenebroso lembrete das penalidades sofridas pelos transgressores e do destino da maioria das tentativas de fuga. Marta sabia muito bem que poderia acabar naquele mesmo lugar para ser executada caso fosse capturada tentando fugir.

Em uma noite nublada de setembro, as costureiras fizeram fila para assistir à sua amiga Mala Zimetbaum ser levada até uma corda amarrada a uma estaca com um laço balançando. Mala, que normalmente vestia um traje elegante e esportivo de colarinho branco, era figura conhecida no complexo do campo. Tinha uma natureza radiante e era genuinamente agradável. Até mesmo Maria Mandl, da SS, confiava nela. Atuando como *Lauferka* [mensageira e escolta], Mala tinha liberdade para perambular e aproveitava esse privilégio para transmitir notícias e passar contrabando para a resistência.

Em Auschwitz, ela conheceu um interno polonês, Edek Galiński, e os dois se apaixonaram profundamente. Em junho de 1944, Edek saiu do campo vestindo um uniforme da SS, e Mala escapou com ele. Relatos dizem que estava disfarçada em um macacão masculino; em outras versões, usava uma capa de chuva da SS.

Todos os amigos de Mala alimentaram a ardente esperança de que os dois amantes chegassem a algum lugar em segurança.

Duas semanas depois, a notícia começou a circular entre as mulheres que lavavam a roupa suja do infame edifício de punições, o bloco 11, no campo principal: Mala e Edek haviam sido capturados. Uma das amigas de Hunya na seção política, a prisioneira Raya Kagan, agiu como relutante intérprete na sessão de tortura, que foi extrema e demorada.[37]

O espírito de Mala nunca se destroçou.

Edek foi enforcado primeiro. Quando chegou a vez de Mala ir para a forca, já não vestia roupas elegantes e esportivas; era uma figura machucada e esfarrapada. Desafiadora até o fim, cortou os próprios pulsos com uma navalha passada pela resistência. Com as mãos ensanguentadas, lutou corpo a corpo contra um oficial da SS. Foi espancada, jogada em um carrinho de mão e teve seu cadáver exibido como aviso aos outros.

Longe de se intimidarem com a execução de Mala, as mulheres do Stabsgebäude se viram mais determinadas que nunca a resistir à perseguição e sobreviver até o fim para que pudessem testemunhar. Bracha ficou impressionada com a última mensagem de Mala para elas: "Fujam, talvez vocês tenham mais sorte que eu e consigam escapar de vez...".[38]

Em setembro daquele ano, quando as bombas começaram a cair, parecia que haveria uma chance.

Os aviões aliados vinham realizando missões de reconhecimento sobre a área de Auschwitz desde maio daquele ano, fotografando o conglomerado de fábricas I. G. Farben nos arredores de Auschwitz-Monowitz. Os Aliados pretendiam destruir a produção de armamentos alemães, mas optaram por não mirar especificamente as câmaras de gás ou as linhas ferroviárias que levavam a elas. Quando as câmeras rodaram para tirar fotos de Monowitz, os aviões de reconhecimento inadvertidamente captaram imagens de Auschwitz-Birkenau.

Visto de cima, o complexo do campo de extermínio aparece em miniatura, com fileiras de prédios e árvores pontilhadas feito maquete. Fotografias de 31 de maio de 1944 mostram claramente filas de pessoas marchando para as salas de despir. Uma foto tirada às 11h do dia 23 de agosto mostra as trinta cabanas do Kanada II em Birkenau, ao lado do crematório IV. Também é impossível não notar as sufocantes colunas de fumaça branca dos corpos incinerados nas valas comuns.

As tripulações das aeronaves aliadas que sobrevoaram o campo voltaram para a base e a segurança; os presos

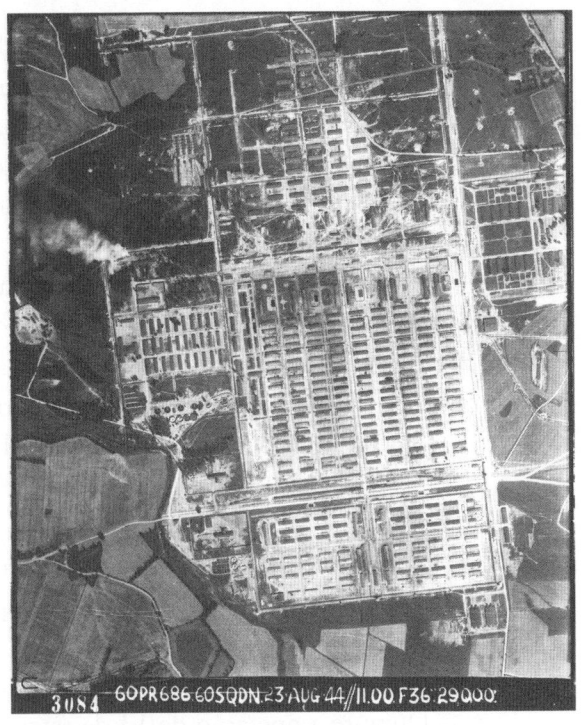

Fotografia tirada às 11h da manhã em 23 de agosto de 1944, descoberta nos arquivos de reconhecimento aéreo da Universidade de Keele, mostrando as trinta cabanas dos depósitos Kanada de Birkenau e os crematórios IV e V.

que ainda estavam no campo não tinham essa opção. As costureiras mantinham os olhos em pregas, plissês e casas de botões, costurando sem parar. Então, as sirenes soaram.

As missões de 13 de setembro não foram voos de reconhecimento. Agora, câmeras aéreas tiraram fotos de bombas sendo despejadas, caindo indiscriminadamente em torno do alvo pretendido, a I. G. Farben. Mil bombas seriam lançadas de uma altitude de 23 mil pés (7 mil metros). Quando a sirene de ataque aéreo soou, as costureiras do ateliê de moda largaram as costuras e correram – completamente expostas – até o outro lado do prolongamento do campo para se abrigarem no porão do bloco.

Foi um caos, mulheres chorando, *kapos* gritando e amigas chamando-se umas às outras. Hunya tinha o hábito de manter a calma em situações de emergência, o que ela punha em prática desde os tempos em Leipzig. Outras meninas e mulheres gravitaram em torno dela, uma ilha de serenidade em meio ao pânico cada vez mais intenso. Uma explosão as ensurdeceu e as fez cambalear. Uma bomba atingiu em cheio o bloco 6. As paredes tremeram, e o ar se encheu de poeira.

— Saiam! — Foi o primeiro pensamento que ocorreu a todas, com medo de serem enterradas vivas.

Aquelas que conseguiram sair, aos trancos e barrancos, constataram que os arames da cerca ao redor do bloco haviam sido cortados. Homens e mulheres prisioneiros ficaram subitamente livres para se misturar e até mesmo para escapar do perímetro do campo.

Bracha se deteve, fitando a cerca quebrada, mas não correu.

— Para onde vamos? — perguntou ela.[39]

> "De alguma forma, foram os abatidos
> e os oprimidos que se rebelaram."
> ***Israel Gutman***[40]

Durante a operação de 13 de setembro, morreram quarenta prisioneiras das oficinas próximas. Uma das costureiras de Marta foi ferida pela bomba que caiu no bloco 6: a atrevida Lulu Grünberg, que seguiu para o hospital a fim de se recuperar. De alguma forma, suas amigas conseguiram juntar os ingredientes para fazer os bolinhos de batata *strapačky* que ela continuava adorando. "Apenas me deixem saborear um *strapačky* antes de morrer!", ela brincava. Felizmente, Lulu recobrou a saúde e estava mais determinada que nunca a sair do controle nazista.

Durante o mesmo ataque, 15 homens da SS perderam a vida em um dos blocos residenciais e outros 28 ficaram gravemente feridos. Houve também alguns incidentes menos graves decorrentes de outras explosões, como o pote de geleia que explodiu nas cortinas da *Oberaufesherin* Irma Grese. O que mais animou os prisioneiros foi ver a SS subitamente vulnerável. Uniformes e chicotes não ofereciam proteção contra bombas; eles não eram sobre-humanos quando os céus despejavam a morte.

Essa constatação gerou rebeldia e até mesmo furtivos atos de sabotagem de prisioneiras do Stabsgebäude, como entupir privadas com pedaços de linha e tecidos rasgados, movidas pelo seguinte pensamento: já que levaria uma vida inteira para costurar todos os pedidos exigidos delas, bem que uma pequena parte do trabalho poderia ir para o ralo.[41]

Valeu a pena ficar em posição de sentido por cinco horas seguidas durante a chamada noturna, enquanto um inspetor de bloco berrava:

— Então é assim que vocês reagem a meus esforços para melhorar a vida de vocês? Chega! Não terão mais minha ajuda, nem um pingo!

Os banheiros dos blocos transbordavam devido à sabotagem.

— Digam-me! Quem *se atreveu* a fazer isso...?

As mulheres não disseram nada. Estremeciam por fora e sorriam por dentro.

Em 13 de setembro, houve apenas uma vítima fatal entre as mulheres do Stabsgebäude, devido à queda de uma bomba no bloco 6. A vítima era uma prisioneira da seção política chamada Hedi Winter, conhecida por delatar a irmã, a *kapo* Edith Winter. Hedi morreu porque a explosão da bomba fez estilhaços de vidro de seus óculos penetrarem em seu cérebro.

Infelizmente, o campo estava repleto de espiões e informantes, o que tornava o trabalho da resistência duplamente perigoso. Marta compartilhava suas atividades de resistência apenas com contatos em que podia confiar totalmente, a exemplo de sua amiga comunista Anna Binder. A confiança de Marta era certeira. Outros não tiveram tanta sorte. De maneira trágica, foi um informante fingindo ser um namorado devotado que levou à prisão e à tortura quatro prisioneiras, o que contribuiu para o mais extraordinário ato de insurreição em Auschwitz.

Marta, Hunya, Bracha e outras conheciam muitas das mulheres que trabalhavam na fábrica de munições Weischellmetal Union Werke, chamada de "*kommando* da Union". No verão de 1944, as mulheres que manuseavam pólvora e detonadores se arrumaram com vestidos de bolinhas brancas e azul-marinho, com lenços e aventais brancos – uma bela imagem. Sem conhecimento de ninguém, exceto colegas conspiradoras, um grupo delas vinha contrabandeando pequenas quantidades de pólvora da fábrica. Escondiam pacotinhos de papel nas roupas, nos cabelos, amarrados sob as axilas ou em tigelas de sopa com bases falsas. As mais jovens do grupo eram adolescentes, tinham apenas 16 anos.

O eixo central da operação era a impetuosa Róza Robota, jovem prisioneira judia da Polônia que trabalhava no *kommando* do Kanada. Tal qual Bracha, Róza era membra do grupo de jovens Hashomer. Agora usava sua base no Kanada para estabelecer contatos com a resistência do campo. Os produtos de saque eram cruciais como suborno para a obtenção de suprimentos ilegais ou para persuadir os membros corruptos da SS a fechar os olhos às atividades de resistência.

Para Róza, a morte era um preço aceitável a pagar para vingar o assassinato de toda a sua família pelos nazistas. Primeiro ela dirigiu sua própria célula subterrânea, depois foi recrutada por homens ligados ao *Sonderkommando*, o grupo especial de judeus que tinha como tarefa recolher e transportar para serem destruídos nos crematórios os cadáveres de seus irmãos executados pelos nazistas. Os membros dessa unidade especial eram periodicamente assassinados e substituídos; de modo gradual e secreto, começaram a planejar uma revolta. Para ter êxito, precisavam de explosivos, e foi aí que entraram os trabalhadores da fábrica de munições.

Róza disse a eles:

— Vou tentar fazer alguma coisa.[42]

Ela recrutou um núcleo igualmente dedicado de resistentes. Ala Gertner, estilosa polonesa que ousava adicionar ao uniforme da prisão uma fita, um cinto ou um chapéu feito em casa, conheceu Róza no Kanada antes de ser transferida para o *kommando* da Union, onde recrutou outros: a família de Regina Safirsztayn também fora aniquilada pelos nazistas; as irmãs Ester e Hana Wajsblum, deportadas do gueto de Varsóvia.

A revolta estava fadada ao fracasso. O que seiscentos homens desesperados do *Sonderkommando* poderiam fazer contra a SS munida de metralhadoras? Mesmo assim, o som das explosões em 7 de outubro de 1944 desencadeou um tsunâmi de entusiasmo entre os prisioneiros e espalhou entre os nazistas pânico semelhante ao do dia em que as bombas aliadas caíram. O crematório IV, próximo ao Kanada II, foi destruído. Os prisioneiros se espalharam por campos e celeiros das terras agrícolas de Rajsko; alguns tentaram se esconder em meio às pilhas de roupas no Kanada, ajudados por mulheres que trabalhavam lá. Embora todos tenham sido capturados e mortos, a dramática rebelião foi um inspirador testemunho da coragem e do espírito de luta dos judeus.

As prisioneiras-secretárias da seção política copiaram obedientemente as transcrições dos interrogatórios após a traição de Róza Robota e dos conspiradores do *kommando* da União por delatores do campo. O comandante Höss queixou-se de que sua sesta foi perturbada pelos ruídos das sessões de tortura.[43] Róza foi flagrada enquanto esperava por mais um interrogatório. Estava em uma cadeira no corredor da seção política, vestindo apenas calça de algodão grosso e um sutiã que não escondia feridas nem hematomas. Apesar de ter sido espancada até ficar mole como um trapo, conseguiu passar adiante um bilhete para dizer que não tinha arrependimentos: "*Chazak ve Amatz*", escreveu. "Sejam firmes e tenham força de vontade."[44]

Quatro das contrabandistas de pólvora foram conduzidas à forca no pátio externo do anexo do campo: Ala, Róza, Ester e Regina. Todos os trabalhadores do Stabsgebäude foram convocados para assistir aos enforcamentos. As primeiras a morrer foram Ala e Regina, na noite de 5 de janeiro de 1945, traídas pelo namorado de Ala. Na manhã seguinte, Róza e Ester tiveram o mesmo destino. Giraram penduradas na corda feito fantoches.

— Nós não queríamos assistir — disse a costureira Katka Berkovič, que estava com Bracha, sua irmã, e as outras costureiras na praça do anexo do campo.[45]

Mesmo assim, elas testemunharam a execução. Hunya sentiu a tensão enquanto centenas de corações batiam de orgulho ao ver as quatro permanecerem tão calmas e dignas até o fim.

As bombas continuaram caindo até o início de janeiro de 1945.

Foi um inverno frio e rigoroso. As mãos de Hunya estavam quase congeladas demais para costurar. Agulhas entrando e saindo dos panos, cabeças erguidas: o som da artilharia russa a apenas sessenta quilômetros de Cracóvia.

Marta puxou Katka de lado e pediu a ela e a Bracha que cuidassem da franguinha Rózsika, a mais jovem das costureiras que trabalhavam no ateliê. O plano de fuga de Marta estava pronto para ser posto em prática.[46]

CAPÍTULO DEZ
O ar cheira a papel queimado

> "O ar tem cheiro de papel queimado,
> não de carne queimada."
> ***Rena Kornreich***[1]

As costureiras costuravam, mas o restante do Stabsgebäude estava em alvoroço.

Funcionários administrativos zanzavam às pressas pelos corredores do prédio com braços carregados de livros contábeis e caixas de arquivos. Listas, índices, registros... qualquer evidência sobre as execuções deveria ser destruída por ordem de Rudolf Höss, que, por sua vez, estava sob as ordens de Himmler para garantir que não sobrevivesse nenhuma pista incriminadora acerca da escala dos assassinatos em massa. Todos os registros criados de maneira tão metódica – nomes, números, datas, mortes – deveriam ser consumidos pelas chamas, como os cadáveres daqueles que a papelada assinalava.

Não demorou para o imenso volume de papéis sufocar as lareiras dos escritórios, por isso foram construídas fogueiras do lado de fora do bloco administrativo. Ao redor de todo o complexo do campo, pipocaram focos de fogo onde ardiam registros sobre trabalho, hospitais, pilhagens. Se as provas fossem queimadas, era como se os crimes nunca tivessem sido cometidos. Em algum lugar em meio ao caos, o livro secreto de pedidos do estúdio de alta-costura superior se perdeu. Queimado ou enterrado em arquivos, nunca mais foi visto; ainda hoje não se sabe a identidade de clientes ali arrolados. Marta nunca contou.

A burocracia tentava funcionar mesmo em meio à total confusão. Em 8 de janeiro de 1945, após uma inspeção de suprimentos e distribuição de roupas em novembro, a administração central da SS no Stabsgebäude foi informada de que havia sérias deficiências na gestão das roupas do campo.[2]

Documentos sobre prisioneiros ainda vivos (contrariando todas as expectativas) foram carregados em caminhões e enviados para o oeste, para longe do estrondo das armas russas. Qual seria o destino dos prisioneiros em si?

Na quarta-feira, 17 de janeiro de 1945, as costureiras foram informadas sem drama de que aquele seria seu último dia de trabalho. Nenhuma outra informação. Foi um momento inebriante. Elas deixaram de lado as costuras – as peças em que não teriam mais que fazer acabamentos nem ajustes – para discutir possibilidades.

Circulavam rumores de planos para bombardear todo o campo de extermínio, ou metralhar os prisioneiros restantes, ou ambas as coisas. Também era intenso o tráfego de transportes em direção ao oeste. Para as costureiras, era glorioso pensar que não teriam mais que fazer um trabalho enfadonho para clientes da SS. No entanto, deixar o ateliê de costura significava deixar um *kommando* que até então havia salvado a vida delas. O que aconteceria a seguir?

O consenso foi de que, qualquer que fosse o resultado dos dias seguintes, era melhor vestir-se com roupas quentes. Isso contrariava uma ordem oficial que declarava com todas as letras que a posse de várias peças de roupa, além do único conjunto de uniforme que a SS distribuía, era estritamente proibida.[3] O fato de que Marta tinha conexões nos depósitos do Kanada significava que todas as costureiras podiam "organizar" roupas íntimas, bons sapatos e casacos. A SS distribuiu peças adicionais de paletós listrados em azul e cinza, do uniforme.

Marta tinha também uma mochila pequena e bem arrumada. Em novembro, seu contato no hospital da SS – a enfermeira Maria Stromberger – contrabandeara açúcar de uva, uma forma de glicose. Bracha e Katka guardaram essa reserva, enfiando os pedaços num cordão como colar, de modo que pudessem tirar uma das contas e chupá-la a fim de ganhar uma dose de energia em caso de emergência. Apenas duas semanas antes, Hunya adoecera e ficara internada, por isso tinha um estoque de pílulas de vitaminas que valiam seu peso em ouro. Sempre que possível, cada mulher recebia um cobertor.

Os prisioneiros de Auschwitz-Birkenau não eram os únicos a se preparar para a partida. Homens e mulheres da SS fizeram um festival de saques nos depósitos do Kanada. Na época de Natal e Ano-Novo, freneticamente as famílias de oficiais e guardas da SS encheram baús com os pertences adquiridos de forma ilícita para enviá-los à Alemanha. Hedwig Höss deixou Auschwitz no fim de 1944 para se juntar ao marido em seu novo posto no campo de concentração de Ravensbrück.[4] Seus guarda-roupas e suas gavetas foram esvaziados, a mobília da casa foi levada, e seu paradisíaco jardim, então abandonado, ficou coberto de uma espessa camada de neve.

Sem ninguém para alimentá-lo, o fogo dos fornos da estufa minguou.

Hedwig não foi embora de mãos vazias. Um homem da SS reclamou que foram necessários dois vagões de carga inteiros para transportar os pertences de Höss para o oeste. O jardineiro Stanisław Dubiel afirmou que foram quatro. Hedwig viajou com roupas feitas sob medida no ateliê, meticulosamente dobradas em uma bagagem de couro de altíssima classe. Ela teria uma jornada muito diferente das mulheres que costuraram as roupas e providenciaram as malas.

"Então a coisa mais incrível aconteceu."
Hunya Volkmann[5]

Caiu uma pesada nevasca na quinta-feira 18 de janeiro de 1945, quando as costureiras foram acordadas e instruídas a se reunir. Partiriam a pé rumo a um destino desconhecido, e as temperaturas chegaram a vinte graus Celsius negativos. Os guardas da SS estavam divididos entre punir prisioneiros por carregarem itens de vestimenta civil proibidos ou agir de forma magnânima, já que havia chance de um dia os prisioneiros estarem em posição de testemunhar contra eles diante dos russos que avançavam.

Um dos guardas perguntou a Bracha:

— Quando os russos vierem, o que vai dizer a eles? Que fui bom para você?

Bracha respondeu com cautela:

— Vou dizer que você não estava entre os maus.[6]

Dezenas de milhares de prisioneiros se reuniram na escuridão antes do alvorecer. De súbito, homens e mulheres puderam se misturar depois de meses ou anos de separação. Por toda parte havia gente buscando por maridos, esposas, amigos, parentes; ocorreram até encontros alegres.

Hunya mal acreditou na própria sorte quando encontrou sua querida amiga Ruth Ringer entre as mulheres debilitadas e atordoadas de Birkenau. Ruth fora companheira de Hunya durante os últimos meses em Leipzig e no transporte para Auschwitz. Foi o marido de Ruth quem a aconselhara a ficar com Hunya para sobreviver. Separadas no primeiro dia no campo, as duas decidiram ficar juntas agora.

Em meio ao caos, amigos e entes queridos memorizaram desesperadamente as informações de um futuro ponto de encontro, na esperança de se reunir assim que a guerra acabasse. Se sobrevivessem à próxima marcha.

— Devemos ficar para trás e nos esconder? — questionaram Irene e Renée. — Nunca se sabe o que vão fazer conosco, se vão nos matar, atirar em nós, nos queimar para que nenhuma testemunha sobreviva.[7]

Decidiram que era mais seguro ficar com o resto do *kommando* das costureiras e deixar o campo de concentração.

Por volta das 11h da manhã, ouviram ordens dadas aos berros. Em grupos de quinhentas pessoas, os prisioneiros estavam deixando o campo principal. Como eram mais de 30 mil para se deslocar, incluindo os recém-chegados de Birkenau, o êxodo levou horas. Em algum lugar havia pão e chá, mas estavam ao alcance apenas dos presos mais fortes.

Marta tomou a iniciativa. Com calma autoridade, abriu caminho e voltou com o máximo de pão que conseguiu carregar. Já caía o crepúsculo quando o *kommando* de Marta se aproximou da saída do campo. Hunya não conseguia acreditar que estavam realmente indo embora. Os momentos de marcha portão afora foram indescritivelmente felizes, mesmo que estivessem se movendo sob a mira de armas rumo ao desconhecido.

Quando Bracha e Katka saíram, juntas, acompanhadas de Irene e Renée, tinham suportado mil dias em Auschwitz. Os pessimistas estavam errados: elas não saíram do campo pelas chaminés do crematório. Tampouco marcharam em direção a uma cafeteria no Corso de Bratislava para tomar café com bolo. O importante era ficarem unidas e seguir em frente.

Os prisioneiros doentes demais para serem evacuados foram deixados para trás, juntamente com aqueles que se esconderam pensando que teriam chance melhor de sobrevivência no próprio campo que marchando em direção ao desconhecido. Alguns dos que permaneceram foram baleados por guardas da SS, afeitos a apertar o gatilho e que ainda faziam patrulhas esporádicas na área do campo. Alguns morreram de desnutrição, exposição a intempéries e doenças. Os sortudos, mais resistentes, correram pelos descampados semiabandonados em busca de comida e roupas. Vários depósitos já estavam arrombados, e havia roupas esparramadas.

Nos últimos dias de operação do campo de concentração, em uma sequência interminável, trens abarrotados de pilhagem foram despachados para o oeste, deixando os trabalhadores do *kommando* dos depósitos do Kanada a perambular por corredores e alojamentos vazios. Os trinta barracões do Kanada em Birkenau estavam muito apinhados de mercadorias para serem completamente limpos a tempo. Alguns foram incendiados e queimaram durante dias.

Entre os cerca de 7.500 detentos ainda no campo estava Rezina Apfelbaum, a costureira da Transilvânia que fora levada em sigilo ao ateliê de moda para costurar às escondidas para um guarda da SS que queria roupas para Lilly, sua amante. Os parentes de Rezina – que ela salvou com esse trabalho secreto de costura – estavam fracos demais para andar e permaneceram amontoados nos alojamentos. Ela estava lá com eles quando a porta do alojamento foi trancada e alguém lhes informou que seriam incinerados como os depósitos de roupas.

Algum tempo depois, um único soldado russo arrombou a porta dos alojamentos. Conseguiu explicar em húngaro que o campo fora liberado e que eles estavam livres para ficar ou partir. Quanto ao guarda da SS que havia recrutado Rezina para costurar para si, um dia após a libertação de Auschwitz ele envenenou Lilly e se matou com um tiro.[8]

Os russos chegaram no meio da tarde de 27 de janeiro de 1945. Embora o Exército Vermelho já tivesse libertado o campo de extermínio de Majdanek, nada poderia preparar os veteranos da linha de frente para o que encontrariam do lado de dentro do arame farpado dos campos de Auschwitz. Em meio às mais horrendas descobertas, vislumbraram o que restava do butim do Kanada, muito mais de 1 milhão de itens. Um soldado russo, equipado com um volumoso traje de combate de inverno, foi fotografado de pé ao lado de uma pilha de sapatos muito mais alta que ele. Havia muito as pessoas que usaram tais calçados tinham sido reduzidas a cinzas e fragmentos de ossos, esqueletos vivos ou figuras trêmulas forçadas pelos nazistas a caminhar sem descanso por longas distâncias rumo ao oeste, expostas ao frio extremo, à fome e à sede, no que viria a ser conhecido como *Todesmärsche*. As "marchas da morte".

Na marcha, os sapatos de couro ficavam encharcados. Os sapatos de madeira eram piores, pesados e frios. As bolhas inchavam e estouravam; a pele em carne viva deixava sangue nas pegadas. Cobertos de neve e respingando de lama e neve derretida, os prisioneiros eram empurrados para as margens da estrada por causa dos comboios de carros e caminhões carregados que passavam zunindo, dirigidos por apavorados alemães rumo à suposta segurança de sua pátria. Todos os prisioneiros padeceram os suplícios do inverno inclemente.

Vez por outra os grupos em marcha recebiam ordens de se identificar. Hunya ouvia os berros. Primeiro, os homens gritavam:

— Aqui está o *kommando* dos alfaiates!

— Aqui, o *kommando* dos sapateiros!

Depois era a vez das mulheres:

— Aqui está o *kommando* da lavanderia!

— Aqui, o *kommando* das costureiras...

As costureiras se mantinham juntas da melhor maneira que podiam, mesmo quando a fila de caminhantes se tornava inevitavelmente menos organizada e compacta. Hunya ainda estava debilitada pela doença, mas sentia uma estranha calma. Agora tinha que cuidar de sua amiga Ruth Ringer, cujas experiências em Birkenau refletiram condições muito piores do que as das mulheres que encontraram abrigo no Stabsgebäude.

Parte da marcha se dividiu e seguiu a noroeste. As costureiras compunham uma torrente de desafortunadas pessoas sendo conduzidas ao longo de uma rota mais a oeste. Por quanto tempo seguiriam? Mesmo a mais forte delas mal conseguia colocar um pé na frente do outro. Ainda assim, mantiveram-se unidas, em uma fileira que ia serpenteando ao longo de sinuosas estradinhas rurais e estradas das aldeias.

Os prisioneiros que tropeçavam e caíam eram levantados por amigos e meio carregados, meio arrastados adiante. Os que não tinham amigos em condições de ajudar, e por isso não conseguiam acompanhar o grupo, eram assassinados a tiros onde estavam. Depois que os longos ajuntamentos de prisioneiros passavam, os poloneses locais saíam para fitar os cadáveres e enterrá-los. Milhares deles. Homens e mulheres que foram para o túmulo anônimos, apenas com números tatuados e suas roupas escassas mostrando algum indício de identidade ou individualidade.[9]

Na primeira noite – na verdade, já madrugada do dia seguinte –, as costureiras desabaram, exaustas, em um chiqueiro, assim que veio a ordem de parada para descanso.

Os pés de Hunya estavam terrivelmente inchados, mas ela sabia que era melhor não tirar os sapatos; caso contrário, nunca mais os calçaria. Bracha já havia sido avisada: "Não tire os sapatos, senão seus pés vão congelar!".[10] Os calçados que algum descuidado deixava desprotegidos eram furtados durante a noite. Andar descalço significava congelamento e morte certa.

Irene nem sequer conseguiu chegar ao chiqueiro. Estava exaurida, sem forças para continuar. Quando ouviu a ordem para que parassem, desabou na estrada e adormeceu.

Renée a sacudiu para acordá-la.

— Será que conseguimos escapar...?

Bracha achou o plano arriscado demais, mas Renée era imprudente, e Irene não suportava a ideia de marchar para mais longe do Exército russo de libertação. No fim, Renée e Irene se esconderam em fardos de palha perto do chiqueiro, decididas a não continuar rumo a oeste. O grupo de costureiras se separaria.

Bracha, Katka e as outras se despediram enquanto os irritadiços guardas da SS as incitavam para a próxima etapa da marcha:

— Mais rápido, mais rápido! Quem ficar para trás vai levar tiro![11]

Não era uma ameaça em vão. Quando a coluna começou a se afastar, os guardas apunhalaram com a ponta das baionetas os fardos de palha. As jovens costureiras foram encontradas? Não saber era agonizante para Bracha e os demais ao partirem com a "marcha da morte", mas logo todos os pensamentos foram entorpecidos por frio, fadiga e a necessidade de avançar. Os prisioneiros estendiam suas tigelas pedindo comida quando passavam por casas e fazendas; os soldados os empurravam com violência. Nessa atmosfera caótica e ameaçadora, os aldeões poloneses raramente ousavam dar alguma coisa, mesmo que sentissem pena. No entanto, testemunharam o sofrimento dos que marcharam. Viram Auschwitz em movimento.

Os prisioneiros percorreram uma monótona paisagem de bosques, morros e neve, sempre muita neve. Em algum lugar à frente, os aviões aliados bombardeavam uma coluna de soldados da *Wehrmacht* que batia em retirada. Os prisioneiros e os homens da SS procuraram abrigos para se esconder. Hunya tentou tranquilizar sua amiga Ruth, que chorava de medo. Um guarda gesticulou para as árvores próximas, instigando-as:

— Vão em frente, corram. Há um bosque. Prometo que não vou atirar em vocês.

Por um momento, as duas mulheres ficaram tentadas, mas o bom senso de Hunya logo se impôs. E se outros soldados as localizassem? Quando as bombas pararam de cair, ela arrastou Ruth para cima, então seguiram em frente.

Na segunda parada de descanso, as costureiras foram conduzidas a outro pátio de fazenda para dormir. Hunya lutou por espaço em um galpão imundo. Já havia sido expulsa de um celeiro lotado de prisioneiros, que vociferaram:

— Não há espaço para judeus aqui![12]

Depois de todo o sofrimento em comum, o antissemitismo ainda corrompia alguns detentos.

Depois – alívio! – uma espécie de destino. Uma imensa multidão de prisioneiros se reuniu em um centro ferroviário na cidade de mineração de carvão de Wodzisław Śląski, que os alemães chamavam de Löslau. Foi lá que Marta empreendeu sua tão esperada tentativa de fuga – não do campo de concentração, mas da multidão.

> "Éramos sardinhas de pé dentro de uma lata, empacadas por causa da neve."
> ***Lidia Vargo***[13]

Por quase três anos, Marta usou suas habilidades para sobreviver em Auschwitz e sua compaixão para ajudar outros a resistirem também. Agora, tendo confiado os cuidados da pequena Rošika – a caçula do ateliê de moda – a outras costureiras, ela finalmente aproveitaria a oportunidade para se libertar.

Mas não iria sozinha. Estava acompanhada de outras costureiras do estúdio de alta-costura superior: a cortadora Boriska Zobel, a espevitada Lulu Grünberg e a robusta Baba Teichner. Além delas, outra amiga próxima do Stabsgebäude, Ella Neugebauer, escriturária do *Standesamt*, o registro civil. Ella era uma otimista inveterada, sempre pronta para espalhar coragem e ajudar os outros. Fechando a equipe de fuga, uma polonesa, escolhida para servir de guia na escapada.

Durante a confluência em massa de prisioneiros evacuados na estação ferroviária de Löslau, as conspiradoras habilmente alteraram suas roupas para se misturarem aos poloneses locais, escondendo qualquer evidência de vestimentas do campo de concentração. Essas roupas civis foram preparadas com bastante antecedência.

As fugitivas seguiram para o norte, até uma estação na cidadezinha de Radlin, juntando-se à multidão que esperava para encontrar assento em um dos compartimentos de um trem regular de passageiros. Conseguiram viajar sem ser paradas até a cidade de Żywiec, não muito longe da fronteira polonesa-eslovaca, chegando ao mesmo tempo de um ataque de grandes proporções do Exército Vermelho russo na área. O maior perigo ainda eram as tropas alemãs, que dispararam contra o exausto grupo de mulheres na manhã de 23 de janeiro. Tinham chegado tão longe, com tanta bravura. Mas agora as balas respingaram nelas. Boriska, Baba, Lulu e Ella foram mortas a tiros no local. Marta e sua companheira polonesa correram para se salvar. Marta foi alvejada nas costas.

Essa foi a versão da história que Hunya ouviu mais tarde. Bracha e Katka ouviram algo semelhante: que Marta, Baba, Lulu, Borichka e Ella foram expulsas de seu esconderijo em um celeiro e todas acabaram baleadas pelas costas enquanto se dispersavam em busca de abrigo em casas próximas.

Nenhuma das costureiras restantes viu exatamente o que aconteceu. Ainda estavam em Löslau e tinham os próprios problemas.

A etapa seguinte de fuga seria por ferrovia, mas não em trens de passageiros nem mesmo no abrigo de vagões de gado fechados. Em meio a gritos, espancamentos e tiroteios, as costureiras foram colocadas em vagões abertos de carvão, escorregadios de gelo. Em alguns havia 180 mulheres e meninas amontoadas. As pessoas tinham que usar suas tigelas de comida para tentar jogar um pouco de neve fora. Só podiam ficar de pé, sem se sentar. "Espremidas como arenques de pé", disse uma sobrevivente. "Feito sardinhas", disse outra.

A viagem de trem era o pior de tudo. Quando as mulheres acotoveladas se empurravam ou brigavam, os homens bêbados da SS disparavam entre elas. Nos vagões abertos, o vento cortante congelava o rosto das mulheres, cujas pernas ardiam de frio. Bracha e Katka ainda estavam juntas, e Hunya se aconchegou a Ruth. Quando a noite se transformava em dia, cada prisioneira afundava no próprio inferno particular, meio enlouquecida ou completamente ensandecida de febre, exposição a intempéries, fome e sede.

Deixaram para trás as montanhas e entraram nas planícies. Ao cruzarem a fronteira com a Alemanha, Hunya tinha uma vaga noção das placas de lugares conhecidos: Frankfurt-am-Oder e Berlim. A certa altura, Bracha olhou pelas aberturas na parede de madeira do vagão para ver uma paisagem de prédios bombardeados em que apenas as chaminés continuavam de pé. Era a cena exata de um sonho que ela teve certa vez. Uma premonição?

Quando o trem parou, os mortos foram descartados. Civis alemães olharam para as criaturas selvagens cobertas de gelo vindas de outro universo: impossível acreditar que já haviam sido estudantes, costureiras, esposas, mães, professoras, médicas... seres humanos.

Uma nova placa: "Ravensbrück".

As prisioneiras estavam sendo despejadas em Ravensbrück – o campo de concentração nazista para mulheres – como se fossem despejos, raspas e restos arremessados em uma lata de lixo. O campo já estava transbordando de gente quando as sobreviventes da congelante viagem de trem chegaram, cambaleantes. Eram 3h da manhã. As lâmpadas de arco voltaico cintilaram. As mulheres se deixaram desabar na neve recém-caída e começaram a lambê-la como comida. Bracha ergueu os olhos do chão para ver a guarda da SS Maria Mandl parada acima dela. Calmamente, Mandl comentou:

— Todas vocês devem saber muito bem que não têm o direito de estar vivas.[14]

Algumas das prisioneiras de Auschwitz despencaram no chão de um enorme edifício da Siemenswerke, algumas invadiram tendas de lona que já acomodavam 8 mil mulheres. Era um atoleiro de urina, fezes e desespero.

As veteranas de Ravensbrück se aglomeraram em torno das recém-chegadas, desesperadas para trocar qualquer coisa por colchas ou cobertores. As que não tinham nada para o escambo roubavam o que podiam. Pairava um cheiro horrível.

— Eles vão nos mandar para a câmara de gás! — gritou a prima de Hunya, Marichka, na tenda, contorcendo o corpo por causa do fedor. — Não vamos acordar amanhã de manhã!

Calma como sempre, Hunya disse a Marichka para dormir e ficar em paz. Ou elas acordariam, ou não.[15]

De manhã, reconheceram o cheiro. Não era gás, mas fumaça de gasolina.

Munida de porretes de borracha, a polícia do campo espancou as mulheres, que, desvairadas de tão famintas, se lançaram sobre a comida quando os tonéis de sopa apareceram. Hunya não conseguiu nem chegar perto. Sua amiga Ruth não era capaz sequer de andar, muito menos de lutar por comida.

De alguma forma, Hunya descobriu onde o resto do *kommando* de costura de Auschwitz estava alojado. Mais uma vez, a solidariedade das costureiras salvou vidas. Elas foram agrupadas com a "ex-líder do bloco" do Stabsgebäude, a comunista Maria Maul, que havia arranjado comida e até algum trabalho costurando sacos. Hunya e Ruth seguiram para esse refúgio, e Hunya ficou encarregada da distribuição de alimentos do *kommando*. Em vez de marcar centímetros com uma fita métrica para fazer as roupas das clientes, Hunya agora usava régua e lápis para medir o pão.

Todas queriam saber:

— Onde está Marta?

Ninguém sabia responder.

Elas não encontraram suas amigas francesas do ateliê de moda de Auschwitz. Alida Delasalle e Marilou Colombain já haviam sido transferidas com outros presos políticos para o campo de concentração de Mauthausen, na Áustria, onde trabalhavam na limpeza dos trilhos da estação ferroviária.[16]

Bracha teve uma reunião surpresa na rua principal de Ravensbrück. Em meio à confusão generalizada de prisioneiras abandonadas, encontrou Käthe Kohút, irmã de Irene. O marido de Käthe, Leo, trabalhava em uma editora clandestina e, por um longo tempo, os dois escaparam da deportação. Quando Leo foi preso, Käthe não aguentou ficar sozinha e se entregou à Gestapo. Seu único "crime" era ser judia. Agora estava morrendo de fome e esgotada pelo tifo.

— Venha comigo — encorajou-a Bracha, que nunca desistia.

Käthe se encolheu, dizendo:

— Vou morrer aqui porque sei que Leo também morreu. Ele não seria capaz de sobreviver a isto.

Bracha não foi capaz de persuadi-la do contrário. Pouco depois do encontro, Käthe morreu, também vítima dos nazistas. Tinha apenas 26 anos.

"A paz virá em breve."
Hunya Volkmann[17]

Num belo dia, Hunya, Bracha, Katka e suas amigas do *kommando* de costureiras se reuniram, e o grupo disse que iria embora de Ravensbrück, mesmo sem saber se essa decisão era melhor ou pior. Sob a supervisão de Maria Maul, caminharam até a estação de trem mais próxima. Longe do campo de concentração, o ar parecia incrivelmente fresco. Elas receberam assentos em um trem de passageiros de verdade, com pão, geleia e margarina. Esses gestos extraordinários deixaram as mulheres quase histéricas de deleite.

Depois de uma longa jornada, caminharam por uma estradinha arborizada até seu Malchow, um dos satélites de Ravensbrück, um campo de concentração bem organizado onde predominavam a escassez e a fome ordeira. Seus alojamentos – apenas dez pequenos blocos para cerca de 5 mil mulheres – eram de madeira pintada de verde. Uma floresta densa e escura se estendia pelos arredores. Não demorou para que as prisioneiras de Malchow começassem a comer grama e cascas de árvore da floresta, porque os suprimentos de comida minguaram.

Algumas mulheres foram trabalhar na fábrica de munições próxima, que estava camuflada na floresta. Conseguiam levar batatas e cenouras para as outras no campo, tudo sob o vestido. Bracha teve a sorte de conseguir o trabalho interno de *štubová*, assistente geral, incumbida de manter os alojamentos limpos e distribuir a comida.

Hunya gostava de receber cuidados de suas amigas mais novas, que, jocosamente, se referiam a ela como "velhinha". Mesmo assim, sofreu com o pesado trabalho braçal nos *kommandos* de corte de madeira na floresta e pelejou até para dar conta da função mais leve no *kommando* do hospital. Sua sorte mudou para melhor quando um dos gerentes da fábrica, um civil alemão de Stettin chamado *Herr* Mattner, chamou-a e começou a interrogá-la. Ficou interessado quando ela disse que era costureira e lhe pediu que trabalhasse para sua esposa. Mais uma vez, as habilidades de costura a salvaram.

Primeiro, *Frau* Mattner preparou para Hunya um prato de carne e batata frita. Hunya sabia que não era aconselhável devorar uma comida tão suculenta, porque seu estômago havia encolhido um bocado, mas a fome era intensa. Passou a noite toda com cólica por causa da refeição e, no dia seguinte, estava fraca e debilitada demais para conseguir costurar. Com calma, *Frau* Mattner preparou uma xícara de chá – chá de verdade, como se Hunya fosse um ser humano real. Elas se sentaram juntas até que Hunya se sentisse bem o suficiente para voltar a costurar e passar a ferro.

Hunya fez um comentário irônico:

— Pombo assado não é comida muito boa para prisioneiros.

Depois disso ela se ateve a pratos simples, embora aceitasse a oferta de *Frau* Mattner de café de verdade com açúcar.

Na casa de Mattner, Hunya sentiu grande emoção ao manejar novamente uma agulha e ao tocar um tecido que não estava encharcado, congelado, ensanguentado, encrostado de sujeira ou infestado de vermes. Hunya recuperou a dignidade graças a essa inesperada generosidade alemã. Em troca, costurava roupas perfeitas. *Frau* Mattner implorava para que aceitasse roupas mais quentes. Hunya recusava, alegando:

— Aceitarei sua comida de bom grado porque tenho muita fome, mas não vou levar roupas enquanto este vestido que estou usando permanecer inteiro.[18]

Em abril de 1945, os ruídos das explosões pareciam não ter fim. Caminhões da Cruz Vermelha apareceram nos portões do campo e descarregaram pacotes para os prisioneiros: comida!

A SS roubou tudo.

Um dia, Bracha avistou o comandante do campo de Malchow saindo de bicicleta pelo portão principal usando roupas civis.

— O que está acontecendo? — perguntou a ele.

— Os russos estão chegando! Estou indo para oeste, para a aldeia vizinha, a fim de ser libertado pelos norte-americanos...[19]

Russos, britânicos e norte-americanos estavam se aproximando.

Em 2 de maio, dia em que Berlim se rendeu, os prisioneiros de Malchow viram-se livres para andar sem destino. Os guardas da SS que haviam conduzido Hunya e outros na marcha para fora de Auschwitz simplesmente as abandonaram, dizendo:

— Os russos estão chegando, vamos nos salvar, não damos a mínima para o que vocês vão fazer.

Atordoadas, as costureiras analisaram timidamente novas possibilidades; algumas rumaram para oeste em direção aos norte-americanos, outras, para leste em direção às linhas russas.

A prima de Marta, Herta Fuchs, acabou em uma zona de ocupação britânica e, por fim, se recuperou em um campo de refugiados e deslocados de guerra judeus em Lüneberg. Lá a famosa guarda da SS Irma Grese foi encarcerada, transferida de Auschwitz, e enfrentou julgamento. Como muitos homens e mulheres da SS, Grese tinha um guarda-roupa completo com roupas que não uniformes nazistas, todas prontas para quando os Aliados chegassem, de modo que pudesse tentar se passar por civil ou prisioneira. Ela estivera aquartelada no complexo de campos de Bergen-Belsen, supervisionando com o comandante Kramer uma fossa em condições pavorosas. Até o fim, Grese exigiu que as prisioneiras costureiras confeccionassem peças sob medida. Ela visitou Ilona Hochfelder, ex-funcionária de alta-costura da *Maison* Chanel, em Paris, que tinha sobrevivido a Auschwitz na fábrica de costura de Birkenau. A última coisa que Ilona fez para Grese foi uma saia civil, e ela detestou cada ponto que deu para uma mulher tão horrenda.[20]

Longe do campo, Hunya observou as bandeiras brancas tremularem sobre a cidade próxima e o céu coalhado de folhetos esvoaçantes lançados por aviões aliados. Com as companheiras, juntou-se a multidões de refugiados e deslocados de guerra em busca de comida e abrigo. Rapidamente se perderam na floresta, com os pés doloridos e famintos. Exaustos e desanimados, seguiram em frente até não poderem mais andar. Quando se sentaram para descansar, notaram um saco sobre uma pilha de galhos junto à vereda.

— São explosivos! — alertou alguém, ciente de que prisioneiros libertados já haviam sido mortos por minas terrestres espalhadas pelo interior da Alemanha.

Hunya discordou. Abriu o saco para descobrir um milagroso banquete de pão, manteiga, linguiça e carne defumada. Aconselhou todos a não se empanturrarem, lembrando sua própria dificuldade depois de ter comido demais na casa dos Mattner em Malchow. Mais tarde, no apertado galpão onde se apinhou com outros prisioneiros para passar a noite, dividiu o butim com os companheiros, com boas maneiras e piadas: agora que estavam livres, não havia necessidade de brigar ferozmente por migalha.

Uma lanterna iluminou a escuridão. Soldados russos gritaram em alemão:

— Quem está aí?

— Prisioneiros! — responderam todos, em uníssono.

Dezenas de braços se ergueram para mostrar números de Auschwitz.

Os russos anunciaram sua libertação.

A libertação, embora nem um pouco dramática, foi pungente, sobretudo para os sobreviventes judeus, que haviam sido sistematicamente perseguidos e transformados em alvos de roubo, escravidão e assassinato em cada cidade e cada vilarejo de territórios dominados pelos nazistas.

No dia seguinte, Hunya sentou-se em uma campina e se perguntou o que fazer a seguir. De repente, surgiram três jipes de direções diferentes. Homens saltaram, cumprimentando-se com apertos de mãos e compartilhando cigarros. Eram russos, britânicos e norte-americanos, protagonizando um histórico encontro em solo alemão após muitos anos de batalha. Ao testemunhar esse encontro, Hunya emocionou-se diante da constatação: ela e os outros estavam livres.

Bracha e Katka foram para o leste, até uma aldeia próxima, e pediram abrigo em uma fazenda. A velha senhora que lá residia lhes disse, aos prantos, que seus filhos estavam na frente de batalha e ela não sabia se estavam vivos ou mortos. Pelo menos permitiu que as exaustas prisioneiras dormissem na palha em um quarto no sótão. Quando acordaram na manhã seguinte, havia um soldado russo no quintal, empunhando um revólver. Há histórias, é claro, de que soldados russos estupravam todas as mulheres e as meninas que encontravam, em parte como vingança pelas atrocidades cometidas pelos alemães contra as mulheres russas, em parte porque a violência sexual era terrivelmente endêmica.

Bracha, otimista como sempre, raciocinou: *O que pode acontecer conosco... que temos tatuagens?*

Com sorte, a condição de ex-prisioneiras de Auschwitz serviria como algum tipo de proteção, já que mostrava claramente que os fascistas eram um inimigo comum. Às vezes isso funcionava como eficiente barreira para dissuadir os estupradores, assim como a aparência extenuada e macilenta das mulheres. Com frequência, não havia nada que impedisse os estupros. Mais um horror em meio a tantos outros. Como nos campos de concentração e na sociedade em geral, as vítimas de estupro tinham que absorver a vergonha por si mesmas. Nos relatos do pós-guerra, muitas mulheres contam histórias sobre *outras* mulheres que foram violadas; é raro que as sobreviventes se sintam suficientemente à vontade para admitir que foram estupradas.

Bracha e Katka mostraram seus números de prisioneiras do campo de extermínio ao soldado russo armado no quintal da casa da fazenda. Ele entendeu o significado e perguntou onde as jovens estavam dormindo. Ficou indignado com a resposta.

— Na palha? Os alemães é que deveriam dormir na palha... vocês deveriam ficar com a cama!

Ele saqueou a casa e, por fim, foi embora.[21]

Um dos russos que Bracha e Katka encontraram mais tarde era judeu. Ele as avisou para não mencionar que eram judias, porque o antissemitismo não havia diminuído.

— Vão para casa — aconselhou. — Vocês não sabem o que vai acontecer.

Vão para casa.

Não era tão simples. Tudo o que tinham fora tomado pelos nazistas. Sua única posse eram as roupas do corpo, nada mais.

Conduzido por um oficial russo, o grupo de Hunya chegou a uma casa alemã. A dona havia trancado o máximo de pertences possível, segurando as chaves e pedindo que não danificassem nada.

— Já sofremos o suficiente com esses desgraçados — disseram alguns dos sobreviventes do campo. — Não há mal nenhum em tirar proveito agora.[22]

As mulheres vasculharam a casa, remexendo em todos os armários e saboreando um bom café. Era extraordinário estar de novo em um lar de verdade, poder tomar banho e se lavar direito. A prima de Hunya, Marichka, deleitou-se com a sensação de uma camisola de algodão branca que saqueou.

— Não fique com a aparência muito chamativa — alertaram os outros.

Ouviu-se uma batida forte na porta. Sentindo-se responsável pelo grupo, Hunya foi abrir. Deparou-se com quatro elegantes oficiais russos, que entraram para esquadrinhar a casa. Vieram os sons de protesto de Marichka, que, com a camisola branca agora amarrotada, lutava para se desvencilhar de um dos russos.

— De quem você acha que está se vingando? — gritou Hunya para os russos. — Olhem para nós! Estamos com fome, estamos cansadas!

Suas palavras de alguma forma convenceram o oficial de mais alta patente. Ele deu de ombros e consentiu:

— Se ela não quiser, pode soltá-la!

Surpreendentemente, Hunya demoveu os oficiais russos, que foram embora. Quando a janela foi aberta para deixar entrar uma brisa, o ar noturno estava estridente com os gritos distantes de outras mulheres que não tiveram tanta sorte.

Desafiadora como sempre, no dia seguinte Hunya colocou um lenço na cabeça e um xale, caminhou até a cidade, abriu caminho até o novo quartel-general russo e exigiu falar com alguém em posição de autoridade. O oficial com quem conversou foi solidário com suas preocupações: eram oito mulheres indefesas. Ele explicou que não havia nada a fazer e que elas deveriam se proteger ao máximo.

De volta à casa requisitada, Hunya deu de cara com outro grupo de presos libertados, que invadiram o local para saquear. Hunya fez o possível para detê-los, dizendo que não deveriam se comportar como os alemães. Em termos realistas, sabia que teria que pegar algumas roupas para si mesma, no mínimo. As outras mulheres a persuadiram a substituir seu surrado vestido de lã por blusa e saia decentes. Quando a proprietária alemã reclamou que aquilo era roubo, Hunya perdeu a paciência e indagou:

— Você não tem vergonha de exigir honestidade e decência depois de tudo o que fizeram conosco?[23]

Vestir-se novamente era parte significativa do processo de libertação. Deixar de lado as listras do uniforme, os trapos do campo de concentração e todos os símbolos da vida na prisão para usar roupas adequadas mais uma vez era uma transição poderosa. De número para mulher; de prisioneira para pessoa. Livrar-se dos trapos ajudava a livrar-se da humilhação. Mais tarde, Erika Kounio, uma das amigas de Bracha no Stabsgebäude, declarou: "Tínhamos que mudar de roupa para nos tornarmos humanas novamente".[24]

Havia também a questão de conseguir calçados decentes. O grupo de Hunya foi de alguma forma adotado por um encantador soldado russo, um rapaz chamado Stephan. Ele torceu o nariz para os surrados sapatos dela.

— Eles já viram muitos e muitos quilômetros! — repreendeu-o.

— Que número você calça? — perguntou ele, que mais tarde apareceu com um par de tênis e um par de chinelos. Ela quis saber onde os conseguira.

— Vi uma sapataria... — começou a explicar.

— As lojas estão fechadas! — rebateu ela.

Stephen abriu um sorriso conspiratório.

— É verdade, estava fechada na frente, mas encontrei uma porta nos fundos.[25]

Hunya não poderia reclamar, não com a longa jornada que ainda teria pela frente de volta para casa. Ela não faria a viagem sozinha.

Ainda estava acompanhada de várias companheiras do campo de concentração. Quando por fim partiram, parecia que toda a Alemanha estava em movimento. A partir de 8 de maio de 1945, criminosos de guerra, espectadores e vítimas, todos se ajustavam à rendição incondicional do país e ao acerto de contas dos Aliados.

"Não falamos sobre certas coisas."
Hedwig Höss[26]

Enquanto as ex-prisioneiras retomavam uma vida de liberdade, simbolizada por roupas limpas, homens e mulheres da SS passaram por um tipo diferente de transformação e reviravolta, um revés da fortuna – de riqueza e poder a trapos metafóricos.

De uma ponta à outra do derrotado Terceiro Reich, as beiras das estradas estavam atulhadas de insígnias rasgadas e uniformes descartados. Nas casas alemãs, as costureiras começaram a *Entnazifizierung* [desnazificação] das roupas. Os uniformes das tripulações dos *Panzer* [veículos de guerra alemães] viraram pijamas. O tecido das roupas da Juventude Hitlerista foi usado para remendar vestidos. Os emblemas da suástica foram retirados das bandeiras vermelhas.[27]

Sumiram botas e chicotes: as mulheres da SS trocaram os uniformes por vestidos florais e saias civis. Envergando os uniformes, elas haviam sido *alguém* e parte de uma organização; sem eles, repentinamente foram abandonadas à própria sorte e talvez à própria consciência.

Os Aliados prenderam pessoas apontadas como criminosas. A *Rapportführerin* Elisabeth Ruppert, outrora guarda do ateliê de costura de Auschwitz, foi detida por ser membro da SS, acusada de agressões físicas a prisioneiros e de participar das seleções assassinas em Birkenau, nas quais se decidia quem viveria para o trabalho escravo e quem morreria nas câmaras de gás.

Ruppert acabou encarcerada na recém-inaugurada prisão para membros da SS no campo de concentração de Dachau. Imagens da filmagem feita lá pelo Exército norte-americano em maio de 1946 mostram um vislumbre da cela que Ruppert dividiu com ninguém menos que a *Oberführerin* Maria Mandl, a mulher que de forma tão insensível informou a Bracha e suas companheiras em Ravensbrück que elas não deveriam estar vivas.[28] Na filmagem, Mandl parece bastante inofensiva, uma figura inócua vestindo uma blusa de mangas curtas e colarinho colorido. Ela foi enforcada em 24 de janeiro de 1948 após ser julgada em Cracóvia. Ao lado dela, Ruppert aparece tranquila e sorrindo, usando roupas soltas em camadas. Em seu julgamento, o tribunal considerou que não havia comprovação concreta de sua participação nas seleções e que ela já havia cumprido tempo de pena suficiente pelas acusações de lesão corporal contra prisioneiros. Ruppert saiu da prisão como mulher livre. Ainda não se recuperou nenhum detalhe de sua vida pós-guerra, e não há evidências sobre o que pensava acerca da ridícula justaposição de um ateliê de moda em Auschwitz.[29]

Sempre que possível, os Aliados procuraram capturar e interrogar esposas de altos oficiais e dirigentes nazistas.

Na época da rendição da Alemanha, a elegante Magda Goebbels já havia assassinado seus filhos; depois cometeu suicídio com o marido Josef. Isso foi logo depois que Hitler e sua esposa Eva Braun* se suicidaram no *bunker* do *Führer* em Berlim, em 30 de abril de 1945. Qualquer que tenha sido a roupa que Magda usou ao morrer, foi encharcada de gasolina e depois incinerada juntamente com seu cadáver. A esposa de Hermann Göring, Emmy, logo juntou objetos de valor dentro de uma caixa de chapéu quando os Aliados apareceram para prendê-la. Foi para a prisão vestindo um casaco Balmain comprado em Paris.

Marga Himmler e sua filha Gudrun foram presas, depois encontraram trabalho em uma fábrica de tecidos, agora já sem contar com as muitas roupas que Heinrich Himmler lhes enviara de presente ao longo dos anos. O próprio Himmler foi capturado, disfarçado com

---

* Foi uma união relâmpago. Hitler e Eva se casaram na chancelaria do Reich em uma discreta cerimônia civil à meia-noite de 28 para 29 de abril de 1945; menos de quarenta horas após assinarem os papéis, em 30 de abril, foram encontrados mortos: Hitler tirou a própria vida com um tiro na têmpora e Eva mastigou uma cápsula de cianeto. Os corpos foram removidos por oficiais e queimados nos jardins da chancelaria. (N. T.)

tapa-olho e uniforme falso. Com todas as suas ambições despedaçadas, cometeu suicídio em vez de enfrentar a derrota.

Hedwig Höss, a instigadora do ateliê de moda de Auschwitz, iludiu as autoridades por alguns meses após o fim da guerra. Como os Goebbels, havia planejado um pacto suicida com o marido, mas mudaram de ideia por causa dos filhos. Em seu livro de memórias, Rudolf lamentou, alegando que Hedwig teria evitado uma infinidade de problemas se ambos tivessem de fato se matado.

O conceito de "problema" aqui é relativo. É verdade que Hedwig estava longe do marido e é verdade que teve que se desfazer de muitos de seus tesouros enquanto fugiam de Ravensbrück para noroeste, mas ela não foi a pé, como tantos refugiados. Graças a uma rede de apoio nazista, contou com tratamento privilegiado, ao contrário das vítimas civis nas cidades arrasadas por bombardeios e incêndios pelas quais passou em seu elegante carro com chofer a caminho de um refúgio.

Esse carro entrou na cidadezinha de Sankt Michaelisdonn subindo uma avenida ladeada de castanheiros, até chegar à refinaria de açúcar Süderdithmarschen AG e um refúgio organizado por Käthe Thomsen, que havia sido professora das crianças da família Höss em Auschwitz. O carro foi acompanhado por um caminhão carregado de pertences: cestas de comida, conhaque francês de qualidade e magníficas malas de couro abarrotadas de roupas.[30] Hedwig desembarcou com os cinco filhos e foi recebida pelo gerente da fábrica e sua família. Em seguida, suas mercadorias foram descarregadas.

Hedwig estava claramente amargurada com a perda de privilégios e de seu marido, a quem Himmler instruíra a "desaparecer em meio às fileiras da *Wehrmacht*".[31] Depois de mostrar à família anfitriã as fotografias de sua casa e seu jardim em Auschwitz, Hedwig colocou os álbuns de fotos no fogão e os queimou.

— Estou orgulhosa de meu marido — disse à anfitriã.[32]

Ansiosos para encontrar e prender o comandante de Auschwitz, os britânicos caçadores de nazistas vasculharam a nova casa de Hedwig, comentando que estava cercada por "roupas, peles, tecidos e outras coisas valiosas".[33] Ela alegou que Rudolf estava morto, apesar de ter se encontrado em segredo com o marido várias vezes em Sanckt Michaelisdonn. Por fim, os britânicos levaram Hedwig a um interrogatório mais prolongado. Na descrição que consta do relatório da sessão, ela vestiu blusa suja e saia camponesa, mas manteve um ar de arrogância. Sob pressão, Hedwig ou seu irmão Fritz revelaram a verdade sobre o disfarce de Rudolf como trabalhador rural nos arredores de Flensburg. Nenhum dos dois aceitou a responsabilidade pela traição.

Em um domingo de abril de 1947, um mensageiro do Exército britânico entregou a Hedwig um envelope com cartas de despedida de Rudolf e sua aliança de casamento. Rudolf Höss foi levado a julgamento na Polônia. Considerado culpado, foi trancafiado no porão do edifício Stabsgebäude em Auschwitz para a última noite de vida, não muito longe das acomodações do estúdio de alta-costura superior. Foi enforcado no crematório no campo principal de Auschwitz, adjacente ao jardim, agora abandonado, da antiga *villa* Höss.

O sonho de Hedwig e Rudolf de um paraíso rural no leste chegou ao fim. Seus filhos, agora órfãos, brincavam calçando sapatos amarrados com trapos, ou tamancos de madeira que deixavam os dedos dos pés congelados, não muito diferentes dos calçados usados pelos prisioneiros dos campos de extermínio que a família deixara para trás.[34]

> "Muitas pessoas se perguntavam: 'Por que tenho que sobreviver se a minha família inteira se foi?'"
> ***Bracha Berkovič***

Foram os trens que tiraram as costureiras de casa e os trens que as levaram mais ou menos de volta.

Depois de se separar de sua amiga Ruth Ringer – que chorou tanto que todos disseram que ela parecia uma gata molhada –, o grupo de Hunya deixou a Alemanha na companhia de um alegre grupo de homens tchecos. Foram repatriados a bordo de 25 caminhões, que eles decoraram com flores frutíferas e silvestres colhidas ao longo do caminho. Os prisioneiros que voltaram para Praga foram recebidos com sorrisos, presentes e simpatia. De fato, a estação ferroviária da cidade estava lotada de repatriados, uma multidão tão numerosa que era impossível determinar o número. Todo mundo estava ansioso para descobrir quem mais sobrevivera, de modo a calcular o tenebroso número de mortos.

Em seguida, Hunya pegou a linha de trem local para Poprad, na Eslováquia. Ela se deparou com indiferença e rostos taciturnos. Seu trem quebrou ao chegar à estação de Poprad. Esbofeteada por desconhecidos, privada de seus amigos, Hunya de repente avistou algo que a fez saltar do vagão. Ali, na plataforma de onde tantos eslovacos haviam sido deportados, estava seu cunhado Ladislaw, que foi ao encontro dela e a levou para casa em Kežmarok. Ele não tinha nenhuma notícia concreta da chegada dela, apenas uma premonição de que naquele dia deveria levar o cavalo e a carroça para a estação e esperar. Seu otimismo foi recompensado com um alegre reencontro.

Kežmarok estava apinhada de gente, mas quase não havia judeus. Hunya entrou na casa da irmã Tauba na ponta dos pés, de modo a não acordar as crianças adormecidas, que agora estavam aconchegadas nas próprias camas, após terríveis meses escondidos.

Muitos anos depois de partir para dirigir um ateliê em Leipzig, ela estava de volta.

Bracha, sua irmã Katka e a pequena Rózsika iniciaram sua jornada de volta para casa caminhando e pegando carona em carroças até chegarem a uma estação ferroviária. As tatuagens de Auschwitz eram seus bilhetes de viagem. Os trens ficaram lotados de deslocados de guerra, incluindo muitos sobreviventes dos campos de concentração. Usavam uma confusa variedade de roupas, incluindo os uniformes listrados, roupas civis roubadas e restos de vestes militares. A cada parada, camponesas com xales e lenços na cabeça apareciam para vender ovos ou batatas. Ninguém tinha dinheiro, mas alguns poucos sortudos trocavam pedaços de tecido, meias-calças ou meias comuns pelos alimentos.

Todas as peças eram preciosas, o que tornou a Europa um frenético mercado de compra, venda, troca e pilhagem. Nos arredores de Frankfurt, um trem de mercadorias alemão abandonado, repleto de itens saqueados da França e da Bélgica, logo foi esvaziado por trabalhadores forçados estrangeiros e civis alemães, que choraram ao ver uma quantidade interminável de chapéus, saias e rolos de tecido. O Exército norte-americano apenas observou, dizendo:

— Vamos deixar que se divirtam.[35]

Bratislava tornou-se um centro para o retorno de judeus eslovacos, bem como um ponto de trânsito para refugiados judeus da Hungria, da Romênia e da Polônia rumo à zona norte-americana em Viena. Os recém-chegados procuravam rostos conhecidos. Bracha e Katka logo descobriram que quase todos os parentes haviam morrido; apesar disso, receberam as mais extraordinárias boas-vindas na estação ferroviária de Bratislava de ninguém menos que a querida amiga Irene Reichenberg, que tinha uma história e tanto para contar.

Bracha vira Irene e Renée pela última vez quando se enfiaram em fardos de palha

Retrato de Bracha Berkovič no pós-guerra.

para tentar escapar da "marcha da morte" que partiu de Auschwitz. Agora ficara sabendo que elas tiveram a sorte de não serem atingidas pelas baionetas. Assim que o barulho dos cães e dos soldados diminuiu, as duas jovens correram para uma floresta próxima e encontraram refúgio atrás das lápides cobertas de neve de um cemitério. A fome e o frio as levaram para as ruas de uma aldeia polonesa, deserta durante mais um ataque aéreo, e por acaso passaram por uma mulher encostada na cerca de casa observando o céu se iluminar com os clarões dos combates na linha de frente.

— Quem são vocês? — indagou a mulher.

As duas moças haviam enterrado na neve os paletós listrados do uniforme do campo de concentração, mas o vestido de lã azul-escuro de Irene ainda estava marcado com a faixa vermelha nas costas que a identificava como prisioneira, porque ela não tinha sido capaz de remover a tinta incrustada.

— Somos refugiadas de Cracóvia — mentiu Irene.

— Eu sei o que vocês são, vi seu tipo de gente passar marchando. Alguém se deu conta de vocês vindo pra cá?

— Ninguém.

A aldeã acenou com a cabeça em direção a seu galpão. Afirmou que elas poderiam se esconder lá. Furtivamente, usava um balde para levar comida e café para elas, dizendo:

— Quando os russos vierem, digam que ajudei vocês. Se os nazistas voltarem, não digam nada a respeito.[36]

Assim que pareceu seguro, Irene e Renée foram convidadas para entrar na casa da polonesa. Seriam uma espécie de apólice de seguro para quando os alemães fossem derrotados e os russos quisessem saber de que lado os camponeses poloneses estavam. Irene e Renée costuraram para a mulher e, na verdade, para toda a aldeia como forma de pagar pela hospitalidade. Mais uma vez, a costura as salvou.

Mais tarde, soldados eslovacos lutando ao lado dos russos permitiram a Irene e Renée que se juntassem a eles em uma longa viagem de volta à Eslováquia. Chegaram em fevereiro de 1945, entre os primeiros judeus deportados a retornar. Não viram ninguém e não conheciam ninguém, até que, um dia, hospedadas em um vilarejo nos arredores de Poprad, abriram a porta para o irmão mais velho de Irene, Laci Reichenberg.

— Como nos encontrou? — perguntou Irene, maravilhada.

Desde o fracasso do levante eslovaco em agosto de 1944, Laci e sua esposa, Turulka – irmã de Marta Fuchs –, ficaram com *partisans* na montanha. Laci percorreu Poprad quando alguém lhe disse que Irene estava na estrada. Foi uma sorte incrível.

Irene não tinha notícias de Marta; não fazia nem ideia sobre a tentativa de fuga em Löslau e os tiros disparados contra Marta, Borichka, Baba, Lulu e Ella.

Assim que Bratislava se viu livre dos fascistas, Irene voltou para a rua Židovská. Sua casa, no número 18, fora ocupada por outra família. Dos cerca de 15 mil judeus que viviam em Bratislava em 1940, apenas cerca de 3.500 sobreviveram à guerra.

Em seguida, Irene foi tomada pelo intenso desejo de rever Bracha. Determinada, ia todos os dias aos trens que chegavam do oeste. Sua persistência valeu a pena. Em junho, as amigas se reuniram.

Agora tinham que se ajustar à vida pós-guerra. Não havia tempo para luto profundo ou desespero. Mais uma vez, precisavam trabalhar a fim de sobreviver. Várias agências faziam o que podiam para ajudar os sobreviventes, mas as doações mal davam para comprar comida para um dia.

Foi aí que Katka arranjou uma máquina de costura.

Recuperar pertences anteriores à guerra estava longe de ser fácil. Bracha e Katka tiveram uma sorte extraordinária, pois vizinhos católicos haviam guardado algumas fotografias de família. Essas coisas eram inacreditavelmente preciosas, sobretudo diante da compreensão de que os amados rostos nas fotos já estavam quase todos mortos.

Em Auschwitz-Birkenau, os prisioneiros aprenderam muito rapidamente que havia poucos pertences pessoais de fato essenciais à vida: roupas, sapatos, tigela de comida. Além disso, o que contava eram as amizades e a lealdade. Recuperar pertences era menos questão de possuir itens que de restabelecer algum tipo de vida doméstica após a realidade distorcida dos campos de extermínio.

No entanto, os itens domésticos furtados ou dispersos quando os judeus foram transportados eram muito mais importantes que a parafernália trivial. Objetos do dia a dia, como cortinas, colchas e agulhas de tricô também eram lembranças – lembranças de entes queridos perdidos, das pessoas que um dia fecharam as cortinas, aconchegaram-se sob as colchas ou tricotaram luvas, meias e suéteres junto à lareira.

Em toda a Europa, havia evidente hostilidade em relação ao retorno do povo judeu e a seu desejo de recuperar propriedades e pertences perdidos. Quando Hunya foi reivindicar a louça deixada aos cuidados de uma vizinha, a mulher disse que perdera havia muito tempo, mas prontamente serviu a Hunya um petisco em um dos pratos da própria Hunya.

Outra ex-funcionária administrativa do Stabsgebäude chegou em casa, bateu em sua própria porta e imediatamente ouviu:

— Pelo visto as câmaras de gás estavam furadas...[37]

Bracha ficou horrorizada quando um médico judeu lhe contou sobre a queixa que ouvira de uma colega:

— Uma coisa que odeio a respeito de Hitler é que ele não matou todos os judeus.[38]

A costureira da Transilvânia Rezina Apfelbaum levou consigo um simpático policial como escolta para recuperar os pertences que confiara à guarda de vizinhos truculentos. Rezina percorreu a casa dizendo:

— Isto aqui é meu, isto também é meu...

Imediatamente se pôs a usar a máquina de costura recuperada para fazer roupas para si e para os membros da família que ela salvou em Birkenau.[39]

Nem todas as sobreviventes do ateliê de costura de Auschwitz estavam em condições boas o suficiente para trabalhar. Na França, Alida Delasalle e Marilou Colombain foram bem recebidas em seu retorno a Paris saídas do campo de concentração de Mauthausen. Chegaram de trem à capital em 30 de abril de 1945 e foram levadas ao Hotel Lutetia para dormir em camas de verdade com lençóis brancos e limpos. Foram duas das apenas 49 prisioneiras políticas francesas que sobreviveram, dentre as 230 que haviam sido deportadas.

Embora tenha ocorrido um desfile na cidade em 1º de maio – um dia antes de suas amigas costureiras serem libertadas no campo de Malchow –, não houve "e foram felizes para sempre". Por meio de uma indenização de libertação, elas receberam duzentos "pontos de tecido" para serem trocados por vestido, combinação, roupa íntima, meias compridas e lenço, mas a sociedade francesa rapidamente desenvolveu uma imagem mítica de um heroico homem combatente da Resistência, o qual, com efeito, empurrou as mulheres para a obscuridade.

As sobreviventes estavam destruídas em termos físicos e mentais. Marilou, relativamente jovem, retomou a costura profissional. Alida, mais velha e menos robusta, passou por longas hospitalizações devido a doenças decorrentes dos campos de concentração e nunca mais pôde costurar em tempo integral.[40]

Olga Kovácz, uma das costureiras eslovacas mais velhas do estúdio de alta-costura superior acabou permanentemente inválida após a guerra. Ela se casou em 1947 e teve um filho, mas comentou, com amargura:

— A ajuda material que recebi não substitui os anos no campo de concentração de Auschwitz.[41]

> "As coisas não são importantes, mas a beleza é."
> **Edith Eger**

A indústria da moda tchecoslovaca havia sofrido um duro baque durante a guerra com a prisão e o assassinato de especialistas judeus, a intimidação nazista e o estrangulamento geral dos negócios durante a ocupação alemã. Nos meses que se seguiram à paz, as antigas oficinas de costura foram reavivadas, e novos ateliês de moda foram abertos. Poucas semanas depois de seu retorno a Bratislava, Bracha recebeu um convite para trabalhar em um desses novos estabelecimentos em Praga. Como recusar? O convite era de ninguém menos que sua extraordinária ex-*kapo*: Marta Fuchs estava viva.

Encontrar Marta em um centro para repatriados judeus foi outro milagre do fim da guerra.

Marta realmente levara um tiro durante a corajosa tentativa de alcançar a liberdade em janeiro. Balas alemãs derrubaram Baba Teichner, Lulu Grünberg, Borichka Zobel e Ella Neugebauer na manhã do dia 23. Marta foi atingida nas costas, mas o tiro foi bloqueado por um livro em sua mochila. Ela continuou correndo até chegar à segurança de uma casa polonesa. Os alemães não ousaram persegui-la adiante, porque naquela área *partisans* poloneses tinham uma atuação bem intensa.

A amiga polonesa de Marta também sobreviveu à fuga. As duas prontamente pegaram suas agulhas para costurar roupas para várias famílias polonesas em troca de comida e abrigo. Às vezes tinham que se esconder por receio de serem descobertas; às vezes enfrentavam bombardeios russos. Entre 29 de janeiro e 12 de fevereiro, Marta passou quinze dias em um *bunker* subterrâneo, compartilhando o refúgio com uma vaca. A área demorou a ser liberada, e em seguida Marta empreendeu uma árdua jornada de volta para casa via Cracóvia e Budapeste.

Uma vez em segurança, escreveu um diário desses meses tensos – janeiro a maio –, em papel de escritório possivelmente tirado do Stabsgebäude. Em uma anotação de 28 de abril, a caminho de Budapeste, observou: "Estamos famintas feito lobas, mas não conseguimos engolir o bacon roubado ontem".[42] Estava desesperadamente ansiosa para descobrir se seus pais e sua irmã Klári estavam vivos e bem, pois as últimas notícias que tivera deles havia sido por cartões-postais enviados de (e para) Auschwitz.

Por sorte, ao longo da rota havia ex-camaradas de Auschwitz que puderam atestar o fato de que Marta era genuinamente uma sobrevivente do campo de extermínio e que fez parte do movimento clandestino comunista, porque os russos estavam caçando nazistas que se passavam por prisioneiros libertos. A corajosa atuação de Marta na resistência foi reconhecida por outros comunistas, e ela recebeu documentos do Partido dos Trabalhadores Polacos de Cracóvia permitindo que voltasse para casa. Um dos ex-prisioneiros que testemunharam a favor dela foi ninguém menos que Franz Danimann, ex-jardineiro da *villa* Höss.[43] Como milagre, Marta acabou reencontrando muitos amigos e parentes queridos. Em uma anotação do diário para 8 de maio de 1945, lê-se: "O som das sirenes anuncia a paz". De Budapeste, ela voltou para Praga.

Os sobreviventes constataram que estar em Praga era, em si, uma experiência. Ver a moda em exibição nas vitrines e uma variedade de produtos à venda reafirmou um senso de civilização, mesmo que não tivessem dinheiro para compras. Era difícil acreditar que lojas normais existissem mesmo depois da grotesca experiência dos depósitos do Kanada, em Auschwitz.

Abrir um novo negócio relacionado a tecidos na Praga do pós-guerra era um desafio e tanto, até porque significava lidar profissionalmente com clientes e fornecedores que viram com bons olhos a perseguição aos judeus e até mesmo lucraram com expropriações e deportações. Ao contrário dos depósitos de pilhagem alemães em

Auschwitz, não havia suprimentos em abundância. Tão raras, agulhas eram consideradas artigo de luxo. Os melhores tecidos estavam sendo produzidos apenas para exportação, a fim de gerar receita para a economia em recuperação.

Engenhosa e competente como sempre, Marta se adaptou ao impulso do pós-guerra para produzir roupas práticas e de boa qualidade a preços razoáveis. As mulheres queriam peças atraentes que também fossem fáceis de vestir, fáceis de lavar, boas e práticas para uma vida atarefada e de trabalho. Bolsos eram itens populares. Como sempre, havia uma elite que podia pagar pela alta-costura, mesmo adotando os novos estilos exuberantes lançados por Christian Dior na Paris do pós-guerra. Novas revistas de moda publicaram em suas páginas modelitos inovadores e inspiradores.

Logicamente, um bom ateliê de moda precisava de boas costureiras. Para contratar a equipe "Marta", ela contou com as habilidades de suas amigas do campo de concentração. Hunya viajou para Praga de Kežmarok. Manci Birnbaum, outra veterana do estúdio de alta-costura superior, também apareceu. Por sua vez, Bracha Berkovič pegou o trem de Bratislava.

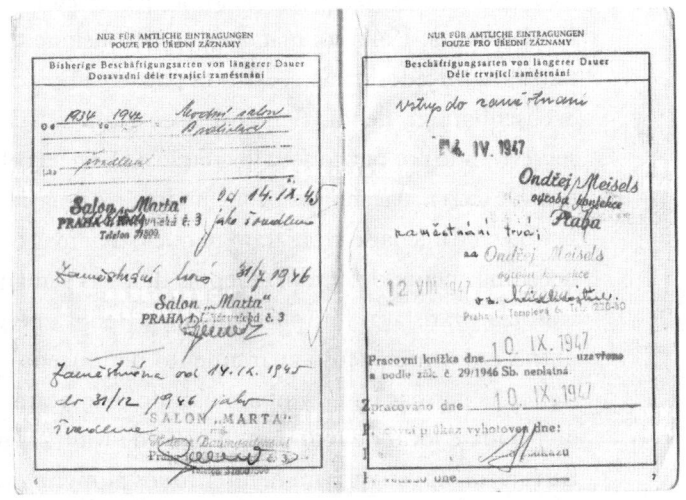

Cartão de trabalho de Marta no pós-guerra, com detalhes do ateliê Marta.

As viagens muitas vezes significavam pungentes lembretes de tempos mais felizes de antes da guerra e de vidas perdidas. Às vezes, havia encontros fortuitos. Em certa ocasião, Bracha estava fazendo um trajeto de ônibus em Bratislava quando reconheceu alguém.

— Borichka? — perguntou, torcendo para que Borichka Zobel, do ateliê de moda de Auschwitz, tivesse de alguma forma sobrevivido aos tiros disparados contra ela, Baba, Lulu e Ella.

— Não, sou irmã dela. Você sabe o que aconteceu com ela?[44]

Em sua jornada para trabalhar com Marta em Praga, em junho de 1945, Bracha teve um encontro ainda mais fatídico. Enquanto trocava de trem em Brno, avistou um homem chamado Leo Kohút. Conhecia Leo de Bratislava, de antes da guerra, quando ele cortejou a irmã de Irene, Käthe, sob seu nome de antes da guerra, Kohn. Agora ela precisava lhe contar que vira sua esposa Käthe pela última vez em Ravensbrück.

Leo, de 28 anos, formou-se em organizações de jovens sionistas do pré-guerra para lutar no Exército eslovaco; além disso, fundou uma célula de comunistas judeus que incluía Alfred Wetzler, o homem que escapou de Auschwitz com Rudolf Vrba para contar ao mundo sobre os planos alemães de assassinar todos os judeus húngaros. Leo pertencia à classe de trabalhadores essenciais na indústria de armamentos, ajudando a construir (e sabotar) peças de aviões para a empresa Messerschmitt. Em janeiro de 1945, foi mandado como prisioneiro para o campo de trabalhos forçados de Sereď, depois para o campo de concentração de Sachsenhausen, depois Bergen-Belsen e um subcampo de Dachau, sobrevivendo por pouco até a libertação na Baviera pelos norte-americanos. De toda a sua família, apenas um irmão e uma irmã sobreviveram.[45]

Leo e Bracha se separaram naquele dia, mas o encontro permaneceu na mente de ambos. Depois de duas semanas em Praga, ela voltou a Bratislava. Juntou-se a Katka, Irene, à pequena Rózsika e a outras em um espaçoso apartamento pertencente a Laci, irmão de Irene. As pessoas iam e vinham usando o apartamento como ponto de parada e local de reuniões. A irmã de Marta, Turulka, esposa de Laci, fazia o possível para manter todos alimentados e vestidos com trajes limpos. Na ausência de família próxima, os jovens se apegaram a esses vínculos. Agora tinham que cuidar uns dos outros como pais e mães.[46] A vida familiar para Bracha girava em torno de seus entes queridos. Depois da guerra, ela disse que queria apenas um quarto com cama, um lugar para se sentar e um cantinho como cozinha.⁴⁷

Entre Bracha e Leo, a amizade lentamente evoluiu para algo mais íntimo. Como muitos sobreviventes, eles optaram pelo casamento como uma escolha sensata, de apoio mútuo, para afugentar a solidão e iniciar novas gerações. Casaram-se em 1947. Bracha usou um vestido azul e uma blusa branca e teve uma aliança de casamento emprestada da irmã de Leo. O único presente de casamento que ganharam foi uma toalha de mesa. Ela passou a ser a sra. Kohút.

Leo convenceu Bracha a remover o número tatuado de Auschwitz, argumentando:

— Por que todo mundo tem que saber sua história por uma tatuagem?

Bracha e Leo Kohút no início dos anos 1950, com os filhos Tom e Emil. Ela mesma costurou a blusa e as roupas das crianças.

A remoção da tatuagem no braço esquerdo de Bracha não era nada comparada às cicatrizes em sua mente. A cerimônia de casamento não teve a presença de seus pais nem seus avós; ela não contou com a ajuda da mãe no nascimento dos filhos, em 1947 e 1951. Seu filho mais velho chamou-se Tomas. O segundo filho foi Emil, em homenagem a seu irmão assassinado em Majdanek. Bracha continuou a costurar para sobreviver e vestir a família, até que Leo a aconselhou a largar o trabalho manual para atuar no mercado editorial, ramo em que ela prosperou e pôde empregar toda a sua inteligência e a sua vocação para a organização.

"Depois da comida, a roupa é a mais importante das necessidades da vida."
revista **Žena a Móda** *[Mulher e Moda], agosto de 1949*

Casamento de Marta Fuchs e Ladislav Minárik.

Entre setembro de 1945 e dezembro de 1946, Marta foi gerente do salão Marta, em Praga.[48] Após a guerra, mudou seu sobrenome de Fuchs – *Fuchsová* na forma feminina – para Fullová, em homenagem a Ľudovít Fulla, de Bratislava, um dos artistas mais talentosos da Eslováquia. Essa ação reafirmou seu amor pelas artes e rompeu com o passado. Seu nome mudaria novamente depois de casada.

Marta já tinha ligações com o futuro marido, graças ao contato com Rudolf Vrba no Kanada. Depois de fugir de Auschwitz, Vrba se juntou aos guerrilheiros das montanhas eslovacas. Acabou dividindo o espaço da tenda com um médico *partisan* chamado Ladislav Minárik (que também era amigo de outro fugitivo de Auschwitz, Arnošt Rosin). Ladislav cuidava de camaradas feridos. Assim que os nazistas foram depostos, Ladislav voltou ao trabalho hospitalar em Praga, não sem antes concluir os estudos na faculdade de medicina que haviam sido interrompidos pelo fechamento da universidade em 1939. Ladislav e Marta se casaram em 6 de setembro de 1947, ambos em roupas admiravelmente muito bem-arrumadas, e formaram um casal extraordinário. Tiveram seu quinhão de traumas de guerra e continuaram a devotar a vida a ajudar os outros. As habilidades de costura de Marta acabariam se voltando para a confecção de roupinhas de bebê da própria família.

Para alguns proprietários de ateliês de moda, a instauração do regime comunista na Tchecoslováquia, em 1948, significou o fechamento ou a nacionalização de empresas privadas. Marta, porém, apenas em 1953 tomou a decisão de se mudar para as altas montanhas Tatras da Eslováquia, com o marido e três filhos: Juraj, Katarína e Peter.[49] Enquanto Ladislav atuava como especialista em tuberculose, Marta usava seus excepcionais talentos para ajudar os pacientes a aprenderem costura e artesanato durante a reabilitação, tanto para fisioterapia como para o bem-estar geral.

Tanto os laços familiares quanto as amizades forjadas em Auschwitz se estenderiam além de fronteiras e oceanos. Algumas das costureiras constataram que não seriam capazes de se estabelecer na Europa pós-guerra. Havia muitas lembranças dolorosas do passado, e no presente era ostensiva a hostilidade antijudaica. Herta, prima de Marta, abriu caminho através da burocracia alemã para garantir um visto de emigração para os Estados Unidos, onde se casou e fixou residência em Nova Jersey. Inevitavelmente, carregou consigo uma bagagem emocional repleta de traumas do campo de extermínio, além de angustiantes sequelas físicas.

Renée, amiga de Irene e filha do rabino, optou por ir para a Palestina, depois de obter um raro visto de imigração graças a seu irmão Shmuel, que para lá havia seguido na década de 1930. Em Haifa, Renée conheceu o refugiado judeu alemão e ex-prisioneiro de guerra Hans Adler, trabalhador agrícola. Eles se casaram e criaram três meninos: Rafi, Rami e Yair.

A própria Irene também foi para Israel, embora muito depois de Renée e de uma longa permanência na Alemanha. Ela se casou tarde, em 1956, com outro sobrevivente. Por coincidência, seu marido, Ludwig Katz, também havia trabalhado nos depósitos do Kanada em Auschwitz-Birkenau. Enquanto carregava malas para as cabanas de pilhagem, Ludwig testemunhou infinitas cenas trágicas enquanto judeus faziam fila para a câmara de gás. Tinha apenas 17 anos quando foi deportado, suportou grande quantidade de sofrimento e também cumpriu seu papel como *kapo*, tirando proveito e abusando do poder que isso lhe conferia. Depois da guerra, Ludwig ficou paranoico em relação a ser denunciado. Irene, carregando os próprios traumas, chamou seu casamento de "segundo Auschwitz". Ludwig simplesmente não conseguiu refrear os efeitos do trauma que testemunhou ou a culpa pela violência que ele infligiu como *kapo* no campo de concentração. A depressão e os problemas de saúde tornaram-se insuportáveis, e ele tragicamente cometeu suicídio em 1978.

Irene mudou-se para Israel. Seu filho Pavel cresceu se lembrando das visitas do fugitivo de Auschwitz Alfred Wetzler e, é claro, das costureiras amigas da mãe.[50]

Renée Adler, nome de solteira Ungar, com seu marido e o filho mais velho, em Israel.

Retrato pós-guerra de Irene Reichenberg.

Katka se casou em um campo de detenção na ilha de Chipre, a centenas de quilômetros de sua cidade natal e separada do que restou de sua família. Decidiu se estabelecer na Palestina. Quando foi para lá, o Mandato Britânico ainda controlava o país, permitindo apenas um número mínimo de imigrantes e patrulhando o Mediterrâneo para impedir entradas ilegais. O navio clandestino de Katka foi soçobrado por uma dessas vigias.

Atrás do arame farpado em Chipre, Katka mais uma vez se dedicou à costura para garantir subsistência, desta vez astutamente fabricando roupas com o tecido de barracas britânicas e vendendo-as a outros detentos. Seu primeiro casamento foi uma espécie de *carpe diem*. Seu marido, Josef Landsman, foi convocado para o serviço militar assim que chegaram por vias legais ao recém-criado Estado de Israel, em 1948, mas o casamento não sobreviveu. Seu casamento com Josef Lahrian lhe deu a grande alegria de uma filha: Irit. Em seu terceiro e último casamento, finalmente encontrou a felicidade.

Os dedos de Katka nunca paravam. Em liberdade, ela não confeccionava peças de alta-costura para uma elite nazista, mas roupas do dia a dia para sua filha amada e para os netos que vieram tempos depois.

E Hunya continuava forte e confiante.

O navio de Hunya, o *SS Kedma*, rumou para leste, esquivou-se dos bloqueios britânicos e chegou ao porto de Haifa em setembro de 1947. *Kedma* significava "seguir em frente". Nessa ocasião, tinha uma conotação muito diferente dos trens que seguiam na direção leste levando judeus para Auschwitz. Agora, ir para leste significava encontrar a família que havia escapado da Europa antes que a "Solução Final" atingisse sua fase mais assassina.

— Espere só para vê-la — disseram a uma das sobrinhas israelenses de Hunya. — Ela usa *esmalte*.[51]

Por algum tempo, Hunya foi morar com sua irmã Dora em Tel Aviv. Era gritante o contraste com Kežmarok, Praga e Leipzig. Tel Aviv – chamada de Cidade Branca devido à incrível arquitetura estilo Bauhaus dos anos 1930 – era nova, literalmente erguida às margens de areia do Mediterrâneo. Tendo sobrevivido a uma "marcha da morte", Hunya agora podia caminhar livremente ao longo do belo calçadão de Tel Aviv, observando as palmeiras na brisa e ouvindo as ondas do mar azul chegarem às praias douradas.

A vida na nova nação de Israel não era um mar de rosas, entretanto. Dora e a família faziam o possível para se adaptar à chegada de Hunya. Sabiam uma ou outra coisa sobre a tragédia dos judeus na Europa, mas estava claro que apenas aqueles que haviam passado pelos campos de extermínio de fato compreendiam a experiência extrema. A presença de uma mulher tão obstinada em um apartamento já lotado não foi fácil, sobretudo quando Hunya tomou conta da sala de estar como oficina de costura e o quarto principal como área de provas de roupas para clientes.

Hunya estava feliz em fazer roupas para a família também. Peças novas eram especialmente populares para o *Pessach*, e ela criava roupas de noiva. O único preço de sua generosidade era que aceitassem seus conselhos, suas opiniões e suas críticas, sempre dados com muita confiança.

Embora facilmente se enervasse nos difíceis anos de adaptação à vida em um novo país, Hunya também inspirou profundo afeto e lealdade. Ela se casou com o padeiro Otto Hecht. Após a morte dele, foi morar em um apartamento próprio; seu pai era visitante frequente, assim como suas sobrinhas, que se sentavam e ouviam intermináveis histórias sobre a vida na Europa antes da guerra e em Auschwitz.

Hunya conquistou uma posição de destaque em algumas lojas de moda mais prestigiadas de Tel Aviv, incluindo a luxuosa butique Gizi Ilush na rua Allenby, e também na Elanit e na Irmãs Englander. Israel, país incipiente com fronteiras contestadas e inimigos poderosos, passou por apuros em meio a guerras e a um período de austeridade nas décadas de 1940 e 1950. As roupas lá refletiam as dificuldades e o trabalho árduo de todos aqueles que lutavam para construir uma nação forte e uma economia robusta. Vestir-se com peças de elevado *status* não interessava às pessoas que trabalhavam no *kibutz* ou serviam ao exército. Saias escuras, blusas simples e lenços na cabeça eram o vestuário feminino comum, reservando-se talvez um modesto vestido floral para o *shabat* e ocasiões especiais.

Os programas de parcimônia e racionamento reduziam as extravagâncias da moda ao alcance de uma elite cosmopolita.

À medida que a produção em massa lentamente substituía o trabalho de costureiras caseiras e autônomas, Hunya, numa decisão sábia, decidiu refazer seu treinamento em técnicas fabris, retornando à Alemanha a fim de aprender costura industrial para a empresa israelense Gottex, fundada por Lea Gottleib, em 1956. De volta a Tel Aviv, tornou-se proficiente na confecção de trajes de banho e roupas casuais de alto padrão. Essa moda informal, ousada e moderna estava muito longe de sua vida modesta em um pequeno apartamento, em cuja varanda as prostitutas locais se abrigavam durante o tempo chuvoso e onde ela alimentava um gato de rua – que apelidou de Puza – na escada de incêndio.

"Você está viva. Nada é impossível."
Rezina Apfelbaum[52]

Novas vidas, novas famílias, novos países. Ao longo das últimas décadas do século XX e no início do século XXI, a moda glorificou a transformação: náilon, plástico, efêmero, descartável! Como mulheres e mães, as costureiras de Auschwitz podem ser perdoadas por supor que sua experiência de vida e de tempo de guerra também seria tratada como descartável, esquecida pela história, tão efêmeras e anônimas quanto as roupas que costuraram no campo de extermínio.

Felizmente, havia fios a seguir para aqueles que procurassem…

CAPÍTULO ONZE
Querem que sejamos normais?

"E querem que sejamos normais?"
Hunya Volkmann-Hecht[1]

Bracha Kohút, nome de solteira Berkovič, para de falar por um momento. Eu espero. A casa na Califórnia está quieta.

De todos os objetos ao redor – buquês de flores, bordados eslovacos, livros e cerâmicas –, é a fotografia na mesa de centro que constantemente chama a atenção dela: um retrato ampliado e colorizado de sua família em 1942, tirado pouco antes de sua deportação para Auschwitz. Agora, essa imagem é o foco de suas lembranças. Eu também sou atraída pelos olhares das pessoas no retrato, as quais nunca conheci e jamais poderei encontrar. Olho para Katka e Bracha na fotografia, depois para Bracha, sentada a meu lado, passando os dedos finos ao longo das costuras das calças.[2]

Apenas dois anos antes de completar um século de vida quando a conheci, Bracha ainda é independente e muito lúcida apesar da inevitável fragilidade da velhice. Viúva após um casamento longo e feliz com Leo Kohút, ela cozinha para si mesma e para as visitas que recebe. Sou convidada para uma pequena cozinha onde serve deliciosos rissoles, creme de espinafre e sopa de couve-flor. Prepara frango *kosher* e bolinhas de matzá da maneira como aprendeu em sua casa, na Eslováquia, muitas décadas antes. Seus movimentos na cozinha são praticados há muito tempo. Eles me fazem lembrar minha avó, que cozinhava e assava em todos os dias de sua vida adulta.

Bracha come em silêncio, concentrada. Não consigo deixar de pensar na hora das refeições no campo de extermínio, onde mulheres desesperadas lutavam pelo pouco que lhes era oferecido. Tento preencher a lacuna entre essa mulher serena e a jovem de 20 anos de idade que passou por experiências inimagináveis. O que estudei nos livros ela viveu e sentiu na pele.

— Estive em Auschwitz por mil dias — diz. — Todos os dias, eu poderia ter morrido mil vezes.

Certo dia, cheguei cedo à casa dela, antes que qualquer um de seus familiares se juntasse a nós, e Bracha simplesmente se sentou para me contar sobre amigos que ela conhecia antes da guerra: todos mortos na *Shoah*, o Holocausto. As experiências dela são compartimentadas, mas os compartimentos não são estanques. Vez por outra, as emoções transbordam – breves lampejos de raiva e tristeza. Os rituais cotidianos são uma forma de estruturar lembranças turbulentas, de criar organização e ordem: quando sua nora Vivian a visitou vestindo jeans rasgados da moda, Bracha ingenuamente se ofereceu para remendar os rasgos.

O processo de longo prazo de lembrar e esquecer é complicado. Hoje Bracha fala com desembaraço sobre o período que passou nos campos de concentração, mudando de um idioma para outro enquanto busca a melhor maneira de comunicar suas memórias. No entanto, quando seus dois filhos, Tom e Emil, eram pequenos, o Holocausto era tabu. Ficar em silêncio deixou mais espaço para cultivar uma vida aparentemente normal. Também foi uma tática de sobrevivência: Bracha e o marido tinham a esperança de que, se seus meninos nem sequer soubessem que eram judeus, não sofreriam antissemitismo, que ainda era uma ameaça generalizada na Tchecoslováquia socialista.

Os meninos só souberam que os pais eram sobreviventes do Holocausto quando a tia Katka começou a falar sobre o assunto. Desde então, parece que um dos filhos encampou o conhecimento sobre o legado de sua família; o outro não consegue suportar o sofrimento dos pais.

Manter o silêncio sobre o passado não era incomum entre os sobreviventes, que queriam olhar para a frente, para a realização pessoal e profissional nos anos pós-guerra. A costureira Renée Ungar, que escapou da "marcha da morte" com Irene Reichenberg, escreveu em 1945 uma longa carta, de brutal honestidade, detalhando seu período durante a guerra, mas nunca quis falar sobre os campos de extermínio com seus dois filhos.[3] "O desastre que aconteceu lá é impossível de entender, e a mente humana não consegue acreditar", afirmava. Isso era parte do problema: se e quando os sobreviventes tentavam falar de suas experiências, a reação em geral era de nojo, indiferença ou pura descrença.

Uma das amigas de Bracha do Stabsgebäude, Erika Kounio, escreveu em suas memórias sobre as dificuldades iniciais de tentar se comunicar: "As pessoas não queriam me ouvir, tampouco acreditar na minha história. Olhavam para mim como se eu fosse de outro planeta".[4]

Irene mandou remover sua tatuagem, alegando que, de tão feia, não suportava encará-la. O número havia sumido, mas a cicatriz permanecera. As feridas continuavam recentes, quer Irene optasse por sufocar as lembranças, quer preferisse falar sobre elas. O filho de Irene, Pavel, cresceu ouvindo a mãe contar sobre Auschwitz em casa e, inevitavelmente, absorveu parte da angústia dos pais.

A curiosidade intelectual de Irene, estimulada por aulas clandestinas no Stabsgebäude, continuou por toda a vida. Ela se instruiu sobre o Holocausto, o regime nazista e a psicologia fascista. Tinha compulsão por saber e entender. As prateleiras de livros sobre esses temas não serviam para se lembrar do passado, mas simbolizavam sua incapacidade de esquecer. Quando falava de Auschwitz, ela tentava calar as emoções que, de outra forma, sobrecarregariam a narrativa.

Houve dois episódios específicos sobre os quais Irene nunca parou de falar. Um deles foi voltar às dependências do hospital para ser informada de que sua irmã Edith tinha desaparecido, morta na câmara de gás; o outro foi, enquanto separava as roupas nos depósitos de pilhagens do Kanada, encontrar o casaco de Frieda, outra irmã assassinada.[5]

De modo compreensível, alguns sobreviventes não conseguiram se abrir sobre os campos de extermínio até que a terceira geração, de netos, começou a questionar. Os longos silêncios não significaram um alívio temporário das memórias. O passado pode ser desencadeado pela visão de uniformes, latidos de cachorros, fumaça subindo das chaminés, batidas na porta da frente ou mesmo um tecido listrado.

Para muitos sobreviventes, a ansiedade era uma companheira semiconstante. Eles sabiam, por amarga experiência própria, que vizinhos, amigos e colegas de escola confiáveis facilmente se tornavam espectadores passivos em vez de aliados, ou até mesmo malfeitores de fato. Sabiam que uma bela casa, roupas limpas e consciência não eram, de forma alguma, proteção contra maus-tratos. Esquadrinhavam o rosto das pessoas que encontravam, imaginando como elas se comportariam em um campo de extermínio.

As lembranças estavam embutidas no corpo e na mente, causando sintomas de angústia e doenças físicas pelo resto da vida.[6] Os pesadelos rompiam as defesas emocionais que talvez funcionassem bem quando os sobreviventes estavam acordados. Na década de 1980, Bracha e Irene viajaram juntas para o Japão como embaixadoras da Cultural Homestay International, impressionante iniciativa educacional administrada por Tom e Lilka, filho e nora de Bracha.[7] Durante o dia, as duas amigas passeavam pelo Japão. No início, ficaram maravilhadas com o fato de as pessoas carregarem guarda-chuvas e sombrinhas quando não estava chovendo, depois perceberam que era uma forma de proteção contra a suave precipitação de cinzas de uma erupção vulcânica relativamente modesta. À noite, Irene tinha sonhos terríveis e gritava enquanto dormia. Bracha sentava-se ao lado da amiga e a acalmava afagando delicadamente seu braço. Ao acordar, Irene não se lembrava dos horrores que revivera em seu subconsciente.

Os ex-prisioneiros que sobreviveram a Auschwitz por causa de posições relativamente "seguras" tinham a complexidade adicional de viver com a culpa de estarem vivos em função desse privilégio – mesmo que não tivessem se aproveitado de ninguém –, quando tantos outros tinham morrido. As costureiras do estúdio de alta-costura superior tinham que carregar consigo o discernimento de que, sob extrema pressão, trabalharam para a SS, foram coagidas a vestir a família do comandante e isso evitou que entrassem nas câmaras de gás.

Rudolf e Hedwig Höss, em mais de uma ocasião, intervieram pessoalmente para salvar a vida de Marta Fuchs. Terá sido esse o único motivo do relativo silêncio de Marta sobre o assunto Auschwitz após a guerra? A irmã de Bracha, Katka, parecia achar que sim.[8]

Marta transformou em piada a tatuagem em seu braço, o número 2.043 que a identificava como prisioneira do campo de concentração. Quando os netos perguntavam "O que é isso?", ela respondia: "O número de telefone de Deus".

Marta não escondeu a tatuagem, tampouco se esquivou dos assuntos do mundo, mantendo-se bem informada sobre as notícias e as novidades ao longo da vida. Seu marido continuou tendo contato com camaradas *partisans* da Revolta Nacional Eslovaca de 1944, insurreição contra a ocupação das forças alemãs, e com Rudolf Vrba, o fugitivo de Auschwitz. Foi Vrba quem pediu a Marta que testemunhasse contra Rudolf Höss no julgamento de 1947 em Cracóvia. Ela não foi; guardou consigo seus segredos.

Marta expressou um pouco de sua humanidade alimentando as pessoas. A família se lembra dela por receitas de canja de galinha, bolo com geleia e chantili e uma abundância de pudins de chocolate. Com seu marido, Ladislav, Marta percorria as florestas ao redor de Vyšné Hágy, nas altas montanhas Tatras, colhendo cogumelos, cinórrodos, morangos, framboesas e mirtilos para fazer geleia, com que presenteava as pessoas.

Talvez Marta não contasse diretamente sobre a terrível experiência da fome em Auschwitz, mas sua despensa falava por si: estava sempre bem abastecida com suprimentos como farinha, açúcar, arroz e mel. Tendo conhecido a privação e a imundície em Auschwitz, é revelador que adorasse tomar banho e, sempre que tinha tempo livre, viajasse para visitar spas e piscinas nas proximidades.

Marta também se comunicava com agulha e linha. Os dias em que adquiria mercadorias para gananciosos clientes da SS nos depósitos do Kanada haviam ficado para trás. Depois que seu ateliê de moda em Praga foi fechado, ela confeccionou roupas para entes queridos com um estoque de tecidos e apetrechos de costura armazenados na varanda da casa e na garagem.

— A costura salvou minha vida — costumava dizer —, então não farei mais nada além de costurar.[9]

Depois da guerra, Hunya também nunca mais parou de costurar – e aparentemente também nunca pararia de falar a respeito disso. Com ela, nada de silêncio. As jovens sobrinhas Gila e Yael visitavam seu apartamento toda semana. Mesmo depois de horas de bate-papo, quando as meninas faziam menção de ir embora, Hunya se opunha:

— *Gehst du schon?* Vocês já vão?[10]

Gila, que estava no ensino médio, perguntou à tia se ela poderia contar sua história em um concurso literário da escola. Enquanto Hunya cortava, chuleava, fazia alinhavos e prendia botões em sua saleta de costura em casa, Gila ouvia lembranças sem fim e as anotava, parando apenas para ajudar Hunya a enfiar as agulhas. O projeto de Gila se tornou um livro e ganhou o primeiro lugar no concurso escolar, mas isso se deveu mais a seu extraordinário talento para a escrita que ao conteúdo: as histórias da vida no campo de extermínio não eram consideradas especialmente significativas, e o tema do Holocausto tinha muito pouco espaço nos currículos das escolas israelenses na década de 1950.[11]

Rezina Apfelbaum, a costureira da Transilvânia que salvou a vida de sua família costurando para homens e mulheres da SS, na surdina e à noite, descobriu que a vida no novo Estado de Israel já era bastante difícil no presente, sem olhar para trás. Nunca se mostrava muito disposta a falar sobre experiências em Auschwitz e não tolerava a autopiedade. Sua resiliência estava em enfatizar o triunfo da sobrevivência e levar a geração seguinte a se sobressair.

No entanto, na década de 1960 o foco de Israel se voltou para os anos de guerra, e o mundo também assistiu, com horrorizado fascínio, ao julgamento de Adolf Eichmann [chefe da seção de assuntos judeus no Departamento de Segurança de Hitler], um dos principais arquitetos da logística do Holocausto, responsável pela deportação de centenas de milhares de judeus para campos de concentração, incluindo todas as costureiras.

Em 1961, centenas de testemunhas depuseram em favor da acusação. Suas palavras foram traduzidas, transcritas e televisionadas. Essas pessoas foram ouvidas e vistas, e se acreditou no que diziam. Raya Kagan, uma das amigas de Marta do Stabsgebäude, que também dava aulas de língua e literatura para outras jovens com quem convivera lá, falou com eloquência sobre suas experiências em Auschwitz. Marta permaneceu em silêncio. Mudanças políticas e culturais aumentaram o apetite judicial por processos envolvendo crimes de guerra nazistas. Outros julgamentos contra os carrascos de Auschwitz foram realizados na Alemanha, entre 1963 e 1965. No banco dos réus, sem o impacto de uniformes da SS, os nazistas já não pareciam figuras poderosas ou sobre-humanas.

Fotografia de Raya Kagan com um penteado fabuloso, encontrada entre os papéis pessoais de Marta. Uma dedicatória no verso indica: "*A ma chère Marta, en souvenir de notre rencontre, Raïa, Praga, 3.VII.47*", ou "À minha querida Marta, em memória do nosso encontro".

Entre os que foram obrigados a testemunhar na década de 1960 estava ninguém menos que Hedwig Höss. Ela passara os anos entre o fim da guerra e os julgamentos lamentando aos amigos todas as suas perdas desde os dias de glória nazista: não tinha mais luxo, poder, *status* nem criados. Fotografada ao chegar para um julgamento no tribunal de Frankfurt-am-Main, Hedwig usa um chapéu em forma de vaso e um casaco de cor neutra. Sempre elegante, sua bolsa escura, suas luvas e seus sapatos combinavam. Um lenço de seda e um guarda-chuva telescópico completavam o conjunto.[12]

Um de seus netos, Kai Höss, descreveu Hedwig como "quieta e muito correta", uma "verdadeira dama".[13] Outro, Rainer Höss, afirmou que o apelido dela na família era "Generalíssima", por causa de sua amedrontadora tirania. De acordo com Rainer, os amigos de Hedwig foram informados de que "a história das câmaras de gás era pura invencionice, mentiras espalhadas por judeus para extorquir dinheiro" e de que não havia fome em Auschwitz. Hedwig disse a

Rainer que era "muito melhor esquecer os tempos difíceis dos anos de guerra".[14]

Hedwig não mudou seu sobrenome infame, tampouco sua atitude em relação à era nazista. Foi uma das que optaram por não ouvir quando os sobreviventes falaram. Em 1992, disse a um historiador que solicitara uma entrevista com ela que não tinha forças para enfrentar repetidas vezes os horrores do passado.[15] Os sobreviventes que realmente vivenciaram os horrores não tiveram escolha a não ser lidar com as consequências.

> "Todos deveríamos ter testemunhado há muito tempo, mas acredito que nunca é tarde demais."
> ***Dra. Lore Shelley***[16]

Uma fotografia de família datada de 1981 mostra Hedwig Höss relaxando em uma vibrante espreguiçadeira laranja e marrom em um jardim. Seu cabelo tem permanente, e ela usa um colar de pérolas. Há um livro aberto sobre uma toalha de mesa floral verde, sinos dos ventos pendurados acima de sua cabeça e a luz do sol incidindo sobre gerânios vermelhos. Um ancinho e uma sombrinha estão apoiados atrás dela. Ela desvia o olhar da câmera.

No mesmo ano, realizou-se em Jerusalém o primeiro Encontro Mundial de Sobreviventes do Holocausto. Esse evento teria implicações gigantescas para o registro e o compartilhamento das histórias das costureiras, graças à erudita pesquisa acadêmica e à dedicação de uma participante em particular, uma sobrevivente chamada dra. Lore Shelley, nome de solteira Weinberg.

Na década de 1980, aumentou de forma significativa o respeito pela importância dos testemunhos dos sobreviventes, em detrimento do incessante escrutínio dos criminosos nazistas. Lore Weinberg, jovem judia alemã deportada de Lübeck para Auschwitz em 20 de abril de 1943, teve a sorte de ser salva de Birkenau e escoltada para o trabalho no Stabsgebäude por ninguém menos que a corajosa Mala Zimetbaum, mensageira do campo que foi capturada e enforcada depois de fugir de Auschwitz com seu amante Edek. A outra companheira de Lore nessa curta jornada foi a costureira francesa Marilou Colombain.

Enquanto Marilou se juntou a Marta no estúdio de alta-costura superior, Lore assumiu o trabalho de secretária no registro civil da SS. Com as costureiras, Lore foi evacuada de Auschwitz para Ravensbrück em janeiro de 1945 e libertada do campo de Malchow, quando já estava entre a vida e a morte. Durante seu longo período de convalescença, conheceu outro sobrevivente, Sucher Shelley, com quem se casou. Por fim, eles se estabeleceram em São Francisco para administrar uma loja de relógios. A casa deles era abarrotada de livros, e Lore raramente era vista sem caneta em mãos.

Entre o trabalho, as viagens e a criação de uma filha, Lore obteve títulos de mestrado e doutorado. Combinando aguçada integridade acadêmica à compaixão nascida do sofrimento, a dra. Shelley reuniu e analisou informações dos sobreviventes. Sua pesquisa acadêmica era motivada por um fervoroso desejo de refrear a perversa difusão da negação do Holocausto. Ela lutava também contra três décadas de "apatia, letargia e indiferença" para com os sobreviventes do Holocausto, na descrição que fez para seu colega sobrevivente, o escritor Hermann Langbein.[17]

No Encontro Mundial de Sobreviventes do Holocausto de 1981, a dra. Shelley distribuiu questionários. Se as pessoas não se sentissem capazes de *falar*, talvez estivessem dispostas a *escrever*. Ao todo, distribuiu 1.900 questionários em Israel, na Europa e nos Estados Unidos.

Entre centenas de testemunhos coletados e analisados, estava o da costureira Hermine Hecht, nome de solteira Hunya Stoch.[18]

Eu me deparei com o questionário de Hunya depois de muitas horas folheando papéis e vasculhando pastas marrons em arquivos na Biblioteca Tauber do Holocausto, em São Francisco. Nessa fase da viagem aos Estados Unidos para me encontrar com Bracha Kohút, eu tinha conhecido muito pouco da cidade além do que via pela janela de um carro. Meu mundo havia encolhido para a sala de leitura da biblioteca, um ambiente absolutamente pacífico, e as tentadoras caixas de documentos dos papéis da dra. Lore Shelley, depositados no arquivo após sua morte, em 2012. Cada pasta de papel Kraft continha uma vida de memórias e uma história. Foi um baque quando cheguei à pasta número 624 e finalmente reconheci um nome.

A dra. Shelley elaborou um questionário trilíngue com perguntas em inglês, alemão e hebraico.[19] Hunya havia escrito suas respostas em alemão, com caneta esferográfica azul, numa caligrafia firme e elegante.

Vi a biografia básica das experiências de Hunya no campo de extermínio sintetizadas em respostas a 94 perguntas centrais. No item "profissão", ela escreveu *Schneiderin*: alfaiata. Deu detalhes esparsos da morte de Nathan, em 1943, de sua deportação e sua evacuação. Havia marcações nas caixinhas de seleção sobre problemas de saúde crônicos: a incapacidade de esquecer o passado, uma perda de propósito na vida.

Acerca das reparações, Hunya tinha que refletir sobre a ganância possibilitada pelo regime nazista. Ela respondeu "concordo totalmente" com a seguinte declaração impressa no formulário do questionário: "Muitos alemães hoje sabem quantos bilhões de marcos alemães foram pagos a Israel, ou aos sobreviventes, à guisa de reparações, mas ninguém parece se lembrar dos bilhões que foram roubados dos judeus pelos alemães".

Hunya respondeu ao questionário completo em seu apartamento, não muito longe do calçadão de Tel Aviv, endereço que mais tarde fui visitar e em cuja varanda fiquei em um tempestuoso dia de inverno. Foi apenas o início das descobertas nos arquivos da dra. Shelley.

Lore Shelley havia vivenciado a surreal "civilização" alternativa da burocracia de Auschwitz e da vida diária da SS. Conheceu secretárias, costureiras e cabeleireiros do Stabsgebäude, bem como biólogos e químicos convocados para trabalhar nos experimentos agrícolas nos arredores, que eram a menina dos olhos de Himmler. Os projetos seguintes de Lore Shelley se concentraram em recuperar os testemunhos completos de mulheres e homens do bloco administrativo, de modo a propiciar uma perspectiva singular de como Auschwitz funcionava como empreendimento comercial e de extermínio. A pesquisa acabaria por render quatro livros. Na era pré-internet, quando as chamadas telefônicas transatlânticas eram proibitivamente caras, pesquisas como essa significavam correspondência. *Um bocado* de correspondência.

A experiência tátil do trabalho de arquivo é semelhante às sensações de manusear tecidos antigos ou *vintage*. Meus dedos sentiram o peso do elegante papel com marca-d'água usado para anotações, os vincos das folhas semitransparentes da máquina de escrever, as cópias fotostáticas com bordas roxas e as dobras azul-claras dos aerogramas. Cada pedaço de papel contava uma história. Entre eles havia vislumbres das costureiras: uma lista de nomes a lápis, sob o cabeçalho *Obere Nähstube*; uma lista de endereços; uma menção fugaz numa carta. Alguns nomes reconheci, outros eram novidade para mim. Eles se alternavam entre nomes de solteira, nomes de casada, nomes hebraicos e apelidos.

Marta, Mimi, Manci, Bracha, Katka, Irene, Hunya, Olga, Herta, Alida, Marilou, Rahel... Com o tempo eu expandiria minha lista inicial de poucos nomes de costureiras para 25 delas.

Nos arquivos de Lore Shelley, entre anotações, memorandos e planos para livros, encontrei documentos de significado ainda mais profundo, como depoimentos datilografados de Hunya e sua companheira de costura Olga Kovácz, que viajou no mesmo transporte de Marta Fuchs para Auschwitz. Havia também um envelope de correio aéreo enfeitado com lindas fúcsias amarelas e vermelhas contendo uma charmosa carta em francês de Alida Delasalle, agora Alida Vasselin, e com ela a fotografia de Alida usada em seu registro do campo de concentração, além da mensagem: "Querida Lore, em memória de nosso encontro em minha casa, com amizade, Alida".

Encontrar as costureiras por meio de sua correspondência foi uma experiência profundamente comovente, sobretudo porque tão pouco se sabia sobre sua vida e seu destino. A dra. Shelley tinha plena consciência da importância de seu trabalho para preservar a memória de experiências dos sobreviventes. Em 5 de outubro de 1988 – aniversário de uma seleção de grandes proporções em Auschwitz-Birkenau –, ela escreveu a Hunya em Israel: "Você disse para Lulu e as outras que morreram [...] que os nomes e as ações delas seriam arrancados do passado e do esquecimento".[20]

Graças ao arquivo da dra. Shelley, agora eu tinha uma infinidade de pistas a seguir. Como ela, eu me comunicaria com contatos de todo o mundo. Um nome levaria a outro e a outro. Também como a dra. Shelley, eu sentiria a frustração de qualquer pesquisador que faz perguntas que permanecem sem resposta. Em 1987, ela escreveu uma longa carta a um de seus contatos em Israel, implorando por informações sobre as costureiras.

A lista de perguntas dela ecoava a minha:

- Que tipo de roupa elas confeccionavam: vestidos, saias, casacos, ternos, blusas, outras peças? Tinham moldes e padrões? Quem cortava?
- Quem tirava as medidas ou fazia os ajustes?
- Qual mulher da SS estava encarregada do *kommando*?
- O que aconteceria se o vestido ou o terno não ficasse pronto a tempo ou não servisse? Havia punições? Por favor, dê exemplos.[21]

A dra. Shelley terminou assim essa carta específica: "De antemão, muito obrigada por tudo. Espero ouvir notícias suas em breve". Se o contato dela chegou a responder, a carta não está no arquivo, e as respostas não foram compiladas nem publicadas. A tarefa de responder às perguntas caberia a mim, e foi uma honra dar continuidade ao trabalho da dra. Shelley nesse aspecto.

Talvez o elemento mais extraordinário dos arquivos dela sejam as esmagadoras evidências de amizade em meio à correspondência. As alianças forjadas na infância, nos transportes, em Birkenau e no Stabsgebäude são tão fortes e leais quanto nas décadas seguintes e passam a envolver maridos, esposas, filhos e netos.

Na pesquisa da dra. Shelley, datada de 1981, a pergunta número 61 exigia um comentário à seguinte declaração: "A amizade e a confiança mútuas entre duas pessoas era a unidade básica para a sobrevivência no campo de concentração".

Hunya marcou a opção "concordo totalmente".

Irmãs Bracha e Katka antes da guerra e depois, com cerca de 80 anos, recriando a mesma pose.

Uma pergunta mais aberta no questionário de pesquisa da dra. Shelley procurava saber: "A que você atribui sua sobrevivência?". O formulário sugeria itens de respostas: fé, amigos, habilidades de enfrentamento, sorte. Das que analisei, a maioria marcou as caixas de seleção para "sorte", opção seguida por "fé" e "amigos". Havia espaço para comentar a resposta. Aqui, anotei comentários como "ser muito jovem", "força interior", "vontade de viver e cuidar de duas irmãs" e "pensei que minha irmã continuaria viva e não queria deixá-la sozinha".

Inevitavelmente pensei na angústia de Irene por perder as irmãs e no comprometimento de Bracha com sua irmãzinha Katka.

Hunya cravou a caneta no papel quando redigiu sua resposta sobre a sobrevivência: "Boas habilidades e uma boa *kapo*".

Ela deu crédito a seus talentos de costura e a Marta Fuchs.

> "Um desavisado poderia acreditar que essas mulheres estavam compartilhando belas lembranças de sua juventude."
> ***Hermann Langbein***[22]

Entre os papéis da dra. Lore Shelley, há uma fotografia sem nome nem data. Mostra um grupo de mulheres de meia-idade com cabelos arrumados e roupas confortáveis, quase certamente um grupo de sobreviventes do Stabsgebäude. Nas mãos, seguram bolsas e taças de vinho. Estão todas próximas e sorrindo.

A sobrinha de Hunya, Gila, lembra que amigas da época de Auschwitz se encontravam em sua casa e riam feito meninas em um acampamento de verão. A sobrinha de Irene, Thalia, se lembra das "meninas" reunidas na casa de seus pais quando Irene vinha da Europa para uma visita. Renée aparecia, e a turma costumava se sentar na varanda e se divertir à beça. Gila e Thalia, adolescentes na época, não eram capazes de entender como as reminiscências resultavam em tantas risadas.

Na França, a costureira Alida Delasalle – que se casou novamente e adotou o nome Alida Vasselin – participava de uma reunião anual de ex-prisioneiros de Auschwitz todo mês de janeiro, quando sua saúde permitia. Gostava da atmosfera amigável e escreveu: "Sentimos enorme alegria e grande conforto moral".[23]

Os laços de amizade tecidos na infância e no campo de extermínio eram mais profundos que a diversão eufórica nas reuniões. Em meio a todas as dificuldades do pós-guerra, as costureiras contaram com uma sólida rede de apoio ativa em todo o mundo. Nos últimos anos, Bracha falou com Katka quase todos os dias. Quando a sobrinha de Marta, Eva, precisou de um refúgio na Alemanha para escapar da repressão na Tchecoslováquia, Irene a acolheu de bom grado em sua casa.[24] Quando Bracha e sua família fizeram uma rota semelhante pela Europa até os Estados Unidos, foi Manci Birnbaum, do estúdio de alta-costura superior, quem ofereceu apoio, ajudando Bracha a encontrar moradia e emprego. Quando Bracha finalmente pôde viajar a Israel, ficou muito feliz com a chance de visitar Hunya, que então vivia em uma casa de repouso.

— Eu gostava de Hunya — disse-me Bracha, com um sorriso.

Graças aos esforços de Lore Shelley e de todos os parentes e os entrevistadores que compilaram as histórias das costureiras, hoje temos as palavras delas. Isso não é tudo.

> "Lembre-se de que naquela época não cresciam folhas, árvores nem flores."
> **Irene Kanka**, *nome de solteira Reichenberg*[25]

Boa parte do complexo Auschwitz-Birkenau ainda está de pé, embora em condições muito diferentes de quando as costureiras suportaram sua paisagem de pesadelo. Bracha fez duas viagens de retorno ao local, uma na década de 1950 e outra na década de 1960, ambas como parte de visitas organizadas pela Zväz Protifašistických Bojovníkov – União de Combatentes Antifascistas da Tchecoslováquia –, da qual ela era membra, juntamente com o marido.[26]

A geografia do local está revestida de suas próprias memórias sobrepostas.

Os visitantes modernos entram no campo principal de Auschwitz pelo complexo de edifícios de tijolos onde os deportados recém-chegados eram processados a partir de 1944. Agora, há guichês de ingressos, lojas de suvenires e máquinas de petiscos. É possível passar pelo portão *Arbeit macht frei* ouvindo apenas as palavras e os passos abafados de outros turistas, em vez de guardas da SS vociferando ordens ou latidos de cães ou música orquestral surreal. O visitante pode entrar nos blocos de tijolos dos alojamentos onde as primeiras prisioneiras em Auschwitz dormiam na palha e jantavam uma sopa rala. E pode ver com os próprios olhos como elas estavam perto do bloco dos castigos e do crematório original.

Passando por uma barreira, veem-se as desbotadas paredes cinza da antiga *villa* Höss. A bela residência de Hedwig – mobiliada e decorada com peças levadas do campo de concentração e que cabia aos prisioneiros de Auschwitz manter limpa – foi ocupada pelos russos após a retirada alemã. Quando os proprietários poloneses originais voltaram, a filha de 9 anos da família viu arranhões no piso de parquete e pilhas de excrementos de animais. Mais tarde a menina ficou maravilhada quando o jardim do "paraíso" de Hedwig floresceu na primavera. Os subsequentes proprietários da casa evitam olhar pelas janelas do sótão da antiga sala de costura de Marta, que têm vista para o campo de extermínio.[27]

A poucos minutos a pé do campo principal de Auschwitz e da casa de Höss se situa o belo edifício branco que se tornou o bloco da administração da SS, ou Stabsgebäude. Aqui, em janeiro e fevereiro de 1945, o pessoal da NKVD, polícia política russa, adquiriu várias centenas de caixas de papéis que não foram destruídas a tempo pelos nazistas. Os formulários que as prisioneiras-secretárias preencheram com tanto zelo e os documentos que datilografaram com tanto cuidado seriam usados nos julgamentos dos crimes de guerra cometidos por homens e mulheres da SS. Com o tempo, o prédio tornou-se uma escola profissionalizante. Os visitantes podem contar os andares e especular por quais janelas entrava a luz no ambiente de trabalho das costureiras de Marta no estúdio de alta-costura superior.

A poucos quilômetros do Stabsgebäude, depois do desvio da ferrovia onde as costureiras saltaram dos vagões de gado carregando restos de bagagem, está a paisagem de Birkenau, de pesada carga emocional. Os edifícios remanescentes dos barracões de alojamentos ainda mantêm seus beliches de concreto e madeira, onde Bracha, Irene, Hunya e as outras sofreram os tormentos de fome, doença, sede e piolhos. Uma curta caminhada ao longo do ramal ferroviário traz à vista o local dos depósitos do Kanada de Birkenau. O concreto despedaçado entre a grama e as flores silvestres é tudo o que resta das câmaras de gás e salas de despir subterrâneas. Para além do arame farpado, há quilômetros de descampados que antes faziam parte dos empreendimentos agrícolas de Auschwitz, fertilizados com cinzas e ossos humanos.

Fora da rota turística dos visitantes no campo principal de Auschwitz estão edifícios de tijolos e madeira que serviam de oficinas e depósitos nazistas. Perto dali fica a antiga ampliação do campo – o anexo *Lagerweiterung* –, onde as costureiras se alojaram de maio de 1944 à "marcha da morte". Agora, os vinte blocos são um conjunto habitacional com o nome de um dos mais importantes prisioneiros da resistência clandestina de Auschwitz, o capitão Witold Pilecki, que se apiedou da calamitosa situação das prisioneiras eslovacas levadas pelos primeiros transportes e, no fim das contas, admirou todas as que foram suficientemente corajosas para fazer parte da resistência do campo de extermínio.

Quando os soldados soviéticos chegaram a Auschwitz, em 27 de janeiro de 1945, ficaram pasmos ao encontrar o butim da usurpação de bens dos judeus do Leste Europeu e montanhas de pilhagem nos depósitos restantes do Kanada, incluindo muito mais de 1 milhão de peças de roupa. As mercadorias – incluindo 239 fardos de cabelo tirados de, calcula-se, cerca de 140 mil mulheres – foram separadas e armazenadas nos prédios das ampliações do campo. As roupas remanescentes dos judeus assassinados não eram mais ternos, vestidos, sapatos e camisas. Sob a égide da Comissão Estatal Extraordinária da União Soviética para o Estabelecimento e Investigação das Atrocidades dos Invasores Fascistas Alemães, essas vestimentas se tornaram provas dos crimes de guerra e dos males do capitalismo.

Com a inauguração do Museu Estatal de Auschwitz-Birkenau, algumas peças selecionadas e uma montanha de calçados foram cuidadosamente exibidas, pungentes lembretes de humanos que outrora os usaram. Vazios, os chinelos, as sapatilhas de dança, as galochas, as sandálias e as botas falam por si. O couro apodrece lentamente; a seda, o algodão, a cortiça e o linho desmoronam e se deterioram.[28]

Detalhe da exposição de calçados no Museu Estatal de Auschwitz.

As roupas e os sapatos em exposição em Auschwitz foram costurados por mãos não identificadas, hoje quase todas mortas, por assassinato ou causa natural. E quanto às peças de alta-costura confeccionadas no ateliê?

Com o passar dos anos, Hedwig Höss deve ter se livrado das roupas surradas e fora de moda. Quem sabe se suas peças velhas e antiquadas foram repassadas a amigos necessitados, vendidas a um comerciante ambulante de roupas usadas ou cortadas para virar trapos usados para limpeza? Tiveram como destino o crescente mercado de roupas *vintage* e acabaram em bazares e brechós ou encontraram lugar entre os itens vendidos nos sites de leilão on-line? É impossível confirmar; nas criações da oficina de Marta não se costurou nenhuma etiqueta que identifique informações referentes às peças.

Uma vestimenta que sobreviveu da pilhagem de Auschwitz foi o colete de lã cinza bávaro levado do Kanada I para a *villa* Höss, cujo recibo de entrega foi assinado pela própria Hedwig. O colete foi usado primeiro pelo filhinho de Hedwig, Hans-Jürgen; depois por outro filho, Rainer.

Hedwig morreu em setembro de 1989 enquanto fazia sua visita anual à filha Brigitte, em Washington, D.C. Ainda hoje, no Natal, Brigitte pendura um enfeite tricotado por sua mãe – um pequeno elo com uma vida passada.

Durante o tempo que passamos juntas na Califórnia, perguntei a Bracha Kohút se ela havia guardado alguma lembrança do período nos campos de extermínio. Ela balançou a cabeça com veemência. Nada. Tudo o que tem são memórias e fotografias.

Um dia recebi um pacote enviado pela sobrinha de Hunya, Gila, contendo o item que talvez seja o mais significativo já adicionado à minha coleção de roupas antigas e *vintage*. É um "costume" de duas peças que Hunya costurou para Gila com o tecido de um de seus vestidos de seda. Cada vez que vejo os detalhes, os pontos, penso nas mãos hábeis de Hunya trabalhando em máquinas de costura em Kežmarok, Leipzig, Auschwitz e todos os lugares que vieram depois.

Quando visitei Irit, filha de Katka, em Israel, ela me mostrou roupas que a mãe havia feito e usado, ainda mantidas no guarda-roupa.

São peças ao mesmo tempo comuns e extraordinárias. Na verdade, a casa onde Katka morava – lar de três gerações agora – ainda tem como tom seu trabalho manual. Seus quadros de tapeçaria dão colorido às paredes, e ela tricotou capas de encosto de cadeira e protetores de maçaneta para que nada batesse no gesso ou na pintura. Um dos quadros de tapeçaria pode ser visto ao fundo no testemunho em vídeo que Katka gravou para a Fundação Shoah. No depoimento, a voz dela tem uma cadência tão suave quanto a blusa que está usando. Repetidas vezes ela faz uma pausa para dizer:

— Como vou explicar...?

Palavras não são suficientes.

Enquanto eu estava em Israel, o filho de Irene, Pavel, me convidou para ir até a casa dele, repleta de incríveis peças de arte têxtil e fotografias de sua esposa, Amy. O guarda-chuva rosa-choque de Irene ainda estava encostado na varanda da frente. Pavel foi buscar a caixa de costura da mãe, abarrotada de fios, alfinetes, fitas métricas e outros apetrechos de costura, exatamente como ela deixara. Amy me mostrou o que considerava o melhor retrato que já pintou de Irene. Era 23 de abril, aniversário de Irene. Décadas antes, em Bratislava, a mãe de Irene havia de alguma forma encontrado um ovo para presentear sua filha. Mais tarde, no campo de concentração, Marta providenciou o milagre de um ovo cozido em homenagem a esse gesto de bondade. Nesse dia, que no fim seria o último aniversário de Irene, Amy, de brincadeira, deu a ela um dos ovos da refeição do *seder* da Páscoa da véspera. Irene o ergueu – e a câmera fotográfica fez um clique e registrou o momento.

Três gerações de amor e generosidade – além das palavras.

Irene morreu em fevereiro de 2017.

> "É difícil entender por que o destino me escolheu para ser a última. Muitas mulheres eram mais jovens que eu. Hoje estou feliz por compartilhar com os outros tudo o que sei sobre aquele tempo e lugar amaldiçoados."
> **Bracha Kohút,** *nome de solteira Berkovič*[29]

Caixa de costura de Irene.

    Sentadas em sua casa ensolarada, pergunto a Bracha qual é a sensação de ser a última costureira sobrevivente do estúdio de alta costura superior.

— Você deveria ter vindo dez anos atrás, quando havia mais de nós ainda vivas — responde ela.

Quem me dera.

    A cada ano que passa, os sobreviventes se vão. Nos últimos meses de vida, algumas das costureiras sentiram desmoronar seus meticulosos compartimentos emocionais. A mente delas retornou às lembranças felizes da infância e às terríveis memórias dos campos de extermínio. Amor e amargura entretecidos.

    As palavras, os pontos de costura e as histórias dessas mulheres não devem ser esquecidos.

    Cada uma das costureiras refletiu sobre as experiências. Alida aferrou-se à raiva contra os nazistas e escreveu: "Meu coração não é capaz de perdoar". Ela também se empenhou em seu comprometimento com a meta de "paz internacional e amizade indestrutível entre todas as pessoas do mundo".[30] Sua compatriota Marilou Colombain – que se casou novamente e adotou o nome Marilou Rosé – continuou ativista: se durante a guerra atuou na resistência, passou o resto da vida lutando como devotada combatente contra o antissemitismo.

Irene falou com veemência contra a xenofobia, as divisões sectárias e todo o racismo. Ao longo dos horrores que suportou em Auschwitz, ela sabia, por sua amizade com as costureiras de lá, que o amor e a lealdade nunca foram extintos por completo. Anos depois, prestou homenagem a todas elas, dizendo:

— Lá era o inferno, mas havia pessoas que ainda mantinham a face de seres humanos.[31]

Bracha admite com todas as letras sua falta de confiança na humanidade, mas, ainda assim, estimula as gerações jovens a construir comunidades unidas por meio da aceitação dos indivíduos e da celebração da diversidade.

Eu me despeço de Bracha, que está de pé na varanda de sua casinha na Califórnia e, com os olhos brilhando, acena para mim sorrindo. Essa mulher miúda e resiliente enfrentou privação, deportação, fome, humilhação, brutalidade e luto. Agora suporta com calma os incêndios florestais na região em que mora, a agitação política e o isolamento imposto pelo coronavírus. Quando fiz uma videochamada na primavera de 2020 para perguntar como ela estava, simplesmente respondeu:

— Estou viva.

Fevereiro de 2021

Com profunda tristeza, escrevo agora que Bracha Kohút, nome de solteira Berkovič e conhecida como Betka por sua família, morreu nas primeiras horas do Dia de São Valentim de 2021.* Será lembrada por muito tempo por sua energia, lealdade e resiliência. Ela está em paz. Foi um privilégio e um prazer tê-la conhecido.

---

* Berta Berkovič Kohút morreu de complicações relacionadas à covid-19 em 14 de fevereiro de 2021, poucos meses antes de completar 100 anos de vida. (N. T.)

AGRADECIMENTOS

Elaborar este livro não foi um desafio individual. Sou grata pelo tempo, pelo conhecimento especializado e pela experiência generosamente oferecidos por muitas pessoas, sobretudo as famílias de sobreviventes que comigo compartilharam lembranças preciosas, memórias sinceras e tocantes. Além disso, agradeço o acesso que tive aos imensos recursos de arquivos como o Centro Mundial Yad Vashem de Lembrança do Holocausto; o Museu Memorial do Holocausto nos Estados Unidos (USHMM); a Biblioteca Tauber do Holocausto; a Biblioteca Wiener do Holocausto; o Arquivo de História Visual da Fundação Shoah; a Biblioteca Britânica; o Museu Casa dos Combatentes do Gueto; e o Museu do Patrimônio Judaico.

Pesquisar um aspecto tão importante e profundamente angustiante da história não é fácil. Ao longo de estudos e escritos, contei com o apoio de amigos pacientes, agentes literários perspicazes e, nos estágios finais, editores talentosos de casas editoriais brilhantes. Apesar do trabalho árduo, no mais das vezes tem sido uma experiência inspiradora e edificante poder homenagear as experiências de mulheres perseguidas de forma tão injusta e me tornar parte de uma nova urdidura mundial de vidas entretecidas.

Claro, eventuais falhas encontradas no livro são minhas. Espero ter feito justiça à memória das costureiras – em especial daquelas incapazes de falar por si mesmas – e ter honrado a confiança depositada em mim por seus familiares. Agora não vejo a hora de aprender mais, assim que os arquivos forem reabertos após a pandemia do coronavírus e enquanto este livro abre caminho mundo afora.

Enquanto isso, meus agradecimentos particulares vão para:

Yael Aharoni, Lilka Areton, Tom Areton, Emil Areton, Avri Ben Ze'ev, Katarína Blatná, Rosalind Bryan-Schrimpff, Hilary Canham, Angela Clare, Vivian Cohen, Clementine Gaisman, Oshrat Green, Irit Greenstein, Avri Greenstein, Allison Hellegers, Richard Henley, Rainer Höss, Yedida Kanfer, Pavel Kanka, Amy Kanka-Valadarsky, Ellen Klages, Bracha Kohút, Gila Kornfeld-Jacobs, Rupert Lancaster, Elisa Milkes, Juraj Minárik sênior, Juraj Minárik júnior, Alice Natali, Sara Nelson, Fred Parker, Jan Parker, Rosalind Parker, Thalia Reichenberg Soffair, Rafi Shamir, Kate Shaw, Gabriela Shelley, Eva Vogel, Helen Westmancoat, John Westmancoat, Maxine Willett.

CRÉDITOS DAS IMAGENS

1. *(p. 18)* Detalhe da fotografia de Irene Reichenberg, Amy Kanka-Valadarsky.
2. *(p. 21)* Renée Ungar, 1939, coleção particular.
3. *(p. 25)* Bracha Berkovič, fotografia de escola de ensino fundamental, arquivos de família © Tom Areton.
4. *(p. 30)* Marta Fuchs, fotografia da cerimônia de casamento da família Schneider, 1934, coleção particular.
5. *(p. 34)* Bracha Berkovič, fotografia do grupo Mizrachi antes da guerra, arquivos da família © Tom Areton.
6. *(p. 39)* Modelitos de luxo da moda em Praga, 1940, revista *Eva*, 1940, arquivo da autora.
7. *(p. 40)* *Fürs Haus*, 8 de novembro de 1934, arquivo da autora.
8. *(p. 44)* Revista *Eva*, 1940, arquivo da autora.
9. *(p. 44)* Revista *Eva*, 1940, arquivo da autora.
10. *(p. 46)* Modelitos de primavera, *La Coquette*, sem data, arquivo da autora.
11. *(p. 50)* Hunya Storch, 1935, Gila Kornfeld-Jacobs.
12. *(p. 51)* Capa da revista *Mode Und Heim*, 12ª edição, 1940, arquivo da autora.
13. *(p. 56)* Detalhe da etiqueta da Adefa em um vestido de crepe de raiom do fim dos anos 1930, coleção da autora.
14. *(p. 66)* Renée Ungar, fotografia pré-guerra, coleção particular.
15. *(p. 79)* Katka Berkovič e Bracha Berkovič, fotografia pré-guerra, arquivos de família, © Tom Areton.
16. *(p. 80)* Aventais, *Deutches Moden Zeitung*, 1941, arquivo da autora.
17. *(p. 81)* Detalhe de padronagem de papel, *Deutches Moden Zeitung*, 1941, arquivo da autora.

18. *(p. 84)* Nathan Volkmann, fotografia pré-guerra, Gila Kornfeld-Jacobs.
19. *(p. 85)* Modelos de casacos de pele em destaque na revista *Eva*, 1940, arquivo da autora.
20. *(p. 93)* Casacos de pele no catálogo da loja de departamentos francesa Le Bon Marché, França, inverno 1939-1940, arquivo da autora.
21. *(p. 99)* Käthe Kohút, nome de solteira Reichenberg, fotografia pré-guerra, arquivos da família, © Tom Areton.
22. *(p. 104)* *Mode und Wäsche* [Moda e Lingerie], 1942, novos modelos de casacos de primavera, arquivo da autora.
23. *(p. 106)* Retrato da família Berkovič, 1942, arquivos da família, © Tom Areton.
24. *(p. 111)* Produtos do catálogo da loja de departamentos francesa Le Bon Marché, inverno 1939-1940, arquivo da autora.
25. *(p. 114)* Página de atlas alemão de 1941 mostrando os territórios ocupados na fronteira com a Eslováquia, arquivo da autora.
26. *(p. 121)* Bracha Berkovič, 1937, arquivos da família, © Tom Areton.
27. *(p. 165)* Anúncio de bagagem da marca Moritz Mädler Leipzig, revista *Die Dame*, 1939, arquivo da autora.
28. *(p. 163)* Relógios à venda, catálogo da loja de departamentos francesa Le Bon Marché, inverno 1939-1940, arquivo da autora.
29. *(p. 173)* Depósitos do Kanada II. Arquivo do Museu Estatal de Auschwitz-Birkenau em Oświęcim. Número do negativo: 20995-482.
30. *(p. 174)* Fotografia da família Berkovič, 1937, arquivos da família, © Tom Areton.
31. *(p. 168)* Roupas de jardinagem, revista *Mode und Wäsche*, arquivo da autora.
32. *(p. 193)* Padronagens de tricô da revista *Die Hausfrau*, outubro de 1939, arquivo da autora.
33. *(p. 194)* Roupas femininas, *Mode Für Alle*, 1944, arquivo da autora.
34. *(p. 196)* Retrato de família Höss, 1943, Institut für Zeitgeschichte München-Berlin, IfZ BA-00019962.
35. *(p. 212)* Modelitos de outono, *Mode Für Alle*, 1944, arquivo da autora.
36. *(p. 224)* Detalhe do cartão-postal de Marta Fuchs, 3 de março de 1944, coleção particular.
37. *(p. 229)* Fotografias de identificação de Alida Delasalle, Arquivos Tauber do Holocausto, Centro de Serviços do Holocausto para Famílias

e Crianças Judaicas, coleção Lore Shelley, 2011-003. Orig. Stabsgebaude, M-Z. Alida Vasselin.

38. *(p. 231)* Desenhos de elegantes vestidos de tarde, revista *Les Patrons Universels*, 1943, arquivo da autora.

39. *(p. 232)* Fotografia de Rezina Apfelbaum, coleção particular.

40. *(p. 233)* Desenhos de camisola e *lingerie*, revista *Les Patrons Universels*, 1943, arquivo da autora.

41. *(p. 250)* Cartão-postal de Marta Fuchs, 3 de março de 1943, coleção particular.

42. *(p. 261)* 23 de agosto de 1944, Pictorial Press Ltd/Alamy Stock Photo, 2BFCN18.

44. *(p. 291)* Bracha Berkovič, fotografia pós-guerra, arquivos de família, © Tom Areton.

45. *(p. 297)* Cartão de trabalho de Marta Fuchs no pós-guerra, coleção particular.

46. *(p. 299)* Fotografia da família Kohút, arquivos da família, © Tom Areton.

47. *(p. 300)* Fotografia de casamento de Marta e Ladislav Minárik, coleção particular.

48. *(p. 302)* Renée Adler, nome de solteira Ungar, e família, coleção particular.

49. *(p. 302)* Irene Reichenberg, retrato pós-guerra, coleção particular.

50. *(p. 313)* Fotografia de Raya Kagan, coleção particular.

51. *(p. 319)* Fotografias de Bracha e Katka, arquivos de família, © Tom Areton.

52. *(p. 323)* Fotografia de sapatos, coleção da autora.

53. *(p. 326)* Fotografia da caixa de costura de Irene, coleção da autora.

REFERÊNCIAS BIBLIOGRÁFICAS

AALDERS, Gerard. *Nazi Looting: The Plunder of Dutch Jewry During the Second World War*. Trad. Arnold Pomerans e Erica Pomerans. Berg, 2004.

ALY, Götz. *Hitler's Beneficiaries: Plunder, Racial War and the Nazi Welfare State*. Trad. Jefferson Chase. Versa, 2016.

_____; HEIM, Susanne. *Architects of Annihilation: Auschwitz and the Logic of Destruction*. Phoenix, 2003.

ARAD, Yitzhak; GUTMAN, Israel; MARGALIOT, Abraham (orgs.). *Documents on the Holocaust*. Trad. Lea Ben Dor. University of Nebraska Press e Yad Vashem, 1999.

BERR, Hélène. *Le Journal de Hélène Berr*. Trad. David Bellos. McClelland e Stewart, 2008.

BIRENBAUM, Halina. *Hope Is the Last to Die*. Museu Estatal de Auschwitz, 2016.

BOGNER, Nahum. "Cyprus Detention Camps". In: *Encyclopaedia of the Holocaust*. Israel Gutman (org.). Macmillan, 1990.

BORDEN, Harry. *Survivor*. Cassell, 2017.

BOURKE-WHITE, Margaret. *Dear Fatherland, Rest Quietly. A Report on the Collapse of Hitler's Thousand Years*. Arcole, 1946/2018.

BOYD, Julia. *Travellers in the Third Reich*. Elliott & Thompson, 2017.

BROSH, Hilary. *Threads of Life* (dissertação de mestrado inédita). Leeds Metropolitan University, 2012.

BUBER-NEUMANN, Margarette. *Milena*. Trad. Ralph Manheim. Collins Harvill, 1989.

BURIANOVÁ, Miroslava. *Móda v ulicích protektorátu*. Narodni Muzeum, Grada, 2013.

CALDWELL, Erskine; BOURKE-WHITE, Margaret. *North of the Danube*. The Viking, 1939.

CHESNOFF, Richard Z. *Pack of Thieves*. Phoenix, 2001.

CHIGER, Krystyna (com PAISNER, Daniel). *The Girls in the Green Sweater*. St. Martin's Griffin, 2008.

CLENDINNEN, Inga. *Reading the Holocaust*. Canto, 2002.

COLLINS, Robert; HOGERZEIL, Han. *Straight On: Journey to Belsen and the Road Home*. Methuen & Co., 1947.

CZECH, Danuta. *Auschwitz Chronicle, 1939-1945*. Henry Holt & Co., 1997.

CZOCHER, Anna; KAŁWA, Dobrochna; KLICH-KLUCZEWSKA, Barbara; ŁABNO, Beata. *Is War Men's Business? Fates of Women in Occupied Kraków in Twelve Scenes*. Muzeum Historyczne Miasta Krakówa, 2011.

DELBO, Charlotte. *Auschwitz and After*. Yale University Press, 1995.

DOJC, Yuri; KRAUSOVA, Katya. *Last Folio: Textures of Jewish Life in Slovakia*, Indiana University Press, 2011.

DUNE MACADAM, Heather. *999: The Extraordinary Young Women of the First Official Jewish Transport to Auschwitz*. Citadel, 2020. [Ed. bras.: *As 999 primeiras mulheres de Auschwitz: a extraordinária história das primeiras prisioneiras do campo de concentração*. Trad. Aline Uchida. São Paulo, Universo dos Livros, 2020.]

EGER, Edith. *The Choice*. Rider, 2017.

EPSTEIN, Helen. *Where She Came From: A Daughter's Search for Her Mother's History*. Holmes & Meier, 2005.

FANTLOVÁ, Zdenka. *The Tin Ring: How I Cheated Death*. Northumbria, 2010.

FELDMAN, Jeffrey. "The Holocaust Shoe. Untying Memory: Shoes as Holocaust Memorial Experience". In: *Jews and Shoes*. Edna Nahshon (org.). Berg, 2008.

FÉNELON, Fania. *The Musicians of Auschwitz*. Sphere, 1977.

FOGG, Shannon L., *Stealing Home: Looting, Restitution and Reconstructing Jewish Lives in France, 1942-1947*. Oxford University Press, 2017.

FLANNER, Jean. *Paris Journal 1944-1965*. Atheneum, 1965.

FRANKL, Viktor. *Man's Search for Meaning*. Rider, 2004. [Ed. bras.: *Em busca de sentido – um psicólogo no campo de concentração*. Petrópolis: Vozes, 1993.]

FROMM, Bella. *Blood & Banquets: A Berlin Social Diary*. Birch Lane, 1990.

GARLIŃSKI, Jósef. *Fighting Auschwitz*. Fontana, 1976.

GENSBURGER, Sarah. *Witnessing the Robbing of the Jews: A Photographic Album, Paris, 1940-1944*. Trad. Jonathan Hensher. Indiana University Press, 2015.

GIBAS, Monika; BRIEL, Cornelia; KNÖLLER, Petra; HELD, Steffen. "'*Aryanisation' in Leipzig: Driven out. Robbed. Murdered*", exposição itinerante. http://www.juedischesleipzig.de/arisierung_engl09.pdf.

GILBERT, Martin. *The Dent Atlas of the Holocaust*. JM Dent, 1993.

GÖRING, Emmy. *My Life with Göring*. David Bruce & Watson, 1972.

GOLD, Dina. *Stolen Legacy: Nazi Theft and the Quest for Justice at Krauenstrasse 17/18*. American Bar Association, 2016.

GOLDBERG, Myrna; SHAPIRO; Amy H. (orgs.) *Different Horrors, Same Hell: Gender and the Holocaust*. University of Washington Press, 2013.

GOTTFRIED, Claudia et al. *Glanz und Grauen. Kulturhistorische untersuchungenzur Mode und Bedleidung in der Zeit des Nationalsozialismus*. LVR-Industriemuseum, Textilfabrik Cromford, 2020.

GRABOWSKI, Jan. *Hunt for the Jews: Betrayal and Murder in German-Occupied Poland*. Indiana University Press, 2013.

GRANT, Linda. *The Thoughtful Dresser*. Virago, 2009.

GROSMAN, Ladislav. *The Shop on Main Street*. Trad. Iris Urwin Lewitová. Karolinum, 2019.

GUENTHER, Irene. *Nazi Chic? Fashioning Women in the Third Reich*. Berg, 2004.

GUTMAN, Israel; BERENBAUM, Michael. *Anatomy of the Auschwitz Death Camp*. Indiana University Press, 1998.

GUTTERMAN, Bella; SHALEV, Avner (orgs.). *To Bear Witness: Holocaust Remembrance at Yad Vashem*. Yad Vashem, 2014.

HAMPTON, Janie. *How the Girl Guides Won the War*. Harper, 2011.

HARDING, Thomas. *Hanns and Rudolph: The German Jew and the Hunt for the Commandant of Auschwitz*. William Heinemann, 2013. [Ed. bras.: *Hanns & Rudolf – o judeu-alemão e a caçada ao Kommandant de Auschwitz*. Trad. Ângela Lobo. Rio de Janeiro: Rocco, 2014.]

_____. "Hiding in N. Virginia, a daughter of Auschwitz". *Washington Post*, 7 de setembro de 2013.

HART-MOXON, Kitty. *Return to Auschwitz*. Sidgwick & Jackson, 1981.

HASTE, Cate. *Nazi Women*. Channel 4, 2001.

HEIJMERIKX, Anton G. M. "Hedwig Höss-Hensel de vrouw van de kampcommandant en haar rol in Auschwitz". *Genealogie en Streekgeschiedenis*, 7 de agosto de 2016. Disponível em: https://heijmerikx.nl/2016/08/07/hedwig-hoss-hensel-de-vrouw-van-de-kampcommandant-en-haar-rol-in-auschwitz/. Acesso em: 5 de fevereiro de 2020.

HELLMAN, Peter (com Lili Meier e Beate Klarsfeld). *The Auschwitz Album*. Random House, 1981.

HELM, Sarah. *If This Is a Woman: Inside Ravensbrück: Hitler's Concentration Camp for Women*. Little Brown, 2015.

HELMAN, Anat. *A Coat of Many Colours: Dress Culture in the Young State of Israel*. Academic Studies, 2011.

HIMMLER, Katrin; WILDT, Michael (org.). *The Private Heinrich Himmler: Letters of a Mass Murderer*. Trad. Thomas S. Hansen e Abby J. Hansen. St. Martin's, 2016. [Ed. bras.: *Heinrich Himmler: cartas de um assassino em massa*. Rio de Janeiro: Record, 2017.]

HLAVÁČKOVÁ, Konstantina. *Czech Fashion: Mirror of the Times 1940-1970*. Olympia, 2000.

Höss, Rainer. *Das Erbe des Kommandanten*. Belleville, 2013.

HOFFMAN, Eva. *After Such Knowledge: A Meditation on the Aftermath of the Holocaust*. Vintage, 2004.

HOLDEN, Wendy. *Born Survivors*. Sphere, 2013. [Ed. bras.: *Os bebês de Auschwitz – três jovens grávidas e sua luta pela vida nos campos de concentração nazistas*. Trad. Bruno Alexander. São Paulo: Globo, 2015.]

HUEBNER, Karla. "Inter-war Czech Women's Magazines: Constructing Gender, Consumer Culture and Identity in Central Europe". In: *Women in Magazines: Research, Representation, Production and Consumption*. Rachel Ritchie, Sue Hawkins, Nicola Phillips (orgs.). Routledge, 2016.

JALOWICZ-SIMON, Marie. *Gone To Ground*. Trad. Anthea Bell. Profile, 2014.

JUNGE, Traudl (com MÜLLER, Melissa.). *Until the Final Hour*. Phoenix, 2005.

KANTER, Trudi. *Some Girls, Some Hats and Hitler*. Virago, 2012.

KATZ, Leslie. "Love, business and Holocaust bind unlikely couple in S. F.", *The Jewish News of Northern California*, 12 de abril de 1996.

KIRSCHNER, Ann. *Sala's Gift*. Free Press, 2006.

KLABUNDE, Anna. *Magda Goebbels*. Sphere, 2007.

Klemann, Hein; Kudryashov, Sergei. *Occupied Economies: An Economic History of Nazi-Occupied Europe 1939-1945*. Berg, 2012.

Klemperer, Victor. *I Shall Bear Witness: The Diaries of Victor Klemperer 1933-1941*. Trad. Martin Chalmers. Phoenix, 1999. [Ed. bras.: *Os diários de Victor Klemperer*. Trad. Irene Aron. São Paulo: Companhia das Letras, 1999.]

Knill, Iby. *The Woman Without a Number*. Scratching Shed, 2010.

Knowles, Anne Kelly; Cole, Tim; Girodano, Alberto (org.). *Geographies of the Holocaust*. Indiana University Press, 2014.

Kobylański, Tomasz, "Życie codzienne w willi Hössa". *Polityka*, janeiro de 2013.

Koontz, Claudia. *Mothers in the Fatherland: Women, the Family and Nazi Politics*. Methuen, 1987.

Kornfeld-Jacobs, Gila (com Varda K. Rosenfeld). *The Rooster Called: Our Father's Life Journey from Hungary to Israel*. PHP, 2019.

Kornreich Gelissen, Rena (com Macadam, Heather Dune). *Rena's Promise: A Story of Sisters in Auschwitz*. Beacon, 2015.

Kounio Amariglio, Erika. *From Thessaloniki to Auschwitz and Back*. Valentine Mitchell, 2000.

Kramer, Clara. *Clara's War*. Ebury, 2008. [Ed. bras.: *A guerra de Clara: a história real da família judia salva do holocausto por um antissemita*. Rio de Janeiro: Ediouro, 2008.]

Kremer, Roberta S. (org.) *Broken Threads. The Destruction of the Jewish Fashion Industry in Germany and Austria*. Berg, 2007.

Lachendro, Jacek. *Auschwitz After Liberation*. Trad. William Brand. Museu Estatal de Auschwitz-Birkenau, 2015.

Langbein, Hermann. *People in Auschwitz*. Trad. Harry Zohn, University of North Carolina Press, Museu Memorial do Holocausto nos Estados Unidos (USHMM), 2004.

Langford, Liesbeth. *Written By Candlelight*. Ergo, 2009.

Lasker-Wallfisch, Anita. *Inherit the Truth 1939-1945*. Giles de la Mare, 1996.

Lebert, Stephan. *My Father's Keeper: The Children of the Nazi Leaders: An Intimate History of Damage & Denial*. Little Brown, 2001. [Ed. bras.:

Tu carregas meu nome – a herança dos filhos de nazistas notórios. Rio de Janeiro: Record, 2004.]

LENGYEL, Olga. *Five Chimneys: A Woman Survivor's True Story of Auschwitz*. Ziff-Davis, 1947.

LIBITZKY, Eva; ROSENBAUM, Fred. *Out on a Ledge: Enduring the Łódź Ghetto, Auschwitz and Beyond*. Wicker Park, 2014.

LIPSZYC, Rywka. *Rywka's Diary*. FRIEDMAN, Anita (org.). Trad. Malgorzata Markoff. Harper Collins, 2015.

LORIDAN-IVENS, Marceline. *But You Did Not Come Back*. Trad. Sandra Smith. Faber & Faber, 2017.

LOWER, Wendy. *Hitler's Furies: German Women in the Nazi Killing Fields*, Chatto & Windus, 2013. [Ed. bras.: *As mulheres do nazismo*. Trad. Ângela Lobo. Rio de Janeiro: Rocco, 2014.]

MARGOLIUS KOVALY, Heda. *Under a Cruel Star: A Life in Prague 1941-1968*, Granta, 2012.

MEIRI-MINERBE, Chaya. *Juden in Kesmark: und Umgebung zur Zeit der Shoah: jüdisches Leben und Leiden in der Slowakei*. Trad. Magali Zibaso, Hartung-Gorre, 2002.

MIČEV, Stanislav. *My Experiences During a Three-Year Imprisonment in the Auschwitz Concentration Camp: Memoirs of Berta Berkovičová-Kohútová*. Matica Slovenska, janeiro de 2019.

MOOREHEAD, Caroline. *A Train in Winter: A Story of Resistance*. Vintage, 2012. [Ed. bras.: *Um trem no inverno – uma história extraordinária de mulheres, amizade e sobrevivência na Segunda Guerra Mundial*. Trad. Alessandra Cavalli Esteche. São Paulo: Paz e Terra, 2018.]

NICOSIA, Francis, R.; HUENER, Jonathan (orgs.). *Business and Industry in Nazi Germany*. Berghahn, 2004.

NOMBERG-PRZYTYK, Sara. *Auschwitz: True Tales from a Grotesque Land*. Trad. Roslyn Hirsch. The University of North Carolina Press, 1985.

OVERY, Richard. *Interrogations: The Nazi Elite in Allied Hands, 1945*. Allen Lane, 2001.

OWEN, James. *Nuremberg: Evil on Trial*. Headline Review, 2006.

OWINGS, Alison. *Frauen: German Women Recall the Third Reich*. Penguin, 2001.

Paskuly, Steven (org.). *Rudolph Höss, Death Dealer: The Memoirs of the SS Kommandant of Auschwitz.* Trad. Andrew Pollinger. Prometheus, 1992.

Rader, Henning; Voigt, Vanessa-Maria (orgs.). *Einem Jüdischer Besitz Erwerbungen des München Stadtmuseums im Nationalsozialismus.* Hirmer, 2018.

Rawicz, Jerzy (org.). kl *Auschwitz Seen by the SS.* Museu Estatal de Auschwitz, 1970.

Rees, Laurence. *Auschwitz: The Nazis and the Final Solution.* BBC, 2005. [Ed. port.: *Auschwitz – os nazis e a "Solução Final".* Lisboa: Dom Quixote, 2005.]

Rougier-Lecoq, Violette. *Témoinages. 36 Dessins à la Plume de Ravensbrück*, Imprimerie Auclerc, 1983.

Sadowski, Tanja. "Die nationalsozialistische Frauenideologie: Bild und Rolle der Frau in der «ns-Frauenwarte» vor 1939". Disponível em: https://www.mainz1933-1945.de/fileadmin/Rheinhessenportal/Teilnehmer/mainz1933-1945/Textbeitraege/Sadowski_Frauenideologie.pdf. Acesso em: 28 de abril de 2020.

Sandes, Philippe. *East West Street: On the Origins of Genocide and Crimes Against Humanity.* Weidenfeld & Nicholson, 2016.

Schechter, Hillel. *Jewish Life in Leipzig during the 1930s.* Centro de Pesquisas sobre a Shoah, Yad Vashem.

Schloss, Eva. *Eva's Story: A Survivor's Tale by the Stepsister of Anne Frank.* William B. Eerdmans, 1988/2010. [Ed. bras.: *A história de Eva: como a meia-irmã de Anne Frank sobreviveu ao Holocausto.* Rio de Janeiro: Record, 2010.]

Schneider, Helga, *The Bonfire of Berlin.* Trad. Shaun Whiteside. William Heinemann, 2005.

_____. *Let Me Go: My Mother and the* SS. Vintage, 2005.

Schwartz, Gertrud. *Eine Frau an seiner Seite. Ehefrauen in der SS-Sippengemeinschaft.* Hamburger, 1997.

Setkiewicz, Piotr (org.). *The Private Lives of the SS.* Trad. William Brand, Museu Estatal de Auschwitz-Birkenau, 2015.

Shelley, Lore (org. e trad.). *Secretaries of Death: Accounts by Former Prisoners Who Worked in the Gestapo of Auschwitz.* Shengold, 1986.

SHELLEY, Lore (org. e trad.). *Criminal Experiments on Human Beings in Auschwitz and War Research Laboratories*. Mellen Research University Press, 1991.

_____. *Auschwitz – The Nazi Civilization: Twenty-three Women Prisoners' Accounts*. University Press of America, 1992.

_____. *The Union Kommando in Auschwitz: The Auschwitz Munition Factory Through the Eyes of Its Former Slave Laborers*. Studies in the Shoah, v. XIII. University Press of America, 1996.

_____. *Post-Auschwitz Fragments*. Morris, 1997.

SHIK, Dr Na'ama. "Women Heroism in the Camp" [Heroísmo das mulheres no campo de concentração], palestra on-line para o Yad Vashem, 5 de março de 2020. Disponível em: https://www.youtube.com/watch?v=eVpO3IvhVmA&feature=youtu.be&utm_source=newsletter&utm_medium=email&utm_campaign=temp_closed. Acesso em: 2 de abril de 2020.

SHUTER, Jane. *The Holocaust: The Camp System*. Heinemann, 2002.

ŠKODOVÁ, Júlia. *Tri Roky Bez Mena*. Osveta, 1962.

SMITH, Lyn. *Forgotten Voices of the Holocaust*. Ebury, 2005.

SNYDER, Louis L. *Encyclopaedia of the Third Reich*. Wordsworth, 1998.

SPEER, Albert. *Inside the Third Reich*. Trad. Clara e Richard Winston. Phoenix, 1995. [Ed. bras.: *Por dentro do Terceiro Reich*. Rio de Janeiro: Artenova, 1971.]

STARGARDT, Nicholas. *The German War: A Nation Under Arms, 1939-1945*. Vintage, 2016.

STEINBACHER, Sybille. *Auschwitz: A History*. Trad. Shaun Whiteside. Penguin, 2004.

STEINER, Jean-François. *Treblinka*. Meridian, 1994. [Ed. bras.: *Treblinka*. Rio de Janeiro: Nova Fronteira, 1975.]

STONE, Dan. *The Liberation of the Camps*. Yale University Press, 2015.

TODOROV, Tzvetan. *Facing the Extreme: Moral Life in the Concentration Camps*. Weidenfeld & Nicholson, 1999. [Ed. bras.: *Diante do extremo*. Trad. Nícia Adan Bonatti. São Paulo: Editora Unesp, 2017.]

TUCHMANN, Barbara. *Practising History*. Ballantine, 1982.

TUVEL BERNSTEIN, Sara. *The Seamstress: A Memoir of Survival*. Penguin Putnam, 1999.

VAN PELT, Robert Jan; DWORK, Debórah. *Auschwitz 1270 to the Present*. Yale University Press, 1996.

VEILLON, Dominique. *Fashion Under the Occupation*. Berg, 2002.

VRBA, Rudolph. *I Escaped from Auschwitz*. Robson, 2002.

VRBOVÁ, Gerta. *Trust and Deceit: A Tale of Survival in Slovakia and Hungary, 1939-1945*. Vallentine Mitchell, 2006.

WALFORD, Jonathan. *Forties Fashion: From Siren Suits to the New Look*. Thames & Hudson, 2008.

WEISSMAN KLEIN, Gerda. *All But My Life*. Hill and Wang, 1995.

WESTPHAL, Uwe. *Fashion Metropolis Berlin: The Story of the Rise and Destruction of the Jewish Fashion Industry*. Trad. Kristine Jennings. Henschel, 2019.

WIESENTHAL, Simon. *Justice Not Vengeance*. Weidenfeld and Nicholson, 1989.

WILLINGHAM II, Robert Allen. "Jews in Leipzig: Nationality and Community in the 20th Century" (tese de doutorado). Universidade do Texas em Austin, 2005. Disponível em: https://repositories.lib.utexas.edu/bitstream/handle/2152/1799/willinghamr73843.pdf. Acesso em: junho de 2020.

WONG, Joanna. "Lincoln teacher recalls parents' Holocaust travails", revista da Abraham Lincoln High School, 10 de maio de 2016.

ZUKER-BUJANOWSKA, Liliana. *Liliana's Journal: Warsaw 1939-1945*. Judy Piatkus, 1980.

NOTAS SOBRE AS FONTES

INTRODUÇÃO
1. *Nazi Chic*.

CAPÍTULO UM
1. Olga Kovanová, nome de solteira Kovaczová (Kovácz), em depoimento datilografado enviado à dra. Lore Shelley. Arquivos de Lore Shelley, Biblioteca Tauber do Holocausto.
2. Entrevista da autora com Bracha Kohút, novembro de 2019.
3. Entrevista com Irene Kanka, 07138 do Arquivo de História Visual, Fundação Shoah, Universidade do Sul da Califórnia, traduzida por seu filho Pavel Kanka. O Museu da Cultura Judaica – parte do Museu Nacional Eslovaco – hoje se situa na rua Židovská, número 17, em frente à antiga casa de Irene. Mantém uma exposição permanente de objetos e documentos da história e cultura judaicas, com exibições que celebram a vida outrora vibrante nesse bairro judeu.
4. Käthe Kohn, nome de solteira Reichenberg, nasceu em 18 de julho de 1917; Frieda, nascida em 18 de maio de 1913, casou-se com Zoltan Federweiss; Edith nasceu em 24 de maio de 1924.
5. A mãe de Renée chamava-se Esther; o pai, Simcha. Ela era a filha mais velha, seguida pelo irmão Shmuel e as irmãs Gita e Yehudit. O nome hebraico de Renée era *Shoshana*.
6. Bracha nasceu Berta, suavizado para a forma afetuosa Bracha, ou *Brochču* em iídiche de Čepa. Isso apesar de a avó materna, imersa na cultura húngara, desejar que ela recebesse o nome húngaro *Hajnal*, que significa "alvorada". No entanto, o avô paterno optou pelo nome Berta, já que havia uma rica família judia em Čepa com o sobrenome *Farkaš*, ou "lobo". Esses Farkaš tinham uma filha chamada Berta, então o avô Berkovič declarou: "Se esse nome é bom para eles, será bom para minha neta também". O nome hebraico de Bracha era *Chaya Bracha*, que significa "bênção da vida". (Correspondência inédita.)
7. O pão era feito em casa; legumes e hortaliças eram cultivados em hortas na propriedade. No outono as pessoas dançavam descalças em barris de repolho para

espremer a água e prepará-lo em conserva. Outras vitaminas de inverno vinham de geleias de frutas e cenouras armazenadas em palha – as crianças se esgueiravam furtivamente porão adentro para mordiscá-las em segredo. A autossuficiência era essencial. Era uma vida difícil.

8. As experiências do avô de Bracha, Ignatz, na Primeira Guerra Mundial o deixaram instável e raivoso, e às vezes ele mergulhava no álcool. Por sua vez, a avó Rivka, que criou cinco filhos enquanto Ignatz combatia na guerra, era meiga e paciente. Ambos eram honestos e trabalhadores – qualidades que seu filho Salomon, o pai de Bracha, herdou.

9. O nome hebraico de Katka era *Tova Tsipora*, ou "bom pássaro". Em iídiche, *Tova* é *Gitl*, por isso a família a chamava de *Gitu*, um termo carinhoso. Ela nasceu em 1925.

10. A fotografia era uma das favoritas da filha do meio dos Höss, Inge-Brigitt. O autor Thomas Harding, entrevistando-a para seu livro *Hanns and Rudolph*, teve permissão para ver a foto *in loco*. Em um livro de memórias de seu avô Rudolf, *Das Erbe des Kommandanten*, Rainer Höss descreve uma fotografia diferente do dia do casamento, que mostra os homens em um traje rural provinciano de calça corsário e colete curto, enquanto a noiva e sua melhor amiga Ilse von Seckendorff estão de tranças, com blusas bordadas brancas e saias longas e escuras. Nas décadas posteriores, Hedwig e Ilse relembrariam o "casamento esplêndido" realizado no belo palácio barroco de Meseberg: fantasia ou realidade?

11. *Death Dealer: The Memoirs of the SS Kommandant of Auschwitz*, Rudolf Höss.

12. O dr. Willibald Hentschel fundou a Liga Artamana, em 1923, com a ideia de renovar a raça alemã a partir de jovens desiludidos com a vida urbana moderna se restabelecendo como agricultores no campo. Durante o Terceiro Reich, os artamanos foram absorvidos pelo Partido Nazista.

13. *Hanns e Rudolf*, Thomas Harding.

14. Os sobrenomes eslovacos femininos costumam receber o sufixo *-à* ou *-ovà*, por exemplo, transformando Fuchs em Fuchsovà. No entanto, o uso costumeiro na língua inglesa é eliminar o sufixo, o que optei por fazer para os nomes das personagens principais da história, incluindo Marta Fuchs.

15. Marta era grande leitora e amante da música e chegou a ter aulas de piano com o amigo da família Eugen Suchoň, de Pezinok, cuja assombrosa ópera *Krútňava* [O redemoinho], dos anos 1940, estabeleceu sua reputação como o maior compositor da Eslováquia.

16. *Das Erbe des Kommandanten*, Rainer Höss. O dr. Carl Clauberg fez a cesariana. Clauberg se juntaria a Höss em Auschwitz e trabalharia no infame bloco 10, onde sádicos experimentos "médicos" eram infligidos a prisioneiras, incluindo esterilizações forçadas. O bloco 10 ficava no campo principal de Auschwitz, pró-

ximo ao bloco 11, onde prisioneiros condenados à morte aguardavam execução. A enfermeira Maria Stromberger testemunhou no julgamento de Clauberg no pós-guerra. Ela assistiu ao último parto de Hedwig, em 20 de setembro de 1943, quando nasceu Annegret. Como se verá, a enfermeira Maria também atuou na resistência clandestina de Auschwitz, tendo ligações com Marta Fuchs.
17. O fotógrafo e cineasta Roman Vishniac registrou imagens comoventes de judeus na Europa central e no Leste Europeu antes das deportações, incluindo um retrato em preto e branco de um grupo de meninas judias em Kežmarok. Uma garota usa tranças compridas como Bracha, as outras têm cabelos bagunçados e bem curtos. Vestem casacos de todos os tipos, sapatos com tiras e meias compridas enrugadas. Os rostos são reluzentes; os nomes e os destinos delas, desconhecidos.
18. Hunya nasceu em Plavnitz, vilarejo polonês nas montanhas. Seus pais logo se mudaram para Kežmarok.
19. *Konzentrationslager Auschwitz Frauen-Abteilung*, Museu Memorial do Holocausto nos Estados Unidos (USHMM). Os pais de Hunya são registrados como Hermann Storch e Fanny Birnbaum (também eram conhecidos como Zvi Krieger Storch e Zipora Birnbaum Laundau). No cartão de registro, o sobrenome dela é Winkler – referência a um casamento de conveniência realizado para ajudar com questões de visto enquanto trabalhava em Leipzig. Seu verdadeiro nome de casada era Volkmann. O cartão afirma que, ao chegar a Auschwitz, Hunya não tinha doenças infecciosas nem enfermidades. Isso logo mudaria.
20. Helen (Helka) Grossman, nome de solteira Brody, citada em *Secretaries of Death*, Lore Shelley. Helka tinha 15 anos e meio quando sua educação formal se encerrou. Por algum tempo, ficou escondida na cidade de Bardejov. Um não judeu a denunciou em 1942. Ela foi deportada para Auschwitz e trabalhou no arquivamento de cartões do bloco administrativo da SS, onde dividiu um dormitório com Hunya e as outras costureiras.
21. Entrevista com Irene Kanka, 07138 Arquivo de História Visual, Fundação Shoah, Universidade do Sul da Califórnia.

CAPÍTULO DOIS
1. *Until the Final Hour*, Traudl Junge.
2. Um vestido de Podolská ganhou o primeiro prêmio na Exposição Internacional de Artes e Ofícios de 1938, em Berlim. Foi o último desfile de moda tcheco na Alemanha antes da anexação alemã da Tchecoslováquia.
3. A revista *Eva* foi publicada pela primeira vez em dezembro de 1928. Apesar de perder um pouco de vitalidade durante a Grande Depressão, durou até 1943. As publicações de moda mais resilientes desafiaram a escassez de papel durante a guerra para continuar oferecendo às leitoras escapismo e dicas de costura econômica.

4. Jesenská foi presa pela Gestapo por seu trabalho junto à resistência clandestina após a ocupação alemã da Tchecoslováquia. Morreu de insuficiência renal no campo de concentração de Ravensbrück em 17 de maio de 1944. Suas roupas elegantes foram trocadas por um uniforme listrado de prisioneira.

5. Conversa com Gila Kornfeld-Jacobs, sobrinha de Hermine Volkman-Hecht, nome de solteira Storch. Hunya estava em um estágio da vida em que se sentia muito desiludida com a maior parte das coisas, incluindo o ofício da costura.

6. *Memory Book*, Gila Kornfeld Jacobs.

7. *Blood and Banquets*, Bella Fromm, 26 de junho de 1933.

8. *Broken Threads*, organizado por Roberta S. Kremer. *Frau* Magda Goebbels, esposa de Joseph, tornou-se presidenta honorária. Como muitas esposas de oficiais nazistas de alto escalão, ela desfrutava do privilégio de requisitar a atenção e o talento de estilistas e costureiras de Berlim e de todas as cidades do país. Qualquer desejo que ela demonstrasse de se envolver com a moda parisiense foi esmagado quando o Instituto Alemão de Moda começou a promover solidamente as empresas germânicas. Talvez Magda fosse muito afrancesada, "fashionista" demais. Certamente foi substituída como presidenta.

9. As profissões ideais para as alemãs eram: governanta, enfermeira, professora, costureira, secretária, bibliotecária ou, de maneira geral, assistentes de homens. Tanja Sadowski, "Die nationalsozialistische Frauenideologie: Bild und Rolle der Frau in der 'NS-FrauenWarte' vor 1939".

10. *Blood and Banquets*, 30 de agosto de 1932.

11. *Inside the Third Reich*, Albert Speer. Acerca dos presentes, Hitler disse: "Sei que não são coisas bonitas, mas muitas delas foram presentes. Eu não gostaria de me desfazer delas".

12. *Glanz und Grauen*, Claudia Gottfried et al.

13. Na Tchecoslováquia, roupas nacionais com bordados brilhantes e estilos tradicionais eram usadas como declaração política. Os estilos bávaro e tirolês significavam uma aliança com o Partido Nazista; estilos particularmente locais eram sinal de resistência à influência ou política alemã.

14. *Documents on the Holocaust*, organizado por Yitzhak Arad et al.

15. *Frau* Marlene Karlsruhen, citado em *Frauen*, Alison Owings.

16. Erna Lugebiel, citada em *Mothers in the Fatherland*, Claudia Koontz. Lugebiel abrigou judeus alemães durante a guerra, tamanha era sua raiva com a perseguição.

17. *Documents on the Holocaust*. Houve objeções aos boicotes antijudaicos por parte do ministro da Economia, mas apenas com o argumento de que causaram transtornos econômicos nas cadeias de suprimentos dos negócios.

18. *Broken Threads*.

19. Quando um vestido não é apenas um vestido? Quando faz parte da história antissemita. Na coleção da autora, um lindo traje informal, usado para entre-

ter hóspedes, verde-maçã, tecido com florais coloridos, com a etiqueta da Adefa. Uma combinação arrepiante.
20. *My Life With Göring*, Emmy Göring.
21. "Aryanisation", em *Leipzig: Driven Out. Robbed. Murdered*, dra. Monika Gibas et al.
22. *Pack of Thieves*, Richard Z. Chesnoff. Em 1938, 79% das lojas de departamentos e 25% das lojas de varejo alemãs pertenciam a judeus.
23. *Jewish Life in Leipzig*, Hillel Schechter.
24. *Hitler's Furies*, Wendy Lower.
25. *Transcrições do Julgamento de Nuremberg*, 20 de março de 1946. Göring defendeu a declaração em seu julgamento, alegando: "Foi a expressão de entusiasmo espontâneo causado pelos eventos e pela destruição de objetos de valor e pelas dificuldades que surgiram". *Interrogations*, Richard Overy.
26. Revista *Elegante Welt*, agosto de 1938, artigo "Stimmung am movehorizont: vorwiegend heiter".
27. *My Life With Göring*.
28. *Pack of Thieves*.
29. *Magda Goebbels*, Anna Klabunde.
30. Entrevista com Irene Kanka, 07138 do Arquivo de História Visual, Fundação Shoah, Universidade do Sul da Califórnia.
31. Entrevista com Irene Kanka, 07138 do Arquivo de História Visual, Fundação Shoah, Universidade do Sul da Califórnia.

CAPÍTULO TRÊS

1. Entrevista com Irene Kanka, 07138 do Arquivo de História Visual, Fundação Shoah, Universidade do Sul da Califórnia.
2. Ela Stein-Weissberger, residente da comunidade judaica de Lom u Mostu. A família dela sofreu brutalidades na *Kristallnacht*. Disponível em: https://www.holocaust.cz/en/sources/recollections. Acesso em: junho de 2020.
3. *Occupied Economies*, Hein Klemann e Sergei Kudryashov.
4. Discurso em 6 de agosto de 1942 para a liderança do Reich no Ministério da Aviação. Göring prometeu que os invasores "extrairiam o máximo de modo que o povo alemão pudesse viver". Citado em *Hitler's Beneficiaries*, Götz Aly.
5. *Out on a Ledge*, Eva Libitzky.
6. Quando a fotógrafa norte-americana Margaret Bourke-White entrevistou um jovem granadeiro de Panzer alemão na área de Nuremberg, em 1945, ele lamentou a prosperidade perdida nos anos de guerra. Bourke-White perguntou se ele se referia a comida, roupas e guloseimas da Polônia, da França, da Bélgica e da Holanda. O jovem ficou ofendido. "Não, da Alemanha", insistiu, recusando-se a

acreditar que os bens tivessem sido saques estrangeiros em vez de patrióticos produtos da pátria. *Dear Fatherland, Rest Quietly*, Margaret Bourke-White.

7. *I Shall Bear Witness*, Victor Klemperer.

8. Katka Gruenstein, nome de solteira Feldbauer, nascida em 3 de março de 1922, na Eslováquia ocidental. *Nazi Civilization*, Lore Shelley.

9. *Das Schwarze Korps*, 24 de novembro de 1938.

10. As contas bancárias de judeus foram congeladas. Seus ativos foram convertidos em títulos do governo que não podiam ser resgatados. Os emigrantes judeus em potencial tiveram que pagar um imposto pelo privilégio de escapar, deixando para trás grande parte de sua riqueza. Os judeus foram alvos de taxas e até mesmo de pagamentos de reparação por danos causados durante a *Kristallnacht*. Funcionários judeus também foram demitidos de empresas pertencentes a não judeus. Às vezes, isso era feito sob o eufemismo de *Umstellung Unseres Unternehmens*, ou "reorganização da empresa".

11. *Magda Goebbels*.

12. *A pequena loja da rua principal*, Ladislav Grosman.

13. *Aryanization in Leipzig*.

14. *Pack of Thieves*.

15. Adolf Eichmann estabeleceu o *Zentralstelle für jüdische Auswanderung* [Escritório Central para a Emigração Judaica], com a função de "encorajar" os judeus do Protetorado a emigrar. Na Eslováquia, Dieter Wisliceny fazia parte dos bizarros planos do Reich de deportar judeus a Madagascar. Os centros de extermínio forneceriam uma "solução" de limpeza muito mais enfática.

16. Entrevista com Irene Kanka, 07138 do Arquivo de História Visual, Fundação Shoah, Universidade do Sul da Califórnia. Irene teve aulas de costura entre 1939 e 1942.

17. Margita (Grete) Rothova, nome de solteira Duchinsky, nascida em 1902, Pressburg/Bratislava. Grete sobreviveu ao Holocausto. Após a guerra, sua habilidade de tecelagem foi fonte vital de renda. *Secretaries of Death*, Lore Shelley.

18. A mãe de Katka ajudava vizinhos com suas costuras para complementar a renda familiar. *Nazi Civilization*.

19. *Deutsches Moden Zeitung*, Leipzig, verão de 1941.

20. A ilustração do avental é da *Deutsches Moden Zeitung*, Leipzig, verão de 1941.

21. *Glanz und Grauen*.

22. *Magda Goebbels*.

23. *Mothers in the Fatherland*.

24. Discurso na Universidade de Berlim, em 11 de novembro de 1941, para justificar o trabalho forçado judeu. *Documents on the Holocaust*.

25. Somente em 2019 o destino de Emil foi confirmado por uma pesquisa da família; detido na caçada eslovaca a jovens judeus, foi deportado para o campo de

Majdanek, no distrito de Lublin, na Polônia ocupada pelos alemães, onde recebeu o número baixo de prisioneiro 319. Ele e outros presos trabalharam na construção de obras no campo. Emil foi assassinado nas novas câmaras de gás carbônico em Majdanek, em 7 de setembro de 1942, a 4.941ª execução registrada.

26. A partir de 1944, Sereď passou a ser dirigido pela SS e se tornou um campo de concentração para judeus, guerrilheiros e participantes do levante eslovaco. Sereď também foi usado como local de trânsito para judeus sendo deportados para Theresienstadt, Ravensbrück, Auschwitz e Sachsenhausen. A partir de maio de 1942, um pequeno emblema amarelo de baquelita no formato de uma estrela de Davi amarela, marcada com a inscrição "HŽ", era dado a qualquer um que fosse *Hospodársky Žid* [judeu economicamente essencial]. (Coleção de artefatos do Yad Vashem.)

27. *Memory Book*, Gila Kornfeld Jacobs.

28. Fundador da escola, o rabino Carlebach, emigrou para a Palestina em 1935. Quando a escola foi finalmente liberada de seus ocupantes temporários, Hunya foi transferida para novas acomodações no quarto andar de um orfanato judeu, alojamento que ela dividia com outras sete mulheres.

29. *The Girl in the Green Sweater*, Krystyna Chiger.

30. *Out on a Ledge*.

31. *Hope is the Last to Die*, Halina Birnbaum.

32. *The Girl in the Green Sweater*.

33. *Fashion Metropolis Berlin*.

34. Em novembro de 1941, certo sr. Straub, funcionário da empresa Charlotte Röhl em Berlim, escreveu para expressar seu entusiasmo com a qualidade de oito vestidos recém-recebidos do gueto de Łódź. Ele terminou a carta salientando "a agradável esperança de que continue trabalhando para mim e fazendo entregas rápidas, conforme prometido". *Fashion Metropolis Berlin*, Uwe Westphal.

35. *Out on a Ledge*.

36. *My Father's Keeper*, Stephan Lebert.

37. Correspondência de Brigitte Frank, citada em *East West Street*, Philippe Sandes.

38. *Occupied Economies*.

39. *Hunt for the Jews*, Jan Grabowski.

40. Herta Fuchs, nascida em 1923, filha de Frieda e Moric Fuchs.

41. Alida Charbonnier nasceu em 23 de julho de 1907, em Fécamp. Em 6 de outubro de 1928, ela se casou com o padeiro Robert Delasalle, que se aliou ao ativismo de Alida na luta de resistência política contra os ocupantes alemães. Tornaram-se membros do Partido Comunista Francês em 1936. Ela foi demitida de seu emprego de costureira em novembro de 1938 por deflagrar uma greve e começou

a trabalhar com um fabricante de espartilhos na *rue* Alexandre Legros, em Fécamp. A casa deles, no número 13 da passagem Sautreuil, foi revistada pela polícia várias vezes antes de sua prisão. Robert Delasalle foi executado em 21 de setembro de 1942. Antes de sua morte, Alida o encontrou para uma breve despedida.

42. Herta Soswinski, nome de solteira Mehl, trabalhou com Maria Mandl em Ravensbrück. Mais tarde, foi transferida a Auschwitz e se juntou a outras eslovacas no bloco administrativo da SS. *Nazi Civilization*.

43. Jeannette (Janka) Nagel, nome de solteira Berger, *Secretaries of Death*.

44. *If This Is a Woman*, Sarah Helm. A produção de roupas de Ravensbrück era tão prodigiosa que as fábricas locais perderam negócios. A gigante da indústria TexLed (Textil-und Lederverwertung GmbH) tinha fábricas nos campos de concentração de Dachau e Ravensbrück.

45. *Business and Industry in Nazy Germany*, R. Francis Nicosia e Jonathan Huener.

46. Correspondência da família de Renée Ungar, Bratislava, 17 de agosto de 1945.

47. *Where She Came From*, Helen Epstein.

48. *Architects of Annihilation*, Aly Götz e Susanne Heim.

CAPÍTULO QUATRO

1. Carta de 1957, em que Herta Fuchs solicita compensação por "danos à liberdade", por ter sido obrigada a usar a *Judenstern* [estrela de Davi]. Arquivo Leo Baeck. Traduzido do alemão.

2. Carteira de identidade de Irené Reichenberg, de Bratislava. Nasceu em 25 de fevereiro de 1915 e morreu no Holocausto. Arquivo de fotos do Yad Vashem disponível em: https://photos.yadvashem.org/photo-details.html?language=en&item_id=4408243&ind=0. Acesso em: agosto de 2021.

3. Gustav "Gusti" Kohn realmente escapou do campo de trabalhos forçados de Sereď. Pegou a caixa de ferramentas de um empreiteiro visitante e saiu andando com ela. A identidade falsa o manteve disfarçado pelo resto da guerra. Leo Kohút – originalmente Leo Kohn – foi preso no fim de 1944 quando um guarda reconheceu sua foto no documento de identidade. Deportado primeiro para Sereď, em seguida enfrentou a prisão em Sachsenhausen, Bergen-Belsen e um subcampo de Dachau. Instruiu Käthe a ir embora de Bratislava no caso de sua captura. Com medo e isolada, Käthe se entregou à Gestapo. Após sua libertação pelas tropas estadunidenses, ele voltou para Bratislava, onde soube do destino de sua esposa. Instituto Tauber, Fundação Shoah História Oral | Número de acesso: 1999.A.0122.708 | Número RG: RG-50.477.0708.

4. Irené Reichenberg, nascida em 25 de fevereiro de 1915, morreu no Holocausto. Sua carteira de identidade faz parte da coleção do Slovensky Narodny Archiv em Bratislava. Yad Vashem, 4408243.

20. *Pack of Thieves*.
21. *Hitler's Beneficiaries*.
22. O trabalho da ERR foi encampado pelo *Dienstelle Western* [Serviço Ocidental].
23. Transcrições do Julgamento de Nuremberg, 31 de agosto de 1946.
24. Hitler assinou um memorando com essa finalidade em 31 de dezembro de 1941.
25. *Stealing Home*, Shannon L. Fogg.
26. Correspondência com Lore Shelley, Biblioteca Tauber do Holocausto. Marilou foi criada em Paris, primeiro no *Arrondisement* 19, depois nos subúrbios.
27. *Witnessing the Robbing of the Jews*, Sarah Gensburger.
28. O transporte de judeus de Leipzig começou em 21 de janeiro de 1942.
29. *The German War*, Nicholas Stargardt.
30. Citado em *Nazi Women*, Cate Haste.
31. A fábrica de calçados Baťa, perto de Chełmek, a cerca de dez quilômetros de Auschwitz, foi adquirida pela Ota-Silesian Shoe Works [Indústria de Sapatos Ota-Silesiana].
32. As experiências de mulheres judias no primeiro transporte oficial de judeus eslovacos para Auschwitz são detalhadas em *999 Women*, Heather Dune Macadam.
33. Janka Nagel, nascida Berger. *Secretaries of Death*.
34. Correspondência entre Alice Dub Strauss e Lore Shelley. Arquivos de Lore Shelley, Biblioteca Tauber do Holocausto.
35. *Le Convoi du 24 janvier*, Charlotte Delbo.
36. *Nazi Civilization*. Hunya foi presa sob o nome de Hermine Winkler, referência a seu casamento por conveniência para obter um passaporte tcheco. Todos os documentos de seu campo de concentração fazem menção a Winkler.
37. *Memory Book*, Gila Kornfeld-Jacobs. A companheira de Hunya na jornada era Ruth Sara Ringer (o nome do meio, Sara, era uma adição obrigatória pela lei alemã), nome de solteira Kamm, nascida em 1909, então apenas um ano mais jovem que Hunya. Seu número de Auschwitz era 46.349, apenas dois dígitos atrás do de Hunya. Seu marido, Hans Wilhem Ringer, foi assassinado na *Shoah*.
38. *Nazi Civilization*. Em janeiro de 1944, a maioria dos passageiros a bordo do transporte de Leipzig estava morta.

CAPÍTULO CINCO

1. *Nazi Civilization*.
2. O ramal ferroviário conectando a linha principal com o campo separado de Birkenau só foi concluído em 1944, a tempo das chegadas de transportes da Hungria. Isso acelerou o processo de assassinatos em massa, já que os recém-chegados

não precisavam mais caminhar nem ser transportados de caminhão desde a velha rampa até os campos. Simplesmente eram conduzidos em colunas para a quarentena ou para as câmaras de gás.

3. Essas oficinas – todas patrocinadas pela SS, incluindo Hedwig Höss – foram destruídas para dar lugar a vinte novos blocos de acomodação construídos como uma extensão do campo principal. As costureiras de Auschwitz foram alojadas aqui a partir de 1944. No pós-guerra, os blocos foram convertidos para uso civil. *Private Lives of the SS*, Piotr Setkiewicz.

4. Alice Gruen. *Criminal Experiments*, Lore Shelley.

5. Lilli Kopecky. *Secretaries of Death*.

6. Alice Strauss, correspondência privada com Lore Shelley, Biblioteca Tauber do Holocausto. Quando o comboio de prisioneiros políticos franceses chegou a Auschwitz, em 27 de janeiro de 1943, as mulheres – incluindo Marilou Colombain e Alida Delasalle – passaram por esse portão cantando a "Marselhesa", em tom de afronta.

7. Por sua vez, as mulheres no bloco 7 alertariam a próxima leva de recém-chegadas para que escondessem seus pertences pessoais... e, por sua vez, pareceriam ser homens loucos gesticulando. Testemunho de Margit Bachner, nome de solteira Grossberg, de Kežmarok. *Nazi Civilization*.

8. Edita Maliarová chegou a Auschwitz em um transporte de Bratislava e queria tranquilizar suas jovens amigas enquanto eram despidas e depiladas. Ela recebeu o número de campo 3.535. *Nazi Civilization*.

9. Helen (Helka) Grossman, nome de solteira Brody, de Kežmarok. *Secretaries of Death*.

10. *Memory Book*.

11. As mulheres mais jovens poderiam usar calças (geralmente abotoadas/fechadas com zíper na cintura) ou calças de esqui no inverno.

12. A violência sexual nos campos de concentração era uma ameaça contínua, apesar de ser considerado crime um alemão ariano ter relações sexuais com um judeu. Também havia o risco de agressão por parte de outros prisioneiros. O sexo consensual não era incomum entre os detentos, pelo prazer físico, pelo contato humano ou como forma de troca por comida e outros itens essenciais. De maneira compreensível, muitos presos perderam todos os impulsos sexuais. Alguns argumentaram que isso se devia ao pó de brometo colocado no chá. A fome, a doença e o desespero também esmagavam a libido.

13. Katka Grünstein, nome de solteira Feldbauer, costureira de 20 anos de idade da Eslováquia ocidental. Ela se tornou a prisioneira número 2.851.

14. Lidia Vago, nome de solteira Rosenfeld, nascida em 1924, na Transilvânia, deportada em junho de 1944 da Hungria, processada em Birkenau. *The Union Kommando in Auschwitz*, Lore Shelley.

CAPÍTULO SEIS

1. *Memory Book*.
2. Registro no diário de Paul Kremer, 31 de agosto de 1942 e 2 de setembro de 1942, *KL Auschwitz Seen by the SS*.
3. Entrevista com a autora, 2019.
4. Correspondência privada da família, 1945.
5. Em 1942, a WVHA SS-*Wirtschaftsverwaltungshauptampt* [sede econômica e administrativa da SS] foi organizada em cinco grupos, que incluíam o *Amtsgruppe D* [Grupo D], cobrindo campos de concentração, e o Grupo W, compreendendo empresas da SS. Os historiadores estimam que um impressionante montante de 30 milhões de *Reichsmarks* de lucro puro foi gerado para o Estado nazista com a venda de trabalhos forçados a empresas privadas. *Auschwitz: The Nazis and the Final Solution*.
6. *Post-Auschwitz Fragments*, Lore Shelley.
7. *Interrogations*.
8. *Death Dealer*.
9. Dra. Claudette Kennedy, nome de solteira Raphael, nasceu em 1910 nos arredores de Paris e enviuvou como Bloch; tornou-se amiga de Marta Fuchs. Testemunho, *Criminal Experiments on Human Beings*.
10. Relatado por Anna Binder, amiga de Marta Fuchs, *Auschwitz – The Nazi Civilization*. Ter roupas íntimas era um luxo proibido para a maioria das prisioneiras judias, embora isso nem sempre as impedisse de adquirir sutiãs e calcinhas contrabandeadas.
11. Arquivos de Lore Shelley, Biblioteca Tauber do Holocausto.
12. Testemunho de Rivka Paskus, *Secretaries of Death*.
13. Carta de 1945, correspondência familiar.
14. Jeannette (Janka) Nagel, nome de solteira Berger, testemunho, *Secretaries of Death*.
15. Testemunho em julgamento de Marie-Claude Vaillant-Couturier, citado em *People in Auschwitz*.
16. Isso foi em 1944, a tempo de um volume sem precedentes de assassinatos sob a direção de Höss: a deportação de judeus da Hungria.
17. Arquivos de Lore Shelley, Biblioteca Tauber do Holocausto, testemunho de Marie-Louise Rosé, que enviuvou como Colombain, nome de solteira Méchain.
18. Testemunho de Lidia Vargo, *The Union Kommando in Auschwitz*.
19. *Born Survivors*.
20. *People in Auschwitz*.
21. Ora Aloni, nome de solteira Borinski, testemunho, *Auschwitz – The Nazi Civilization*.

22. Irma Grese, testemunho no julgamento de Lüneberg. Quando questionada sobre que tipo de chicote portava, respondeu que era feito de celofane na fábrica de tecelagem do campo de extermínio.
23. *Memory Book.*
24. *Auschwitz Chronicle.*
25. O álbum de Auschwitz foi descoberto por Lili Jacobs enquanto se recuperava em um prédio requisitado da SS após sua provação no campo de concentração. Seus próprios familiares aparecem no álbum, assassinados por serem judeus. Depois de muitas décadas, o álbum foi adquirido pelo Yad Vashem, que agora o exibe.
26. *Five Chimneys.*
27. Deutsche Ausrüstungswerke GmbH, German Armaments Works Ltd. [Fábrica Alemã de Armamentos Limitada].
28. *I Escaped from Auschwitz*, Rudolph Vrba.
29. Os primeiros lotes de mercadorias saqueadas eram armazenados no campo principal, nos prédios do curtume. A partir de meados de 1944, as roupas passaram a ser armazenadas na ampliação do campo, perto dos blocos de acomodação da SS e de alojamentos de prisioneiros.
30. *But You Did Not Come Back*, Marceline Loridan-Ivens.
31. Algum tempo depois, o *kapo* pegou tifo e morreu.
32. Vera Friedlander, entrevistada para *Mothers in the Fatherland*. A Salamander, fundada em 1904, tornou-se a maior rede de lojas de calçados da Alemanha, hoje com 150 unidades em toda a Europa. O perfil do site em 2020 declara: "A Salamander combina paixão e moda, qualidade e serviço excepcional e oferece uma boa relação custo-benefício".
33. *Nazi Looting: Hitler's Beneficiaries.*
34. Transcrições do julgamento de Höss em 1946. Uma técnica dentária de Cracóvia chamada Maruchka tinha a tarefa nada invejável de separar dentes de ouro e afixá-los a cartões. "Acreditem em mim, não é uma atividade", relatou ela, em sublime eufemismo. *Criminal Experiments on Human Beings.*
35. A ordem veio da administração da SS WVHA em 6 de janeiro de 1943, com detalhes sobre a conta de caixa econômica em que todas as somas de dinheiro adquiridas deveriam ser depositadas. *The Auschwitz Chronicle*, Danuta Czech.
36. *I Escaped from Auschwitz.*
37. Hannah Lax, da Tchecoslováquia, era uma adolescente no ramo do Kanada em Birkenau. Em um questionário não publicado sobre suas experiências no campo, escreveu: "Sabotávamos as coisas valiosas que encontrávamos e não as entregávamos aos alemães". Arquivos de Lore Shelley, Biblioteca Tauber do Holocausto.
38. *Out on a Ledge.*

20. Esses documentos assinados estão nos arquivos do Museu Memorial do Holocausto nos Estados Unidos (USHMM).
21. História de Rainer Höss, via Robert van der Pelt, *Auschwitz. Not Long Ago. Not Far Away*. Palestra de apresentação de exposição; acesso em 10 de fevereiro de 2020. Os botões na exposição *Auschwitz. Not Long Ago. Not Far Away* [Auschwitz. Não faz muito tempo. Não muito longe daqui]. – YouTube.
22. Testemunho de Janina Szczurek, APMA-B, coleção de declarações, v. 34.
23. *Auschwitz Chronicle*.
24. Correspondência com a dra. Lore Shelley, Biblioteca Tauber do Holocausto; *Criminal Experiments on Human Beings*.
25. Testemunho de Flora Neumann, *The Union Kommando in Auschwitz*.
26. Ora Aloni, nome de batismo Borinski, testemunho, *Auschwitz – The Nazi Civilization*. Ora afirmou que quem solicitou essa boneca especial foi o "anjo da morte", termo usado com frequência para se referir à famosa guarda Irma Grese.
27. *Five Chimneys*.
28. *People in Auschwitz*.
29. *KL Auschwitz Seen by the SS*.
30. Julgamento de Höss, v. 12, cartão 178, *KL Auschwitz Seen by the SS*.
31. Maria Stromberger, testemunho no julgamento de Höss.
32. Discurso de Heinrich Himmler à SS em Poznan, 4 de outubro de 1943, *Documents on the Holocaust*.
33. Testemunho de Sonja Fritz, *Criminal Experiments on Human Beings*.
34. *The Times*, fevereiro de 2019, "East Germany 'turned a blind eye to Auschwitz war criminals'", Oliver Moody. Disponível em: https://www.thetimes.co.uk/article/east-germany-turned-a-blind-eye-to-auschwitz-war-criminals-s9lg7tl8j. Acesso em: fevereiro de 2019.
35. Citado em *Auschwitz. Not Long Ago. Not Far Away*.
36. Entrevistado pelo jornalista Uwe Westphal em maio de 1985, *Fashion Metropolis Berlin*.
37. O sargento técnico da SS Robert Sierek, testemunhando perante Robert Mulka.
38. O dr. Kremer foi um dos convidados presentes a esse jantar e registrou o menu em seu diário, 23 de setembro de 1942. *KL Auschwitz Seen by the SS*.
39. Manuscrito não publicado, "Memories of Auschwitz and my brother-in-law Rudolf Höss", citado por Rainer Höss, *Das Erbe des Kommandanten*.
40. *Das Erbe des Kommandanten*.
41. *People in Auschwitz*.
42. *Gästbuch der familie* Höss *1940 Auschwitz-1945 Ravensbrück*, Yad Vashem 051/41, 5.521.

43. Detalhes de Solahütte: como mostra o extraordinário álbum de fotografias coletado pelo ajudante Karl Höcker, hoje no Museu Memorial do Holocausto nos Estados Unidos (USHMM). Bizarramente, a dra. Lore Shelley, ex-prisioneira de Auschwitz, responsável por cotejar e publicar muitos testemunhos de sobreviventes, incluindo aqueles do *Obere Nähstube*, teve alguns dos pertences de sua família devolvidos após a guerra, graças à intercessão de Höcker junto àqueles que haviam escondido os pertences. No pós-guerra ele se tornou um cidadão respeitado da cidade natal de Shelley, Lübbecke. *Post-Auschwitz Fragments*.

44. Testemunho de Herta Fuchs, *The Union Kommando in Auschwitz*; Langbein, *People in Auschwitz*.

45. Carta de Helena Kennedy, nome de solteira Hochfelder, a Lili Mathe, musicista da orquestra. Centro de Educação e Aprendizagem do Holocausto, Universidade de Huddersfield.

46. *Memory Book*.

47. *Death Dealer*.

48. Stromberger, testemunho no julgamento de Höss em 1947.

49. Essa versão da história foi contada por Rainer Höss, neto de Hedwig, *Das Erbe des Kommandanten*.

50. Correspondência entre Rudolf Höss e o psiquiatra G. M. Gilbert, *Death Dealer*.

51. Depoimento à polícia, citado em *Eine Frau an seine Seite*.

52. Dr. Hans Münch, correspondência com Lore Shelley, *Criminal Experiments on Human Beings*. De acordo com um relato em *The Nazi Doctors*, de Robert Jay Lifton, ele se acalmou o suficiente para concluir uma dissertação sobre a febre tifoide, realizar experimentos de tifo em prisioneiros e ajudar nas seleções para a morte por gás.

53. Uma edição alemã de *People in Auschwitz*, de Hermann Langbein, de propriedade de Hedwig Höss.

54. Discurso de Poznan em 4 de outubro de 1943, *Document on the Holocaust*.

55. *The Private Heinrich Himmler*, organizado por Katrin Himmler e Michael Wildt.

56. Transcrições do julgamento de Höss, 1946.

57. *People in Auschwitz*.

58. *Eine Frau an seine Seite*.

59. *People in Auschwitz*.

60. Testemunho de Aleksandra Stawarczyk, de 14 anos de idade, *Private Lives of the SS*.

61. *People in Auschwitz*.

62. Testemunho de Władysława Jastrzębska, de 14 anos de idade, *Private Lives of the SS*.

in Auschwitz, embora não tenha sido confirmada. Josef Garlinksi, em *Fighting Auschwitz*, apresenta uma versão alternativa – e mais consensual – da história, em que uma dançarina polonesa chamada Franciszka Mann feriu de morte o oficial da SS Josef Schillinger em 23 de outubro de 1943, no crematório II. Manci Schwalbová concluiu sua formação em medicina após a guerra e trabalhou no hospital infantil de Bratislava. Seu livro, *Vyhasnute oči* [Olhos extintos] foi um dos primeiros relatos de Auschwitz a aparecer em língua eslovaca. Antes de sua morte no lar de idosos judeus, recebeu a visita de sobreviventes do Stabsgebäude.
3. Entrevista com a autora, novembro de 2019.
4. Entrevista com a autora, novembro de 2019. A mulher anônima era amiga da esposa de Tomáš Masaryk, Charlotte Garrigue.
5. A mulher se chamava Sabina. Ela sobreviveu na seção política do Stabsgebäude. *Memory Book*.
6. Testemunho de Anna Binder, *Auschwitz – The Nazi Civilization*.
7. Correspondência de Alida Vasselin, arquivos de Lore Shelley, Biblioteca Tauber do Holocausto: "*Dans notre Commando de couture nous avons chapardé tout ce que nous avons put pour le transmettre a ceux qui en avait le plus besoin*".
8. Conversa com Paul Kanka, janeiro de 2020.
9. *Memory Book*. Lina é possivelmente Helene Wilder, nome de solteira Stark.
10. Maria Bobrzecka, codinome Marta, enviou suprimentos secretos de sua farmácia nas proximidades de Brzeszcze. As moradoras Maria Hulewiszowa e Justyna Hałupka serviram de "mulas" para transportar milhares de ampolas de remédios que salvaram vidas. Galinski, *Fighting Auschwitz*.
11. Disponível em: https://www.mp.pl/auschwitz/journal/english/206350,dr-janina-kosciuszkowa. Acesso em: agosto de 2021. Enquanto esteve em Birkenau, a dra. Kosciusczkowa tratou dos sobreviventes da Revolta de Varsóvia.
12. Depoimento de Maria Stromberger, julgamento de Höss em Cracóvia, 25 de março de 1947.
13. *People in Auschwitz*.
14. Herta Soswinkski, nome de solteira Mehl, testemunho, *Auschwitz – The Nazi Civilization*. Herta era membro ativo de uma célula de resistência comunista.
15. Postal manuscrito, correspondência familiar, coleção particular: "*Lieber Ernö, mit unendlich viel Freude erhielt ich deine Karte von 28.4. in der Du uns so ausführlich über alle meine Lieben berichtest. Für meine Dankbarkeit Dir und Euch gegenüber find ich keine Worte [...] Ich küsse Euch tausendmal und bin im Gedanken immer mit Euch*".
16. Arquivo do Museu Casa dos Combatentes do Gueto, endereçado a E. Reif, Bratislava Törökova 11, assinado "Berta". Infelizmente Ernst Reif teve que deixar seu esconderijo e foi morto a tiros pelos nazistas. A mulher que o escondeu, uma colega

de classe chamada Margita Cíglerová, foi salva da deportação no último momento e sobreviveu à guerra, assim como a irmã de Ernst.

17. Katarina Prinz, no *Unterkunst*, o *kommando* dos alojamentos. Seu ajudante foi Eugen Nagel, de Bratislava. Ela se casou com ele no pós-guerra e emigrou para a Austrália. Correspondência com Lore Shelley, Biblioteca Tauber do Holocausto.

18. Rudasch foi preso no pós-guerra, mas as acusações contra ele foram retiradas quando um ex-prisioneiro testemunhou em seu nome. Testemunho de Lilly Kopecky, *Secretaries of Death*.

19. Arquivo do Museu Casa dos Combatentes do Gueto. De Margit Birnbaum, Stabsgebäude, Birkenau, junho de 1943. "*Du kannst Dir garmicht verstellen was für unsagbar grosse Freude wir haben, wenn so Pestausteilung gibt und wir wenigstens von Euch Post bekommen.*"

20. Cartão-postal manuscrito, correspondência familiar, coleção particular, 1º de janeiro de 1943: "*Ladet Euch Frau Vigyáz ein soll sie immer bei Euch sein sie ist sehr nützlich im Haushalt*". A mãe de Marta, Rósa, sobreviveu à guerra escondida na Hungria. O pai, Dezsö, morreu de câncer enquanto estava escondido, em 1944.

21. *The Rooster Calls*, Gila Kornfeld-Jacobs.

22. Prisioneira no escritório central de obras. *Auschwitz – The Nazi Civilization*.

23. Isso foi em meados de 1944. As três mulheres envolvidas nas cópias foram Krystyna Horczak, Valeria Valová e Věra Foltýnová.

24. Os volumes estão agora aos cuidados do Museu Estatal de Auschwitz-Birkenau.

25. O codinome de Łasocka era Tell. Ela trabalhou para a Pomoc Więzniom Obozó Kocentracyjynch [Assistência para Prisioneiros de Campos de Concentração]. A fotógrafa Pelagia Bednarska era soldado do Exército da Pátria polonês, *Armia Krajowa*. Os negativos que ela processou foram contrabandeados para fora de Auschwitz em setembro de 1944, com o objetivo de provar ao mundo atrocidades cometidas nos campos de extermínio. Foram usados como prova no julgamento de Rudolf Höss. Em seu testemunho do pós-guerra, Maria Stromberger afirmou que os livros de registros (listas de prisioneiros) foram entregues à mensageira da resistência clandestina subterrânea Natalia Spak em 29 de dezembro de 1944. Stromberger havia recuperado os dois volumes dos escombros de um edifício bombardeado pelos Aliados em 26 de dezembro 1944, com a ajuda de uma prisioneira iugoslava chamada Mira, que tinha apenas 14 anos quando foi deportada para Auschwitz. Stromberger foi embora de Auschwitz em 7 de janeiro de 1945, transferida para uma clínica neurológica em Praga.

26. *Fighting Auschwitz*.

27. Świerczyna planejou a própria tentativa de fuga em novembro. Ajudado e auxiliado por dois homens da SS, ele e quatro outros homens se esconderam em um caminhão de roupas de cama sujas que deixava o campo em 27 de outubro de 1944.

8. Correspondência com Rezina Apfelbaum e Avri Ben Ze'ev. Restavam cerca de 4 mil mulheres doentes em Auschwitz. Após a libertação, Rezina, sempre resiliente, disse: "Não podemos esperar, temos que resolver as coisas por conta própria"; em seguida, persuadiu um alemão a escoltá-los para fora do campo, bem como providenciou um cavalo e uma carroça para levá-los à estação de trem mais próxima. Pesava apenas 29 quilos quando chegou a Budapeste.

9. Estima-se que entre 9 mil e 15 mil pessoas morreram nas evacuações finais a pé de Auschwitz. As iniciativas do pós-guerra tentaram dar nomes às mortes anônimas e marcar seus túmulos.

10. Entrevista com a autora, novembro de 2019.

11. Lily Hönig, nome de solteira Reiner, testemunho, *Secretaries of Death*.

12. *Memory Book*.

13. Testemunho de Lidia Vargo, *The Union Kommando in Auschwitz*.

14. Entrevista com a autora, novembro de 2019.

15. *Memory Book*.

16. Alida e Marilou foram libertadas pelos russos em Mauthausen em 22 de abril de 1945. Foi quando Marilou soube que o marido havia morrido em um dos subcampos de Mauthausen.

17. *Memory Book*.

18. *Memory Book*.

19. Entrevista com a autora, novembro de 2019.

20. Após a libertação, os talentos de Ilona foram notados pela equipe médica britânica e pelas esposas de oficiais britânicos estacionados em (ou perto de) Belsen. Ela costurou para eles até acumular cigarros suficientes para trocar por uma viagem a bordo de um trem de carvão de volta a Budapeste. Sua casa tinha sido ocupada por um motorista de ônibus, cuja esposa trajava um dos vestidos de Ilona, tirado de seu guarda-roupa. "Por que você voltou?", perguntou a mulher. Ilona voltou a costurar para antigas clientes assim que descobriram que ela ainda estava viva. A inflação impossibilitava a compra de tecidos, e ainda havia antissemitas falando em mandar os judeus de volta para Auschwitz, por isso ela fugiu para Viena com Lazlo Kenedi, então seu marido, na década de 1950 (seu primeiro marido foi morto na Rússia) e de lá para a Inglaterra. Como Helena Kennedy, abriu um prestigioso ateliê de corte e costura em Leeds, especializado em vestidos de noiva e roupas para ocasiões especiais para famílias da elite local. Obituário de Helena Kennedy, *Jewish Chronicle*, 27 de outubro de 2006; Hilary Brosh, *Threads of Life*.

21. Entrevista com a autora, novembro de 2019.

22. *Memory Book*.

23. *Memory Book*.

24. Erika Kounio, *From Thessaloniki to Auschwitz and Back*.

25. *Memory Book.*
26. *Das Erbe des Kommandanten.*
27. *Glanz und Grauen.*
28. "Bunker SS, Dachau SS Compound". Disponível em: catalog.archives.gov. Acesso em: agosto de 2021. Departamento de Defesa do Exército (EUA). 14 de maio de 1946. Recuperado em 15 de dezembro de 2019.
29. Vgl Rgensburg-Zweigstelle Straubing I Js 1674/53 (früher München II Da 12 Js 1660/48), StA Nürnberg, GstA beim OLG Nürnberg 244.
30. Entre as roupas havia um elegante colete bávaro – lã cinza com debrum verde e cinco botões de metal – saqueado do Kanada em Auschwitz e usado por seu filho Hans-Jürgen e por seu caçula, Rainer.
31. *Death Dealer.*
32. *Das Erbe des Komandanten.*
33. Interrogatório de Hedwig Höss, 92ª Seção de Segurança do Campo (sub-área sul). Arquivos do Yad Vashem, arquivo 051/41, 5524 Hoess, citado em *Eine Frau an seine Seite*, Gertrud Schwartz.
34. *Hanns e Rudolph*. No início dos anos 1950, a antiga amiga costureira de Hedwig, Mia Weiseborn, encontrou um apartamento para ela na cidade de Ludwigsburg.
35. *Dear Fatherland*, Margaret Bourke-White. A jornalista norte-americana Bourke-White percorreu Boêmia, Morávia e Eslováquia após a *Anschluss* [anexação da Áustria à Alemanha nazista] em 1938. Testemunhou em primeira mão saques de norte-americanos a pertences alemães. Uma antiga amiga com quem ela se encontrou em Berlim depois da guerra mostrou o puro antissemitismo quando zombou do chamado privilégio de sobreviventes de campos de concentração que entravam em lojas alemãs pedindo para ser atendidos primeiro e onde compravam camisetas, meias e cuecas.
36. Entrevista com Irene Kanka, 07138 do Arquivo de História Visual, Fundação Shoah, Universidade do Sul da Califórnia.
37. Aranka Pollock, nome de solteira Klein, testemunho, *Secretaries of Death*.
38. Entrevista com o autor, novembro de 2019.
39. Depois de se casar e emigrar para Israel, Rezina continuou costurando para filhos e netos, tanto roupas do dia a dia quanto peças da moda, de alta qualidade.
40. Quando voltou para casa, em Fécamp, foi recebida na estação por Max Vasselin, outro prisioneiro de guerra. Viveram juntos em apoio mútuo por 32 anos antes de se casarem. *Auschwitz – The Nazi Civilization.*
41. Correspondência com Lore Shelley, Biblioteca Tauber do Holocausto.
42. Anotações do diário feitas por Marta Fuchs após a libertação, documentos familiares privados.

Steinberg, secretária do SS-*Rottenführer* Pery Broad. Broad adorava a música da orquestra cigana de Birkenau. Ele também ajudou a administrar o gás de todo o campo cigano em Birkenau. As vinte mulheres presentes na reunião eram quase todas do primeiro conjunto de transportes eslovacos. Langbein tinha a esperança de coletar informações para seu livro; em vez disso, apenas assistiu, maravilhado, às mulheres falarem todas ao mesmo tempo, lembrando umas às outras de episódios engraçados. *People in Auschwitz*.

23. Testemunho de Alida Vasselin, *Auschwitz – The Nazi Civilization*.
24. Eva era filha de Turulka, irmã de Marta, e Laci Reichenberg, irmão de Irene.
25. Em conversa com Thalia Soffair, filha do irmão de Irene, Armin Reichenberg.
26. Bracha também fez uma rara viagem em que saiu da Tchecoslováquia de regime socialista para o "Ocidente". Visitou o campo de Mauthausen, na Áustria, depois passou um dia em Viena, onde bebeu sua primeira Coca-Cola. Irene Reichenberg não voltou a Auschwitz. Para ela foi devastador o bastante visitar Bratislava e ver que boa parte da rua Židovská – incluindo sua casa, na altura do número 18 – foi demolida para dar lugar a uma rua moderna.
27. Ocupada pela família Soj até 1972, a casa foi vendida para a família Jurczak, que residia na *villa* quando Rainer Höss, neto de Hedwig e Rudolf, fez uma visita durante as filmagens de um documentário. Kobylański, Tomasz, 'Życie codzienne w willi Hössa', *Polityka*, janeiro de 2013.
28. O Museu Estatal de Auschwitz tem uma preparada equipe de conservação que trabalha para estabilizar tecidos vulneráveis, como xales de oração judaicos e outros importantes itens da coleção. Itens inevitavelmente orgânicos se deterioram… até que ponto se permitirá que os resquícios do assassinato em massa se decomponham? Ou deveriam ser conservados além de sua existência natural, de modo a continuar servindo como evidência de crime?
29. Correspondência com a autora.
30. Testemunho de Alida Vasselin, *Auschwitz – The Nazi Civilization*. Acerca do comportamento humano, Hunya usava a expressão *Der Liebe Gott hat ein grosser Tiergarten* [Deus tem um grande zoológico, ou o mundo está cheio de todos os tipos de pessoas]. A sobrinha de Hunya, Gila, comentou: "Minha tia Hunja usava essa expressão e, como sobrevivente de Auschwitz, certamente conhecia a profundidade desse zoológico". Correspondência com a autora.
31. Conversa com Pavel Kanka, janeiro de 2020.

ÍNDICE REMISSIVO

A pequena loja da rua principal
   (Grosman), 40, 72
ADEFA (*Arbeitsgemeinschaft
   deutsch-arischer Fabrikanten der
   Bekleidungsindustrie*, Associação
   Ariano-Alemã de Fabricantes da
   Indústria do Vestuário), 56-58
Adler, Hans, 302
Adler, Rafi, 302
Adler, Rami, 302
Adler, Yair, 302
Albers, Detlev, 200
Anhalt, Hans, 199
Apfelbaum, Rezina, 232, 271, 294, 312
Auschwitz, campo de concentração
   administração de, 215
   ataques aéreos a, 260-262
   câmaras de gás para, 137
   chegada de prisioneiros em, 121-122
   como centro de negócios, 92, 170
   como museu, 321
   corte de cabelo das mulheres, 130
   cotas de roupas, 138-139
   evacuações de, 268
   expansão de, 123-124
   "grandes despiolhamentos" em, 176
   inspeção de Himmler, 152, 227
   libertação de, 272
   morte de Nathan Volkmann aos 90 anos, 100
   mulheres ordenadas a se despir, 126-127
   papel dos *kapos* em, 124
   pilhagens da SS, 198
   prisioneiros como estafe da SS, 194-195
   processamento de bagagens em, 163
   resistência em, 241, 251-152
   sistema de numeração, 146
   tentativa de destruição de provas, 267-268
   tentativas de fuga de, 254-257, 258-259
   tifo em, 134
   trabalho para as mulheres em, 152-153

Baťa, Jan Antonín, 115
Bednarska, Agniela, 191, 194
Bednarska, Pelagia, 252
Berkovič, Bracha, 211, 289-290
   ajuda Irene Reichenberg, 75, 161, 180-181
   apoia Katka, 152, 179

Einsatzstab Reichsleiter Rosenberg
 (ERR), 110
Engel, Kato, 169
Errara, Alberto, 252
Eva (revista), 43, 45

Fantlová, Zdenka, 110
Faust, *Frau*, 208
Feldbauer, Katka, 78
Fenster, Simcha, 102
Fenster, Tauba, 102
Fischer, Eryka, 207
Fischer, Horst, 207
Fischgrundová, A., 30
Foltýnová, Věra, 251
Frank, Brigitte, 89-91
Frank, Hans, 89, 91
Frank, Lily, 90
Frank, Niklaus, 89
Frankl, Lotte, 187
Friedrich Rohde, 86, 87, 99, 100
Fritsch, Karl, 135
Fromm, Bella, 51, 53
Fuchs, Dezider, 30
Fuchs, Herta
 após a libertação, 281, 301
 como *corsetière* para Hedwig
  Höss, 91
 envia carta para casa, 239
 no esconderijo, 103
 número recebido, 145
 trabalha no processamento de
  bagagens, 165-166
 trabalhando na oficina de
  costura, 228
Fuchs, Klárika, 30
Fuchs, Marta
 ambições de, 42-43
 após a libertação, 295

baleada na fuga, 275-276
casamento com Ladislav
 Minárik, 301
chegada a Auschwitz, 146-147
conhece Bracha Berkovič, 197
e tentativas de fuga, 154-255
envia cartas para casa, 248-249
evacuação de Auschwitz, 268-269
inicia novo salão de moda, 296
início da vida de, 29-31
memórias de, 312, 313
na "marcha da morte", 274
no trem para Auschwitz, 116
número recebido, 145
plano de fuga, 76-77
seleciona operárias para a oficina
 de costura, 212-215, 258-259
solidariedade com os outros, 239,
 240-241, 243, 244, 246, 247
torna-se *kapo*, 124
trabalha em Bratislava, 45, 47
trabalha no processamento de
 bagagens, 165-166
trabalhando na oficina de
 costura, 15, 16, 17, 220-21,
 229-29, 257-258
trabalhando para Hedwig
 Höss, 183, 185, 189, 190, 197,
 200-201, 210
vida no Stabsgebäude, 223
Fuchs, Rósa, 30
Fuchs, Turulka, 19
Fuchsová, Zdeňka, 44
Funk, Walter, 170

Galinski, Edek, 259
Gelb, sr., 73
Gertner, Ala, 264
Głowacka, Bogusława, 122

Glücks, Richard, 132
Goebbels, Joseph, 51, 52, 54, 61
Goebbels, Magda, 10, 61, 72, 81, 114, 201, 287
Göring, Emmy, 10, 61, 201
Göring, Hermann, 201
Gottlieb, Lea, 305
Grabner, Maximilian, 136
Grese, Irma, 195, 222, 262, 281
Grete, Madame, 195, 196
Gröning, Oskar, 199
Grönke, Erich, 192
Grosman, Ladislav, 40, 72
Grotter, Bela, 20
Grünberg, Lulu, 227, 238, 262, 275, 295
Grünwald, Irene, 101
Gutman, Israel, 262

HaOgen (grupo esquerdista "a Âncora"), 33
HaShomer HaTzair (grupo "Jovem Guarda"), 33
Hecht, Otto, 304
Heger, Leo, 190
Hensel, Fritz, 82
Hensel, Gerhard Fritz, 28
Himmler, Gudrun, 205, 287
   Himmler, Heinrich, 29, 93, 152, 186, 189, 190, 287
   e Rudolf Höss, 152
   fantasia agrícola de, 186
   inspeção de Auschwitz, 227
   mantém em segredo o programa de extermínio, 205
   na conferência de Wannsee, 109
   opõe-se às pilhagens da SS, 198
   ordena a destruição de provas, 267
   ordena esvaziamento de guetos, 93
   ordens para acelerar as mortes, 178
Himmler, Marga, 205, 206, 287
Hitler, Adolf, 28, 36, 188, 224, 250
Hochfelder, Ilona, 202
Hodys, Nora, 204
Höfflich, Mimi, 227
Horthy, almirante, 257
Höss, Annegrete, 196
Höss, Hans-Jürgen, 238
Höss, Hedwig
   adquire suas próprias *corsetières*, 91
   casa em Auschwitz, 124, 156, 185
   casamento com Rudolf, 156
   conhecimento sobre o programa de extermínio, 206
   e bens saqueados de Auschwitz, 198
   e trabalho na oficina de corte e costura, 235
   estabelece a oficina de costura, 11
   leva o filho a uma prova de roupa para ajustes, 238
   orgulho do vestuário, 82
   papel doméstico, 202
   parte para Ravensbrück, 269
   presa, 288
   prioridade dada a, 16
   suprimentos de comida para, 151
   uso de estafe doméstico, 191-194, 209
   vida posterior, 313-314
Höss, Heidetraut ("Kindi"), 189
Höss, Inge-Brigitt ("Püppi"), 189
Höss, Kai, 313
Höss, Klaus, 28, 196
Höss, Rainer, 209, 313
Höss, Rudolf
   acelerando as mortes, 178

trabalha em Auschwitz, 155-156
trabalha no processamento de bagagens, 165
trabalhando na oficina de costura, 16, 237
vida em Auschwitz, 147
vida no Stabsgebäude, 242
Reichenberg, Jolanda ("Jolli"), 20,
Reichenberg, Katarina (Käthe), 20, 22, 23, 301
Reichenberg, Laci, 19, 30
Reichenberg, Shmuel, 20, 74, 249
Reichenberg, Tzvia, 20
Reif, Ernst, 248
Ringer, Hans, 118, 119
Ringer, Ruth, 118, 270, 273, 289
Robota, Róza, 264, 265
Rohde, Käthe, 208
Romatski, Hilda, 72
Rosenberg, Alfred, 110, 111
Rosenberg, Walter, 165, 256
Rosin, Arnošt, 301
Roth, Grete, 78
Rózsik Weiss ("Tschibi", "Franguinha"), 228
Ruppert, Elisabeth, 230, 236, 286
Rzempeil, Danuta, 190

Safirsztayn, Regina, 264
Schild, Greta, 208
Schwalbová, Manci, 177, 240
Schwartz, Edit, 248
Shelley, Lore, 314-316
Shelley, Sucher, 315
Singer, Katya, 215
Soja, Sargento, 123
Sokolov, Lale, 146
Stern, Helen, 146
Stipel, Sophie, 203, 204

Storch, Dora, 34,
Storch, Shoshana, 34
Storch, Tauba, 34
Storch, Zipora, 35
Strauss, Alice, 107, 116, 123
Stromberger, Maria, 198, 203, 246, 251, 252
Swierczyna, Bernard, 171, 253
Szczurek, Janina, 193, 203

T&A Baťa, 115
Teichner, Baba, 227, 275, 295
Thomsen, Käthe, 192, 288
Thomsen, Reinhardt, 192
Tiso, Josef, 67, 108
Todorov, Tzvetan, 143
Tuka, Vojtech, 67

Ungar, Renée, 104, 156
após a libertação, 291-292
e exterminios em Birkenau, 257-258
enfrenta o antissemitismo, 66
escolhida para a oficina de costura, 216
evacuação de Auschwitz, 271
início da vida de, 20, 25, 33-34
memórias de, 308-309
mudança para Israel, 302
na "marcha da morte", 273
trabalhando na oficina de costura, 16
vida em Auschwitz, 150, 151
vida no Stabsgebäude, 242

Vargo, Lidia, 187
Vasselin, Robert, 117
Viková, Hedvika, 44
Volkmann, Hunya, 47

após a libertação, 281
casamento com Nathan
   Volkmann, 50
chegada a Auschwitz, 121,
   133-134, 137
concertos em Birkenau, 202-203
e ataques aéreos, 261
e fechamento forçado de empresas
   judaicas, 71, 73
e tentativas de fuga, 255-256
em Ravensbrück, 277
em trabalhos forçados na fábrica
   de Friedrich Rohde, 86, 99-100
enfrenta o antissemitismo, 293
escolhida para a oficina de
   costura, 218
evacuação de Auschwitz, 268
experiência da *Kristallnacht*, 60,
   62
experiência de
   despiolhamento, 133
início da vida de, 35-36
memórias de, 312, 316-317,
   318-319
mudança para Israel, 303
na "marcha da morte", 272-273
no campo de concentração de
   Malchow, 279-280
no trem para Auschwitz, 117-118
número recebido, 145-145
rebeldia de, 139-140
retorna para casa, 290
solidariedade com os outros, 241,
   245-246
trabalha no campo de
   concentração de
   Birkenau, 160-161
trabalha no salão de moda, 47-48
trabalha para o Salão "Marta", 297

trabalhando na oficina de
   costura, 16, 236, 237
trabalho informal
   clandestino, 99-100
vida em Auschwitz, 149, 169
vida no Stabsgebäude, 222, 244
Volkmann, Nathan, 49, 50, 84
Vrba, Rudolf, 165, 166, 216, 256,
   298, 301, 311

Wajsblum, Ester, 264
Wajsblum, Hana, 264
Wannsee, conferência de, 109
Warman, Lenci, 228
Weiseborn, Mia, 193, 203
Wetzler, Alfred, 298, 302
Wiegleb, Frau, 208
Wiegleb, Richard, 166, 171
Winkler, Jakob, 50,
Winter, Edith, 263
Winter, Hedi, 263
Wirths, Eduard, 188
Wisliceny, Dieter, 67, 75, 83, 108,
   153

Zelazny, Emilia, 135
Zimetbaum, Mala, 159, 259, 314
Zobel, Borishka, 116